科学出版社“十四五”普通高等教育本科规划教材

图书馆学
理论与研究方法

陈　雅　王丽培／编著

科学出版社

北　京

内 容 简 介

本书在对图书馆学发展史进行系统、深入研究的基础上，以理论、方法与应用相结合的方式，全面地构建图书馆学理论与研究方法的内容体系，包括图书馆学研究对象、理论、内容体系、研究方法类型和应用，与时俱进、创新性地将图书馆学理论和研究方法有机融合，并丰富了图书馆学要素体系。

本书结构合理、内容丰富、方法得当，具有较强的科学性、系统性、基础性和实用性，可供高等院校图书馆学及相关专业的研究生、本科生使用，也可作为相关领域科研人员的参考书。

图书在版编目（CIP）数据

图书馆学理论与研究方法 / 陈雅，王丽培编著. —北京：科学出版社，2023.12

科学出版社“十四五”普通高等教育本科规划教材

ISBN 978-7-03-074509-5

Ⅰ. ①图… Ⅱ. ①陈… ②王… Ⅲ. ①图书馆学-高等学校-教材 Ⅳ. ①G250.1

中国版本图书馆 CIP 数据核字（2022）第 253339 号

责任编辑：方小丽 / 责任校对：姜丽策

责任印制：赵 博 / 封面设计：蓝正设计

科学出版社 出版

北京东黄城根北街 16 号

邮政编码：100717

http://www.sciencep.com

北京中石油彩色印刷有限责任公司印刷

科学出版社发行 各地新华书店经销

*

2023 年 12 月第 一 版 开本：787×1092 1/16

2025 年 1 月第二次印刷 印张：20 1/4

字数：480 000

定价：68.00 元

（如有印装质量问题，我社负责调换）

作 者 简 介

陈雅，女，南京大学信息管理学院教授，博士生导师，中国图书馆学会学术委员会委员，江苏省图书馆学会理事；曾主持国家社会科学基金、教育部人文社会科学基金、江苏省社会科学基金等科研项目；发表学术论文百余篇；长期从事图书馆学理论与管理、图书馆网络与法规、公共文化服务等方面的教学和研究；著有《知识图书馆：理论与模式》《公共图书馆大众化服务研究》《当代图书馆学基础》等。

王丽培，女，南京大学信息管理学院图书情报与档案管理专业博士。长期从事公共文化服务政策、信息服务与用户、图书馆运营管理等方面的学习和研究。近年来，发表学术论文 10 多篇，主持或参与国家社会科学基金、文化和旅游部公共数字文化服务课题、省级社会科学基金项目、省级科研创新项目等 10 余项科研项目，参与撰写教材和学术著作 4 部。

前　言

党的二十大报告指出：教育、科技、人才是全面建设社会主义现代化国家的基础性、战略性支撑。图书馆学是一门古老而年轻的学科，古老在于早在19世纪中期伟大的图书馆学家马丁·施莱廷格（Martin Schrettinger，1772—1851年）就正式为这个学科命名，围绕图书馆这一人类文化现象的实践和研究持续了150年以上，年轻在于这个学科永远有时代的命题等待阐述。每一次时代交流方式的变迁，都需要基本理论和方法的解释与解决。正如，本书就是面向新时期图书馆学基础研究的一个尝试，希望为新时代图书馆学领域的教育和人才培养做出贡献。

首先，对图书馆学发展历史与哲学基础进行思辨：①图书馆学研究对象发展规律，按时间顺序介绍了国外图书馆学研究对象的演化历程，并对各个流派进行比较；分四个阶段分析了我国图书馆学研究对象发展历程，梳理其异同；重点阐述了当代图书馆学研究对象的流派和主要思想，并总结其发展的内在逻辑和机理。②图书馆学理论要素分析，以图书馆人视角切入，分析近现代图书馆学家的思想和主要影响，基于发展历史和现代社会环境，对现代图书馆学主要构成展开阐述；本书从时空结构和动态平衡结构两个角度深入分析了图书馆学理论要素和图书馆运营要素，以展现图书馆学可持续发展的机制。③重塑当代图书馆学理论体系，对现存图书馆类型和划分依据做了详细介绍；然后对新时代用户信息需求和图书馆发展环境进行了扫描，突出了技术转型和法治环境下图书馆用户需求新变化；本书从服务构建角度，提出了当代图书馆学体系重组策略。

其次，针对图书馆学研究方法的类型和应用进行阐述：①作为社会科学的一般性方法，图书馆学是社会科学的重要分支，在研究中也沿用了社会科学的一般性方法；介绍社会科学的研究范式和方法论体系，并讲述如何选择研究问题、撰写综述、选择案例和研究设计，为大学生撰写论文提供指导；本书也简述了概念与测量的关系，并阐释了测量的基本理论，为图书馆学中的评估研究打下基础。②具有学科特色的特殊性方法，图书馆学有属于自身领域的特殊方法，逐一阐述了图书馆用户的调研方法，有问卷法、访谈法、观察法、调查法、德尔菲法、知识图谱法等，并梳理了历史研究法的概念和方法体系，还对一些图书馆学中常用的定量分析法做了专门阐述。

本书的特色在于：①将图书馆学理论和研究方法进行有机融合，具有新颖性和实用性；阅读者在吸收了图书馆学理论的思想后，可根据研究方法进行仿真训练，强化理论素养和实践水平。②丰富了图书馆学的要素体系，书中对图书馆人、书籍及每个时期的图书馆学理论体系都做了梳理，为研究图书馆学不同发展阶段的思想状况、图书馆历史、图书馆学本土化等问题提供了重要参考；对图书馆发展环境、用户需求和内在要素展开分析，研究了图书馆学的核心价值与可持续发展的机理，充实了图书馆学的理论内容。③紧跟新时代步伐，充分参考新技术环境，基于图书馆所处的社会环境而提出当代图书馆学重塑的策略；在大数据等智能技术的影响下，用户需求和图书馆的运作模式都发生了极大的改变；对智慧化的技术及国家最新发布的法律、政策做了介绍，并分析了新技术等要素和图书馆发展之间的关系，得到当代图书馆转型和当代图书馆学体系重构的方法与机制。

在本书编写过程中，我的研究生团队自始至终都积极参与，从数据和文献的收集与梳理，到对以前同类著作的比较和分析，都付出了辛勤劳动，参与书稿整理和编写的有：周萍（第2章）、单轸（第4章）、王丹（第5章）、司蒙蒙（第6章）、赖璨（第8章）、王丽培（第1章和第9章），王丽培还负责全书的统稿、修订与校对等方面的工作。本书的出版得到了科学出版社大力支持，同时还得到了南京大学双一流学科建设经费的出版资助，在此一并表示衷心感谢！书中难免有不足之处，敬请读者指正，我们将虚心学习并及时修正。

陈　雅

2023年10月

目　　录

第1章

图书馆学研究的问题

1.1 国外图书馆学研究对象的发展与评述

1.1.1 图书馆学研究对象的内涵

图书馆学这一名词是由德国著名图书馆学家施莱廷格于 1807 年首次提出来的，这一名词的出现及其随后提出的图书馆学理论体系，标志着现代图书馆学作为一门学科正式诞生。经过 80 年的积累和发展，1887 年美国著名图书馆学家麦维尔·杜威（Melvil Dewey，1851—1931 年）在哥伦比亚大学创立了世界上第一个图书馆学专业教育机构，使图书馆学这门科学趋于成型。1926 年美国芝加哥大学图书馆学院首次设立图书馆学博士学位课程，标志着图书馆学的研究与发展达到一个比较成熟的阶段。从图书馆学作为一门正式的学科诞生以来，人们就不断从多个角度探讨图书馆学理论与实践相关层面的众多问题。其中，对图书馆学研究对象的探讨始终是图书馆学界的一个重要话题。任何一门学科的研究对象都有其特点，从根本上规定图书馆学的研究内容，讨论和明确图书馆学的研究对象是认识与研究图书馆学的首要任务，也是贯穿图书馆学研究历程的重要部分。从其学科名称上就可以看出图书馆学是一门研究图书馆的科学，其研究对象是图书馆，这一点似乎是公认的观点。然而图书馆事业是一个不断发展的有机体，图书馆学的研究对象似乎并不是一成不变的。图书馆学发展多年来，国内外的专家和学者对图书馆学研究对象提出了多种观点，新的观点也在不断出现。目前关于图书馆学研究对象的探讨主要有两个方面：一是从外延探求研究对象是什么；二是从内涵探求图书馆的本质是什么，并以图书馆本质为研究对象。关于图书馆学研究对象的问题为什么至今还争论不休呢？由于研究探讨的目的不同，角度不同，方法不同，对本质认识的不同，从而产生不同的看法，这是科学研究的正常现象。从哲学角度看真理只有一个，图书馆学研究对象也只有一个。我们相信，通过讨论并经过历史和现实的检验，对图书馆学研究对象的认识能够最终统一。

1. 内涵

认识和研究图书馆学的研究对象，首先我们需要明确“图书馆学”和“研究对象”两个概念的含义。研究对象又称科学研究对象，是指人们行动或思考时作为目标的事物和认识的客体。关于图书馆学的定义众说纷纭，国内一些具有代表性的说法有：①刘国钧，图书馆学是关于图书馆的科学，也就是研究图书馆事业的性质和规律及其各个组成要素的性质与规律的科学——图书、读者、领导和干部、建筑和设备、工作方法；②李景新，图书馆学就是以科学方法研究关于图书馆一切事项的学问；③周文骏，图书馆学是一门研究各个历史时期的和当前图书馆事业全部活动的科学；④黄宗忠，图书馆学就是研究图书馆收集、加工、整理、保藏、控制图书与一定社会读者利用藏书之矛盾产生与发展规律的科学；⑤吴慰慈，图书馆学是研究图书馆事业及其相关因素的科学；⑥王子舟，图书馆学是研究如何将知识组成知识集合并为人们所使用的一门社会科学。以上引用的图书馆学定义，基本从宏观和微观层面上反映了定义者对“图书馆学是什么”问题的自我认识。应该说，每种定义各有其特点、各有其价值。

国内的专家学者对于图书馆学研究对象的提法也各有不同。黄宗忠认为，图书馆学的研究对象就是图书馆；徐引篪和霍国庆认为，图书馆学的研究对象既是图书馆又不是图书馆；蒋永福提出图书馆学研究对象是“客观知识—图书馆—人”之间构成的关系空间；吴慰慈提出图书馆学的研究对象应当包含微观和宏观两个方面。本书从广义的图书馆学定义和狭义的图书馆学定义角度来考虑图书馆学研究对象，较为赞同最后一种关于图书馆学研究对象的提法，即应当从微观和宏观两个层面认识图书馆学的研究对象。其中，图书馆学的微观对象是指图书馆的各个组成要素，以及作为图书馆工作对象的知识、信息等；图书馆学的宏观对象则是指图书馆系统、图书馆事业、图书馆与社会的关系等。图书馆事业是一个不断发展着的有机体，因而对图书馆事业的研究必须是开放的。图书馆是人类社会的产物，是人类科学文化发展的必然结果，在其身上凝结了人类文明的多种因素和特质。因此，一切与图书馆及图书馆事业有关的因素，都可能成为图书馆学研究的对象。图书馆学不仅要研究图书馆事业的过去，也要研究它的现在和未来；不仅要研究图书馆自身的结构和发展规律也要研究它在社会信息交流系统和社会文化系统中的地位与作用；不仅要研究图书馆事业整体，也要研究它们的各个组成部分，包括对文献、信息、知识等的研究。只有这样，才能正确解释图书馆的社会功能及其作用机制。

2. 意义

研究对象是人们进行科学认识的客体。一般来说，科学工作者进行科学认识的外部世界都是科学研究的对象。而对不同研究对象进行研究，就形成了一门门的学科。任何一门科学都应有客观的研究对象，这是一门学科成立的基本前提。任何一门学科的内容都是由研究对象本身的客观规律所决定的，离开了作为认识客体的研究对象，科学研究就成了无源之水、无本之木。科学研究是科学工作者与科学研究对象相互作用的过程，也是科学工作者认识科学研究对象的过程，没有研究对象就谈不上什么研究活动。科学认识是科学对象在人的大脑中的反映，人们只有在科学研究对象存在的前提下，在与科学对象相互作用的过程中才能认识它。科学内容来源于人们对研究对象的认识，人们在科学认识中的主观能动性、创造性也是在科学对象的客观基础上发挥和表现出来的。

图书馆学的研究对象是图书馆学理论研究的出发点。对于图书馆学研究对象认识的不同，促进了不同图书馆学理论体系的形成。正确认识和把握这一问题，对于深入揭示图书馆学的实质，推动图书馆学学科发展具有重要的作用。

图书馆学研究对象是图书馆学的根本问题。研究对象决定图书馆学的研究范围、内容、布局、体系结构、学科性质、相关学科、研究方法等。研究对象不确定，图书馆学的研究内容、范围、体系结构都无法确定。

综合来说，明确图书馆学研究对象具有以下重要意义。

（1）确立图书馆学研究对象是图书馆学存在与发展的基本前提。一个学科没有研究对象是不可能存在的。模糊不清也是不利于发展的。研究对象对于一个学科来说，好像大厦与地基的关系。大厦是建立在一定地基之上的，大厦的高度、宽度、坚实程度都取决于地基，图书馆学的存在与发展取决于研究对象。

（2）确立图书馆学研究对象有利于图书馆学研究内容、研究范围的界定和图书馆学体系的建立、学科性质的确定。图书馆学研究内容来源于研究对象，反映研究对象（包括内涵与外延）。图书馆学体系结构取决于研究内容，反映研究内容。学科性质也是根据研究对象的性质所确定的。

（3）确立图书馆学研究对象有利于图书馆学社会地位的提高。一个学科的研究对象若长时间不能明确，或争论不休，或与其他学科研究对象纠缠不清，不能独立，不仅影响学科自身发展，也影响图书馆学的社会地位。

（4）确立图书馆学研究对象有助于图书馆学基础理论的发展。图书馆学基础理论主要是对图书馆学研究对象内涵的研究，如研究对象的结构、组成要素、系统分布、基本功能、本质、特征、运动规律等。若研究对象不明确，就必然影响基本理论的研究与发展。

1.1.2　图书馆学的学科范畴

1. 学科体系的演进

1）图书馆学研究范畴的拓展

20 世纪 90 年代以来，电子计算机技术、通信技术、网络技术、多媒体技术、电子存储技术等一系列现代信息技术日益普及，深刻改变了图书馆工作内容和工作手段，给图书馆学研究增添了许多新的课题。图书馆学研究也逐步突破面向图书馆的藩篱，以适应社会知识信息化进程，表现出在一定层面上与信息学研究内容交叉的动向。

2）信息技术应用

我们传统的图书馆学技术主要是图书分类法、文献编目、编制索引、编制文摘、文献检索、古籍整理、书目控制、参考咨询；1985 年以后，图书馆学教育与图书馆工作与时俱进，增加了一些图书馆学技术课程，如文献保护、文献缩微、联机检索、MARC（machine-readable catalog，机读目录）、图书馆自动化、检索语言；1995 年以后，图书馆学教育随着计算机化与网络化的进展，开设了一些新的图书馆技术课，如多媒体、数据库、编程语言、数字图书馆、程序设计、计算机网络、数据结构、操作系统等。

在知识经济时代，各种新技术的出现，如集成记忆、组织记忆、数据发现、数据分析、数据采集、数据存储，更具有研究价值，更具有实用性。

3）信息资源管理

新技术革命以后，信息资源的载体与类型的变化表现在：出现了软盘（floppy disk，FD）、只读存储光盘（compact disc read-only memory，CD-ROM）、高密度只读存储器（high-density-read-only memory，HD-ROM）、交互式光盘（compact disc interactive，CD-I）、照片光盘（photo-compact disc，photo-CD）与计算机硬盘等信息资源的载体；出现了数字化文档、超文本文档、数据流等。

数字化信息资源的加工处理方式与传统的信息资源的处理方式截然不同，元数据、元数据注册系统等信息资源描述方式与管理方法，使信息资源的加工与检索方便、快速，而且高效。

4）信息服务

新技术革命以后，数字图书馆研究发展迅速。数字化资源易于加工、分析、整合、传输，使信息服务发展成为以知识信息内容为基础的服务。这包括知识发现服务、知识门户服务、知识建库服务、知识分析服务、知识转换服务、知识评估服务等。

2. 信息管理学科群的整合

在1992年9月召开的全国科技情报工作会议上，国家科学技术委员会决定将科技情报改称为科技信息，中国科学技术情报研究所改名为中国科学技术信息研究所。北京大学图书馆学情报学系率先改名为信息管理系，随后，全国52所图书馆学情报学系中，有26所（至1995年）改名为信息管理系、信息资源管理系或信息技术管理系等。

1993年7月国家教育委员会颁布的《普通高等学校本科专业目录》，对图书馆学情报学的专业名称、学科归属做了相应的调整，正式将情报学改称信息学。在此前颁布的专业目录中，图书馆学和情报学并列，成为理学门下的一级学科。调整后的专业目录，将图书馆学、信息学、档案学和图书出版发行学合并为学科群，称图书信息档案学类，归属历史学门下。然而，1997年国务院学位委员会和国家教育委员会颁布的《授予博士、硕士学位和培养研究生的学科、专业目录》，在管理学科大部类下，既没有信息管理学，也没有文献信息管理学，而仍列图书馆、情报与档案管理。1998年教育部颁布的《普通高等学校本科专业目录》在管理学科门类下分设图书档案学与管理科学与工程类。信息管理与信息系统是管理科学与工程的分支学科，图书馆学、档案学是图书档案学的分支学科。信息管理与信息系统专业由原来的五个同性质而不同名称的专业组成，即由科技信息专业、经济信息管理专业、信息学专业、管理信息系统专业、林业信息管理专业合并而成。科技情报专业或科技信息专业、信息管理专业原本是在图书馆学的情报检索基础上发展起来的，旨在向科技信息的组织与利用方面发展。

但是若干信息管理专业改名以后各行其是，有的把专业方向定在信息技术上，有的把专业方向定在电子商务上，有的把专业方向定在经济信息上，有的把专业方向定在计算机科学上。教育部把信息管理专业归属管理科学与工程，这才使信息管理专业有了归属。信息管理专业划入管理科学与工程以后，与图书馆学、档案学分属于两个截然不同的学科门类，在很多信息管理与信息系统专业的教学大纲中找不出与图书馆学、档案学相关联的课程。

由于技术进步与社会发展，社会的知识信息需求、组织结构、工作方式等发生了变化，这些变化推动了信息管理学科群的整合。信息管理学科群以信息理论、信息技术、信息加工、信息服务为主线，以学术知识信息管理为主要研究对象，研究的核心问题是知识信息及其载体的传播、收集、选择、整序、存储及利用。它包含了图书馆学、情报学、档案学，融合了传播学、咨询学、编辑出版学、图书发行学等其他多个学科，应用了计算机技术、通信技术、多媒体技术等。信息管理学科群是口径宽泛的多种学科专业的集合体。现代知识信息技术的发展，使知识信息管理学各学科更加具有共同的技术手段和相似的横断面，为它们相互之间集成化整合提供了理论基础。《美国国家知识评估大纲》说：国家知识系统是"国立和私立部门中的机构网络，其活动和作用是激励、创造、获取、吸收、传播和利用知识，以便提高生产效率和改善公共福利"。图书馆事业是国家知识系统中的一员，其职责是为社会提供公共福利，它与国家知识系统中的其他成员具有共同的目标、共同的基础设施、共同的业务技术、共同的热点研究课题。国家知识系统各个行业在业务上的调整与融合、分工与协作，使得国家知识系统的运行机制逐步完善，运行效率逐步提高。

3. 新技术革命影响下的图书馆学分支学科

图书馆学的基础学科包括图书分类学、目录学、文摘学、文献编目学、图书馆管理学等。这些学科现在仍然是适用的。在新技术条件下，这些学科有了新发展。

新技术革命对应用图书馆学产生了广泛的影响，主要表现在以下几个方面：图书馆应用硬件、信息数据库、互联网工程、多媒体编辑、图书馆应用软件、Web 设计、Web hosting（网页寄存）。

在普通图书馆学方面，新技术环境下新生了若干门学问，如知识管理、知识系统分析、行业伦理、智力资本审计、知识系统（专家系统）。

在专门图书馆学方面，在新技术环境下新生了一门崭新的领域——数字图书馆。

数字图书馆是一门非常广泛的学科领域，它包括数字资源理论、技术支持理论、网络服务理论、互操作理论、社会动力理论、资源采集与标引、信息压缩与存储、信息检索与挖掘、信息整合与发布、数字图书馆的互操作、数字图书馆版权管理、数字图书馆服务、数字图书馆应用系统设计等。

比较图书馆学领域在新技术革命影响下，新增了以下诸方面的研究：中外数字图书馆建设比较、中外数字图书馆研究比较、数字图书馆与传统图书馆特色比较、知识管理与信息管理比较、中外图书馆学教育最新发展比较、公益性图书馆与市场化信息服务单位比较、各国图书馆管理机制比较、各国图书馆意识与社会环境比较、用户利用图书馆的意识比较、图书馆发展与各界关系比较。

在新技术革命影响下，图书馆学的分支学科发生了很大的变化。信息技术飞速发展，知识经济方兴未艾，图书馆学的学科分支会有所增加，内容也会越来越丰富。

4. 当代图书馆学的学科体系

图书馆学是各个分支图书馆学科的总称，其内容十分丰富。随着科学技术的发展，图书馆学的研究内容也在不断扩大。随着人们对图书馆学的了解和掌握，必然向它提出许多新的要求，这就促使图书馆学不断出现新的分支学科。就目前的情况来看，图书馆学的体系结构，大体上可以这样来描述。

1）普通图书馆学

普通图书馆学（general librarianship）是研究图书馆学基本问题，图书馆事业建设的基础理论，图书馆工作原理、特点及其内在发展机制的图书馆学。普通图书馆学的内容包括：图书馆学理论（含图书馆哲学），图书馆事业建设原理，图书馆事业组织、管理体制，图书馆协作的理论与实践，图书馆工作原理、机制，图书馆学教育，图书馆的性质、职能、结构，图书馆未来研究，数字图书馆，图书馆学研究规划，图书馆事业史，图书馆学发展史等。在近期，图书馆未来发展形态，包括电子图书馆、数字图书馆、虚拟图书馆的发展及其相互关系成为普通图书馆学研究的热点之一。此外，普通图书馆学还包括图书馆事业史和图书馆学发展史的研究。

图书馆哲学是普通图书馆学的核心。图书馆哲学为图书馆学理论与图书馆工作实践提供哲学指导，其核心是为图书馆学理论确定正确的逻辑起点、逻辑中介和逻辑终点，也就是为图书馆学建立正确的范畴体系，提供哲学指导，即提供对图书馆现象进行本质性认识的理论参照。有学者提出：客观知识是图书馆学的逻辑起点，知识组织是图书馆学的逻辑中介，人是图书馆学的逻辑终点。

2）专门图书馆学

专门图书馆学（special librarianship）是专门研究图书馆的各种类型及其特点的图书馆学分支学科。其内容包括公共图书馆研究、大学图书馆研究、科学专业图书馆研究、儿童图书馆研究、学校图书馆研究、社区图书馆研究、其他类型图书馆研究。各类型的图书馆还包括：版本图书馆、期刊图书馆、音像图书馆、缩微图书馆、电子出版物图书馆、中小学图书馆、少年儿童图书馆、企业图书馆、工会图书馆、农村图书馆、盲人图书馆等。

3）比较图书馆学

比较图书馆学（comparative librarianship）是从 20 世纪 50 年代起逐步形成的一门图书馆学分支学科。比较图书馆学的研究对象是世界各国的图书馆事业。它从社会经济、文化、科技、社会政治体制、思想和历史的角度出发，对两个或两个以上国家的图书馆、图书馆体制、图书馆事业发展中的经验或问题进行比较研究，其目的在于了解并掌握它们之间的共同点和差异点，并对这些差异做出科学的解释，从而得出正确发展图书馆事业的准则。比较图书馆学的研究内容是相当广泛的，它综合了各种社会科学研究方法、数理统计方法，以探索各国、各地区图书馆事业发展的内在机制及国际图书馆事业的协作为主要目标，其研究模式主要有：影响研究、平行研究、跨学科研究。

比较图书馆学的研究类型，主要有以下三种。

（1）地域研究。这种研究把某一特定国家或地区的图书馆事业发展与有关的决定性背景因素联系起来，给予描述性的综述和批评性的分析。

（2）跨国研究。这种研究是对两个国家或更多国家中的与图书馆相关的某一技术性问题，从多国度或多文化角度所做的研究。

（3）实例研究。这种研究深入地分析一种图书馆类型，或图书馆事业发展中的一种关键因素，如某一特定国家的图书馆学教育、图书馆协作与资源共享、图书馆自动化问题等。

比较图书馆学最早出现于程伯群的《比较图书馆学》（1924 年）一书。该书应用比较方法分析研究中西图书馆学教育、分类编目、图书馆历史的差异。

西方比较图书馆学最早是由挪威的威廉·蒙特（Wilhelm Munthe）提出的，他在《欧洲人眼中的美国图书馆学》中采用了“comparative library science”（比较图书馆学）一词。

严格地讲，比较图书馆学始于 1954 年。美国的蔡斯·戴恩（Chase Dane）在《比较图书馆学的益处》一文中指出，比较图书馆学是“就许多国家的图书馆学所做的研究，发现哪些因素是某些国家所共有的，哪些是某一国特有的。它是从国际范围对图书馆原理和方针的评价，借以确定长远的趋势，鉴定其缺陷，提示实践与理论之间的矛盾和脱节”。

怀特（K.M.White）提出：“比较图书馆学是一门以不同地理区域和政治区域中的理论上和实践上的材料为对象的学科，但它不仅是一门学科，也是一种研究方法。”

多萝西·柯林斯（Dorothy Collings）认为，比较图书馆学是“对不同环境中（通常是不同国度中）的图书馆发展、实践或问题的系统分析，这种分析是与存在于那些环境之中的历史、地理、政治、经济、社会、文化及其他决定性背景因素相联系的。从本质上说，它是探讨图书馆发展的原因和作用，了解图书馆问题的一个重要途径”。

珀利阿姆·丹顿（J.Periam Danton）在《比较图书馆学概论》（1973 年）一书中认为：比较图书馆学可以定义为对两个或两个以上国家、文化或社会环境的图书馆问题，与社会政治、经济、文化、意识形态和历史相联系所做的分析。这种分析旨在了解根本的异同性，确定差异的原因，而最终目标是得到有效的归纳和原理。同时，他还提出比较图书馆学必须具备这样三个要点：具体的对照，多国度、多社会或多文化的因素，对已知差异的解释。丹顿认为“比较图书馆学”一词并不恰当，应当用“图书馆学中的比较方法”更为合适。

南开大学钟守真教授的著作《比较图书馆学引论》，系统地论述了比较图书馆学的发展史、学科任务和比较研究方法等，是我国学者在比较图书馆学领域的一本集大成的专著。

纵观比较图书馆学短暂的发展史，主要有三派不同的观点：方法派、学科派和折中派。方法派认为比较图书馆学不是一门学科，只能算是比较方法在图书馆学研究中的应用；学科派认为比较图书馆学是图书馆学的一个分支学科；折中派则试图调和以上两派的理论观点。

我们比较倾向于认为比较图书馆学是一种研究方法。原因在于：①比较方法广泛地应用于科学研究的各个领域，图书馆学也不例外。图书馆学研究人员十分注意采用比较的方法研究国际图书馆事业发展的共性和特性问题，许多论著都采用了比较研究方法进行归纳和阐释，而将所有采用比较方法进行研究的论著都归入比较图书馆学的范畴，显然是不合适的。②比较图书馆学并没有形成自己所特有的一套学术规范和术语，也没有提出新的研究方法，所采用的方法都是社会科学和自然科学中所广泛采用的比较方法、历史方法、调查方法、实验方法、数理统计方法等。③比较图书馆学未能形成一支研究队伍，在所有图书馆相关问题研究中，从事本专题研究的人数相对较少，论著数量也较有限。综上所述，我们认为比较图书馆学并未能形成一门相对成熟的独立的学科，它只是比较方法在图书馆学研究中的应用。

4）应用图书馆学

应用图书馆学（applied librarianship）有两种含义：其一是指以图书馆具体工作为研究对象，研究图书馆工作的环节、程序、方法和技术的学科，这也可称为狭义应用图书馆学；其二是指将图书馆学的原理同有关学科某些实用研究结合起来，研究有关学科本身所涉及的实践与应用方面的问题的新学科。它们大都是边缘学科，主要有图书馆经济学、用户心理学、图书馆管理学、图书馆统计学、文献保护学、图书馆教育学、图书馆法学、图书馆建筑学等。它们也可以称为广义应用图书馆学，其数量处于不断的增长过程中。通常，人们是在狭义范围上使用应用图书馆学概念。应用图书馆学的内容几乎包括了图书馆工作的各个方面、各个环节，归纳起来主要有以下几点。

（1）图书馆信息资源建设。在历史上曾使用过图书馆藏书、图书馆文献资源建设等概念。主要研究图书馆选择和收集文献、信息的原则和方法，文献信息的类型，馆藏类型的变化，出版物的供应制度，馆藏的划分和馆藏的组织、存储、典藏和保护等。早期主要是研究以图书为代表的纸质文献的收集和馆藏建设，以后又发展为包括缩微文献和电子文献在内的文献信息资源建设，今后一段时期内，主要应研究包括馆藏文献资源建设及互联网络上虚拟信息资源的链接在内的信息资源建设问题。

（2）图书馆文献资源建设整序工作。其包括图书馆文献目录工作、文献分类标引工作、文献主题标引工作等。主要研究文献资料著录与编目的一般原则和方法、目录的种类、目录的组织、目录的体系、分类法与主题法，以及电子计算机编目、联合编目（共享编目）、联机公共检索目录（online public access catalog，OPAC）、目录工作标准化等。

（3）图书馆用户服务工作。其习惯上称为读者服务工作。主要研究图书馆用户的构成、用户类型、信息需求、文献阅读需求，研究图书馆信息服务的类型，包括文献流通借阅、参考咨询、新型媒体文献信息的管理与服务、网络信息导航等。

（4）图书馆管理。其主要研究图书馆事业与个体图书馆的管理工作，即包括宏观管理和微观管理两个方面。管理的主要环节包括计划、组织、人事、领导、控制等。研究各类型图书馆工作机构的设置、劳动组织、工作计划、工作定额、行政管理、资金管理、设备管理、人事管理、工作统计等。在图书馆综合采用科学管理、行为管理、定额管理、目标管理、战略管理、信息资源管理、系统管理，结合现代化管理手段，合理配置图书馆各种资源。提高工作效率，充分发挥图书馆人力、物力、财力和文献信息资源的作用，提高工作水平。今后，也要探讨数字图书馆所必须采用的市场化运行模式和资金筹措中的风险投资与收益问题。

（5）图书馆工作现代化。其主要研究以电子计算机为核心的信息技术对图书馆工作的影响，如信息压缩技术、信息存储技术、信息传递技术、信息处理技术等在图书馆的应用，包括：新型光盘多媒体文献对图书馆信息资源建设的影响，图书馆文献数字化工作，网络信息资源与虚拟馆藏建设，图书馆计算机自动化管理集成系统，图书馆建筑与设备的现代化，图书馆工作过程的机械化、自动化，图书馆工作标准化等。

根据以上对图书馆学体系结构和研究内容的分析，图书馆学体系结构可用图 1-1 表示。

图书馆学

- 普通图书馆学
  - 图书馆学理论（含图书馆哲学）
  - 图书馆事业建设原理
  - 图书馆事业组织、管理机制
  - 图书馆协作的理论与实践
  - 图书馆工作原理、机制
  - 图书馆学教育
  - 图书馆的性质、职能、结构
  - 图书馆未来研究
  - 数字图书馆
  - 图书馆学研究规划
  - 图书馆事业史
  - 图书馆学发展史
- 专门图书馆学
  - 公共图书馆研究
  - 大学图书馆研究
  - 科学专业图书馆研究
  - 儿童图书馆研究
  - 学校图书馆研究
  - 社区图书馆研究
  - 其他类型图书馆研究
- 应用图书馆学
  - 图书馆信息资源建设
  - 图书馆文献资源建设整序工作
  - 图书馆用户服务工作
  - 图书馆管理
  - 图书馆工作现代化
  - （以上为狭义应用图书馆学）
  - 图书馆经济学
  - 用户心理学
  - 图书馆管理学
  - 图书馆统计学
  - 图书馆教育学
  - 图书馆法学
  - 文献保护学
  - 图书馆建筑学
  - （以上为广义应用图书馆学）
- 比较图书馆学
  - 地域研究
  - 跨国研究
  - 实例研究

图 1-1　图书馆学体系结构

1.1.3　西方主要国家的图书馆学研究对象发展历程

1. 德国

西方的 17、18 世纪是“理性主义的时代”，学者崇尚知识、追求经验与理性的统一。古代及中世纪已有的关于文献的收集、整理、存储和利用等方面的经验和知识，在理性的思考下，逐渐成为独立的思想体系。这个时期的科学家开始认识到创造和传播知识的图书馆是社会进步的关键，一部分科学家开始参与管理图书馆和发展图书馆藏书的实践。德国可谓是现代图书馆学的诞生之地。1807 年，德国图书馆学家施莱廷格第一次使用了“图书馆学”这个名词，标志着现代图书馆学作为一门学科正式诞生，他被誉为现代图书馆学的奠基人。

施莱廷格在慕尼黑的皇家图书馆任职期间，于 1808 年出版了《试用图书馆学教科书大全》一书。在该书中，施莱廷格构建了他的图书馆学理论体系，对图书馆学、图书馆学研究对象、图书馆学内容结构等进行了阐述。他将图书馆学的研究内容确定为“符合图书馆目的的整理方面所必要的一切命题的总和”，并据此提出图书馆学研究对象是“图书整理”，核心是目录的编制，在图书馆学史上第一次全面地探讨了图书馆目录的编制原理。施莱廷格认为图书馆工作的核心是目录的编制，他不仅编制出 12 个大类、200 个小类的分类表，而且编制过字顺目录、主体目录，他在此书中第一次全面叙述了图书馆目录的编制原理，并将其视为图书馆学的重要知识体系。施莱廷格曾言：“图书馆应当尽快地找到必要的书籍，以满足任何文献工作的需要。”施莱廷格是“整理说”最具代表性的人物之一，最早为图书馆学设定了明确的研究对象。他还非常重视对图书馆员进行专门教育，他认为图书馆管理是一门专门的独特的学科。施莱廷格提出的图书馆学体系是第一个以图书馆学教育为目标建立起来的较为严谨的学科体系，是图书馆学迈入科学殿堂的第一步，其理论价值和意义是不言而喻的，施莱廷格为图书馆学的建立做出了卓越的贡献。此后，围绕着这门近代新学科的理论研究和学术探讨持续不断，德国图书馆学出现了一批具有创新精神和专业知识的代表人物，有埃伯特、莱布尼茨、卡尔施泰特等。

1810 年，曾在德国莱比锡大学图书馆、德累斯顿皇家图书馆等处工作 20 多年的德国图书馆学家弗里德里希·阿道夫·埃伯特（Friedrish Adolf Ebert，1791—1834 年）继承发展了施莱廷格图书“整理说”观点。他提出图书馆学是“图书馆员执行图书馆工作任务所需要的一切知识和技巧的总和”的观点。1820 年，他出版了《图书馆员的教育》一书，强调“图书馆学应研究图书馆工作中的实际技术”，强调图书馆员所需要的是综合性的知识，即应掌握外语、历史、文学史、目录学古籍、百科词典等众多知识。埃伯特的观点得到丹麦学者克里斯蒂安·莫尔贝希（Christian Moltbech，1783—1857 年）的支持。莫尔贝希在 1829 年出版的《论公共图书馆》一书中，进一步阐释了埃伯特的观点并使之系统化，这就是后来西方图书馆学史中所称的“埃伯特–莫尔贝希体系”。

从早期一些图书馆学家的生平经历可以得出，他们几乎是在图书整理活动中取得巨大成就而闻名于世的。比如，德国伟大的哲学家、数学家、图书馆学家 G. W. 莱布尼茨（G. W. Leibniz，1646—1716 年），不仅是法国学者加布里埃尔·诺德（Gabriel Naude，1600—1653 年）图书馆学思想的杰出继承者，而且还是一位伟大的图书馆学理论家和实践家。莱布尼茨在 1666 年写的一篇论文《组合技术论使全部知识转换为具有可计算性的方法》，他计划将所有知识纳入一个具有逻辑概括性的人类知识一览表中，借以向读者提供检索与自学的方便。他从事图书馆工作长达 40 年之久，虽无图书馆学专著，但他在写给国王的信和建议中提出的有关图书馆的精辟见解极多。他认为图书馆是“人类的百科词典”，是“所有科学的宝库”，是学术信息的交流中心。莱布尼茨在建设和组织藏书方面也有很大成就。他建立了图书馆工作的一整套方案，十分强调图书馆藏书的质量，创立了独立的分类法，成为杜威十进分类法的先导。他十分重视目录的作用，强调了主题目录对学者科研工作的意义。在图书流通方面，他实行了馆外自由借阅，办理长期的入馆许可证，还计划发行馆藏文献通报和分析书刊文献的摘要。在文献采购、组织和编目方面，莱布尼茨的思想迄今仍为图书馆学界所重视。

彼得·卡尔施泰特（Peter Karstedt，1909—1988 年）早年在大学中攻读法学和国家学，1932 年以论文《现行刑法及其修正中的渎职罪概念》在莱布尼茨大学攻读博士学位。1933 年 10 月他通过了德国国家馆员资格考试，后供职于卢伯克市立图书馆，前后长达 26 年，从第二次世界大战以后出任该馆馆长。卡尔施泰特在 1954 年出版了《图书馆社会学之研究》一书，引起学术界极大重视，该书很快销售一空。卡尔施泰特在书中将自己的理论命名为“图书馆社会学”，他从“历史社会学”“体系社会学”“知识社会学”三个方面进行具体阐述。“历史社会学”研究图书馆发生、发展的社会原因，“体系社会学”研究图书馆对其所归属的社会形象所发挥的功能和作用，“知识社会学”则研究知识与图书馆所属社会形象之间的相互关系。他认为图书是客观精神的载体，图书馆是客观精神得以传递的场所。图书馆是维持和继承社会精神不可缺少的社会机构，担负着把社会精神移入作为社会形象载体的社会成员的职能。它所采用的手段就是收集、保存和传递社会精神客观化的图书。有了图书馆这一社会机构，人类文化的创造和继承才有了可能。“客观精神”是“知识社会学”的研究对象，而“知识社会学”正是图书馆学的理论基础，因此，“知识社会学”也是图书馆学的研究对象。卡尔施泰特的思想，理论色彩十分浓厚，这对于图书馆学在德国成为一门独立发展的科学，具有积极推动作用。他的著作在英语世界也有广泛的影响。

2. 英国

英国的图书馆学与德国的图书馆学有一定的区别。德国图书馆学主要以学术图书馆为实践基础发展起来，注重理论体系及学术性；英国图书馆学是在公共图书馆实践基础上成长起来的，重视图书馆的管理方法及应用性，因此早期英国的图书馆学缺乏纯理论性的学术著作，英国图书馆学入门教材也以图书馆管理工作为主要内容。

英国早期的图书馆学家关于图书馆的研究对象的讨论主要体现在管理学说，即对书籍的管理、人员的管理和读者的管理。英国图书馆学在书籍管理中要求图书整理要严格按照著录规则系统整理，这点与德国的施莱廷格持相同观点。英国的安东尼·帕尼齐（Anthony Panizzi，1797—1879 年）和爱德华·爱德华兹（Edward Edwards，1812—1886 年）是管理说的早期代表人物。帕尼齐曾在不列颠博物馆图书馆供职 35 年，并担任过馆长。作为当时英国不列颠博物馆图书馆馆长，帕尼齐提出，不列颠博物馆图书馆应当收藏世界上一切语种的有用的珍贵图书。他不仅要求增加藏书的数量，还特别强调要通过管理实现藏书结构的系统性和科学性。他重视图书的系统整理、妥善保管和充分利用，带动了图书馆员对图书馆管理的研究与实践。由于他的杰出贡献，人们称他为“图书馆员的拿破仑”，英国政府也为此授予他贵族称号。帕尼齐的图书馆思想概括起来主要有以下几点。

（1）国家图书馆要与该国的国际地位相适应，不列颠博物馆应当收藏世界上一切语种的有用的珍贵图书，英文藏书应当是世界第一的，俄文藏书应当在俄国境外是第一的，其他外文的收藏也应当如此。

（2）图书馆必须有充足的经费作保证。

（3）要严格执行呈缴本制度，要善于利用法律手段维护图书馆的利益。

（4）要坚持标准化和科学化的管理，帕尼齐为此制定了被誉为世界目录学史上的“大宪章”、现代编目法开端的《91 条规则》（1841 年）。这一编目规则确定了以著者为著录核心的编目原则，之后为欧美各国图书馆所广泛认同，我们现行的编目方法便由此产生。

（5）注重图书馆建筑研究，并参与设计和建造了著名的圆顶阅览室和铁制书库。

（6）注重改善图书馆员工的待遇，调动他们的工作积极性。

帕尼齐的图书馆思想严格地说是一种图书馆管理思想，他注重国家图书馆研究，强调用法律手段解决经费和呈缴本等出现的问题，突出对于图书馆建筑和图书馆员工等方面的科学管理，这些特色都为后来的英国图书馆学所继承。

爱德华兹因在《英国公共图书馆法》制定和颁布过程中的出色贡献而闻名于世，他也因此被誉为“英国公共图书馆运动精神之父”。爱德华兹从 1839 年起曾在不列颠博物馆工作了 12 年，并参加了帕尼齐《91 条规则》的编写工作。在他与其他同仁的倡导下，英国议会于 1850 年通过了世界上第一部图书馆法，他于 1851 年赴曼彻斯特图书馆（这是依据《英国公共图书馆法》建立的第一所图书馆）出任馆长。

爱德华兹任英国曼彻斯特市公共图书馆馆长时，他在自己的管理岗位上积极推动图书馆开展采编、阅览、流通等工作，使该馆成为当时英国各地公共图书馆仿效的榜样。爱德华兹一生中著述甚多，其中最具代表性的是他于 1859 年出版的《图书馆纪要》。这是一部有关 19 世纪上半叶之前的世界图书馆史（以欧美为主）和图书馆管理指南的巨著。全书分两部，正文共 2000 页左右。第一部《图书馆史》有 1400 多页，分 5 篇 56 章，记录了自古代、中世纪直至近代世界上一些主要图书馆的历史，内容涉及各图书馆的起源，图书馆资料的收集、整理、利用、管理和服务的历史，图书馆的管理、经费、规章的历史，图书馆建筑的历史和图书馆运动的历史等方面，其中英国近代图书馆史的叙述最详，篇幅达 600 页，几乎相当于一本专著。第二部《图书馆管理》共 4 篇，占 500 多页，分别论述了图书馆的藏书、建筑、分类编目、内部组织和公共服务。该书出版后，在国内外受到极大的重视，许多报刊文章评价该书是“图书馆人不可缺少的”，认为此书所收集资料的丰富和广泛，是空前绝后的，它对于全世界图书馆界的贡献是不可估量的。该书至今仍拥有大量的读者，对我们研究英国图书馆的历史具有极其重要的意义。

3. 美国

相对于欧洲来说，美国的图书馆学没有那么悠久的历史，早期的图书馆是由私人和团体创办的，如纽约州机械工会的机械图书馆主要是用来教育工人的。1850 年以后，在英国图书馆法的影响下，美国各城镇才开始相继立法，成立公共图书馆。虽然早期美国的图书馆学移植于欧洲的图书馆学，偏重管理与技术的研究，但后期一直努力在实用与理论之间进行研究，试图平衡两者关系。

杜威是美国早期图书馆学界著名的大家。杜威是一个实践家，他担任过图书馆馆长、图书馆学院院长、图书馆用品公司经理等多种职务，丰富的实践经历既造就了他的非凡业绩，又培养了他的思维方式：从具体工作和技术角度入手思考图书馆的理论问题。杜威对于图书馆学研究对象的观点是，认为图书馆学的研究对象是具体的图书馆技术、操作方法和工作内容。他的图书馆学思想集中体现在以下几个方面：第一，图书馆是最好的教育场所，是“民众大学”。第二，图书馆工作是一种专门职业，必须对图书馆工作人员进行培训。第三，读者需要高于一切，图书馆员不仅要为读者提供借阅服务，也要为读者提供情报，回答读者提出的各类问题，乃至于为读者演唱歌曲和讲故事。第四，图书馆的目标是"以最低的成本、最好的图书，为最多的读者服务"。第五，倡导图书馆管理的标准化和规范化，为此，杜威亲自编写了简便易用的十进制图书分类法，在世界范围内产生了巨大影响。另外，他还提出了"在版编目"的创意，推动了图书馆设备、用品、目录卡片等的标准化进程，进行了缩写字规范化的工作。第六，图书馆藏书应包括图画、幻灯片和其他媒体资料。总之，杜威的图书馆学思想可用他自己的一句话来概括：不追求理论上的完整体系，只从实用的观点出发来设法解决实际问题。杜威的图书馆学思想以其巨大的声望对美国乃至世界上许多国家的图书馆学理论发展产生了重大影响。这对于图书馆学学科发展而言有利也有弊：从积极的方面说，它鼓励图书馆工作人员着眼于实际工作，多做有益于读者的事情，从而推动了图书馆实践的发展；从消极的方面说，它禁锢了人们的思维，延缓了图书馆学的科学化进程。

美国图书馆学家皮尔斯·巴特勒（Pierce Butler，1886—1953 年）是引入科学研究方法来认识图书馆学研究的代表人物之一，他坚持从各种社会科学中获取学术资源，注重图书馆与社会的互动关系。1916 年巴特勒开始从事图书馆工作，1928 年被聘为芝加哥大学图书馆学院的兼职讲师，1931 年正式调入该学院工作，1952 年退休，1953 年因车祸不幸辞世，巴特勒对图书馆学做出了巨大贡献。他的著述有多种，但其图书馆学思想主要体现在 1933 年出版的《图书馆学导论》之中，J. H. 谢拉（J. H. Shera，1903—1982 年）评论这本书是"图书馆思想发展的真正里程碑"。该书从社会学、心理学和历史学三个方面分析图书馆的性质，提出了独特的见解，为图书馆学思想的发展奠定了基础。巴特勒从图书馆与社会的联系方面进行研究，对图书馆的本质做了深入的分析，从而开拓了图书馆学的研究领域。他首次明确了图书馆学体系在庞大的宏观科学体系中的位置，这是图书馆学发展的标志，他对图书馆的定义："图书是保存人类记忆的社会机制，而图书馆则是将人类记忆移植于现在人们的意识中去的社会装置。"该定义是引入科学研究方法来认识图书馆学研究对象的结果。

美国图书馆学家谢拉是巴特勒的学生，也是美国"交流说"的代表人物之一。1922 年他在《图书馆学教育基础》一书中指出："交流是社会结构的黏合剂。图书馆是社会交流链中的一环。"他认为："交流不仅对个人的个性十分重要，而且对社会结构、社会组织及其活动也是重要的，所以它成了图书馆学研究的中心内容。"谢拉对图书馆学做出的标志性贡献之一是 1965 年他和同事一起提出了社会认识论（social epistemology）：关注知识的交流与消耗、知识与社会的互动、知识中介（图书馆）效应的发挥，其实质也是交流。谢拉在自己的许多论著中总是提及社会认识论："在我看来，社会认识论对图书馆员有着重要意义，因为它能给我们提供各种有效的、合理的参考框架。""社会认识论能够给图书馆管理员的工作以知性的基础，这正是我们长期以来所寻求的。"谢拉晚年所处的时代，信息科学与计算机技术飞快发展，使图书馆发生了巨大变化，"实用主义图书馆学"重新抬头，图书馆学的研究力量逐渐向技术应用领域转移。在此期间，也有一些图书馆学家如美国加利福尼亚大学伯克利分校的巴克兰德教授认为图书馆学在应用研究与理论研究中应保持必要的张力。

由此看来，美国对于图书馆学的研究认为，理论与应用是图书馆学的两翼，理论研究的目标是认识，应用研究的目的是实践，二者相互依存，密不可分。

4. 日本

日本明治维新运动（19 世纪 60 年代到 20 世纪 10 年代）不仅从欧美吸收先进的科学技术，还引进前沿的知识。早期的日本图书馆学源于欧美，研究内容以图书馆管理为主，重技术、轻理论是这个时期日本图书馆学的重要特征。1883 年，近藤镇三翻译介绍德国图书馆学的《图书馆学》被认为是日本最早的图书馆学文献。日本也和许多欧洲国家一样，在第二次世界大战之后，开始认识和重视图书馆学这一学科领域。也就是说，在日本作为一门学科的图书馆学是在第二次世界大战之后发展起来的。日本图书馆学的发展脉络简洁而清晰，这是符合日本民族的思维方式的“20 世纪 50 年代的图书馆学理论，主要是摸索自身的成立所应具备的基础”。

20 世纪 50 年代初到 60 年代中期，日本图书馆学受美国的影响较大，注重理论研究，尤其是图书馆的社会学研究是当时的图书馆学潮流；20 世纪 60 年代中期之后，日本图书馆学逐步发展为图书馆情报学，这也是图书馆学日本化的发展过程，该时期理论研究思潮虽然还在延续，但图书馆学的主流已转向应用性的情报研究。日本也成为世界上最早推行图书馆学和情报学一体化的国家之一，注重情报研究是近代日本图书馆学最重要的特色。

1957 年，藤林忠发表了论文《图书馆学的基础问题》，拉开了图书馆学理论研究的序幕，他认为，尽管各个历史时期的图书馆目的、功能有所不同，但有两个普遍与永恒的要素，那就是图书与读者，图书馆学不是对个别图书馆的研究，而是对图书与读者及其相互关系的研究，有关图书与读者及其相互关系的系统原理，就是图书馆学。1953 年，黑田正典发表了《关于图书馆学原理的考察》一文，他认为，图书馆学是图书馆工作所必需的知识与技术的集合，研究对象是指图书馆与图书馆工作。其本质是一门应用科学，其研究内容应该由对象与方法两部分组成，对象是指图书馆与图书馆工作，方法是指自然科学方法和社会科学方法及其在图书馆的应用。1954 年，大佐三四五出版专著《图书馆学的展开》，将图书馆学的结构划分为理论、史论、实践论、文献学（目录学、古文书学）和辅助科学五部分，认为图书馆学是以图书馆为对象的系统知识的总和。20 世纪 50 年代末期之后，日本图书馆学先是受到文献工作继而又受到情报学的冲击，在此情况下，抽象的理论探讨趋于式微，但却并没有泯灭。到 20 世纪 80 年代初，岩猿敏生对日本图书馆学理论研究进程做了系统的总结和评论，并将日本图书馆学理论研究推进到一个新的高度。津田良成在 1982 年出版的《图书馆情报学概论》一书中认为，“以图书馆事业作为研究对象的图书馆学”，其传统的研究内容是“文字、印刷品、出版物、各种文献资料以及系统地收集、存贮和提供这些文献资料的各类图书馆工作。”

此外，日本图书馆学关于图书馆基础理论的著名著作还有西村竹间的《图书馆管理法》（1892 年）、田中稻城的《图书馆管理法》（1900 年）、佐野友三郎的《通俗图书馆经营》（1914 年）、田万吉等的《图书馆小识》（1915 年）等。

5. 印度

古印度由于口述的传统，降低了民众对文字的依赖，19 世纪西学的传入才开始有了公共图书馆，尤其是 1947 年印度独立后，各邦州才开始建立属于自己的公共图书馆。1891 年和 1916 年美国人 W. A. 博登（W. A. Borden）和 A. D. 迪金森（A. D. Dickinson）在巴罗达和拉合尔建立了图书馆学校。相较之下，印度的图书馆学教育则开展较早。

虽然印度是个发展中国家，但是对图书馆学的贡献却是举世公认的。印度图书馆学研究的突出成就以 S. R. 阮冈纳赞（S. R. Ranganatha，1892—1972 年）为代表。他在图书分类和图书馆学理论研究方面做出了卓有成效的重大贡献。他的代表作有《冒号分类法》《图书分类法导论》《图书馆学五定律》，他在 1931 年提出了享誉全球图书馆界的“图书馆学五定律”（the five laws of library science）。他所著的《图书馆学五定律》总结了图书馆工作的基本规律，指出了图书馆工作的重要原则和规范，阐明了图书馆中各种要素和各种工作之间的内在联系，为图书馆工作指明了方向，同时在图书馆学领域内也提出了许多新的观点，采用了新的研究方法，更加充实和完善了图书馆学的内容，为图书馆学研究开辟了一条新路。阮冈纳赞的《图书馆学五定律》在图书馆事业史和图书馆学发展史上均占有重要地位，是图书馆学发展过程中一个重要的里程碑。

阮冈纳赞在 1931 年出版的《图书馆学五定律》一书中，首先提出“图书馆的组成要素”，他认为“在图书馆中生长着有机体的主要部分就是图书、读者和工作人员，现代图书馆就是这三个要素的结合体。我们必须清楚地认识到，没有读者的一批藏书和没有藏书的一群读者一样，都不能被称作图书馆。我们也必须认识到，仅有排列好的藏书和读者，但是没有懂得在一定的时候，以一定的方式，为一定的读者提供一定的书籍的馆员的服务，也不能算是图书馆”。

阮冈纳赞是 20 世纪 30 年代印度图书馆学第一次高潮的核心人物和 20 世纪 50—60 年代印度图书馆学第二次高潮的领袖人物，阮冈纳赞的图书馆学思想确立了印度图书馆学的研究特色并在某种意义上规定了印度图书馆学的研究范围与方向。阮冈纳赞去世后，印度图书馆学开始分化，到 20 世纪 80—90 年代逐渐形成了知识组织学派、管理学派、信息技术学派和“本土研究”学派等多种流派，并最终形成第三次高潮。

1.1.4　图书馆学流派

图书馆学的源头可以追溯到 17 世纪。法国学者诺德被誉为“图书馆学的开山鼻祖”。诺德的图书馆学思想在欧洲流传开后，很快引起了图书馆界的积极响应，并在 17 世纪中后期形成了西方第一次图书馆学思潮。17 世纪的辉煌过后，18 世纪的西方图书馆学进入了低谷时期，未有理论大家出现。19 世纪伊始，在社会经济和科学技术较为繁荣的大环境中，德国图书馆界开始营建图书馆学的“大厦”，这种自觉的以构建学科体系为目的的行为使图书馆学第一次以学科的形式出现在学科之林中。从此开始，西方图书馆学沿着不同的方向发展，并随着认识过程的深入特别是对图书馆学研究对象本质的逐步逼近，形成了技术学派、管理学派、社会学学派、交流学派、新技术学派和信息管理学派等多种流派。

1. 技术学派

技术学派是西方图书馆学史上出现的第一个学术流派。该学派的主要特征是将图书馆看作一个孤立的实体，认为图书馆学的研究对象是具体的图书馆技术、操作方法和工作内容。该学派的主要代表人物有德国的施莱廷格、埃伯特及丹麦的莫尔贝希和美国的杜威。美国图书馆学家杜威是技术学派图书馆学的集大成者。杜威一生创立了许多图书馆学领域的世界之最：1876 年，杜威等发起成立了世界上第一个图书馆协会——美国图书馆协会（American Library Association，ALA）；创办了第一份图书馆学刊物《图书馆杂志》；出版了世界上第一部十进制分类法——《杜威十进制分类法》。1887 年，杜威又成立了世界上第一个正规的图书馆学教育机构——哥伦比亚大学图书馆学院；杜威还开办了图书馆用品公司并主持公司业务长达 28 年之久。

在现代图书馆学发展的开始阶段，图书馆工作强调技术方法，使技术性、实践性较强的内容在图书馆学研究中占了主导地位，从而直接导致了图书馆学研究对象技术说的产生。后来，人们把这种学术思想称为“实用派图书馆学”。它为后世应用图书馆学的研究打下了基础。技术学派的历史贡献是确立了图书馆学的学科地位，在经验总结的基础上对图书馆学进行了初步的抽象，从而形成了经验图书馆学的体系框架。技术学派是整个 19 世纪图书馆学的主流，由于它贴近图书馆工作人员的直接经验，迄今在世界各国的图书馆基层工作者中仍有很大的影响。

2. 管理学派

管理学派的出现稍晚于技术学派，它也是 19 世纪主要的图书馆学流派之一，迄今在英国和美国两国仍有很大影响。《不列颠大百科全书》曾这样写道：“图书馆管理学（library economy）是这门学科最初使用的名称，直到 20 世纪仍继续使用，尤其是在英国。”这说明管理学派的图书馆学在英国有着悠久的历史。事实上，如果追溯得远一些，17 世纪的杜里可以算是管理学派的先驱人物。管理学派的主要特征是将所有图书馆工作纳入图书馆管理过程，并将这个过程视作图书馆学的研究对象。管理学派的主要代表人物有英国的帕尼齐、爱德华兹、K. C. 哈里森（K. C. Harrison）等。

1887 年，世界上第一所图书馆学校在美国成立，取名为哥伦比亚学院图书馆管理学院（School of Library Economy at Columbia College）。该校的办学目的是“培养专业的图书馆管理人才”，故其课程偏重图书馆经营管理的内容。此外，美国圣路易斯公共图书馆馆长克伦登也明确提出，应运用企业管理的方法来管理图书馆。从此，图书馆管理的论著日益增多，现代管理学理论开始在图书馆中普遍应用。而我国现代图书馆学发展初期（20 世纪 20—30 年代）关于图书馆学研究对象问题的探讨占主流的也是管理说。

管理学派图书馆学主要是指在英国形成并代代相传下来的图书馆学流派，其他国家虽然也有图书馆管理学，有些国家（如美国等）还非常注重图书馆管理，但这些国家的图书馆管理学只是图书馆学的一个分支，不像英国图书馆学那样处处刻有管理的烙印。管理学派抓住了管理这个关键环节，以其统率图书馆学，使管理知识与图书馆学融为一体，特色鲜明，丰富了图书馆学的内容。其局限性在于理论层次不够，不足以在多个层面指导图书馆实践，尤其不利于图书馆的创新与拓展。

管理学派扩大了以往图书馆学的研究范畴，要求图书馆学不仅要关注图书整理及其技术方法，也要关注图书馆的经营和管理，这是符合图书馆工作实际的，也是符合社会发展要求的。管理学派对于图书馆工作的规范化、科学化起到了直接的推动作用。

3. 社会学学派

社会学学派是由于导入了新的研究方法而形成的图书馆学流派。早期的社会学学派也称芝加哥学派，其核心成员是芝加哥大学图书馆学研究生院的师生，主要包括 L. R. 威尔逊（L. R. Wilson）、D. 韦普尔斯（D. Waples）、巴特勒、卡尔顿 · B. 约克尔（Carleton B. Joeckel）、R. A. 比尔斯（R. A. Beals）和谢拉等。另据统计，1930—1950 年美国共完成了 68 篇图书馆学博士论文，这些论文都是芝加哥大学图书馆学研究生院的产物，其主导潮流是历史和社会研究。如果将芝加哥学派置于其产生的社会背景中考察，可以发现，芝加哥大学也是最早建立社会学系并授予社会学博士学位的美国大学，在 20 世纪 20—40 年代，芝加哥大学还是美国乃至世界的社会学研究中心，其社会学研究力量如此强大，以致当时芝加哥大学的其他社会科学研究无不受其影响。巧合的是，社会学中也有一个芝加哥学派，它与图书馆学中的芝加哥学派相互辉映，形成对照。芝加哥学派的出现极大地影响了美国图书馆学的发展进程，其影响进一步扩展到西方世界，从而逐渐形成图书馆学的社会学学派。社会学学派的主要特征是引入社会学研究方法，将图书馆置于社会之中进行考察，认为图书馆学的研究对象是社会记忆或社会精神的移植过程。社会学学派的主要代表人物包括美国的巴特勒、谢拉和德国的卡尔施泰特等。

芝加哥学派的形成，以 1928 年在芝加哥大学创办世界上第一个具有博士学位授予权的图书馆学研究生院为起点。芝加哥大学图书馆学研究生院成立后，该校师生便致力于发展具有高度理性的图书馆学知识体系，结束了以往师傅带徒弟式的经验主义的人才培养模式。他们从历史、文化和社会的角度思考图书馆活动的哲学问题，同时也以社会科学中流行的实证方法或思辨方法研究图书馆基础理论，试图将图书馆学从经验图书馆学转变为“作为科学的图书馆学”。这一具有鲜明学术特色的学术群体，被后人称为“芝加哥学派”。

社会学学派从社会入手，将图书馆界定为移植人类记忆或客观精神的社会机构，这种认识确定了图书馆在社会中的坐标，促进了图书馆学与其他学科的交流。社会学学派也改变了技术学派和管理学派“重过程”的传统，它更注重图书馆的功能，注重图书馆与读者和社会的交互作用，这样也就孕育了“交流学说”的种子。社会学学派的不足在于它过分追求理论的完美，这种热衷甚至令巴特勒也感到“科学得真是太过头了”。社会学学派在世界范围内也有广泛的影响，譬如日本和我国都有学者从事图书馆社会学的研究并撰写过有关著作。

4. 交流学派

交流学派是随着情报学的分离、发展及其对图书馆学的反作用而形成的图书馆学流派，因此也被称为图书馆学中的情报学派。交流学派的主要特征是融合情报学的理论与方法，注重情报分析和用户研究，认为图书馆学的研究对象是社会知识交流现象、情报交流现象或科学交流现象。交流学派的代表人物主要有谢拉、丘巴梁等。

交流说的代表人物首推美国的图书馆学家谢拉，他是这一学说的集大成者。他在1922年出版的《图书馆学教育基础》书中明确指出，“交流是社会结构的黏合剂”，“图书馆是社会交流链中的一环”，他认为，“交流不仅对个人的个性十分重要，而且对社会结构、社会组织及其活动也是重要的，所以它成了图书馆学研究的中心内容”。他在1965年系统提出的社会认识论，其实质也是交流。苏联图书馆学家丘巴梁认为，苏联图书馆学是一门把图书馆过程作为群众性地交流社会思想的一种形式的社会科学，也体现了交流说的学术思想。从20世纪80年代开始，我国的图书馆学者也开始提出了自己的交流说观点。这些观点大体上可分为文献交流说、知识交流说、文献信息交流说三种形式。交流说突破了从图书馆实体出发，确定图书馆学研究对象的局限，着眼于对图书馆学研究对象的本质特征进行理论抽象，这对改变长期以来图书馆学研究的封闭思维，扩大图书馆学研究领域，推动图书馆学科向科学化发展，起到了重要的作用。

从某种意义上说，交流学派图书馆学是社会学学派图书馆学的延续，巴特勒的图书馆学理论已逻辑地内含社会知识交流的思想。但我们注意到，交流学派的产生却是与情报学联系在一起的，它可以说是图书馆学和情报学交互作用的产物。情报学具有重技术的传统，这种传统通过交流学派的学说进而影响图书馆学，最终形成了图书馆学中的新技术学派。

5. 新技术学派

新技术学派出现于20世纪60年代，它是以计算机技术为核心的现代信息技术在图书馆领域应用的产物。由于新技术学派注重引进和发展新的信息技术，注重以新的信息技术为前提来预测图书馆的未来趋向，因此它也被称作未来学派。新技术学派的主要代表人物有利克利德（J. C. R. Licklider）、兰开斯特（F. W. Lancaster）、詹姆斯·汤普森（James Thompson）、沃尔特·克劳福特（Walt Crawford）、迈克尔·戈曼（Michael Gorman）和道林（K. E. Dowlin）等。

利克利德是美国图书馆学家，他于1965年出版了经典之作《未来的图书馆》。利克利德认为，随着新技术的迅速发展及其在图书馆的应用，图书已不再是适宜的信息贮藏物。利克利德是新技术学派的先驱人物，他的未来图书馆理论已具备了新技术学派的特征，可以看出，这是一种技术决定论。兰开斯特是美国著名的图书馆学家和情报学家，他基于计算机在情报存贮、检索和传播方面的应用，大胆地预测了2000年前后无纸信息系统的发展及技术细节，而这一切现在大都已成为现实。汤普森是英国图书馆学家，他在《图书馆的未来》一书中阐述了自己对未来图书馆的认识。汤普森的未来图书馆学理论也许创意较少，但他博采众家之说，内容翔实，逻辑顺畅，时有真知灼见，确为优秀的图书馆学论著。克劳福特和戈曼均为美国加州资深的图书馆自动化专家。克劳福特和戈曼合著的《未来图书馆：梦想、狂热与现实》完全可以称为经典之作，书中在阮冈纳赞图书馆学五定律的基础上，提出了图书馆学事业五条新法则，被人们称为新图书馆学五定律。其主要内容包括以下几方面。

（1）图书馆服务于人类文化。“图书馆的使命不仅是为个别真理探求者，更是为更高目标的广泛的人类文化修养需求服务。”

（2）掌握各种知识的传播方式。每一种传播方式都将占有一定的时间和空间，新的传播方式是对原有传播方式的增强与补充，对于新的、更有效的传播方式，应积极使用，但也不能随意抛弃原有的传播方式，要始终坚持实用与实效的原则。

（3）明智地采用科学技术提高服务质量。图书馆工作发展的历史，就是一个将新技术与方法结合到现有活动与服务中的过程。

（4）确保知识的自由存取。用知识取代图书。

（5）尊重过去、开创未来。图书馆在发展过程中，面对变革的挑战，要继承过去图书馆的优良传统，并保持图书馆的历史观念和人类知识传播的观念，始终作为人类的知识传播机构而存在。

书中的一些论点虽有待于完善和接受实践的检验，但就其博大精深而言，足以与巴特勒和谢拉的同类著作相提并论，它们都是美国图书馆学史上的里程碑。

新技术学派正在各个层面迅速取代早期技术学派的位置，一旦现代信息技术进入具体的图书馆工作部门，由传统方法所支撑的早期技术学派的阵地就会土崩瓦解。就新技术学派自身的发展轨迹而言，又可分为三个阶段：①从 20 世纪 60 年代中期到 20 世纪 70 年代末，是以预测为主的时期，技术决定论的色彩极为浓厚。②20 世纪 80 年代初期到 20 世纪 90 年代中期，是以实践为主的时期，“无墙图书馆”“电子图书馆”“虚拟图书馆”等诸多概念学说竞相纷呈，技术仍然是这些理论的核心。③20 世纪 90 年代中期开始，理性分析又渐渐抬头，唯技术倾向的一统天下风光不再，对当前和未来图书馆的分析预测更多地渗入了社会学、心理学、经济学等因素，资源中心的思想有所体现。新技术学派的发展过程再次证明了图书馆学的进化规律，即图书馆学的突破往往首先从技术发端，经过实践的中介，最终回归信息资源和用户需求所组成的理论核心，新的理论正是在这个过程中产生和完善的。新技术说在 20 世纪 90 年代随着“虚拟图书馆”概念和技术的发展而呈现出盛行之势，在一些图书馆学教育单位，计算机技术类课程已超过了图书馆学专业课程，这也是人们对图书馆学研究对象认识的一种间接的表现。

6. 信息管理学派

信息管理学派是信息资源管理理论与实践在图书馆学领域的发展所促成的图书馆学理论流派。就图书馆学自身的逻辑发展而言，信息管理学派（或信息资源管理学派）是新技术学派进化的必然产物。就信息资源管理理论的发展而言，信息管理是信息资源管理的一种变体，使用信息管理一词者多为图书情报领域的学者，他们一方面将信息资源管理理论植入图书情报学之中，另一方面又竭力将具体的图书情报学理论提升和一般化，这样就形成了具有图书情报领域特色的信息管理理论。信息管理学派的主要特征是注重信息资源的集成管理，注重信息资源在集成管理中的核心作用，注重一般信息管理理论的探索。信息管理学派的主要代表人物有马丁（W. J. Martin）、布莱斯・克罗宁（Blaise Cronin）、达文波特（E. Davenport）和斯特洛特曼（K. A. Stroetmann）等。

资源说的出现与信息资源管理（information resource management，IRM）密切相关。

作为一种理论，信息资源管理产生于20世纪70年代后期的美国，其主要生成领域一是政府部门的文书管理领域，二是工商行业的企业信息管理部门。信息资源管理的实质是将信息视为一种战略资源并善加管理、开发和利用，借以提高各组织的生产率和竞争力，这里主要涉及一个观念的转变问题。信息资源管理的核心是整合过程，它从组织整体的角度审视信息资源，通过引进信息技术对所有信息资源实行集成管理，以最大限度地避免重复和提高效率，这里主要涉及一个行动的问题。

信息管理学派的理论已远远超越了图书馆学的规定性，它既是图书馆学也不是图书馆学。从肯定的意义上来审视信息管理理论，它包容了图书馆学的合理内核，是图书馆学进化与变迁的必然结果；从否定的意义上来审视信息管理理论，它与图书馆学理论有质的不同，它们之间是要素和整体的关系，而整体大于部分之和。信息管理学不会取代图书馆学，诚如克劳福特和戈曼所言："在过去的年代中，当电影、收音机和电视普及开来时，人们曾几次预言印刷物和公共图书馆将会消亡。然而现在的结果是，新的媒介建立了自己的市场——它们不仅没有取代，相反还增进了印刷物和公共图书馆的价值。"同理，信息管理学将在广阔的领域和较高的层次建立自己的"势力范围"，图书馆学则将继续在信息资源体系研究领域确立自己的优势。

1.1.5　图书馆学典型流派评价

在现代图书馆学的发展过程中，它的研究对象始终是国内外图书馆学家探讨研究和关注的重要课题。在近两个世纪的学术探索中，所形成的种种学说是图书馆学家留下的孜孜不倦、不懈追求的足迹。各国图书馆学理论呈现出不同的历史特点：德国图书馆学的科学辅助学旨趣、英国图书馆学的管理学派特征、美国图书馆学的实用主义、俄罗斯图书馆学关注阅读的学术传统、日本图书馆学的情报学派走向、印度图书馆学的人文主义色彩。这些学术思想在相互影响和借鉴中，一方面，形成了中外各具特色的图书馆学理论流派；另一方面，也逐渐实现了从图书馆现象的具体描述到理论抽象的飞跃。国外图书馆学史上关于图书馆学研究对象的认识经历了以下几个阶段。

第一阶段，是图书馆现象与图书馆工作描述阶段。在这个阶段，研究者认为图书馆学的研究对象是图书馆的具体工作方法或者是图书馆管理，他们着重从物质和技术层面来研究图书馆学，主要是对图书馆工作进行具体描述，还缺乏对图书馆学对象深层次的本质把握。管理说扩大了以往图书馆学的研究范畴，要求图书馆学不仅要关注图书整理及其技术方法，还要关注图书馆的经营和管理，这是符合图书馆工作实际的，也是符合社会发展要求的。管理说对于图书馆工作的规范化、科学化起到了直接的推动作用。

第二阶段，是对图书馆进行整体的宏观考察阶段。在这个阶段，研究者开始把图书馆视为整体系统，并置于社会大环境下去研究，侧重于考察图书馆的社会功能。总之，这个阶段对图书馆学研究对象的认识，已不再局限于对微观图书馆工作的具体描述，而是扩展到了对宏观图书馆事业的整体考察，尤其是对图书馆运作机制的探寻，以及对图书馆与社会联系的考察。

第三阶段，主要是将信息交流作为图书馆学的研究对象。这是由于 20 世纪 50 年代以后，科学技术飞速发展，文献数量急剧增加，信息爆炸成了人们有效利用文献信息的最大障碍。许多图书馆学研究者意识到，图书馆学的任务就是要尽可能消除这一障碍，促进社会知识信息的有效交流，以满足人们快速、准确地获取有用信息的要求。因此，许多研究者都对信息交流给予了极大的关注，使得交流说应运而生。交流说突破了从图书馆实体出发确定图书馆学研究对象的局限，着眼于对图书馆学研究对象的本质特征进行理论抽象，这对改变长期以来图书馆学研究的封闭思维，扩大图书馆学研究领域，推动图书馆学科向科学化发展，起到了重要的作用。

第四阶段，开始将信息资源作为图书馆学的研究对象。20 世纪 90 年代以后，以计算机技术和网络技术为核心的现代信息技术迅速发展，导致信息数量激增，人类生产、传递和利用信息的方式也发生了根本的变化。图书馆的工作对象由文献资源扩展为信息资源，因而图书馆学也将研究的注意力转向了信息资源。

国外图书馆学代表流派发展的四个阶段体现了国外图书馆学研究对象的认识过程：从局部认识阶段到整体认识阶段再到深层认识阶段。自 1807 年施莱廷格提出图书馆学这一学科名称之后到 20 世纪初，人们对图书馆学研究对象的认识是表层的、局部的。局部认识，就是只能从表层认识图书馆的某些部分、某些外在特征、外在联系或某些显露点，而图书馆内涵仍处于封闭、隐蔽状态。对图书馆学研究对象的认识，经过 100 多年的局部、表层探索之后，到 20 世纪初进入整体认识阶段。整体认识也就是抽象认识、宏观认识，将图书馆学的研究对象——图书馆置于社会大系统中进行研究、观察，研究图书馆与社会的关系、图书馆的社会功能、图书馆在社会中的地位、图书馆与读者、图书馆自身的发展变化、图书馆建设方向等。深层认识就是指对图书馆学研究对象内涵的认识。在整体认识的基础上，对图书馆学研究对象整体进行解剖、分析，研究其内部结构、构成要素、相互联系、基本矛盾、本质、规律等。以上关于图书馆学研究对象认识的三个阶段，也是人们认识事物的过程。由低级到高级、由简到繁、由局部到整体、由现象到本质、由具体到抽象，是人们认识事物的一般规律。三个认识阶段是一个相互联系的整体，前阶段是后阶段的基础，三个不同阶段的认识总和，共同构成了图书馆学研究体系。

1.2　中国图书馆学发展历程

虽然我国自古就有关于文献收集、整理、加工、存储、利用等方面的经验积累，且形成了目录学、校雠学等研究科目，但实际上它们的研究内容和现代意义上的图书馆学两者间还存在较大差异，所以图书馆学其实是一个比较年轻的学科。一般认为，我国的图书馆学发端于 20 世纪初，从西学东渐起，图书馆学这一名词从国外传入中国，国内真正意义上的图书馆学研究才算是逐步开始。在发展进程中虽然受到了国外学术思想的影响，但最终形成了独具特色，兼容并蓄的风格。

在专家学者对图书馆学的研究中，有关图书馆学研究对象的讨论是重要内容之一。我国对图书馆学研究对象的认识经历了一个连续发展的过程，随着社会发展与科技进步，不断有研究者提出自己的观点，并形成了诸多图书馆学理论流派。据统计，到20世纪80年代中期之前关于图书馆学研究对象的观点就已有50余种。我们对各观点进行归类整理、综合概括，将其大致划分为四个阶段，并在各阶段引用具有代表性的观点加以评述。

1.2.1　第一阶段：20世纪前

在20世纪之前，中国还没有一座真正意义上的"公共"图书馆。尽管在我国的历史上书院、藏书楼等早已屡见不鲜，藏书之事甚至可以追溯到甲骨文时代，但它们都不向大众免费开放。所以从严格意义上来讲，在20世纪之前我国只能说是有图书馆思想而无图书馆学思想，图书馆学思想是从学科的角度来认识和把握图书馆现象的理论思维形式，区别于图书馆思想的地方主要是它的系统性和理论性。所以，20世纪前的这一阶段我国的图书馆研究还停留在从国外引进先进思想知识的阶段，为图书馆学在我国的真正发端做了一些准备工作。在维新变法的运动中，国内的有识之士开始向西方学习，西方科学思想进入了国内学术界。从以日本为中介引入西方图书馆观念慢慢发展到直接对西方的图书馆学研究的引入。这一阶段相关的活动主要集中在对国外研究图书馆学的著作的翻译引入，既包括直接翻译引入的作品，也有经过作者自己的消化综合编写的作品。比如，孙毓修综合日本和美国的情况在1909年发表了《图书馆》一文，还有谢荫昌于1910年翻译了日本学者户野周二郎的《图书馆教育》等，1917年北京通俗教育研究会翻译了日本图书馆协会所编《图书馆小识》，1918年顾实编写了《图书馆指南》。这一阶段，除了专业性著作的引入外，还以中西合璧的方式在我国建立了一些藏书楼与书院。各地纷纷借鉴国外的制度设立了图书馆。有了新式图书馆，便也有了研究新式图书馆的科学知识。此时，国内学者大多认为图书馆学是图书馆现象与图书馆工作描述阶段，仍缺乏对图书馆学研究对象的深层次把握。

在这一阶段，值得一提的人物是我国图书馆学先驱人物韦棣华（M. E. Wood）。韦棣华开启了中国图书馆学的大门，她引进了美国的公共图书馆精神，并促成了中国图书馆学的产生与发展。

韦棣华是美国圣公会女传教士、近代女图书馆学家、图书馆事业家、教育家、近代新图书馆运动的倡导者。1861年8月22日出生于美国纽约州，她曾任理奇蒙德纪念图书馆（Richmond Memorial Library）首任馆长。1899年来到中国探亲，留居武昌，在教会创办的文华学院担任英语教师，同时还开始筹建该校的图书馆，从此开始了为中国图书馆事业建设和发展的工作，在中国图书馆学正规教育史上占有举足轻重的地位。

后来，她于1907年返回美国筹集资金，在美国北卡罗来纳州召开的第29届美国图书馆协会年会上，第一次向国际社会介绍中国图书馆工作的情况，由于她的努力，募款工作非常成功。1908年，韦棣华再回武昌后，即开始筹备新图书馆的建造工作。1909年，文华学校图书馆建筑工程开工，于次年春天落成开馆，命名为文华公书林，这是中国第一所现代新型图书馆，也开了近代中国公共图书馆之先河。与中国传统“藏书楼”的性质不同，该馆完全按照近现代图书馆的规制创办。首先，它对公众开放，除了文华大学师生外，武汉三镇的民众也可入馆使用。其次，为方便读者，实行开架阅览制，这在当时的中国绝无仅有。最后，它强调图书馆的读者服务和社会教育作用，经常举办演讲、读书会、故事会、音乐会等活动。1914 年，创立巡回图书馆，定期更换新书，充分利用本身的馆藏与资源来服务读者。

随着文华公书林业务的发展，韦棣华看到培养专业人才对图书馆发展之重要。于是在美国友人的赞助下，她先后于 1914 年和 1917 年，选送沈祖荣和胡庆生两位赴美在纽约公共图书馆学校（New York Public Library School，哥伦比亚大学图书馆学校的前身）攻读，沈、胡二人成为中国留美研习图书馆学的先驱者，也是第一次图书馆学高潮的中坚力量。他们的留美是韦棣华在中国创立图书馆学校计划的第一步。

1918 年，为了筹建图书馆学校，韦棣华再次回到美国筹集资金。次年重返武昌，在学成回国的沈、胡两位先生的协助下，1920 年，文华大学图书科（Boon Library School）正式开办，由自己任主任兼教授，第一班学生共招收六人，由此开了中国现代图书馆学专业教育之先，训练专门人才，备日后发展中国图书馆事业之所需。这是中国图书馆学正规教育的开始，从此播下中国发展图书馆事业的种子，对日后国家的教育文化影响深远。1929 年，该图书科获教育部批准为独立学府，更名为私立武昌文华图书馆学专科学校（简称文华图专，英文名称仍旧为 Boon Library School），成为国内第一所图书馆专门学校，为日后国家图书馆事业培养出许多人才。

此后，她还是一直致力于中国图书馆事业的发展，积极参与中国图书馆事务的组织与管理活动，促成和加强了中国图书馆学和西方的交流与合作。她是 1925 年第一届中华图书馆协会教育委员会的书记，并代表协会参加了美国图书馆协会和英国图书馆协会有关活动，主要有庚子赔款和中国图书馆运动等。直到 1931 年，韦棣华病逝于武昌，她对中国图书馆事业所做的贡献却永远留在了华夏大地上。她的专业奉献精神也将永远激励着献身于图书馆事业的万千儿女。

1.2.2　第二阶段：20 世纪二三十年代

经过前期的准备和积累，图书馆学终于在这一阶段开始在我国生根发芽，这一时期是一个急需图书馆学和图书馆专门人才的时期，在前期的铺垫下，我国诞生了一批热爱图书馆事业的研究者，沈祖荣、胡庆生、戴志骞、李小缘、刘国钧、杜定友等学成归国，带回来了西方先进的图书馆学知识，融合中西的基础上致力于图书馆学的本土化。掀起了新图书馆运动，并直接促成了 20 世纪我国图书馆学发展的第一次高潮。第一次高潮从 20 年代初一直延续到 20 世纪 30 年代末，它锻炼了第一代学者，造就了第二代学者。第二代图书馆学研究者的特点是他们大多是在祖国的土地上成长起来的。例如，桂质柏、裘开明、马宗荣等虽然留学归来，但也接受了国内图书馆学教育的熏陶；有在我国近代图书馆学专业教育中走出来的查修、皮高品、周连宽、吕绍虞、张遵俭、严文郁、毛坤、汪应文、汪长炳、钱亚新等；有通过长期实践而未接受专业图书馆学教育的实干家如柳诒徵、万国鼎、王云五、王献唐、王重民、张秀民等。第二代图书馆学学者虽然也创造了辉煌的成绩，但因其创造的高峰期的时代背景问题，他们的总体成就及水平稍微逊色于第一代人。

这也是一个需要建立图书馆学研究组织以推动图书馆学发展的时期。1921 年，中华教育改进社在北京成立，沈祖荣、戴志骞、洪有丰、杜定友等加入了该社的图书教育组，这是最早的图书馆学研究组织之一。1925 年，中华图书馆协会在上海成立，梁启超为第一任董事部部长，戴志骞为第一任执行部的部长。该协会的宗旨是“研究图书馆学术，发展图书馆事业，并谋图书馆之协助”。中华图书馆协会的成立是图书馆学第一次发展高潮中的大事件，它标志着我国早期图书馆学进入了有组织的研究时期。

同时期，国外学者巴特勒、阮冈纳赞、杜定友等各国图书馆学者几乎同时开始将图书馆置于社会大系统中去考察，他们认为除了图书馆技术以外，图书馆作为社会产物，为读者服务是图书馆对社会的反馈，也非常重要。图书馆正是在与社会大系统发生输入输出交换的同时，才能形成一个“发展的有机体”。我国的图书馆学的研究对象，也从表象的具体认识阶段发展到了整体的抽象认识阶段，学者将图书馆视为整体系统置于社会大环境下来研究，考察其社会功能。其中，代表性的流派有社会说和要素说。

1. 社会说

社会说是由于引入了新的研究方法而形成的图书馆学流派。该流派的主要特征是引入社会学研究方法，将图书馆置于社会之中进行考察，认为图书馆学的研究对象是社会记忆或社会精神的移植过程。这种认识确定了图书馆在社会中的坐标，促进了图书馆学与其他学科的交流。社会说改变了“重过程”的传统，它更注重图书馆的功能，注重图书馆与读者和社会的交互作用，这样也就孕育了交流说的种子。

国外社会说的主要代表人物包括美国的巴特勒、谢拉和德国的卡尔施泰特等。美国图书馆学家巴特勒的社会说激烈批评当时支配美国图书馆界偏爱技术忽视理论的倾向，他主张将图书馆与社会发展联系起来。谢拉对图书馆认识与巴特勒的图书馆学思想是一脉相承的，他们都是采用社会学方法进行研究。卡尔施泰特的客观精神与巴特勒所定义的社会知识的本质是一致的，这也是社会学派的逻辑起点。

这些思想对我国早期图书馆学研究影响很大。其实早在 1925 年，杜定友在《图书馆通论》一书中提出：“图书馆的功用，就是社会上一切人的记忆，实际上就是社会上一切人的公共脑子。一个人不能完全地记着一切，而图书馆可记忆并解答一切。”这实际上与巴特勒的观点一致，可以说是巴特勒观点通俗的、符合中文表达的一种解释。

2. 要素说

要素说是以中国图书馆学研究者为主提出的一种研究对象说。中国的要素说比印度的图书馆学家阮冈纳赞在 1931 年提出的“图书馆组成要素”早一些。要素说是一个群体性研究的成果，20 世纪 20 年代产生直至 20 世纪 50 年代逐步趋于完善。杜定友和刘国钧皆为要素说的代表人物，他们也是我国图书馆学史上堪称世界级的人物。

最早于公开出版物上提出要素说的是刘国钧先生，他于 1921 年在《中华教育界》

上载文《儿童图书馆与儿童文学》，文中指出了要办好儿童图书馆的三个要素。杜定友在1921年8月在广州市民大学做的讲演中就将人才、书籍和房屋作为图书馆的三要素而提出。1920年8月时任清华学校图书馆馆长的戴志骞先生在北京高等师范学校举办的暑期图书馆学讲习会中提出了六项“普通图书馆管理法之要素”。梁启超则在1925年中华图书馆协会成立会上指出，“图书馆有两个要素：一是‘读者’；二是‘读物’”。1929年，陶述先提出图书馆要素有三个：书籍、馆员与读者。1926年，杜定友先生在《图书馆学的内容与方法》一文中提出“三位一体”思想，并于次年出版的《图书馆通论》一文中明确提出图书馆学的三要素问题，认为设立图书馆的三个要素是保存、方法和活用，他以书、人和法的次序来解析图书馆事业发展的重点。1934年，刘国钧在《图书馆学要旨》一书中提出了图书、人员、设备和方法的四要素说。1957年，他又进一步提出了图书馆的五要素说，他认为，图书馆事业有五项组成要素：图书、读者、领导和干部、建筑与设备、工作方法，并且明确提出：“图书馆学所研究的对象就是图书馆事业及其各个组成要素。”

要素说是我国图书馆学家对于图书馆学的贡献。从某种意义上讲，要素说表面上看是探讨图书馆这一社会现象的组成要素，但实际目的却是要探讨图书馆事业整体的发展机制。因此，这一观点对我国图书馆学研究的影响十分深远。

这两种观点都具备两个特征：一是整体认识，二是抽象认识。这两个特征也是该阶段对于表象认识阶段的进步与发展。但同样由于时代和条件的限制，该阶段的认识只是在认识的广度及科学性方面进展较大，而在认识深度的挖掘，即对图书馆本质和规律的认识方面未能进一步取得突破。整体认识阶段在图书馆学的发展过程中是一个极为重要的阶段，它担负着使图书馆学成为科学的使命。

1.2.3　第三阶段：20世纪五六十年代到20世纪80年代末

在这一阶段，我国图书馆学的发展经历了两次发展高潮。20世纪40年代到50年代，由于战争的原因，我国图书馆学研究活动基本陷于停顿。20世纪50年代后，站起来的第一代和第二代图书馆学者发起并领导了第二次图书馆学高潮，培养出了第三代图书馆学者。我国的第二次图书馆学高潮始于20世纪50年代初期，形成于1957年前后，而终止于20世纪60年代中期，虽然说是三次高潮中较为短促的，但具有时代特色和中国特色的图书馆学体系已悄然形成。蓬勃发展的图书馆学因政治原因于20世纪60年代中期到20世纪70年代后期陷入了第二次低谷。到20世纪70年代末期，我国图书馆学又迎来了第三次的发展高潮。1979年，中国图书馆学会在太原宣告成立，这是第三次高潮的一个良好开端。在20世纪80年代，被组织起来的第三代人在我国图书馆学研究领域上全面开花。在第三次高潮期间，我国加强了国际的交流与合作，恢复了在国际图书馆协会联合会（简称国际图联）中的会员地位，成功地举办了1996年国际图联大会，在国际图书馆事务中地位不断升高。这是一次跨世纪长时间的高低潮并存的发展浪潮，这也是中国图书馆学走向世界的一次发展高潮，在这次高潮中成长起来的第四代图书馆学者具备了足够的冲击世界、挑战未来的能力与信心。

这一阶段，我国图书馆学研究对象是在上一阶段的基础上，将图书馆视为一个整体的认识且逐步深入，并且大约到第三次高潮发展时期，开始将信息交流作为图书馆学的研究对象。在两次高潮中涌现了许多关于图书馆学研究对象的讨论，如提出了规律说、交流说、中介说、矛盾说、图书馆说等。可以说形成了百家争鸣的现象，下面将对代表性的一些流派进行较为详细的介绍。

1. 图书馆说

图书馆说认为图书馆学的对象是图书馆事业。支持图书馆说（包括事业说在内）的学者实际上占了较大比例。图书馆说曾被国内一些高校教材所认可，在很长一段时间内，不断有学者来强调这一观点。例如，1957 年，刘国钧在《什么是图书馆学》一文中说："图书馆学就是关于图书馆的科学。也就是研究图书馆事业的性质和规律及其各个组成要素的性质和规律的科学。"同年，周文骏发表了《我国图书馆学的对象和内容管见》，认为图书馆事业是图书馆学研究对象。1960 年，黄宗忠发表了《关于图书馆学的对象和任务》，文中也认为图书馆学的对象是图书馆事业。1963 年，黄宗忠等发表的《对图书馆学几个问题的初步探讨》一文中又提出："图书馆学研究对象是图书馆事业。"由于图书馆事业与图书馆都是一个整体，在含义上区别不大，而且后者含义更广泛、更明确、更确切，更与世界大多数人的看法一致，所以在 20 世纪 80 年代黄宗忠把图书馆学研究对象表述为图书馆。1985 年，黄宗忠在《略论图书馆学是一门综合性学科》一文中说："图书馆学的研究对象是图书馆整体，不是图书馆某一侧面、某一层次或某一运动形态。"上海辞书出版社出版的《辞海》1961 年试行本认为："图书馆学研究对象是图书馆。"刘烈在 1985 年发表的《论图书馆学的研究对象》（上）中说："图书馆学研究对象是图书馆。"金恩晖主编的《图书馆学引论》一书认为："图书馆学是一门研究图书馆的科学。"1985 年，吴慰慈和邵巍也在其《图书馆学概论》一书中指出："图书馆学研究对象是图书馆事业及其相关因素。"

可以发现，这个阶段对图书馆学研究对象的认识，已显然不再局限于对微观图书馆工作的具体描述，而是扩展到了对宏观图书馆事业的整体考察，尤其是对图书馆运作机制的探寻以及思考图书馆与社会的联系。

2. 规律说

1960 年，北京文化学院图书馆学研究班编写的《社会主义图书馆学概论》，认为"图书馆事业和它的全部活动规律"是图书馆学的研究对象，首次推出了规律说。此后，在 1961 年，武汉大学、北京大学、文化学院合编的《图书馆学引论》以及 1981 年北京大学、武汉大学图书馆学系编的《图书馆学基础》，都曾提出：图书馆事业、图书馆工作及其规律是图书馆学研究对象。可以说在《图书馆学基础》一书出版后，规律说便在我国迅速流行了起来，该书提出的观点是："图书馆学是研究图书馆事业发生发展、组织形式以及它的工作规律的一门科学。"但也有学者因为该书既未回答什么是图书馆的规律，更未展开深入的探讨，而质疑规律说。从框架结构及实质内容来看，它包括了图书馆学基础理论、图书馆学、图书馆目录、文献分类、藏书建设、读者工作、图书馆管理、图书馆现代化等方面的内容，其实质是图书馆学体系的浓缩，因此称之为“图书馆学手册”也许更合适一些。

3. 交流说

进入 20 世纪五六十年代，随着科学技术的发展，专业分工细化，呈现出文献数量急剧增加、内容相互交叉、类型复杂多样、分布分散等现象。在信息爆炸的背景下，加上电子计算机、微缩技术等出现，图书馆工作也出现了从手工方式向自动化方式转移的趋势。20 世纪 40—70 年代，国外一些图书馆学者对图书馆的知识、信息、情报的交流问题给予了很大的关注。交流说是情报学与图书馆学相结合的产物。受谢拉交流说的影响，我国图书馆学开始将社会信息交流或者知识交流作为研究的对象，把图书馆作为一个信息交流的实体放在整个社会信息交流系统的大背景中来考虑其功能和作用。此外，情报学从图书馆学母体中剥离出来，成为一门独立的学科。图书馆学研究人员逐步意识到促进社会知识、信息的交流，让大众尽快获取有价值的信息是图书馆学的重要研究任务之一，所以图书馆学的研究内容也应向此方向转移。因此，在这种情况下，20 世纪 80 年代我国图书馆学者也开始提出了自己的交流说。这些观点大体上可分为文献交流说、知识交流说、文献信息交流说三种形式。

1）文献交流说

文献交流说是我国交流说中最早被提出的，其主要代表是北京大学的周文骏。他在 1983 年发表的《概论图书馆学》一文中提出，文献“首先是一种情报交流的工具。图书馆利用文献进行工作，所以说图书馆工作发展的历史，基本上是利用文献这个情报交流工具进行情报交流工作的经验的结晶”。

2）知识交流说

知识交流说形成于 20 世纪 80 年代中期,代表人物是华东师范大学的宓浩和黄纯元，1984 年他们在《知识的交流和交流的科学——关于图书馆学基础理论的建设》一文中指出图书馆收集、存储、整理、组织、传递和利用知识信息的活动本质是人类知识交流。图书馆实质上是知识交流的工具，所以图书馆学应关注知识的交流。图书馆学应划分三个层次研究知识交流：①知识交流的基本原理（研究知识、知识载体、知识交流三者的关系）；②知识交流与交流实体（如图书馆）之间的关系；③图书馆知识交流的内在机制。该文发表后在图书馆学界影响甚广。后来在 1988 年出版的《图书馆学原理》中，他们又将该理论进行了丰富，进一步提出，“图书馆活动的本质是社会知识信息交流”“图书馆学要研究社会知识交流在图书馆活动中的特殊过程和特殊规律；研究如何收集、整理、贮存和传递知识载体，以促进社会知识的交流；研究在社会知识交流过程中图书馆与图书馆事业自身变化发展的规律。”

知识交流说摆脱了从图书馆实体出发确定图书馆学研究对象的方式，致力于抽象研究对象的本质特征，这对打破传统图书馆学研究封闭的思维模式，推动本学科科学化起到了积极促进作用。知识交流说的不足之处在于，理论层次较高，它能涵盖图书、情报、档案等多门学科，但最后如何返回图书馆及图书馆学中，用于揭示图书馆内部活动的机理，却显得较为乏力。

3）文献信息交流说

文献信息交流说在我国最早也是出现于 20 世纪 80 年代中期，可以将南开大学图书馆学系 1986 年集体编写的《理论图书馆学教程》视作该学说的代表。书中提到，“文献信息交流是图书馆工作的出发点和归宿”“图书馆学是研究图书馆进行文献信息交流的理论和方法的学科”。

文献信息交流说突破了从图书馆实体出发确定图书馆学研究对象的局限，着眼于对图书馆学研究对象的本质特征进行理论抽象，这对改变长期以来图书馆学研究的封闭思维、扩大图书馆学研究领域、推动图书馆学科向科学化发展起到了重要的作用。

此外，中介说实质上也是一种交流说。中介说主要的代表人物是吴慰慈，他在 1985 年出版的《图书馆学概论》中，除了认为“图书馆学的研究对象是图书馆事业及其相关因素”以外，他还提到了“中介性是图书馆的本质属性”。因此，可以认为中介说是他的主要观点。1991 年，他又提到：“信息资源包括所有的记录、文件、设施、设备、人员、供给、系统和搜集、存储、处理、传递信息所需的其他机器。”在国内引发了信息资源管理研究的热潮。

4. 矛盾说

矛盾说是众多流派中具有代表性之一的流派，也是我国学者提出的独特看法。它试图通过分析图书馆的特殊矛盾来探寻图书馆的本质和规律。矛盾说的主要代表人物是武汉大学的黄宗忠。他根据毛泽东《矛盾论》的论述，运用马克思主义哲学思想在 1962 年发表了《试论图书馆的藏与用》一文，在其中分析了图书馆工作过程中“藏”与“用”是图书馆的特殊矛盾。1988 年，他又在《图书馆学导论》一书中进一步发展了他的矛盾说，他认为，“图书馆是矛盾的统一体”“矛盾运动是图书馆发展的根本原因”“藏与用的矛盾是图书馆的特殊矛盾，规定着图书馆的本质，是图书馆学区别于其他学科的根本点”。1992 年在《文献信息学》中，他进一步对矛盾说进行解释，他认为：“文献信息工作的工作对象与服务对象，即文献信息与文献信息用户是矛盾着的两个方面。可以认为，文献信息量大、面广、分散、零乱、冗余等状况与文献信息用户对文献信息需求的集中、专指、系统、优质之间的矛盾是文献信息工作的工作对象与服务对象的矛盾的主要方面。文献信息工作是为解决文献信息与其用户之间的这一主要矛盾而产生的，文献信息工作的每一环节每一项内容都是为了解决这一矛盾的不同方面而产生和发展起来的。文献信息的收集是为了解决文献信息的分散与用户利用文献信息要求相对集中的矛盾；文献信息的组织是为了解决文献信息的零散无序状况与用户利用文献信息要求系统化的矛盾；文献信息的研究是为了解决文献信息量大、面广、冗余等状况与用户利用文献信息要求浓缩、适用、优质的矛盾；文献信息的保存是为了解决文献信息易损易坏易老化与用户要求长久、反复利用文献信息的矛盾；文献信息的提供是为了解决文献信息的合理收藏与有效利用之间的矛盾。”

总之，矛盾说是黄宗忠图书馆学思想的灵魂，它贯穿在黄宗忠图书馆学思想从图书馆学到图书、情报、档案一体化再到文献信息学的发展过程中，体现在他的绝大多数论著中。然而，矛盾分析毕竟只是图书馆分析的一个方面，突出矛盾分析既是黄宗忠理论研究的特色，也体现了一定的局限性。

除了以上影响力较大的图书馆说、规律说、交流说、矛盾说，还有许多学者提出了自己关于图书馆学研究对象的不同看法，下面简单举例介绍。

（1）关系说。1981 年，薛新力和于鸣镝各自描述了自己对图书馆学研究对象的思考，它们都属于关系说。薛新力在《图书馆学定义初探》一文中提到："图书馆学研究对象就是图书、读者、图书馆组织、图书馆方法等要素构成图书馆事业之关系，研究这种关系的发生、发展和变化的科学。"于鸣镝在《图书馆学研究对象之管见》一文中提出，图书馆及其内部关系和外部关系是图书馆学研究对象。1992 年，他又进一步深化了他的关系说。总之，他们都认为图书馆学的研究对象就是对图书馆事业的要素之间的关系的研究。

（2）层次说。1982 年，张欣毅和刘迅共同提出了图书馆学研究对象层次说。他们认为，图书馆活动及其构成要素（即要素说）构成了图书馆学的"客观实体对象层次"而图书馆活动的内在规定性（即矛盾说、规律说、关系说等）构成了图书馆学的"抽象认识对象层次"，图书馆活动机制构成了图书馆学的"科学具体对象层次"。

（3）系统说。提出系统说的主要有郭星寿与那春光等学者。郭星寿在 1982 年提出"现代图书馆学的研究对象是图书馆系统"。1992 年，那春光等则将"图书馆藏书系统"作为图书馆学研究对象。

（4）活动说。1985 年和 1992 年，沈继武和郭星寿分别提出活动说。沈继武认为，"图书馆学的研究对象是图书馆活动"。其理由是："图书馆活动是一个完整的社会现象""图书馆是一种社会实践活动。"郭星寿在《现代图书馆学教程》一书中指出，"图书馆及其活动"是图书馆学的研究对象。

在这一阶段，我国台湾地区的图书馆学研究也蓬勃发展，尤其是在 20 世纪后期，我国台湾地区的图书馆学的发展值得我们关注。20 世纪 40 年代末，图书馆学者中的部分代表人物如王云五、蒋复璁等先后去了我国台湾地区，他们为我国台湾地区图书馆学的发展进步做了良好的铺垫。我国台湾地区的学者培养发展路线和大陆地区是相似的，早期 20 世纪 60—70 年代，一批从美国学成归来的图书馆学者成为我国台湾地区图书馆学的中坚力量，他们大约相当于大陆的第三代学者。20 世纪 80 年代之后，我国台湾地区图书馆学进入发展的高潮期，我国台湾地区当地培养的一批学者及一部分从海外归来的学者构成了我国台湾地区的第二代学者（相当于大陆第四代学者）。除此之外，我国大陆与台湾地区的图书馆学交流规模日益扩大，频率日益提升，海峡两岸的图书馆学者将共同努力，一起创造我国图书馆学研究更辉煌的明天。

1.2.4　第四阶段：20 世纪 90 年代至今

20 世纪 90 年代，互联网技术、多媒体技术、光纤与卫星通信技术不仅将人们带入了网络时代，使社会知识信息的总量得以飞速增长，同时也使传播速度加快。随着高新技术、软件开发、管理策划、咨询服务、教育培训等知识密集型产业在整个经济中发挥的作用越来越大，知识日益成为重要的生产要素。在知识社会与网络时代，如何有效地组织、控制与传递知识信息，克服知识的无序状态，提高知识信息的利用率，增强组织与个人的核心竞争力，已成为人们极为关注与亟待解决的问题。

在这一阶段，随着西方信息资源管理理论的传入，以及信息经济、知识经济思潮的兴起，对图书馆学研究对象的主要看法是将信息资源作为研究对象，进入了深入的整合认识阶段。其中，代表流派有：资源说、知识组织说等。

1. 资源说

1992 年，美国图书馆学家 B. E. 切尼克（B. E. Chernik）在《图书馆服务导论》一书中最早推出资源说。他认为“图书馆是为利用而组织起来的信息集合”，图书馆资源是一种信息资源。1998 年，我国学者徐引篪和霍国庆发表《图书馆学研究对象的认识过程》一文，认为资源说“确确实实是最接近图书馆本质的观点”，表示“赞同资源说”。他们认为，“图书馆学的研究对象是图书馆，图书馆是一种动态的信息资源体系，所以，图书馆学的研究对象是动态的信息资源体系”，或者说，“信息资源体系及其过程是图书馆学的研究对象”。他们采用层层剥离的方法，在中国首次推出了资源说。

2. 知识组织说

知识组织（knowledge organization）这一概念产生得较早，1929 年，英国分类学家 H. E. 布利斯（H. E. Bliss）就曾出版过《知识组织和科学系统》《图书馆的知识组织》。1989 年，国际知识组织学会（International Society of Knowledge Organization，ISKO）在德国法兰克福成立，学会将创刊于 1974 年的《国际分类法》杂志作为自己的会刊，并在 1993 年将其更名为《知识组织》。而在我国有关知识组织的学术讨论其实在 20 世纪 80 年代末期才逐渐开始。例如，在 1989—1990 年马费成、胡昌平、刘植惠等撰文探讨了知识组织、知识揭示与知识基因的方法。到了 20 世纪 90 年代初，刘洪波针对知识交流说的不足之处指出，虽然知识交流理论对图书馆活动的外部关系给予了有力说明，但未能揭示出图书馆内部活动的本质和机理，图书馆内部活动的实质是知识组织。知识组织理论是知识交流理论的补充。20 世纪 90 年代末期，有关知识组织的文章多了起来，如 1998 年王知津在《知识组织的研究范围及发展策略》中提出，如何将无序的知识组织起来供人们使用，这是图书馆学的研究领域。知识组织不仅是对文献的组织，也包括对文献中知识的组织，即将客观知识世界中的最小知识单元、知识因子组织成一个有序的体系。知识组织的任务不仅包括应付大量的知识，还包括控制知识的增长。蒋永福则撰文称，图书馆是对客观知识进行专门组织和控制的社会组织，我们应从知识组织的角度去理解图书馆学。

知识组织说的提出顺应了网络时代知识管理的需求。它成长于以往图书情报理论之中，文献分类理论、情报组织理论、知识交流理论是其三大来源。从宏观上揭示出了图书馆活动的本质，准确说明了图书馆的社会作用，成为转移图书馆学研究范式的重要推力。知识组织说在肯定了传统图书馆学以文献单元为基础的知识组织方法的同时，还探讨了以知识内容为基础进行逻辑分析的知识组织方法，为图书馆学提供了纵深发展的广阔空间。

除此之外，在这一时期还有一些其他种类的学说，下面进行简单介绍。

（1）信息管理说和新技术说。信息管理说或信息资源管理说的实质是在统一研究对象的基础上，以信息资源为起点，建立统一的信息资源管理学，图书馆学属于它的二级学科；新技术说的实质是试图以新信息技术为突破口推进图书馆的现代化，从而为图书馆学走出一条新路。实际上，早在 20 世纪 70 年代开始，兰卡斯特在一系列的论著中就提出了该观点。他在《电子时代的图书馆和图书馆员》一书中强调了电子技术的重要性，预测传统图书馆会消失。新技术说在 20 世纪 90 年代随着虚拟图书馆概念和技术的发展而在我国呈现出盛行之势。但这两种观点，无论哪一种学说，均以现代信息技术为支撑前提，这是第四代人的优势也是第三代人的劣势。因此，信息管理说与新技术说的主要市场还是在第四代人中间，在 21 世纪的研究中大放光彩。

（2）符号信息说。郑金山于 1997 年首次推出符号信息说。他指出："符号信息是图书馆学研究的基本对象。"他将符号信息分为文献信息、语言信息、态势信息和信号信息等。他认为："现代图书馆学基本理论，应当是符号信息的收集、整序、存储和再生产、再创造、再发现及其利用的理论，其灵魂是创新增值。"

（3）公共信息流通说。1998 年，丁国顺发表的《从图书馆形态研究看图书馆学的研究对象、基本概念》一文，认为："图书馆是一种公共信息的特殊流通形态，公共信息是图书馆学的基本概念，公共信息流通则是图书馆学的研究对象。"

（4）知识可获得性说。1998 年，梁灿兴发表《图书馆的核心问题和研究对象新见》一文，他认为，读者要获得的是图书馆文献群中的知识单元，"图书馆要完成的工作无疑是：保证文献群中知识单元对于服务对象的可获得性。图书馆学要研究解决的核心问题是，如何才能保证文献群中知识单元的可获得性"。他认为："文献群中知识单元的可获得性是图书馆学的研究对象。"

（5）信息时空说。1998 年，叶鹰在《图书馆学基础理论的抽象建构》一文中，将图书馆定义为"有序化信息相对集中的时空"，这是指抽象图书馆。"研究抽象图书馆的科学即为抽象图书馆学。"抽象图书馆学的研究对象是"有序化信息时空"。他指出，以"有序化信息时空"作为研究对象的图书馆学研究范围将极其广泛。

1.2.5　中国图书馆学流派评价

图书馆学的研究对象是围绕图书馆这一专门的社会机构展开的，因而必然存在一定局限性。但正如图书馆学五定律所说的那样图书馆是一个生长着的有机体，图书馆学的研究领域也应该是开放的、动态的，而不是封闭的，静止的。所以，图书馆学研究对象的内容、范围不是一成不变的，在不同的时代背景和不同的技术条件下，图书馆事业及其相关因素的组成是会有变化的。但无论怎样变化，仍是有关图书馆、图书馆事业及其相关的各个因素等的问题。我国图书馆学研究对象发展的过程也正体现了这一思想。

我国学者在不同时代条件下，在不同科学技术水平的影响下，由于观察事物角度不同，对事物理解能力不同、文化知识背景不同及研究客体的不断变化等多种原因综合作用下，对图书馆学的研究对象的认识经历了漫长的过程。国内对图书馆学研究对象的认识，与国外相比晚了 100 多年，但其后的认识过程基本与国外同步。在最初跨越了局部的认识阶段，直接进入整体认识的阶段。从 20 世纪 20 年代之前单纯地从西方引入，到 20 世纪二三十年代开始自己的研究，在第一次发展高潮中图书馆学把图书馆视为整体系统，研究对象从表象的具体认识阶段跨越到了整体的抽象认识阶段。在第二次高潮时发展为对图书馆本质的规律认识阶段。直到 20 世纪 90 年代左右又将信息资源作为研究对象，进入了深入整合认识的阶段。

对图书馆学研究对象讨论的各个代表性流派，从社会说开始，将图书馆与社会发展联系起来加以研究，将图书馆作为人类记忆的社会机制，作为社会知识交流的媒介，已经将图书馆视为整体放到社会的大环境中进行考察，但是还没有深入到图书馆的本质。同期的要素说也是同样，作为最早由我国学者主动提出的流派有其历史意义，为我们指明了图书馆学需要研究的内容，总结了办理图书馆的必要条件，对指导和提高图书馆的业务工作具有重要的历史意义。但是同样地也有其明显的局限性：只说明了图书馆事业的构成要素，没有揭示图书馆实质的最基本概念。其中所提到的要素并不具有图书馆的限定性，如书籍、读者、建筑等，在其他机构如档案馆、博物馆等也可以找到相关对应。因此，要素说也未揭示出图书馆的本质。图书馆说是得到了多数人支持的观点。但图书馆说对研究对象的揭示不够具体明确，显得过于简单和笼统。我们并不否认“图书馆学研究对象是图书馆”这一命题的正确性，但要判断一个研究者对图书馆学研究对象的实质性观点，必须分析他对图书馆的进一步解释。

规律说提出后在我国流行起来，但后来遭到的质疑也并非毫无道理。该流派的确并未关注图书馆的本质和规律，相关书籍是对图书馆学体系的整理，其研究对象仍是图书馆或图书馆事业，所以可以算作是图书馆说的一种。但规律说的提出说明在这一时期我国对图书馆学研究对象的关注，已从图书馆的个体研究逐渐走向对图书馆事业的整体性认识，渐渐开始将图书馆视作一个完整的整体，它对指导图书馆事业的发展还是具有重要的意义的。

到交流说的提出，将图书馆和社会交流、知识学联系起来，将图书馆放在社会中、放在知识学中去研究，似乎是对社会说的延伸和发展。在思维上从封闭走向开放，从静态研究走向动态研究。而且分化出了以文献交流说、知识交流说、文献信息交流说为代表的多种形式，对推动我国图书馆学研究和发展产生了深远的影响。但是交流说与要素说有类似的问题，知识交流、文献信息交流等理论的专指性不够强，其他一些信息机构也同样进行着知识交流和文献信息交流的活动，并非图书馆的专属，而且图书馆的作用也不仅仅局限于交流这一方面。尽管表达了图书馆与知识、知识交流的相互关系，但未充分揭示图书馆内部活动的本质和机理，即忽视了知识组织的问题。

加上矛盾说试图用哲学观点通过图书馆的特殊矛盾来探索图书馆的本质和规律，可以说是真正意义上的规律性认识，用哲学的观点来分析图书馆，揭示其本质，这在图书馆学研究史上是首次。矛盾说的意义是重大的。它为揭示图书馆本质提供了一种科学方法。这种矛盾分析法是寻找具有不同特殊矛盾的不同学科的研究对象的最科学方法之一。科学研究发展史已充分证明了这种方法的优越性。此外，揭示图书馆的本质需要用抽象的理论和概念来概括，而矛盾说正是探究这种抽象的理论的一种尝试，在走向图书馆学研究对象的本质问题上有了巨大的进步。

可以说交流说、矛盾说已经深入到了本质的认识阶段，它们的共同之处在于，都深化了对图书馆学研究对象的认识，如果说表象认识阶段局限于图书馆的某个方面或某几个方面，整体认识阶段局限于图书馆结构及外部联系的展开，那么本质认识阶段则深入到了图书馆内部的文献、知识和文献信息层面。当然，这两种观点还是存在一些缺陷，交流说超越了图书馆学的学科范围，矛盾说未能厘清图书馆的所有关系。尽管它们都不同程度地触及了图书馆的本质，然而，对事物本质的认识是一个渐进的过程，事物的本质本身也在逐渐地发生着变化。有鉴于此，我们对图书馆学研究对象的认识仍将继续下去。对本质的认识过程不会终结，相反，这是一个不断深入的过程。

关系说则指明了图书馆活动和图书馆事业的内外各种关系，说明了影响和制约图书馆工作和事业发展的因素，对图书馆决策者和业务工作者具有重要的指导意义。但关系说对图书馆学的专指性也不够强。层次说的提出说明了人们对图书馆学研究对象的认识具有层次关系，对图书馆学研究对象认识的结构分析具有重要理论意义，对分析图书馆学研究对象的认识过程具有重要参考价值。但层次说更像是关于已有的对图书馆学研究对象的整理和划分，而系统说与活动说都是从整体上研究图书馆活动及其联系。只不过系统说是用系统方法来研究图书馆活动，活动说是对图书馆活动的整体性认识。系统说和活动说实际上仍未探索到图书馆的本质。从本质上来看，系统说和活动说仍是图书馆说或事业说的另两种变种。但系统说和活动说为我们提供了一些新方法：系统方法和整体抽象方法。

再到资源说，则又更进一步，我们对图书馆学研究对象的认识开始进入到深入整合认识阶段。任何一种理论学说的发展都是一种螺旋式的进化过程，高级形态是对低级形态的否定和扬弃，低级形态则是高级形态的基础和合理的内核。将这种认识推广到图书馆学研究对象的认识过程中，资源说无疑是一种高级的理论形态，它包含着整理说、社会说、交流说和新技术说等各种不同层面观点的合理要素，它不排斥这些观点，也不能取代这些观点，但它又确实是最接近图书馆本质的观点。

知识组织说成长于以往图书情报理论之中，文献分类理论、知识交流理论、情报组织理论是其三大来源。知识组织说强调客观知识的组织过程，因此弥补了交流说的缺陷，同时，该学说还认为知识组织目标就在于通过知识的整序来克服信息泛滥与知识无序状态，任务是使客观知识得到控制及有效提供。尤其是把图书馆视为知识组织系统，这就充分揭示出图书馆的本质，成为转移图书馆学研究方向的重要推力。

到 20 世纪 90 年代末又涌现了许多学者提出了一些创造性的看法，为我们对图书馆学研究对象的思考提供了新的思路。符号信息说的理论根据是作者所提出的“现代图书馆学研究的基本对象是信息”。为研究者提供了一个比文献、知识更深层的切入点：符号。但信息包括有用信息和无用信息，而图书馆只收藏和处理有用信息。其所指出的符号信息自然也应包括无用信息，因此这一描述还值得进一步思考改进。公共信息流通说，从研究图书馆的特殊流通形态入手，从而找到公共信息流通和公共信息两个概念。这种研究图书馆形态的方法值得我们借鉴。知识可获得性说是基于藏与用的矛盾去寻找图书馆学的研究对象，可以说是对矛盾说的发展，对开展图书馆有效服务、优化藏用关系有重要的实践意义。信息时空说是针对抽象图书馆而言的，图书馆是有序化信息相对集中的时空，包括古今中外的图书馆和未来的图书馆，都是这种信息时空。这样，以有序化信息时空作为研究对象的图书馆学范围将极其广泛，扩大了图书馆学研究的视野，为图书馆学的研究发展提供了广阔的前景。

尽管对于图书馆学的研究对象问题至今仍众说纷纭，尚未形成统一的说法，但从总体上来看，是一个由向西方学习引入已有观点到自己提出看法，从琐碎到逐步形成体系，由局部看法到整体看法，从现实工作出发上升到抽象概念，从封闭到开放，从静态到动态的一个逐步探索的过程。每个阶段的发展都是向本质层次的步步逼近，每一个观点都是对图书馆事业的无私奉献，都闪现着我国图书馆学家思想的光辉。图书馆学的中介性、综合性等特点使之能不断地吸纳新的知识营养、应用新的科学与方法，研究视野越来越广阔，研究内容更加丰富，走向更灿烂的未来。

1.3 图书馆学的研究方法

科学研究的方法是指人们在科学研究活动中，为认识各种事物而采用的思路、途径、手段和程序等，它贯穿于整个科学研究活动的始终。现代科学的发展已经告诉我们，科学成果的取得主要得益于科学方法的采用。研究方法在科学研究活动中的作用越来越明显，以至于人们把研究方法称为科学的灵魂。

任何一门学科都有它的研究方法体系。研究方法是人类长期进行科学实践的结晶，它随着人们对客观世界认识和实践的不断深化而充实、丰富、提高。每当科学发展到一个新的阶段，总会产生新的方法与之相适应，从而推进科学研究的进一步发展。图书馆学也不例外。但在过去很长一段时间，图书馆学的研究方法并没有引起人们的注意，直到 20 世纪五六十年代，国外才有人开始专门讨论这个问题，而我国图书馆界则是在 20 世纪 80 年代后才开始关注图书馆学研究方法的。现在，由于科学研究方法的重要性已普遍为人们所认识，人们又开始对图书馆学的各种研究方法进行分析、比较、评价、综合等专门研究，使图书馆学方法论逐渐兴起，并成为图书馆学重要的组成部分。

研究方法与工作方法不同。工作方法是指一般的操作技术和处理实际事务的技巧；而研究方法则是指一般的思维方式，即从理性思考的角度解决抽象问题的手段和途径等。目前，我国图书馆工作方法已经比较成熟，形成了自己的特色，并经常被其他学科的工作所借鉴及应用，但图书馆学研究方法却由于学科体系不成熟，还没有建立起一套科学的方法论体系，这不仅使图书馆学本身的研究水平偏低，也使图书馆学研究方法很少被其他学科的研究所借鉴和使用。因此，大力开展对图书馆学研究方法的研究，对提高图书馆学的研究水平、加快图书馆学的发展具有重要的意义。

一般来说，任何一门学科的方法论都可以分为三个层次：哲学方法、一般研究方法、专门研究方法。哲学方法是一切科学研究方法论的基础，是对研究对象总的看法。它对各种科学研究及各种研究方法具有普遍的指导意义，能够为各门学科提供认识问题的方法。一般研究方法是指可以被许多学科共同使用的研究方法，如数学方法、系统论方法、观察法、实验方法、调查方法、逻辑方法等。专门研究方法则是指各学科为研究其特定对象而采用的特殊方法，具有较强的针对性和专用性，如在自然科学研究中，不同学科使用的不同实验方法等。图书馆学的研究方法也包括了这三个层次。

1.3.1　图书馆学研究中的哲学方法

哲学是关于世界观的学说，哲学的根本问题是思维与存在、精神与物质的关系问题，因此，它也是最高层次的理性思维，是对自然知识和社会知识高度抽象的概括和总结。马克思主义哲学是当今最科学的哲学，是人类认识世界和改造世界的有力武器。

图书馆学研究中的哲学方法主要是指马克思主义的辩证唯物主义和历史唯物主义方法在图书馆学研究中的应用。马克思主义哲学方法应用到图书馆学研究之后，为图书馆学研究提供了唯物主义物质第一性的一元论的世界观，用联系和发展的眼光去看问题的方法，以及在实践基础上去认识和改造世界的观点，使图书馆学研究有了实事求是、对立统一、透过现象看本质以及理论与实践相结合的基本原则。多年来，我国图书馆学研究运用哲学的方法，已经取得了一些成果。例如，在对图书馆学研究对象的探讨中，通过分析图书馆特有的矛盾，提出了矛盾说；通过对图书馆学本质的探讨，提出了规律说；这两种观点在世界范围的图书馆学研究领域中，有着鲜明的中国特色，显示了中国图书馆学研究者的开拓精神。

但是，在图书馆学研究中应用哲学方法也曾出现过一些偏差，如对哲学方法的表面化和哲学概念的机械应用、盲目照搬和生搬硬套，甚至用哲学的一般规律来替代专门科学研究等。因此，我们应当以马克思主义哲学方法来指导图书馆学研究，而不能用哲学来取代图书馆学研究。应当把马克思主义哲学中的基本观点，如物质观、意识观、运动观、时空观、矛盾观、质量观、否定观等作为我们从事图书馆学研究时必须遵循的基本准则。当前哲学方法在图书馆学中的应用主要是用哲学方法去探讨图书馆学科中的一些最基本的问题，如图书馆学的核心概念、研究对象、范式特征、学科结构以及学科宗旨等，以求对这些最基本的问题做出科学的解释。只有这些最基本的问题解决了，图书馆学研究才能够得到健康的发展。

当然，在世界哲学史上曾经产生过的一些哲学流派，如现象学、分析学、符号学、阐释学、实证学派等，也是人类精神文化成果的重要组成部分。图书馆学研究者也应当了解这些哲学成果，并借鉴其中的合理成分以指导自己的图书馆学研究。

1.3.2　图书馆学研究的一般科学方法

一般科学方法是对大多数学科都适用的科学研究方法，它对推动图书馆学研究也有着重要的作用。目前图书馆学研究中经常使用的一般科学方法主要有：观察实验法、逻辑方法、系统方法、数学方法等。

1. 观察实验法

观察是人们为了了解事物产生的基本现象，从而认识事物的本质和规律，利用感官或仪器，有目的、有计划地收集与研究对象有关的材料的方法。在科学研究中，它一直是一种既简便又有效的研究方法。在高科技发展的今天，观察法由于借助于各种新技术装备和手段的支持，便成了科学研究中的一种基本方法。在图书馆学的研究中，观察法的应用也非常普遍。例如，美国的图书馆学家特鲁斯威尔利用观察法，发现了读者对图书馆藏书利用的“二八率”，即图书馆读者 80%的借阅需求集中在 20%的藏书上，而图书馆 80%的藏书仅仅是为满足读者 20%的偶然需求而存在的。这一定律因此成为进行图书馆藏书建设分工协调的理论依据之一。显然，观察法能够获取观察对象在自然状态下的真实信息，便于总结规律。但要使观察有效、准确，必须注意观察的全面性、客观性，切忌先入为主、以偏概全。

实验法是模拟和再现研究客体所处的环境或状态，在可控制的条件下，由研究者有目的地对某种变量给予改变，并使其对其他变量产生影响，再观察其受影响结果的一种科学研究方法。它不仅是获得精确、典型、完整的研究结果的一种手段，还可以作为检验科学真理的一种基本方法。实验法不仅被广泛应用在自然科学研究中，现在也越来越多地被用在社会科学的研究中。从本质上来讲，实验法是一种实证的方法，通过实验获得可靠的数据和结论，因此，它对各门学科都具有方法论的意义。图书馆学作为一门实践性、技术性很强的学科，实验法的应用对其研究活动更是有着特殊的意义。例如，一位研究生在研究大学生信息素质对图书馆利用的影响时，采用实验的方法，有意识地对一组刚入学的大学生进行了文献检索方法的培训，结果发现，受过培训的学生比没有受过培训的学生利用图书馆的积极性更高，获取的文献信息也更多。由此，他得出了令人信服的研究结论：信息素质的高低与对图书馆利用的程度成正比。特别是在当今信息技术迅速发展的背景下，对各种新设备、新技术在图书馆中的应用采取实验的方法，有选择地引进和推广，往往会取得更好的效果。

2. 逻辑方法

逻辑方法主要是指归纳法和演绎法。归纳法是从个别事实中总结出一般结论的思维方法，而演绎法则是从一般原理中推出个别结论的思维方法。我们知道，归纳法和演绎法是理论思维中最一般的方法，也是人们探求真理最一般的过程，即由特殊到一般，又由一般到特殊，循环往复，不断前进。通常情况下，归纳法和演绎法在一个认识过程中是不可分离的。但作为研究方法，归纳法和演绎法却各自具有不同的作用。在图书馆学研究中，这两种方法一直被大量使用着，是图书馆学研究者比较熟悉和习惯使用的方法。面对复杂的图书馆及图书馆活动，人们一直在努力寻求把个别现象、经验等上升为一般性结论或理论，这就需要用归纳法。例如，对图书馆性质、职能等问题的认识，目前大都是采用归纳法来产生结论。演绎法在图书馆学研究中通常用在引进相关学科的理论和方法时，用相关学科比较成熟的一般原理去推导出图书馆学的个别结论，或者是用哲学的一般原理去推导出图书馆学研究的个别原则和规范。例如，图书馆读者心理研究或图书馆管理研究都需要从心理学一般原理或管理学一般原理中去推导符合图书馆实际的个别结论。

3. 系统方法

系统方法是把研究对象作为一个系统来加以认识的方法，即以系统有机联系的整体为出发点，从整体与部分之间、整体与外部环境之间的相互联系、相互作用、相互制约的关系中对研究对象进行全面考察，从而在普遍联系中把握其本质规律。系统方法要求运用完整性、集中化、层级结构、逻辑同构、信息、控制、自组织、协同等概念，找出适用于一切综合系统或子系统的模式、原则和规律。目前，系统方法已发展成为包括一般系统论、控制论、信息论、集合论、图论、网络理论、对策论、博弈论等理论和方法在内的一个体系。

系统方法具有区别于传统科学研究方法的特征。传统科学方法常常对研究对象进行分解，并逐一对分解后的各个部分进行考察，然后再将各部分研究的结果综合起来，就得到了对研究对象总的认识。然而，这种将研究对象“化整为零”的方法存在着严重的不足，即忽视了整体中各部分之间的相互联系，认为研究对象的整体性能就是其各分解部分性能的总和。而系统方法坚持系统整体的功能大于各组成部分功能之和的观点，强调把研究对象看成一个整体，以联系的眼光重点考察研究对象的组成部分及其结构对其整体功能的影响，并通过对系统内外各种关系的分析，达到科学认识的目的。

在图书馆学研究中，系统方法的应用经历了一个从不自觉到自觉的过程。人们早期对图书馆的认识就包含了系统的思想，如印度的图书馆学家阮冈纳赞提出的“图书馆是一个生长着的有机体”，就是把图书馆看成了一个系统。可见系统方法对图书馆学的发展起到了很大的作用。到了现代，人们开始自觉地应用系统方法来分析和研究图书馆活动中出现的各种问题，开始把图书馆作为整个社会信息交流系统中的一个子系统来加以考察，不仅考察图书馆与其各组成要素之间的关系，也考察图书馆与社会政治、经济、文化等方面的关系以及图书馆活动的社会效果等，获得了更多的关于图书馆本质的认识。

4. 数学方法

数学方法是运用数学所提供的概念、处理方式和技巧，对所要研究的对象进行定量分析、描述、推导和计算，从量的关系上认识事物的一种科学方法。它是在暂时撇开研究对象所具有的一些具体特征的情况下，利用数学工具，单纯从量的关系这一角度对研究对象进行考察，并以抽象的数学形式表示出研究对象的数量关系。数学方法具有高度的抽象性、严密的逻辑性、应用的普适性和表述的准确性，因而在许多科学研究领域被普遍使用。数学方法不仅为科学研究提供了定量分析与精确计算的工具，也为研究过程和研究结论提供了简洁的形式化表述语言。正因为如此，马克思认为，一门科学只有成功地运用数学时，才算达到了真正完善的地步。显然，一门学科如果不能用数学方法精辟地加以描述，就不可能成为精确的科学。图书馆学研究历来离不开数学方法，图书馆统计分析方法作为图书馆学研究的专门方法，就是运用数学方法的明证。此外，布拉德福文献分布定律、普赖斯文献增长指数定律等也都是用数学形式表述的图书馆学研究成果。现在，数学方法已越来越多地在图书馆学研究中被采用，除文献计量、引文分析、调查统计等领域需要应用数学方法外，数学方法还被用到了建立图书馆活动的模型以及探寻图书馆运行机制等方面。随着计算机在图书馆应用的增加，数学方法还将进一步普及，图书馆学研究将向着定量化、精确化的方向迈进。

1.3.3　图书馆学研究的专门方法

1. 图书馆统计法

这是由数学方法在图书馆学研究中的具体应用而产生的一种带有图书馆学的特点的专门方法。尽管它是一般统计方法在图书馆学研究中的应用，但因为图书馆统计有着与一般统计不同的诸多特点，所以，人们习惯将图书馆统计法当作图书馆学研究的专门方法。通过图书馆统计，不仅可以获得图书馆活动中精确、典型、完整的数据，还可以反映图书馆活动的规律及其内在联系。图书馆统计法通常被人们用在对图书馆文献资源建设、信息服务以及读者研究等方面。例如，文献的半衰期就是通过对读者利用某一学科文献的统计，计算出的在该学科被全部利用的文献中较新的一半距今发表的时间。这个数据对于图书馆进行文献资源布局、开展藏书剔除工作有着特别重要的意义。随着图书馆自动化集成管理系统被广泛采用，图书馆统计更加方便和快捷，这将促进图书馆统计法在图书馆学研究中的进一步应用。

2. 读者（用户）调查法

调查方法是科学研究，特别是社会科学研究经常使用的一种研究方法。它是在常态环境下，通过对被调查对象的询问，获取所需事实材料，再对获取的材料加以分析，最后得出某种结论的科学方法。在图书馆学研究中根据一般调查方法的基本原理和程序产生的读者（用户）调查法，是图书馆学研究的专门方法之一。它包括实地调查法（面谈法）和书面调查法（问卷法）两种形式。读者（用户）调查法是图书馆了解读者、研究读者最有效的一种方法。例如，随着数字图书馆的出现，网上阅读成为一种新的文献利用方式。一些人因此提出，在网络环境下，读者将更多地依赖网上资源，图书馆可以减少对文献的收藏。那么，这种观点对不对？北京大学信息管理系一位研究生对此做了一次读者调查，结果发现，读者最需要的图书馆服务，排在第一位的仍然是书刊的外借阅览。这就提示图书馆仍然要全力做好文献资源建设工作，以保障读者的借阅需求。从这个例子可以看出，有些推理并不一定符合实际，而应用读者（用户）调查法，用实际调查的数据来说明问题可能会更准确、更有效。值得一提的是，随着网络的日益普及，利用网络进行读者调查，将使调查更加方便、快速，减少成本，并且还可以利用统计软件进行数据的自动分析，这将进一步促进图书馆学研究更加广泛地应用读者调查法。

3. 移植法

科学方法的相互渗透、相互转移的一个表现形式就是科学方法在不同学科的移植，这种移植不仅推动了学科自身的发展，还往往能够产生新的边缘学科。由于图书馆学诞生的历史较短，一些比较成熟的学科的理论和方法就经常被图书馆学研究者借鉴，移植到图书馆学中来。将这些理论与方法同图书馆学的具体情况相结合，就形成了图书馆学研究中的专门方法。移植法包括科学概念、原理、方法及技术手段等方面的移植。目前，移植法被较多地用在普通图书馆学研究中，它对于图书馆学的体系结构、研究方法等的研究有积极的作用。此外，在应用图书馆学研究中，移植法也有特殊的作用。

4. 比较法

比较法即在一定的条件下，对相同事物的不同方面或同一性质事物的不同种类，通过比较而找出它们的共同点或差异点，以深入认识事物本质的一种科学研究方法。比较法在图书馆学研究中具有重要的作用，因而对其应用也是比较普遍的，尤其是在专门图书馆学和比较图书馆学研究中应用得最多。比较法作为确定客观对象共同点和差异点的基本方法，是逻辑加工的初步方法。一般来说，认识事物是从区分开始，要区分就要有比较，有比较才能有鉴别。用比较法对两个国家、两个地区的图书馆事业进行分析，对同一国家不同类型图书馆进行分析，对不同时代的图书馆进行分析，可以找出不同国家、不同地区、不同类型、不同时代的图书馆之间所存在的同一性和差异性，认识各自的特点和活动规律，为发展图书馆事业提供依据。

综上所述，图书馆学的研究方法问题是一个理论性和实用性都很强的问题。现有的一些方法，各有其长处和不足，在什么情况下采用什么方法，不能一概而论。鉴于图书馆学研究对象具有复杂性，综合采用多种研究方法可能会取得更好的效果。随着科学研究的发展，科学方法也会不断发展。图书馆学研究要随着图书馆学的发展，不断加强方法论的研究。图书馆学研究方法日臻完善，反过来又会推动着图书馆学研究不断深化。

1.4　图书馆的基本功能与社会功能分析

图书馆功能（或称图书馆职能，library function）就是图书馆对人类社会的发展所能产生的有益作用或推动作用。图书馆社会功能是图书馆功能在一定社会环境下具有一定社会特征的表现形式。研究图书馆社会功能有助于更全面地认识图书馆，从而使图书馆的社会价值得以充分发挥，完成图书馆的社会使命。

1.4.1　图书馆基本功能与社会功能的关系

图书馆的基本功能是指反映图书馆本质、特征的功能，是所有图书馆所共有的，是不管过去、现在、未来，还是国内与国外，或者大馆与小馆都是一样的存在。学界关于图书馆基本功能的描述有很多。郑翠珍指出对于绝大多数图书馆来说，基本功能就是对信息资源做知识单元层次的收集、整序、提供服务。桑健认为图书馆的基本功能就是收典籍和传播知识两项。吴慰慈在《图书馆学基础》中将图书馆的基本功能概括为收集、整理文献并提供使用，即对知识，信息的物质载体进行选择、收集；对知识信息的物质载体进行加工、整理、存储、控制、转化；对知识、信息的物质载体进行传递和提供使用。查丽华提出图书馆的基本功能就是知识服务。以上观点虽说法不一，但综合来看，图书馆的基本功能包括两方面：保存功能与利用功能。保存功能即图书馆收集，整理各种文献信息资源并对其进行保存，而利用功能则是指在保存的基础上根据用户需求使其使用。

图书馆的社会功能是以其基本功能为基础的，是图书馆与外界环境相互作用的产物，是其基本功能的社会表现形式，随着社会的发展而扩展和深化。因此，在研究图书馆社会功能过程中必须紧紧把握住图书馆的基本功能，进而在此基础上结合读者不同层次的社会需求来确定图书馆的各项社会功能。

随着社会的发展，图书馆的表现形态会有所变化。对于不同历史阶段、不同类型的图书馆，社会功能也会根据其性质、任务服务对象、收藏范围和所在地等情况的差异而各有侧重，进而形成不同的主导功能。本书所探讨的社会功能是在当前的社会环境背景下提出的，是保存功能和利用功能这两个基本功能在当今社会环境背景下的具体表现。

1.4.2　图书馆结构对图书馆功能的理解

系统论认为结构决定功能，结构是功能的基础，结构不同，一般功能也不同。例如，一个企业的组织与管理结构是否合理、有序，直接影响着其功能的发挥，并决定着该企业运营与发展程度的高低。类似的这种结构决定功能的现象在自然、社会和思维等不同的领域中普遍存在，对于图书馆来说也不例外。有学者指出，结构反映图书馆内部要素之间的关系，功能则反映图书馆与外部环境之间的关系，表达图书馆的活动和行为。图书馆功能受其构成结构影响，结构的变化会引起图书馆功能的改变。正如崔波所说的“现代化图书馆的文献结构、流程结构、组织结构、信息基础设施结构、布局结构等都是图书馆功能拓展和强化的重要基础，没有这些结构的变化作支撑，图书馆无法实现其功能的延伸”。

图书馆主要由信息资源、信息主体、信息设施与信息方法四个方面的要素组成。信息资源作为图书馆活动的客体包括印刷资源、声像资源、网络资源等多种形式的资源，甚至用户头脑中的知识都可作为一种潜在信息资源，在与他人进行交流、沟通的过程中使知识得以共享、传播；信息主体包括信息的提供者与接收者两方面，即馆员和读者，而信息主体的活动在某种情况下甚至能决定图书馆的活动；信息设施是开展图书馆服务的物质条件，包括图书馆建筑、设施设备、图书馆自动化系统等；信息方法则包括管理方法与业务工作方法两个方面。图书馆诸要素互为关联，所组成的结构决定整体功能的发挥，而图书馆结构中任一要素的改变都会对图书馆社会功能的发挥产生相应的影响。

以第一代与第二代图书馆功能的变化为例，第一代图书馆注重文献信息的收藏，而第二代图书馆注重文献信息的提供利用。两代图书馆间功能的差异主要源于两方面要素的改变。在信息主体方面，第一代图书馆注重收藏，并没有把信息主体作为其主要的构成要素，不向大众开放；而第二代图书馆则把信息主体放到了一个相对重要的地位，实现由“收藏机构”向“服务机构”的转变。在信息方法方面，第一代图书馆并没有对服务与利用的方法进行研究，而偏重收藏方法，重藏轻用；而第二代图书馆则更加注重服务的提供，除了收藏方法外，资源利用方面的技术方法也成为图书馆方法研究的重点。

从图书馆形态上来说，传统图书馆与数字图书馆在各自功能的发挥上也有所区别，具有不同的侧重点。两种形态的图书馆在结构上最明显的区别体现在信息设施上，传统图书馆主要是通过馆舍建筑所营造的空间环境，为读者提供可以读书、学习、交流以及进行知识共享的场地、空间与环境；而数字图书馆则更多地通过计算机、网络等所营造的数字环境，为读者查找、获取、交流、共享信息等提供了便捷的渠道，数字图书馆更注重自身的数字化建设，重视信息的提供与交流，建筑并不是必不可少的。因而传统图书馆更加突出的是其社会教育功能，并为读者创造了一个可以感知文化、体验文化、交流文化的公共文化空间，而数字图书馆侧重的是提供信息服务。

由于结构对于功能发挥具有决定作用，在进行图书馆社会功能的研究时，应依据图书馆构成结构来理解图书馆的功能，只有这样对图书馆社会功能的认识才能更为深刻、全面。

1.4.3　公共空间发挥图书馆的社会文化功能

关于图书馆的社会功能，国际图联指出其主要包括：保存人类文化遗产，开展社会教育，传递科学情报，开发智力资源。吴慰慈在《图书馆学概论》中总结的图书馆社会功能有：社会文献信息流整序，传递文献信息，开发智力资源和进行社会教育，收集和保存人类文化遗产，满足社会成员文化欣赏娱乐消遣。徐引篪则认为图书馆的社会功能包括：保存信息资源、开发智力资源、传递适用信息、开发信息产品、提供信息娱乐、开展网络导航。

以上各种有关图书馆社会功能的观点基本包括四条，即保存、教育、传递信息、娱乐，其中前三条功能基本上已得到了图书馆学界的普遍认可，而关于最后一条娱乐功能的说法仍存在着争议。用娱乐来形容图书馆功能略欠妥当。不同于游乐场、电影院等娱乐场所，比起娱乐消遣，图书馆更加突出的是其文化功能，图书馆实际上是为人们创造了一个用以满足社会成员文化欣赏、文化交流需要的文化空间。

1989 年，美国社会学家欧登伯格在其撰写的《绝好的地方》一书中首先提出“第三空间”这一概念，称“家庭居住空间为第一空间”，“职场为第二空间”，不受功利关系限制的图书馆、咖啡店、城市公园等公共空间为第三空间。2009 年第 75 届国际图联卫星会将“作为第三空间的图书馆”作为主题之一，将“第三空间”这一提法正式引入国际图书馆界。随后“作为第三空间的图书馆”这一命题又由吴建中等在国内图书馆界传播开来，并受到国内图书馆人的普遍关注。几年过去，随着对“第三空间”探讨的加深，很多图书馆人开始注重相关方面的研究。现在作为“第三空间”的图书馆几乎已经成为一种共识，《国内外图书馆第三空间建设进展研究》《图书馆：城市的“第三空间”》《公共图书馆作为“第三空间”的理念与实践》《建设第三空间强化社会参与》等文章的发表便是很好的例证。现今，“第三空间”这一理念也逐渐开始应用到图书馆实践工作中。例如，深圳市罗湖区图书馆于 2012 年底建立的“悠 · 图书馆”，便是吸收了图书馆“第三空间”理念而打造的。

“第三空间”的本质是公共空间，而图书馆并不是一般的公共空间，它是以文化为基础的公共文化空间。文献作为记录一切人类知识信息的载体，在社会的发展过程中起到了文化继承与传播的作用。作为人类知识和文明的历史记忆，图书馆与信息、知识资源、信息技术、社会发展和人类文明的历史进步具有天然的、内在的和直接的联系。因而图书馆与咖啡馆、游乐场等以营利为主的休闲娱乐场所相比，其为社会成员提供的服务更多地体现出了文化交流、文化传承等方面的属性。图书馆通过其建筑的设计、馆藏的提供与布局、设备人员的配备等各要素的合理设置与相互配合，为读者营造了一个良好的阅读、学习环境，创造了一个公共文化空间。公共文化空间这一概念的提出是在“第三空间”的基础上，结合图书馆文化属性及图书馆实际发展情况而来的。在数字环境下，信息的传播与交流更加便捷，信息的提供并不必然经过图书馆，图书馆的信息功能受到削弱、中介性大大降低，而这也成为图书馆社会功能发生转变的一个重要节点，图书馆更应注重其公共文化服务的提供，通过公共空间的营造来发挥图书馆的文化功能。同样是基于对图书馆文化特质的反映，有的学者在“第三空间”的基础上提出“第三文化空间”一说，但这种说法是不准确的。“第三空间”对应于“第一空间”“第二空间”，则“第三文化空间”应与“第一文化空间”“第二文化空间”相对应，因而“第三文化空间”的表述是不合适的。“第三文化空间”表达的其实是“第三空间”中的文化空间，而“第三空间”是公共空间，所以应当将“第三文化空间”描述为“公共文化空间”。

综上所述，现阶段图书馆的社会功能应该是保存人类文化遗产、提供信息服务、开展社会教育、营造公共文化空间。

1.4.4　图书馆社会功能的内涵

图书馆各种社会功能是随着社会的进步、需求的变化而在图书馆的发展过程中不断形成并逐渐凸显的。不同的社会功能在图书馆的发展过程中所扮演的角色、所处的地位各不相同，几种社会功能间相互联系、相互补充，共同推动图书馆事业的发展。

1. 最基础的社会功能：保存人类文化遗产

保存人类文化遗产的社会功能是图书馆区别于其他信息部门的重要特点之一，是图书馆最基础的社会功能。文献是保存人类文化遗产的重要载体，在各种社会机构中，只有图书馆担负着保存人类文化典籍的任务。保存功能是图书馆的基本功能，有藏方能供用。文献出现伊始便是为了记录，而这些记录下来的信息则作为某种文化线索，将各个年代串联起来，在进行知识传递的同时，也使文明得以保存、文化得以传承。图书馆的保存功能是从古代时期的图书馆开始便一直具有的社会功能。例如，建于公元前 3 世纪的亚历山大图书馆就是为了“收集全世界的书”，实现把人类知识全部保存起来的梦想而建立的。对于现代的图书馆而言，其发展也必须以保存为基础。

近些年来，随着多媒体、计算机以及网络技术等信息技术的日益成熟，拥有与存取问题成为国内外图书馆界研究热点之一。拥有与存取的关系其实就是在图书馆信息资源建设和服务中处理拥有馆藏信息资源和存取馆外信息资源之间的关系。关于二者的争论还在继续，但必须明确的是存取是无法取代拥有的。拥有与存取互相辅助、长期共存、缺一不可。存取，无论是传统的馆际互借，还是今天的文献传递、数据库或互联网服务，实质上都是一种基于资源共享的信息保障或信息服务方式，存取的前提是他馆的拥有，反过来说，一个馆的拥有可用于其他馆存取。因此，即便是对于信息技术高度进步、图书馆间信息资源共建共享不断发展的当下，保存功能仍然是图书馆发展过程中最基础的社会功能。

但必须注意保存人类文化遗产这一社会功能并不是由一个图书馆来实现的，保存功能由个别图书馆实现的观点是对图书馆保存功能的错误理解，一个图书馆包罗所有珍贵的文献是不可能实现的。强调拥有的重要性，并不代表每一个图书馆都必须拥有相应的文献，而是指图书馆作为一种社会机制所应承担的社会历史职能，是针对图书馆群体而言的。哲学家卡尔·波普尔曾说过："假如世界毁灭了，图书馆还在，很容易重建世界，如果图书馆也没有了，我们就会变成原始人。"这说明图书馆作为一种机制通过对人类文化遗产的保存，起到了文化传承的作用，使得文明在灾难面前得以恢复。在漫长的历史过程中，许多珍贵文献通过各个时期图书馆人的共同努力得以保存，而随着社会的进步，图书馆所保存的文献资源也不再局限于印刷型的资源等实体文献，像网络信息等虚拟资源也成为图书馆重要的保存对象。图书馆已逐渐成为人类文化遗产的贮存中心。而当前，图书馆的保存功能与早期相比则更多地体现在对文献的利用上。

2. 最首要的社会功能：提供信息服务

提供信息服务功能是图书馆最首要的社会功能。图书馆作为社会的信息传播与交流中心、重要的信息枢纽和网络节点，毫无疑问应当将提供信息服务的功能作为其首要的社会功能，无论图书馆经历过还是将要经历怎样的发展，这一点都不会改变。虽然把提供信息服务视为图书馆唯一的社会功能的唯信息服务论是错误的，需要警惕，但是提供信息服务功能在图书馆发展过程中的首要地位是明确的，需要坚持。图书馆的日常工作及开展的很多活动都是对提供信息服务功能的体现，如图书借阅、馆际互借、文献传递等。传统信息服务的提供是图书馆通过对文献信息资源的收集、整理、存储、加工等，在充实其馆藏的基础上根据用户信息需求提供相应的文献内容信息、馆藏文献信息等信息服务。信息时代，伴随着科学技术的发展，数字图书馆应运而生。数字图书馆通过各种虚拟信息服务的提供，扩充了图书馆的信息服务范围和领域，并凭借其提供信息快捷、方便、不受时间地点局限等方面的特点而受到人们的追捧，为社会成员更加便捷、有效、全面地获得文献信息资源提供了途径。同时，提供信息服务功能的首要地位还可以从图书馆学研究的主要内容中反映出来，当前很多学者对图书馆学的研究多涉及信息服务的提供这一领域，如对数字图书馆、信息资源共建共享机制的研究等。

3. 最核心的社会功能：开展社会教育

虽然图书馆最首要的社会功能是提供信息服务，但正如上文所述，我们要警惕唯信息服务论，图书馆的社会功能是多种多样的，其中最核心的社会功能是开展社会教育。图书馆作为社会教育系统中的一个子系统，从古至今都起着育人、兴国、繁荣传统文化的作用。我国图书馆的社会教育实践历史悠久，始创于唐，盛行于宋的书院教育便是其集大成者。这里所说的图书馆教育功能并不是指具体的读书内容、读书方法等方面的细节教育，而是针对整个社会而言，是指图书馆在社会系统中的教育功能。图书馆是社会教育系统中的一部分，是人类知识聚集地，它为读者提供良好的阅读与学习环境，通过对读者潜移默化的影响达到其开展社会教育的目的。

社会教育功能之所以重要，是因为其凸显了图书馆的价值。在信息交流过程中，图书馆既不是信息的生产者，也不是信息的使用者，只是在信息的生产与使用之间建立了一种信息传播渠道，而在信息技术的冲击下，图书馆作为信息渠道的这种作用完全可以被网络所取代。比如，在一种理想的状态下（不考虑知识产权问题等，各方达成了利益的平衡），可以由出版方进行数字出版并进行分类和整序，直接提供给用户，用户在获取资源时直接与出版方进行联系和交易，从而获取所需信息。在这种状态下，如果一味强调图书馆提供信息服务功能，那么图书馆的最终结果将是走向消亡。因此，图书馆必须注重除信息服务功能以外的其他社会功能。其中，图书馆的社会教育功能对图书馆的存在与发展有着更加突出的意义。

现代社会科学技术高速发展，知识更新速度加快，经济和社会不断发展与变革。在此环境下学习型社会这一概念逐渐引起了各国的高度重视，并成为各国在社会发展和社会进步过程中追求的一个重要目标。学习型社会作为我国全面建成小康社会的目标之一，要“形成全民学习、终身学习的学习型社会，促进人的全面发展”。随着经济的发展、人民生活水平的提高，无论是出于职业规划的需要及满足精神上的需求，还是从社会发展的角度出发，都需要提供一种方式或途径使全体社会成员进行终身教育的需求能够得到满足。而实现这一目标，图书馆具有得天独厚的优势。作为社会教育机构的图书馆以其丰富的馆藏和良好的设施、环境与服务，为社会成员提供了一个进行终身学习、全民学习的场所与空间，这是其他社会组织难以实现的，无论是学校教育还是家庭教育都没有足够的广度和深度来满足这一需求。因此，图书馆的社会教育功能在当前社会背景下效果更加明显。

4. 最具竞争力的社会功能：营造公共文化空间

营造公共文化空间的功能可以提高图书馆的核心竞争力，是图书馆最具竞争力、现阶段应大力发展的社会功能。与咖啡厅、电影院等娱乐性质的公共空间相比，图书馆在自由、开放的基础上更具文化特性。图书馆不仅是自由交流、休闲放松的场所，更是一个自由的文化空间。读者在这里不仅可以看书，还可以通过图书馆提供的各种形态的文化活动分享知识、交流思想，这就是图书馆作为公共文化空间的社会功能的体现。

国外一些国家的图书馆早已不单单是看书的地方，如美国的图书馆会组织各种免费课程和展览活动，2018 年金融危机后还针对就业人群专门组织了求职指导服务，包括简历和面试辅导；加拿大的图书馆很多都配有咖啡厅或水吧，很多居民将这里作为一个休闲娱乐中心，甚至在这里聚会活动；英国 99%的图书馆目前都开展了面向儿童的服务，尤其是面向低幼儿童。现今国内的一些图书馆也开始注重公共文化空间的构建，以杭州图书馆为例，杭州图书馆努力打造一个集学习空间、交流空间、创意空间、展示空间、娱乐空间于一体的公共文化空间。为了实现这一目的，杭州图书馆为儿童提供玩具游艺、智力启蒙、习惯培养、亲子阅读等服务，并通过开设文化沙龙、主题书会、图书推荐、名家讲座、作品展览、文艺欣赏、科学普及等公益性社会文化活动和阅读推广活动，满足广大读者的终身教育、文化休闲、情感交流的需要。

图书馆营造公共文化空间的社会功能，是在人们物质生活水平不断提高、精神文化需求不断加强的大背景下逐渐突显出来的，是与社会发展、用户需求相一致的图书馆功能。这要求图书馆合理组织并优化配置各种要素，在资源共建共享的基础上充分开发空间资源，营造一个满足社会发展要求的公共文化空间。

图书馆是一个生长着的有机体，作为一种社会组织和社会机制，其社会功能并不是一成不变的，图书馆社会功能的变化反映了社会对图书馆需求的变化，而关于其社会功能的研究与认识也是随着人们实践的积累和认识的深化而不断发展变化的，从而更加彰显出图书馆的社会核心价值。

第 2 章

当代图书馆学研究对象的形成与转化

2.1 图书馆学发展背景

21 世纪以来，科技的发展和社会的进步为图书馆学的发展带来了新的契机。从宏观技术层面而言，计算机技术、信息技术、网络技术、多媒体技术等使图书馆自动化水平大步跨进，数字图书馆的诞生改变了传统图书馆的面貌；从社会和政治层面来看，随着近几年我国政治文明建设步伐的加快，《中华人民共和国公共图书馆法》的落地为公共图书馆提供了法律保障，以人为本理念深入人心，极大地推进了图书馆事业的发展。随着外部环境的变化与实践的积累，当代图书馆学对研究对象的认识拓展出了新的领域和层次。

信息资源管理的理念融入图书馆学的学科体系之中。信息资源管理概念发源于 20 世纪中期，兴盛于 20 世纪 90 年代，21 世纪后伴随技术不断革新，信息的整序得到广泛实践。从图书馆学的角度审视信息资源，人类开发与创造的多种多样的信息资源是互为联系的完整统一体，图书馆学就是一个动态的信息资源体系，与此同时，将有关信息资源体系及过程的研究视为图书馆学研究对象的讨论受到了重视。

图书馆的工作对象由文献单元深入到知识单元。随着知识经济时代的到来，知识日益成为人类生产活动中越发突出的要素，面对庞大繁杂、急剧膨胀的信息，如何从中提取出能够解决问题的知识成为图书馆学的关注重点，这对知识组织与知识服务提出了更高的要求。同时，图书馆概念的泛化让图书馆学研究视野超越传统机构的桎梏从而拓展至虚拟知识空间，图书馆的工作对象从文献单元深入到知识单元，围绕知识的研究对象学说迅速增长。

图书馆的馆藏建设与服务环境发生了极大变化。一方面，出版物的数量急剧增长及价格不断上涨，与图书馆有限的收藏能力之间的矛盾越来越突出，图书馆依赖拥有的馆藏来提供服务变得越来越困难；另一方面，由于信息技术的迅速发展尤其是网络环境的形成，信息的传播突破了时空的局限，图书馆能够十分便捷地借助存取方式来获取本馆以外的资源。毫无疑问，这种资源的异地存取使各个图书馆的馆藏无形中得以扩大，而且事实证明，对利用率低的文献通过存取获得在经济上更合算。因而，拥有与获取同时成为图书馆满足用户需求的手段，本馆的现实物理馆藏与网络上的信息资源所构成的虚拟馆藏共同成为图书馆提供信息服务的两大基础，旨在尽可能获得用户想要的信息资源，从而满足用户的需求，获得本身成为图书馆界的关注对象。

在西方图书馆学 20 世纪初和中国图书馆学 20 世纪的论著中，图书馆被当成一个机构。而从历史发展的宏观尺度看，自近代以来，图书馆从官府的档案性机构或民间自发自建的状态逐渐转入一种正式的社会性建制，成为国家的一种制度安排。公共图书馆出现后，图书馆人对于公共图书馆在保障公民文化权利与信息权利、推进社会民主制度建设方面的社会价值的认识有了提升。公共图书馆的出现意味着现代信息公平制度与信息保障制度的建立，公民通过它具备了自由获取信息的权利。因此，图书馆同时也代表着一种制度，或者说它的存在代表着一种信息公平制度的存在。如今，图书馆制度已成为世界普遍性的文化制度形式之一，图书馆事业已成为一种制度性存在，当代图书馆学对图书馆或公共图书馆更为常见的说法是将图书馆当成一种社会制度，从制度视角研究图书馆现象的范式便应运而生。

新时代的新技术赋予了图书馆学技术说新的生命力。自 19 世纪图书馆学概念诞生起，技术既被视为图书馆最重要的要素之一，也是图书馆学研究的重要对象。随着现代信息技术的飞速发展，倾向将图书馆学研究建立在信息技术之上的技术视角，力求在分布式的信息环境中，将离散的信息资源组织为序化、完整的信息系统，以保障有效的信息检索与信息获取。新技术视角下的图书馆学形成了相当数量的技术派学者群体。

2.2　信息资源管理说

1999 年，徐引篪、霍国庆出版了《现代图书馆学理论》，该专著对近代图书馆学思想史进行了梳理，将图书馆学研究对象分为表象的具体的认识阶段、整体的抽象的认识阶段、本质的规律的认识阶段与深入整合的认识阶段。该书吸取切尼克资源说的部分观点，主张以信息资源体系及过程为图书馆学研究对象，并由此构建了当代图书馆学的理论体系。

2.2.1　信息资源体系及过程

1. 信息资源的定义、特点与构成

信息资源是一个信息概念与资源概念交互融合的概念。从本质上来说，信息资源是一种信息，并具有资源属性。信息资源是可以利用的信息，是在当前生产力水平和研究水平下经过人类开发与组织的信息，人类参与在信息资源形成过程中具有重要的作用。

信息资源的核心属性是可利用性，它只有在能够满足人们现实需要时才可能转化为

现实价值。除了可利用性，信息资源还具有以下特征。

1）经济性

首先，信息资源从生产、开发、保存、传播到最后的利用环节都需要付出经济成本；同时，信息资源的利用会产生相应的经济效益与社会效益。

2）广泛性

信息资源的来源是广泛的，一切对于人类活动来说可利用的信息都具备成为信息资源的潜力。但是，并非所有信息都能成为信息资源，需要经过人类的组织、进行价值转化才能成为一种资源。

3）不均衡性

信息资源的分布是不均衡的，在不同个体、组织、地区间分布的数量、质量具有客观差异。

4）整体性

信息资源作为整体是对物质世界或人类社会的普遍联系的反映，是作为整体的物质世界或人类社会的信息抽象。

信息资源由信息、人、符号、载体四种基本要素构成。信息是信息资源的来源，是人类在认识和改造客观世界中所依赖与使用的一种既非物质又非能量的事物，可以表现为数据、消息、情报、知识等多种形式；人既是信息资源的生产者，也是信息资源的利用者，脱离人的活动信息则不可能成为资源；符号是信息资源表现的一种形式，是人生产和利用信息资源的媒介与手段；载体是存储与利用信息资源的物质工具。综合上述要素，霍国庆将信息资源定义为：人通过一切认识和创造过程之后以符号形式存储在一定载体（包括人脑）上可供利用的全部信息。

根据开发程度，信息资源可划分为潜在的信息资源和现实的信息资源两类。现实的信息资源是信息资源的主体，根据表述方式可以划分为口语信息资源、体语信息资源、实物信息资源与文献信息资源。

2. 作为动态信息资源体系的图书馆

信息资源是一个完整的体系，从宏观层面来说，其对应人类的全部认识成果，从微观层面出发，信息资源体系是特定范围内各种信息资源的集合。图书馆作为收集、组织、整理、保存与传递信息的机构，构建了符合其职责与使命的信息资源体系。图书馆本身便是动态信息资源体系的一种，具有下述特征。

（1）图书馆的信息资源体系是以信息资源为核心的系统结构，其中，各种信息资源是内容元素，用户群体的信息需求结构是内在的逻辑结构，关于理论方法的内在是软结构，关于技术设备的外在是硬结构，有关人员及其活动是实现内容与结构整合并构成信息资源体系的动因。

（2）信息资源体系内包含图书馆的特殊矛盾——资源的有限性与用户需求的无限性之间的矛盾，对信息资源系统进行合理的规划与机制设计的目的是缓解这种矛盾。

（3）图书馆的工作核心是信息资源体系，围绕信息资源体系的构建、维护、发展与开发，衍生了一系列图书馆工作内容。文献采访、分类、编目等一系列工作的目的是构建信息资源体系；为了维护这一体系，衍生了图书馆资源建设与保障工作；图书馆资源评估与补充、用户调研、技术引进等工作是为了发展信息资源体系；图书馆借阅、咨询、检索、辅导等工作是为了开发信息资源体系。

（4）作为信息资源体系的图书馆是动态发展的有机体，信息资源体系不是一成不变的，经济、文化、科技、社会等外部因素不断变化，用户需求也日益多元化。要解决信息资源有限性与用户需求无限性的矛盾，图书馆不能固守旧的工作方法，应该灵活、积极地分析信息资源体系中各内部要素的现状和外部因素的变化，优化系统运行。

2.2.2　信息资源管理视角下的图书馆学理论体系

信息资源管理是为确保信息资源的有效利用，以现代信息技术为手段，对信息资源实施计划、预算、组织、分配、协调的一种人类管理活动。20 世纪 70 年代，随着信息技术的发展和资源的急剧增长，信息资源管理在美国的政府文书管理领域与工商企业管理领域得到重视，这种趋势间接推动了图书馆从资源的视角对自身进行审视。霍顿认为："信息资源管理融合了诸如管理信息系统、记录管理、自动数据处理、电子通信网络等不同的信息技术和学科。"这表明信息资源管理是一个具有宽覆盖面的集成概念。

霍国庆将信息资源管理系统表示为一个简化模型（图 2-1）。模型由信息分析、信息采集、信息组织、信息存储、信息检索、信息开发、信息传递、用户信源/信宿、需求分析九个环节组成并构成了一个系统的循环。

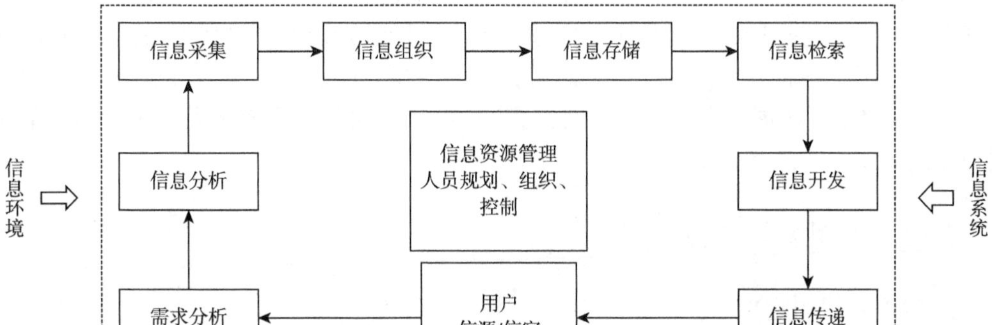

图 2-1　信息资源管理系统

信息资源管理系统的实质是在信息环境中进行运动，在信息技术平台的支撑下，以信息资源为运动对象。信息资源管理人员负责对各个环节进行规划、组织、控制并保持系统动态平衡。整个系统运行的最终目标是满足用户的信息需求。图书馆作为一种动态信息资源系统，其工作原理也符合该模型的机制。因此，图书馆的管理活动本质上是一种信息资源管理活动，而图书馆学是以信息资源体系为研究对象。当代图书馆学体系是在此基础上形成的，包括信息资源体系的理论研究、过程研究和具体信息资源体系研究。

信息资源体系过程研究的对象是信息资源体系的形成、维护、发展和开发过程，具体包括五个部分：①信息资源体系的形成研究，包括用户信息需求分析、信息源分析、信息采集、信息组织等；②信息资源体系的维护研究，包括信息资源储存、信息资源保护、信息资源整理、信息设备维修等；③信息资源体系的发展研究，包括用户反馈研究、信息资源体系评价与优化、信息技术发展与应用、图书馆馆员培训与教育等；④信息资源体系的开发研究，包括信息资源服务方式创新、信息产品开发、信息资源传播、信息产品市场营销、用户教育等；⑤信息资源体系的过程管理研究，包括信息资源体系过程规划、组织与控制等。

具体信息资源体系研究是在用户信息需求的基础上建立起来的，其主要研究内容是将信息资源体系理论研究和过程研究的成果应用于具体信息资源体系的形成、维护、发展与开发过程中。

2.3 知识论

20 世纪 30 年代，李景新在《图书馆学能成一独立的科学吗？》指出："图书馆学是人类学问中的一部分，是以有系统的科学方法，专研究人类知识学问及一切动态的记载的产生、保存与应用，使它成为教育化，学术化，社会化，科学化的一种科学。"这是国内最早将图书馆学研究对象与知识相关联的论述。关于图书馆学研究对象的认识经历了要素说、规律说、关系说、层次说、系统说、文献交流说等不同历史阶段，体现了图书馆学事业的深化与拓展、学界认识上的逐步深入。随着知识经济时代到来，知识日益成为人类生产活动中越发突出的要素，同时，图书馆概念的泛化让图书馆学研究视野超越传统机构的桎梏，拓展至虚拟知识空间，图书馆的工作对象从文献单元深入到知识单元，围绕知识的研究对象学说迅速发展。

2.3.1 客观知识与图书馆学

1. 客观知识的定义

《辞海》（1999 年）将知识定义为："人类认识的成果或结晶。"《现代汉语词典》（第 5 版）将知识定义为："人们在社会实践中所获得的认识和经验的总和。"《简明牛津辞典》对知识做了三类划分，如下所示：①由经验获得的了解或知悉，或人的信息范围。②对某种主题、语言相关的理论或实践认识或知道的总和。③经过证实的正确的认识，或与某种意见相对的解释。国家科技教育领导小组办公室在《关于知识经济与国家知识基础设施的研究报告》中对知识的定义是："知识是经过人的思维整理过的信息、数据、形象、意象、价值标准以及社会的其他符号化产物。"

目前知识的定义尚无统一的结论，已有的定义通常包含三个要素。①人，产生知识的主体是人。②认识，知识是人类的一种认识，是精神世界的产物。③实践，知识来自人与客观世界的交互。

本书的知识的定义为：知识是人类社会实践经验的总结，是人的主观世界对客观世界的反映和认识的结晶。

知识可以根据其载体不同分为主观知识与客观知识。主观知识是存在于人脑的知识；客观知识是脱离人脑，记录在各种文献载体上的知识。英国科学哲学家波普尔在著作《客观知识：一个进化论的研究》中对客观知识进行了系统的阐释。波普尔将宇宙现象分为三个世界：第一世界（简称世界 1）是包括物理实体和物理状态的物理世界；第二世界（简称世界 2）是人的精神世界或心理状态，包括意识形态、主观经验等；第三世界（简称世界 3）是人类精神活动的产物，即客观意义上的观念的世界，客观知识世界。

客观知识作为人类主观的知识外化的产物，是脱离于人脑意识的客观存在。客观知识的本源是主观知识，主观知识来自人类的实践活动，因此从根本上说，客观知识的最终本源也是实践活动。客观知识存在于一定的物质载体上，如书籍、期刊、数据库、视频、图片等。因为物质载体的存在，人类的知识记忆得以记录、存储与传播，知识传播的时间维度与空间维度得到扩展。

2. 以客观知识为逻辑起点的图书馆学

客观知识作为脱离人脑意识的客观存在，无论以实体形式还是虚拟形式为载体，都存在数量的增长与积累，由此产生人类对于客观知识的整理、组织活动以便更好地存取、利用知识。

人类对于序化知识系统的需要催生了图书馆这样的机构，也构成了图书馆学的学科逻辑起点。波普尔曾这样描述客观知识："科学知识就属于这种知识。储存在我们的图书馆而不是我们的头脑中的正是这种知识。" 布鲁克斯（B. C. Brookes）在《情报学基础》中写道："图书馆学者和情报学者的实际工作可以归结为收集和组织'世界 3'（即客观知识世界）的记录，以资利用。" 这两位学者的论述对于图书情报学领域的意义是非同寻常的。

蒋永福认为，图书馆学就是研究客观知识的公共组织与公共服务的方式方法及其规律的学问。图书馆在长期的实践中形成了独特的客观知识管理与服务方法，如编目、文献著录、标引法、文献索引、知识库构建、参考咨询、用户调研、阅读推广等。这些活动为图书馆学提供了客观实践经验的指导，同时，关于这些方法的知识具有学科独特性，是其他学科所不完全具备的。图书馆学对于客观的知识的研究主要从两方面展开：一是对客观知识的组织研究；二是围绕知识服务的客观知识的存取、传递、利用研究。

2.3.2　代表观点

1. 知识集合论

2000 年，王子舟在《知识集合初论——对图书馆学研究对象的探索》一文中提出以知识集合为图书馆学的研究对象，并在其后所作的《图书馆学基础教程》一书中进行了系统论述。

知识集合论的逻辑起点是客观知识。该观点将知识定义为"正确的认识"。人类进步的根本动因来源于知识的积累与传承，这种行为使一代代人能够继承、发展前人的知识，并构成了人与动物的区别之处。

知识被分为主观知识与客观知识，前者为存在于人类大脑中的知识，后者为存在于脑外载体的知识。知识的积累体现在客观知识的增长，人类主体可以在较短的时间内跨越时间与空间的局限，了解客观知识世界积累的成果，与此相对应的则是通过实践在经验中获取知识，相比之下，前者是更为高效、普遍的知识积累方式。客观知识世界正是波普尔"三个世界"理论中的"世界 3"，其被保存于具有保存、传播知识使命的机构——图书馆中。

因此，该学说认为，图书馆学的研究对象是知识集合，图书馆学应以其本质命题（知识集合）为中心开展研究，建立"客观知识→知识集合→知识受众"的研究范畴体系。知识集合是把某些客观知识按科学的原则有序组合起来，形成专门提供知识服务的集成体。知识集合是对图书馆、数据库、百科全书、词典、索引、书目、年鉴等"类现象"本质的描述，它们在人类主动寻求知识的时期发挥着重要作用，是人获取知识的中介。图书馆作为知识集合的一个类型，是图书馆学的重要研究对象但不是唯一的研究对象，图书馆学还需要对其他类型的知识集合进行分析研究。知识集合依据不同的分类标准可以划分出不同的类型，如原生态知识集合与再生态知识集合（依据知识组分的生成状态），数字型知识集合与非数字型知识集合（依据物理结构）。需要注意的是，简单累积的知识元素并不能称为知识集合，知识元素是相互紧密连接、组织起来的，是一个不可分割的整体。就图书馆而言，知识集合的组织依托采访、分类、编目、典藏等过程。

知识集合具有两类功能：第一类是由知识贮存、知识检索和知识控制构成的基本功能；第二类是由大众教育、社区支持、休闲娱乐、文化交融、民主引导等构成的延伸功能。上述功能的发挥是整体的、增值的，它们共同服务于人类对于知识的有效查询与有效获取。王子舟认为，知识集合论的提出有利于帮助人们厘清图书馆学研究范畴、拓宽图书馆学研究领域、提高图书馆学学术地位、纯化学科内容。

知识集合论提出后，引发了学界对于该学说的讨论。张玉珍在文章中指出，知识集合论超越了传统图书馆学研究对象讨论中囿于图书馆为实体机构的论述，揭示了图书馆与图书馆学工作的抽象本质。以马恒通为代表的学者认为图书馆学研究对象只能揭示图书馆这一事物的本质，否则就不能称其为图书馆学。除了王子舟，学者张天霞提出了一种内涵有所区别的知识集合论。张天霞认为，主客观知识、知识集合、知识受众及三者之间的关系是图书馆学的研究对象，主观知识是图书馆学的起点而非客观知识。

2. 知识资源论

知识资源论最早由学者柯平提出，是知识论中另一派具有代表性的观点。随着社会发展与技术进步，图书馆学的研究内容更为丰富、研究视野更加开阔。20 世纪 90 年代图书馆学界颇为流行的信息资源管理研究逐步向知识资源管理研究转变。

柯平认为传统图书馆学将自身定位在文献层面使得理论研究难以脱离物理形态的图书馆，同时易被情报学等相关学科渗透、冲击；当代部分学者过分扩大研究范畴的行为又让图书馆学被迫在与计算机科学、信息科学的竞争中失去传统优势。柯平主张将图书馆学的研究定位在知识层面上，这里的知识不是零散、无序的知识，而是整序过的知识资源。

知识资源这一概念不仅强调知识本身，还注重对知识的创造、认识、开发与利用。知识资源是与知识有关的所有资源，包括知识、知识人（知识生产者与利用者）、知识工具（生产与利用知识的设备、设施、知识库等）、知识活动（知识生产、流通、分配和使用的过程、方法、成本、条件等）四个要素。

知识资源论的理论演化过程沿着“知识论—知识基础论—知识社会论—知识交流论—知识组织论—知识集合论—知识管理论”的脉络展开。知识基础论为图书馆学的哲学理论打开了思路；知识社会论和知识交流论揭示了图书馆学的社会功能；知识组织论作为知识交流论的补充，深入剖析了图书馆内部活动的基本特征；知识集合论强调客观知识，加入知识受众的概念，使知识组织和有效提供形成一个系统，体现了系统的思想；知识管理论对图书馆学中图书馆管理的部分产生了较大影响。在对以上图书馆学学科知识探讨中，逐渐形成知识资源论。

柯平提出，以知识资源为基础，图书馆学的基础理论内容应包括：①图书馆学研究对象，知识资源的内容和范围；②基于知识资源论的图书馆学学科性质的界定；③以知识资源为基础的图书馆学理论体系的内容、结构；④以知识资源论为基础的图书馆学的学科功能；⑤以知识资源为基础的图书馆学与其相关学科的关系；⑥以知识资源为基础的图书馆学的方法论研究；⑦以知识资源为基础的图书馆学中的理论研究和应用研究的关系等。

图书馆学基础理论体系将围绕知识资源展开，主要包括以下五个方面：①知识资源论下的图书馆学基点；②图书馆学知识资源论的理论来源；③图书馆哲学观；④图书馆学知识资源论原理；⑤知识资源论下的图书馆学方法论。知识资源论并不排斥图书馆学对于文献、信息、教育、社会等领域的研究，而是呼吁以知识资源为根本，解决研究中缺乏坚实基础、知识零散、对象不稳定、内容空泛等问题，从而推动学科逻辑体系的成熟化与科学化。

针对知识资源论，马恒通提出了反对观点，他认为柯平对于知识资源的限定过于宽泛，知识资源应为知识学而非图书馆学的研究对象，它不能代表图书馆的个性与本质，知识资源论不能帮助图书馆学对于研究范畴进行科学界定及区分其内涵和外延。

3. 其他知识说学派

1）知识管理说

吴慰慈和罗志勇认为，知识管理是 21 世纪图书馆学研究对象调整的主要目标。过去，图书馆学研究主要基于纸质文献和传统的图书馆活动，从文献收藏、整理、检索和流通的视角开展研究工作。随着虚拟知识空间的发展，图书馆学研究对象应转变为与知识管理直接相关的一种社会化工作机制或者服务机制，从知识存取的视角研究用户发现、获取、利用知识的机制，系统优化服务方式。吴慰慈曾在 1985 年出版的《图书馆学概论》中系统论述图书馆事业说，该学说在一定时期具有标志性意义与较大的影响力。进入 21 世纪后，吴慰慈对于知识管理说的思考与首推体现了学者与时俱进、善于反思的科学精神。

2）公共知识管理说

公共知识管理说由龚蛟腾等学者提出，其逻辑起点为“馆藏资源本质为人类公共知识”，由此论述图书馆的实质是公共知识中心、图书馆学就是公共知识管理学。公共知识管理学的研究范畴是：以公共知识中心（图书馆）为依托，在全社会范围内进行知识（包括与知识有关的各种资源和无形资产）收集、组织和服务，以及形成不可或缺的相关社会知识保障体系。针对这一学说，学界也存在着反对的声音。杨端光和汪全莉指出，公共知识管理学和公共管理学之间是部分与整体、归属与包含的关系。显然，公共知识管理学在学科体系中的定位存在矛盾，既归属知识管理学又归属公共管理学的观点值得商榷。

3）知识传播论

马恒通认为图书馆馆藏知识的传播是图书馆学的研究对象。这一学说将研究对象限定在图书馆的特定范围之内，提出者认为知识集合论、知识资源论等学说提出的研究范围超过了图书馆；馆藏知识是指馆藏的所有可利用的知识资源，包括各种类型的文献、数据库、知识工具等；传播是指人类分享信息的活动。图书馆的知识传播的内涵包括：知识传播者、知识传播媒介、知识传播内容、知识传播行为、知识传播对象、知识传播目的、知识传播效果。将知识传播给人类以服务于人类用知识改造世界的行为是图书馆的职责与使命。

知识传播论将图书馆学的研究范围明确限定在图书馆之内，马恒通认为这一界定将图书馆学与情报学、档案学、博物馆学、新闻传播学、文献学等相关学科区分开来，上述学科属于知识传播学的范畴但与图书馆学具有不同的研究对象。知识传播论是对知识管理说的一种补充，突出强调现代图书馆的传播功能。

赵益民对知识传播论与知识资源论这两种学说进行比较，认为知识传播论从工作实践的角度区分了图书馆与其他社会机构，是“对象说”的一大进步，但图书馆的研究对象不应该局限于现有的业务流程，传播的目的是实现资源的价值。

2.4　可获得论

2.4.1　拥有与获取的关系

传统图书馆致力于拥有文献，中国古代的藏书楼便是图书馆的雏形。埃及亚历山大图书馆曾树立“收藏天下书，惠尽天下人”的宏伟目标，但显而易见这是不可能实现的，尤其是到了信息技术高速发展、信息资源呈现爆炸级增长的现代，经费与空间有限的图书馆也不再执着于完全拥有，馆藏结构模式发生了重大变化，从“拥有为主”逐渐向“拥有与获取并重”转变。1975 年，美国《图书馆杂志》《图书馆趋势》等学术期刊展开了关于“拥有与获取关系”的讨论，即在图书馆建设与服务中如何处理拥有馆藏信息资源和获取馆外信息资源之间的关系。20 世纪 90 年代以来，拥有与获取问题受到图书馆界的广泛关注，甚至一度出现普遍认为获取比拥有更重要的现象。实际上，一馆的拥有正是他馆获取的前提，如果文献订购量持续下降，将导致学术期刊的出版难以为继，文献获取将最终失去依托，而且不是所有的文献都可以通过获取手段得到。正如不少学者所指出的，拥有与获取并非相互对立，而是辩证统一的关系，即相辅相成、长期共存、浑然一体、不可偏废的关系。

这种关系是由多重因素共同决定的。首先，是由信息资源的发展本身所决定的，一方面，物理形式的文献信息资源仍在大量生产，购买后即可获得所有权与使用权；另一方面，数字化的信息资源也在以惊人的速度发展，大多数情况下只能购买获得使用权而没有所有权。其次，馆藏建设的根本目的是更好地向用户提供信息服务，满足他们的需求，显然仅靠本馆拥有是不够的，必须通过馆外获取加以补充。再次，对图书馆而言，要获取等量的信息资源，通过拥有的方式成本比通过获取的方式高，因此对一部分不常用资源以获取的方式为用户提供利用，有利于科学配置资源，使有限的经费最大限度地发挥其效益。最后，数字化、网络化是图书馆发展的必然趋势，但同时也该看到，现阶段存取还有较大局限性，如网络中全文存取的信息资源数量有限、网络信息资源变动大、链接容易失效等，因此图书馆既不能固守传统的拥有模式，也不能仅仅依赖存取。

在拥有与获取并重的模式中，不同的图书馆会选择不同的拥有与获取的比例，对拥有与获取比例的选择在不同类型的图书馆、不同的馆藏类型方面所表现出的特征是不同的。一般来说，图书馆首先应该确定本馆最常用的文献资源，这种资源要采取拥有的模式，而对那些利用率低的文献则应采取获取模式，即可以通过文献传递、数据库或网络服务来实现。对于具体何种类型的文献应该采取哪种模式，除了通过利用率来判断以外，还应做有关经济性分析，即能否以最少的花费获得尽可能多的信息；时效性分析，即能否迅速、便捷地为用户提供所需信息；易用性分析，即是否好用，是否符合用户的信息利用习惯；用户分析，即经常分析用户的反馈信息，了解用户在使用过程中的满意程度。通过以上具体分析，不断总结经验，才能为制定正确的馆藏发展模式提供充分的依据，也才能最后确定合理的拥有与获取、共存与互补模式。

对拥有与获取关系的讨论更新了图书馆的发展观，促进了图书馆馆藏信息资源的数字化、信息资源服务方式的虚拟化、用户利用图书馆馆藏信息资源的网络化；改变了图书馆的服务观，为联合编目、书目共同体、业务委托管理等提供了实现的条件，从而使图书馆从非核心业务中解放出来，专注于为用户提供优质、高效的信息资源服务；突破了图书馆的合作观，推动了图书馆与其他信息生产机构、数据库公司、物流机构等的多方广泛合作与协作，有利于为用户提供内容更丰富的信息资源服务；馆际互借、文献传递、数据库或互联网服务等信息保障或信息服务方式，为信息资源共建、共享提供了全新而可行的模式。

2.4.2 图书馆的获取对象

1. 商业数据库资源

商业数据库因整合程度高、数据容量大、检索方式快等优势深受用户欢迎。因此，商业数据库建设已成为图书馆数字资源建设的重要工作。与纷繁复杂的网络来源信息不同，商业数据库是经过主观筛选整合而形成的信息资源，在一定程度上能够保证数据的真实性，但数据库自身的综合质量仍参差不齐。因此，图书馆在引进商业数据库时，需要有一定的评估依据，从而保证馆藏的质量与结构，不仅应保持审慎的准入态度，同时也需注重引进后的综合评估以督促数据库自身的完善，更好地满足图书馆及用户需求。由于数据库购买的经费昂贵，凭一个图书馆的力量来购买，所花的费用会占去其大部分经费，而一些规模较小的图书馆也负担不起这笔费用，所以应尽量参加集团采购来降低费用。

2. 外馆资源

馆际互借与文献传递是图书馆用户从其他图书馆借入文献或获取复制品的服务，有利于资源共享，以其他图书馆的馆藏资源作为本馆馆藏的延伸，能更大限度地满足用户的文献需求。馆际互借比商业化的文献传递服务要经济，比图书馆购买特定书刊划算，这样会使更多的图书馆加入到图书馆共同体中，以便享有更多的获取服务，弥补馆藏不足。

图书的正常借阅不涉及版权问题，而复制过程中会产生版权问题，因此需要制定相关的法律法规以作支撑。在保护创作者权益的同时，为了促进人类智慧和精神文明的广泛传播与交流，版权法提出了合理使用（fair use）的概念，即允许人们在一定条件下无须征求版权所有者的同意，可以自由使用受版权保护的部分内容。尽管不同的版权法对合理使用的解释不尽相同，实质上都是通过对创造者权利的限制，鼓励图书馆在不影响创作者经济利益的前提下为非商业目的学习与研究提供馆际互借服务，但图书馆绝不能利用以免付版权费的方式从他馆得到的文献从事营利服务。

作为现代图书馆的一项基本而重要的服务，馆际互借应该是多元化、全方位的。在高校的不同校区之间或总馆及各专业分馆之间，在地区（州）内的多个图书馆之间，在协作组织内部，在行业内文献信息机构之间，在一个国家内部，在不同国家的图书馆之间，只要有合作协议作为可执行依据，都可以开展馆际互借合作。

3. 开放获取资源

开放获取（open access，OA）又名开放存取，指的是数字化信息资源的免费共享和利用。根据不同发展路径，开放获取主要分为金色 OA 和绿色 OA。金色 OA 即开放以获取模式出版的期刊，以作者支付出版费用的方式，实现期刊内容面向用户免费获取，常见的 OA 期刊网站有瑞典隆德大学的 DOAJ（Directory of Open Access Journals，开放获取期刊目录）、公共科学图书馆（Public Library of Science，PLoS）、PubMed Central（PMC）、中国科学院的 GoOA 等。绿色 OA 则是开放获取仓储，是作者将已出版或未出版的文献自动存储到机构库、知识库等平台以供免费获取。常见的 OA 仓储如 arXiv. org、麻省理工学院的 DSpace、中国科技论文在线等。近年来，还有学者提出了黑色 OA 模式，指通过学术社交网站（如 Mendeley、Research Gate 等）免费传递和获取学术文献。

开放获取的特点在于：①在线免费，在版权和许可限制方面可以最大限度地自由使用；②在版权、同行评审、保存、权威性、事业推进、引用和其他方面及相关的服务支持与传统的学术文献是一致的；③得到了版权拥有者的授权或已进入了公共领域；④集中在作者已经放弃作品收益的那些文献上；⑤集中在纳税人资助的研究项目上；⑥开放获取包括文本、数据、软件、音频、视频和多媒体。

2.4.3　代表观点评述

1998 年，梁灿兴在《图书馆》期刊上发表了《图书馆学的核心问题和研究对象新见》，首次提出图书馆学的研究对象是“文献群中知识单元的可获得性”。自 2001 年起，梁灿兴陆续发表 20 余篇论文对可获得性论进行理论体系构建阐述与修正。

1. 可获得性论的内容

可获得性论是从图书馆实践中推导出来的：先从用户为什么到图书馆开始追问，把用户的需要还原成知识单元，再从图书馆为用户做了什么追问，把图书馆的工作还原成把文献群转换成文献体系，提供检索接口，从而得出图书馆工作的作用就是“保证文献群中的知识单元对于服务对象的可获得性”，进而推出图书馆学的研究对象。可获得性论至少已经成功地将图书馆领域角色的划分、图书馆员的角色演变、图书馆实践发展的动力结构等置于自己的理论解释之下。可获得性论所提出的学术研究方向包含图书馆事业、图书馆和图书馆员，如何利用新技术来发展有利于提高“文献群中知识单元的可获得性”的一切规划、方案、技术和技能。

可获得性论将图书馆学基础理论划分为图书馆学原理、图书馆原理和图书馆事业原理。图书馆学基本原理有三条：①文献单元属性的分化和融合是图书馆发展的内在动力，这条原理揭示了图书馆发展的必要条件；②图书馆是人类文明传承和创新的基础性设施，这条原理揭示的是图书馆存在和发展的充分条件；③提高文献群中知识单元的可获得性是图书馆领域角色再分配的出发点，这条原理揭示的是图书馆发展的充分必要条件。图书馆学第一条原理揭示了图书馆发展的技术原因，第二条原理揭示了图书馆发展的社会目标，只有将这些落实到实践中去，才能够真正推动图书馆的发展。在将新的技术、方案、信念、理论落实到实践的过程中，还有一个如何组织协调，使其能够发挥它的最大作用的问题。

图书馆原理从可获得性论的图书馆学原理推导而出，共有五条：①图书馆是知识在最广泛公共领域的专门传播者；②图书馆的价值取决用户的评价；③图书馆优先满足目标公众的集中现实知识需求；④采用适宜的方案提高文献群中知识单元的可获得性；⑤图书馆职业信念的发展和深化推动图书馆实践的发展。可获得性论的图书馆基本原理在于文献单元的利用，逻辑起点在于知识传播的最大化，着重讨论的是图书馆工作发展的内在逻辑，特点是对图书馆人主体性的完全强调。

图书馆事业原理研究有：①图书馆之间和图书馆群落之间活动的规律，主要包括图书馆之间形成群落的原因、途径、类型及其稳定的模式；②图书馆事业的发展与民族、国家社会发展之间的关系，主要包括民族、国家社会图书馆事业持续发展所必需的外部环境条件，以及健康发展所需要的制度环境；③图书馆事业与人类社会发展的规律，主要指客观知识研究、文献信息交流研究，以及出于对图书馆事业目标的不同理解而产生的、对图书馆学体系的不同认识及其学科体系等。

可获得性论面对不同层次的文献需求，具有逻辑清晰的角色分配。图书馆事业对应的是整个社会的文献需求，图书馆对应的是具体的用户群，而图书馆员对应的是用户。需要指出的是，这三个层次的划分是对现实客体的抽象，而不是现实客体的完全对应物。

图书馆事业主要解决的是，在宏观上保证文献的保存和易得。文献的保存可以通过把有价值的知识单元转换为正式文献，如“灰色文献”的收集和整理，以及尽量收入全文献来实现。文献的易得，一是提供统一文献编目标准，保证文献可检索形式的一致性；二是合理分布资源分派网络，为大多数的文献需求提供满足的可能性；三是提供一定的资源冗余，保证相同的开发需求可以得到满足；四是提供简易的文献存取方式，减少用户检索时间和从确知文献到获得文献的时间，如推广图书馆自动化技术、开架服务、建设数字图书馆等；五是把文献从存取和复制性能较低的载体转换为存取和复制性能较高的载体，如手写文献转变为印刷文献，把印刷文献转变为数字文献等。

图书馆面对的是具体的用户群，所以它的目标就是让用户晓得并且获得文献信息。图书馆是实现文献资源分派和服务网点，是承担社会对可获得性要求的具体实现者。从可获得性定义的极限状态出发，图书馆等文献机构只要能够保证文献群知识单元的可获得性，可以没有馆舍，可以没有馆藏，甚至可以没有专用设备，只要它的馆员能够满足用户对文献知识单元的信息需求，它就是图书馆。图书馆的工作内容包括：①针对具体用户群宣传相关科学知识的应用实例；②根据目标人群的具体需要配置文献资源；③宣传本馆可获得的文献所涵盖的知识范围；④在组织文献知识的过程中，表现文献知识之间的联系；⑤让用户了解本馆所提供的获得知识的不同方式及区别；⑥简化用户获得所需知识的过程。

图书馆员处于实现保证可获得性目标的最前沿，用户面临什么困难，图书馆员就有责任发展相应的技术和技能为用户解决困难，因而，图书馆员是图书馆诸因素中最具革命性的因素。按照保证可获得性的逻辑，目前图书馆员角色的转变，会使传统角色中与文献信息提供关系较远的角色逐渐淡出，新增加的角色应该有助于减少用户获取文献信息的困难。要发挥信息挖掘角色，排除在新技术条件下产生的障碍，需要更广泛的知识和更灵活的技能，包括对用户检索心理的把握和引导、对用户需求的分析和表达、相同需求在不同检索系统中关键词的选择与检索的实现等。未来图书馆员的工作重点在于“从存在的文献体系中寻找和发现知识”，而不是文献系统的组织和维护工作。图书馆员角色演变总体趋势是，不断强化文献信息的提供功能，而在自由知识的网络环境下，图书馆员的角色主要定位在信息验证和信息协调。

2. 可获得性论定义的修正

可获得性论在提出后受到了一些质疑，其中部分学者认为将学科的研究对象定义为性能或者性质不合适。在发表一系列论文基本建立“可获得性论”的核心逻辑后，2003年，梁灿兴在《可获得性论的知识自由和知识共享阐释——重新定义可获得性论》一文中提出，可获得性论的原定义是直接从对实践的追问中得出的，是一种原生态的、没有经过理论抽象的观点，并给出了新定义，他认为在可获得性理论逻辑中，图书馆学的研究对象可以概括为“体系化知识的自由共享”。其中，给予共享的对象是具有体系性的知识；共享的现实主体是每个有知识接受能力的社会人；共享的历史主体是现代和未来的社会人。新定义是原定义的继承和新概括，提供了一个确切的现象领域。

2010 年，梁灿兴发表《“可获得性论”的新启航》一文，从另一个修正角度再次给出可获得性论的新定义——用户需要的知识单元在文献群中的可获得性，又回到了性能或者性质论的表述。新定义的含义可以分为四层：①用户的知识需要肯定包含了一组对知识单元的需求；②用户需要通过知识交流明确自己的需求，即提出明确的问题；③图书馆可以提供满足知识交流及用户需求的知识单元；④图书馆需要在知识交流情境中提供相关的知识单元。从研究内容上来看，新定义对于原定义的扩展在于：①用户从理论分析的“后台”走到“前台”，用户不再是需求的发生点，而是创造了问题域，并邀请图书馆共同寻找答案的伙伴；②知识单元不再是不言自明的，而是由用户和图书馆在交流中共同确定的目标物；③用户不是外在的图书馆的要素，图书馆也不是独立于用户存在的机构，用户与图书馆的交流共同构成图书馆的发展状态。将原定义与新定义进行比较，可以发现可获得性论原定义“知识单元在文献群中的可获得性”所指向的研究领域，是文献群中知识单元存取体系的构建。而新定义“用户需要的知识单元在文献群中的可获得性”所指向的研究领域，是文献群中知识单元存取体系对用户问题域中知识的构建。新定义除了包含原定义的领域之外，还包括用户问题的确定，图书馆所提供的知识单元对用户知识构建的作用。

3. 可获得性论的特点

可获得性论的提出为图书馆学基础理论领域带来了一个前所未有的框架，其特点主要包括以下几点。

1）抽象性

将图书馆学的研究对象定义为一个抽象的概念，而非一个具体可指的事物，这一点与多数其他图书馆学研究对象的学说不同。可获得性论超越了具体载体和机构，超越了社会发展的具体阶段。不过，对于将学科的研究对象定义为性能或者性质是否合适尚存争议。

2）专指性

将图书馆的特有实践领域与相近学科的特有实践领域分隔开来。图书馆学研究的是文献信息的获得性；档案学研究的主要是文献的原始性，这是档案学一切研究的基础；情报学研究的是实时信息的提供。围绕文献信息的传播和交流、符号系统和检索系统，以及文献信息体系和文献信息事业建设等内容，完全可以构筑一个完整的图书馆学的研究纲领。

3）实践性

因为理论提出者来自图书馆工作一线，所以较注重对图书馆实践的理论解释力和指导力，论点的提出完全是从用户对社会文献群需求指向中、追溯中归纳而来，如在图书馆如何保证可获得性问题上，提出三个方面内容：保证服务对象对文献群的内容框架是知晓的、保证文献群的知识单元是可以比较快检索到的、保证知识单元的内容对于服务对象是可获得的。而这三个方面基本上涵盖了图书馆实践的主要领域：文献采集、组织、标引、检索、用户咨询等。

4）体系性

目前已初步形成了一个相对独立与完整的理论体系，根据现象内部的逻辑层次关系，梳理清晰的理论层次结构，并规定了不同层次的理论内容，认为基于宏观现象的抽象研究属于图书馆学原理；作为机构的图书馆实践领域的问题，属于图书馆原理；图书馆事业的研究则属于图书馆事业原理。

5）创新性

在论证过程中出现了一系列新的观点。例如，“互联网本身成为文献是其对图书馆影响的根源”的论断，以及图书馆员、图书馆、图书馆事业在角色分配上的“依次转交”说，都是很有创见的说法，并且能启发进一步的思考。此外，在图书馆原理中，将“图书馆职业信念的发展和深化推动实践的发展”作为图书馆工作发展机理，被认为是图书馆原理的发生点，在国内图书馆学研究中，应该是第一个将职业信念置于如此重要位置的理论探讨。

6）前瞻性

对“文献”的本质作揭露，深入到了“知识单元”的层次，在数字图书馆正在将研究建立在语义网的基础上，以求进行文献语义检索，深入到文献中的知识单元对其进行整序。

2.5 制度论

2.5.1 制度内涵

制度的含义与范畴非常广，包括国家政治制度、法律制度、社会制度及经济制度。凡勃伦首先将制度纳入社会科学领域进行研究，他认为“制度实际上就是个人或社会对有关的某些关系或某些作用的一般思维习惯……是人类本能和客观因素相互制约所形成的和广泛存在的习惯，是人或社会对有关的某些关系或作用的一般思维习惯”。这里的“一般思维习惯”指的是约束人们行为的道德观念、风俗习惯、意识形态等非正式规则。康芒斯在关于制度的定义中指出“如果我们要找出一种普遍的原则适用于一切所谓属于‘制度’的行为，我们可以把制度解释为集体行动控制个人行动……它们指出个人能或不能做，必须这样做或必须不这样做，可以做或不可以做的事，由集体行动使其实现”，即集体行动依靠集体制定的行为规则控制个体行动。社会学家马凌诺斯基认为制度是一个社会有组织、有目的的活动体系，制度包括价值系统、参与人、规范、物质准备、活动本身及制度的功能六个方面。斯考特认为，社会制度指的是社会的全体成员都赞同的在社会行为中带有某种规律性的东西，这种规律性具体表现在各种特定的、往复的情境之中，而且能够自行施行或由某种外在权威施行。总而言之，制度是一种秩序，它是由个人和群体的习惯而内生衍化出来的惯例，进而经过规定或约定形成的一种规则和秩序。

制度从不同的角度可以划分为不同的类型。按照诺贝尔经济学奖获得者诺斯的观点，制度分为正式制度和非正式制度，这一划分得到了学术界的广泛认同。正式制度包括政治规则、经济规则和契约；其余的价值观念、意识形态、道德规范等则是非正式制度。正式制度是人们有意识创造的，共同约束着人们的行为，而非正式制度是指人们在长期的交往中无意识形成的，具有持久的生命力，并构成代代相传的文化的一部分的行为规范。德国学者柯武刚和史漫飞将制度分为组织内在制度和外在制度两种形式，他们认为内在制度是群体或者组织内部在经验基础上演化出来的规则，包括组织规定、内部规范等成文的正式的规则及习惯、风俗、道德、伦理等非正式规则等；外在制度是组织外部力量设计出来，并靠政治行动由上面强加于社会的规则，包括法律、法规和秩序等。根据制度的约束是否具备强制效力，制度可以分为非强制性的制度和强制性的制度。根据是否决定某一社会或国家的基本性质，制度还可以分为根本制度和非根本制度。

制度的功能体现在以下几个方面。

（1）制度是一种公共的调整人们行为的规范体系，而且是规范人的行为的有力措施。制度通过对人的行为提出明确具体的要求，通过权利和义务的设定标明什么行为是合法的和允许的、什么行为是违法的和禁止的，从而为人们提供明确的行为规范体系。

（2）制度是一种抽象的、确定的和普遍的行为规范准则，适用于无数行为的重复情境，从而为人们提供行为的稳定预期和确定性，遏制各种任意的和投机的行为。因此，制度改变那种依赖个人意志行事的随意的行为方式，制度形成之后势必会在一定的时空范围内保持稳定，而不因领导人的改变而改变，也不因领导人的意志和看法的改变而改变。制度的这种稳定功能对于维护稳定和谐的社会秩序具有重要意义，“制度减少了世界的复杂性，提供了一种简化识别负担的关键功能。制度使他人的反应更可预见，世界更加有序，从而使个人更容易与一个复杂而易变的世界打交道，也使个人更易于避免‘超负荷识别’”。

（3）制度具有保护权利的功能，一个良好的制度会将保护公民的权利作为第一要务。而对权利的保护与对权力的制约具有同样的价值取向和实践功能，权利和义务是制度的主要内容，如从法律制度的角度来看，现代社会的法律已将权利本位作为基本理念，法律总是以规定权利为主要内容。因此，权利与义务相伴而生，制度最重要的使命就是保护一定主体权利的合法行使和不受侵犯。

（4）制度是利益的合理性和合法性分配与协调机制，制度会对人们活动和行为方式发挥激励与导向的作用。恰当的制度有助于节约成本和增加收益，如施行法治能够降低交易成本和提高经济效益，法治通过对权利、义务、责任、法律信息、法律程序的有效安排，从而提高人们创造活动的积极性。

（5）制度设定了对侵权行为和不尽义务行为的惩戒措施，为这些行为规定了明确的责任追究方式，任何违反制度规定的行为都要受到制度的约束。任何制度都是以一定的强制力作为后盾的，没有惩戒功能的制度只能是形同虚设，没有惩罚的制度只能是纸上谈兵。

总而言之，制度约束人们的行为以降低社会的交易成本，维持社会的交往秩序，为个体的社会化提供参照。制度规定了行为规范，这种稳定乃至强制的行为规范所提供的信息使一个人能够预判自己和他人的行为后果，从而减少不确定性。知道他人的行动，知道他人对自己行动的反应，才能决定自己怎样行动，合理调节与他人的关系，从而达到自己预期的目的。这种预期功能，使得人们的行为能够在可控的范围内有序进行，从而保证了整个社会的秩序。制度影响人的根本力量来自它的奖惩机制，即惩恶扬善，设置激励机制的同时抑制人的机会主义行为。

2.5.2　图书馆制度

在社会发展的初期，人们在实践中发现，把个人的经验记录于文献，并将文献加以集中存贮、管理和利用，是传递和扩展个人经验的极其有效的办法，也是获取客观知识的一种有效途径；而这种活动一旦被共同体成员统一认可，就形成了一种共同经验，共同体随即产生将这种活动加以固定化、建制化的意志趋向，并逐渐将其变成一种普遍做法（共同规则），图书馆制度由此产生。因此，图书馆制度是一种长期自发演化而来的产物，是人们在长期的历史过程中对文献的集中存取需要自发地形成共同经验，又逐步自发地扩展为共同规则的过程。

如果把社会看作是国家、行业（系统）、机构三个层次构成的整体，那么这个社会就存在有国家制度、行业制度和机构制度这三个制度层次，依次为宏观层面、中观层面和微观层面。制度系统应该是一个完整的结构性、协同性系统，三个层次协调一致，才能发挥预期的制度功能。图书馆制度在国家、行业和机构三个层面上均有涉及。

国家层面上的图书馆制度，包括影响图书馆发展大方向的法律法规，以及在法律基础上的构建体制，也包括确定技术创新主体地位的产权制度、读者民主权利制度等，其表现就是国家及其各级政府的图书馆制度安排，如图书馆政策、图书馆法律。其中，图书馆法的颁布与实施使图书馆的各项业务有法可依，有根本制度上的保障，能提高图书馆的社会地位，协调图书馆与外部社会的各种关系，是图书馆实现社会支持与监督的依据及图书馆可持续发展的基本社会条件。

行业层面上的图书馆制度，其表现就是图书馆行业制定的有关规则，如图书馆员职业资格制度、学科馆员制度、全员聘任制度、图书馆员伦理准则等。国外图书馆的职业资格认证途径主要有：接受大学专业教育，毕业后即可申请专业资格；通过图书馆专业资格考试可获得职业准入资格。目前我国尚未建立图书馆员职业资格认证制度，馆员来源多样化，造成专业馆员的素质参差不齐，因此许多人呼吁，为了提高图书馆从业人员的整体水平，进而提高图书馆的服务质量，应当完善图书馆员职业资格制度。学科馆员制度的根本目标是建立图书馆与学科用户之间的联络机制，主动了解学科需求，并以需求指导信息组织，以便向用户提供学科化指导性服务。

机构层面上的图书馆制度，其表现就是各实体图书馆自己制定的管理与服务规则，如面向馆藏的文献采访制度、文献分编制度、文献保护制度、文献管理制度，面向用户的读者服务组织制度，面向队伍建设的图书馆用人制度、激励约束制度等。

图书馆制度的意义表现为对于社会发展所具有的意义和对于图书馆事业发展本身所具有的意义。图书馆制度的外向意义在于以下几点。

（1）图书馆制度作为文化制度的重要组成部分，其宗旨在于使人们能够正常获取知识和信息，进行自我教育，进行科学研究或其他文化活动，提供制度性保障。

（2）从民主政治的意义上来说，图书馆制度是民主政治制度的重要设施之一。现代意义上的民主制度，要求公民做到信息灵通且具有自我教育和理性参与的能力。而为公民提供图书馆服务，是保证公民信息灵通的重要途径；公民利用图书馆进行自我教育从而提高建设性参与能力，是民主政治的需要。

（3）现代图书馆制度还是维护社会和谐的重要制度安排之一。提供平等服务，避免社会排斥，关爱弱势群体，体现人文关怀，是现代图书馆服务的基本精神。

图书馆制度的内向意义则在于以下几点。

（1）保障意义，建立健全的图书馆制度是图书馆职业有序健康运行和发展的基本保障，能保障图书馆职业的核心价值的正常实现，保障图书馆提供覆盖全社会的、普遍均等的服务。

（2）规范意义，包括对政府的行为、图书馆及其工作人员的行为、相关社会组织或个人对图书馆的行为和图书馆利用者的行为的规范。

2.5.3　代表观点评述

2002 年，范并思发表《维护公共图书馆的基础体制与核心能力——纪念曼彻斯特公共图书馆创建 150 周年》一文，提出“公共图书馆的出现代表了一种社会信息保障制度的形成”，开启了我国制度视角下的图书馆学理论研究进程，并于 2004 年将公共图书馆制度的意义进一步明确为“维护信息公平、保障民众信息权利的社会信息保障制度”。同年蒋永福发表《知识自由与图书馆制度——关于图书馆的制度视角研究》一文，将图书馆的制度意义拓展至所有图书馆，提出“正因为图书馆是保障人类的知识自由权利的一种制度产品，所以图书馆制度是一种合理的、合法的和正义的制度”的观点，因而呼应、深化了图书馆制度研究的领域，并借鉴“制度经济学”的称谓于 2005 年正式提出“制度图书馆学”这一从制度视角研究图书馆现象的特称。

1. 制度图书馆学的内容与特点

制度图书馆学就是研究图书馆制度对图书馆发展的影响问题的一种思维方式。图书馆制度是制度图书馆学研究的核心范畴。蒋永福将制度图书馆学的研究内容分为作为社会制度安排意义上的图书馆制度研究和作为职业规范意义上的图书馆制度研究两大方面。作为社会制度安排意义上的图书馆制度研究，主要研究国家和政府（包括中央政府和各级地方政府）层面上的图书馆制度安排问题，这种制度安排主要表现为图书馆政策、法律法规与行政规章等。作为职业规范意义上的图书馆制度研究，侧重研究规范图书馆职业行为的问题，包括图书馆职业准入制度、图书馆职业道德或伦理规范、图书馆权利与义务、读者权利与义务等。蒋永福认为在职业规范意义上的图书馆制度应该包括图书馆业务规程，即通用的文献组织规则及图书馆活动评价标准等，不过他对于制度图书馆学的论述主要着眼于宏观与中观的图书馆制度。

制度图书馆学的基本观点包括以下几点。

（1）图书馆是政府为了保障公民获取知识信息的自由权利（文化权利之一）而提供的一种制度性公共产品。

（2）国家发展图书馆事业是民主政治建设的需要。

（3）政府是发展图书馆事业的主要责任主体，政府应该为发展图书馆事业做出正确的价值定位与制度安排。

（4）维护公众利用图书馆获取知识信息的自由权利，是图书馆职业的核心价值。

（5）图书馆事业发展必需的技术支撑与人文理想，必须依靠图书馆制度的保障条件才能得以顺利实现。

制度图书馆学理论的提出意味着这样一种预设的成立：图书馆从个体角度来说是一种机构，而从整体意义上来说则是一种社会性的制度安排，为了保障公众的知识信息福利（即满足公众的知识信息需求）而做出的一种制度安排。社会上的每一个公立（即政府设立）的图书馆机构，都是这种制度安排的产物。制度图书馆学的特点表现在两方面。

1）现实主义价值取向

制度图书馆学认为，图书馆制度是影响图书馆事业发展的关键因素，图书馆事业的发展必须依靠先进的制度设计与强有力的制度保障。对图书馆事业的发展来说，那些先进的技术和先进的人文理想固然重要，但如果没有“良制”的先导和保障，再先进的技术理论也会异化成单向度的技术霸权，再崇高的人文理想也会因无法实现而失去其崇高性和可爱性。所以，制度图书馆学特别关注现实图书馆制度的缺陷，并为图书馆制度的改进、创新和完善提供理论指导，以期为图书馆事业的发展提供理想的制度保障条件。制度图书馆学思维采取的是现实主义价值取向，即从图书馆制度的实然状态（现实状态）指向应然状态（理想状态），从现实出发，提出改进的路向或方案。

2）“权利—政治”话语路向

制度图书馆学尊奉知识自由和信息公平的价值立场，其制度设计的指导思想基于维护公众获取知识信息的自由权利。对某种权利的确认和主张，要有社会的政治制度保障机制，不然这种权利便极易受到漠视，甚至被侵害或剥夺。政治制度的首要价值之一就是保障公民的合法权利。因此，制度图书馆学思维强调以积极“入世”的态度关注社会的政治制度的改进，以为公众利用图书馆、实现其获取知识信息的自由权利争取良好的政治空间。为此，制度图书馆学主张应该改变以往图书馆学理论“莫谈政治”的狭隘观念。对此，哈里斯曾有言：“图书馆信息职业应珍惜这个机会，批判性地、系统地重新审视图书馆在维护后工业社会的基本权利中的作用……但是要发挥这种职业潜力，我们就必须克服我们长期存在的鄙夷政治的传统，开始一种长期的，甚至可能是痛苦的关于权利的讨论。”需要注意的是，制度图书馆学关注社会的政治制度的改进，其出发点和目的是以中立性立场为读者维护知识自由权利争得更加开明的政治环境，而不是宣明自己某种非中立政治立场，更不是鼓动图书馆员直接介入某种政治事务或政治派别。

2. 制度图书馆学的意义

制度图书馆学的提出，为图书馆学研究开创了新的研究视角与范式，有助于我们突破机构范式的局限，从职业和制度的视角观察图书馆现象，认清图书馆的“制度安排”属性。职业范式和制度范式之间具有紧密的关联性，因为图书馆职业化是图书馆制度化的产物。缺乏职业范式的后果是重视机构而忽视机构中的人。尽管“图书馆的构成要素”中有“人”这一因素，但这种“人”主要被看作可供开发的、由机构控制的“人力资源”，即被看作由机构控制和使用的客体意义上的人，而不被看作有职业理想、职业立场、职业利益诉求的主体性意义上的人。缺乏制度范式的后果是重视机构管理（图书馆内部管理）而忽视整体的制度创新，即只把图书馆看作一种机构而没有看出图书馆还是一种社会的制度安排。将图书馆当作制度来研究，其实质是在更加广阔的背景下研究“图书馆与社会”这一大课题，有利于认清图书馆的制度属性，明确政府在图书馆制度供给与图书馆事业发展中的责任，为图书馆制度创新提供理论与方法支撑。

以往的我国图书馆学理论研究，面对图书馆管理和服务的落后局面，尤其是面对日益拮据的经费困境，大都习惯于“自责”，并忙碌于内部管理上的修修补补，而不习惯于从政策、政府和制度方面考虑。殊不知，我国图书馆的落后的根本症结在于制度落后（立法滞后、人治泛滥是其典型表现）。也就是说，发展我国图书馆事业的根本出路或当务之急在于制度创新——行政管理体制创新、用人制度创新、财政拨款制度创新、治理模式创新、专业教育制度创新、服务模式与体系创新等。那么，这种制度创新如何进行，或者制度创新的目标、依据、过程、方法如何把握？制度创新的合理性与合法性如何界定？这些问题，正是制度图书馆学研究的重点内容。

制度图书馆学研究通过引入一般制度理论研究成果，如制度哲学、制度经济学、制度伦理学等研究成果，论证图书馆制度对图书馆事业发展的制约或促进作用机理；通过论证图书馆的制度性公共产品属性，在理论上指认政府是发展图书馆事业的主要责任主体，为相关部门向政府表达制度供给要求提供理论依据；通过对图书馆制度现状的调查和思考，指出制度现状与制度目标之间的差距，并提出制度改进或制度创新的技术性方案或建设性意见。总之，制度图书馆学研究通过图书馆制度维度的思考，能够使人们认清图书馆制度对于图书馆事业发展的保障作用，从而为图书馆制度改进或制度创新提供理论指导。

制度图书馆学的提出，从理论上来看，是要求对图书馆的社会设置角色进行准确定位；从实际效果上来看，是对当时图书馆界实践混乱引起的社会角色认同混乱以及财政没有负起相应责任的含蓄批评。需要指出的是，制度图书馆学之所以被很快接受，得益于公共财政的思想已经被学术界广泛接受，得益于“纳税人的权利是财政的责任和义务之源”的思想的确立。无限度的有偿服务与图书馆对财政投入的必然依赖，存在着根本冲突。在权利意识高涨的时代背景之下，对于“图书馆作为社会设置”的相关研究，与其说是理论观点的创新，不如说是图书馆事业从有偿服务的迷雾中，回归理性的选择。

制度图书馆学的成型，使中国图书馆事业拥有了行业辩护的言说体系，在以后的图书馆事业发展过程中，当遇到政策法律的制定和公共关系事件等公共事务时，有了辩护的核心价值观和理论说辞。当然，如何将制度图书馆学与中国国情联系起来，对此提出富有创见的解决方案，是相当考验有关人士的智慧的。

然而，制度图书馆学体系并不涵盖图书馆学的所有内容，因此这个流派重建图书馆学基础理论体系具有局限性，只能作为图书馆学的新分支，没有全面系统地构建起相应的理论体系并加以阐释研究。而在 2010 年，蒋永福发表《不再追问本质：图书馆学理论的后现代走向》一文，指出“摈弃理性主义一元论的束缚，尊重价值观之间的客观差异性，从而走向多元价值观之间的民主对话和博弈选择，这是图书馆学理论的后现代走向”，他认为对图书馆现象中客观性本质的建构只是观察视野情境下的各种的一家之说，不可能产生统一或同一的界定，只有不同理论体系的提出者，没有放之四海皆准的理论体系。此后，蒋永福没有再对制度图书馆学进行专门论述，但图书馆制度仍然是学界关注的重要对象，相关研究继续前行，日益深入，直至对现实社会产生了直接而深远的影响，《中华人民共和国公共图书馆法》的颁布施行便是一例。因此，制度图书馆学对于推动图书馆制度建设的意义是不可忽略的。

2.6　新技术视角下的图书馆学说

纵观每一次图书馆学基础理论与研究范式的推进，都离不开技术的革命性进步。随着现代信息技术的飞速发展，倾向于将图书馆学研究建立在分布式信息环境中，通过信息技术视角将离散的信息资源组织为序化、完整的信息系统，以保障有效的信息检索与信息获取。

从 20 世纪 60 年代起，以数字化、网络化技术为代表的现代信息技术的发展和普及逐渐改变了信息检索与获取的方式。随着信息获取途径的增加，图书馆的地位受到一定冲击，并在 20 世纪 70 年代能源危机爆发的背景下遭到财政缩减。在这样的背景下，理论界对于信息时代图书馆的转型提出了对策。

利克利德 1965 年在《未来的图书馆》中构想了如何用电子方式保存和检索信息。利克利德在著作中提到了许多现代信息系统的建构思想，如重视检索者与信息的动态交互、创建一种可以形成“新图书馆网络”的预知系统等。1978 年，兰开斯特在《走向无纸化的情报系统》中探讨了无纸信息系统对于科学交流的影响以及无纸信息系统在技术、社会等方面的障碍等一系列问题，虽然他对于图书馆未来的预测具有极端的悲观情绪，但却间接推动了从业者和学界对技术的吸收与职能的重新定位。在国内，刘国钧先生于 1975 年开创性地将 MARC 介绍到国内，这是技术思想在我国图书馆学领域的萌芽。随着 20 世纪 80 年代计算机工业的初步发展，图书馆尝试将计算机引入图书馆流通业务并研发了流通管理软件，这是信息管理系统在我国图书馆自动化事业中应用的起步。但是因为我国 20 世纪 80 年代计算机水平仍较为落后，技术学派的研究仍处于起步阶段。

因此，本节内容重点介绍 20 世纪后期至 21 世纪信息技术视域下图书馆学研究的代表性研究与成果。

20 世纪 90 年代中后期，世界信息技术水平发展到新的高度，一方面，信息存储数字化与信息传递网络化逐渐普及；另一方面，商业化信息机构在现代信息服务体系中崛起。1993 年后，美国国家科学基金会（National Science Foundation，NSF）将数字图书馆计划当作国家信息基础设施建设的重要组成部分开展建设。与此同时，我国数字化建设全面铺开，图书情报学领域最具代表性的项目为 1998 年由文化部与国家图书馆启动的中国国家数字图书馆工程。在数据库建设方面，中国科学引文数据库出版了光盘版检索工具并做了《中国科学计量指标：论文与引文统计》。此外，CNMARC（China machine-readable catalog，中国机读目录）完成编制并通过了鉴定。

工程性项目的落地为技术理论创新打下了坚实的基础。在信息组织技术方面，苏新宁提出了一种新的文献自动标引算法——检索词后组标引法，该标引法能够保证标引词的检索价值，有效提高系统查全率、检索用户负担。赖茂生提出了一种基于超文本结构的控制词表模型并讨论了相关功能要求与技术问题。毕强和钱刚认为数据仓库与数据采掘是企业信息管理技术构架的新焦点和新趋势，分析了数据仓库的特点、基本结构与相关数据采集办法，并提倡将其引入图书馆的信息组织工作中来。在信息系统研究方面，董慧等提出了一套多媒体人文信息系统的总设计思想与实施方案，提供了重要的框架模型，为此后的相关设计奠定了基础。

进入 2000 年，数字图书馆与信息系统成为技术学派的重点研究内容。一些大型数字图书馆工程逐步投入使用，科学引文数据库相继建成。同时，各大高校相继成立数字图书馆研究所，关于数字图书馆的国家基金立项增加，体现了学科研究的重点趋势。

在数字图书馆领域，叶鹰提出图书馆应体现 Web/Lib 2.0 的“开源、互动”精神，数字图书馆的发展方向是具有微结构的微观内容和具备个性化设计服务的结合。欧石燕提出了一个面向关联数据的语义数字图书馆资源描述和组织框架，包括元数据层、本体层、关联数据层和应用层，其核心是 RDF（resource description framework，资源描述框架）语义元数据的构建与关联。在信息系统领域，史卫国和饶艳系统分析了图书采访中所面临的不系统化问题，并提出了相应的信息系统设计理念；张智雄、李广建等对国家科学数字图书馆（Chinese National Science Digital Library，CSDL）数字参考咨询系统的设计、实现、主要流程、结构框架、角色定义等内容进行了系统阐述。

随着数字人文的概念在中国学界受到广泛关注，“技术—人文”领域的研究涌现。数字人文是计算机技术和网络技术应用于传统的人文研究的新型跨学科研究领域，并为传统人文研究提供新的研究方法和研究范式。这一领域吸引了图书情报领域技术学派的注意力，对于信息管理从业者而言，他们在数字人文实践中扮演的重要角色之一便是基础设施搭建者，为人文学者提供稳定的数字保障平台。以图书馆为例，图书馆包含了书目、索引、文摘数据库、引文索引、各种类型的目录、元数据注册、名称规范档和知识自组织系统等结构化数据，以及根据 TEI（text encoding initiative，文本编码倡议）编码的经典作品、以各种形式存在的增值的和标记过的资源、元数据记录中包含的非结构化部分等半结构化数据。与大数据相比，这些数据集体积较小、异质性有限，但具有结构性、明确性和受信任的特征，具有较大的价值挖掘潜力。鲁丹、李欣、陈金传在研究中提出基于 API（application programming interface，应用程序编程接口）技术构建数字人文基础设施的目的及实现架构，并介绍了介绍目前 API 实现数字人文基础设施构建路径。赵生辉等提出了数字人文仓储概念，认为其是实现数字人文项目的技术基础，是人文社科领域的应用方式，构建了数字人文仓储的架构模型，探讨了数字人文仓储的建设规范、技术架构和实施策略等问题。

这一时期，新技术视域下的图书馆学研究范式逐渐形成，并随着技术的更新不断拓展视野，凸显了学科的强应用性。

2.7　图书馆学研究对象的发展规律分析

每一门学科都有其特殊的研究对象，对于研究对象的探讨是学科研究的元问题，其对于划定学科边界、论证学科的科学性质、获得社会认可具有基础性作用。从德国图书馆学家施莱廷格提出图书馆学的概念起，关于图书馆学研究对象的讨论纷纷涌现，世界范围内出现了整理说、技术说、要素说、管理说等不同的流派。自 20 世纪 20 年代我国初步建立图书馆学开始，一代又一代图书馆学家、学者、图书馆从业人士无不思考过“什么是图书馆学？”的问题，要回答这一问题，离不开对于研究对象的剖析与阐释。杜定友、李小缘、刘国钧等早期图书馆学家在著作中不可避免地阐述图书馆的性质、定位、功能与图书馆学的研究对象。时至今日，对于图书馆学研究的对象的探究、讨论仍未止息。

徐引篪、霍国庆在对近代图书馆学思想史进行梳理的基础上将图书馆学研究对象的认识过程分为了四个阶段，体现了图书馆学研究对象的发展规律。

第一个阶段是以施莱廷格、埃伯特、杜威、帕尼齐等为代表的“表象的、具体的认识阶段”。从 1807 年施莱廷格提出图书馆学一词到 20 世纪 20 年代，图书馆学研究者重点以图书馆具体工作中的部分方面为研究对象，整理说、管理说与技术说是其中具有代表性的观点。但是，这一时期的观点都只反映了图书馆事业的局部而不能全面反映图书馆的本质、职能、特征、动力、发展规律。限制这一时期观点全面性的原因在于图书馆实践仍处于初期，充分认识事物具体和表面的特征是抽象化与整体化的充分条件。

第二个阶段是以巴特勒、阮纲纳赞、杜定友等为代表的“整体的、抽象的认识阶段”。图书馆学到 20 世纪 20 年代已经形成了一个多世纪，伴随着席卷全球的公共图书馆运动、协会与学会成立、图书馆学教育机构增加等事件的发生，研究者对于学科的认识又进入了一个新的阶段。从 20 世纪 20 年代到 20 世纪 60 年代，国内外均诞生了不少著名的图书馆学家，这一时期具有代表性的观点包括社会说和要素说，这两种观点都体现了认识的整体性和抽象性。在第二个阶段，图书馆学向更加系统、科学的学科迈进，此时期不少观点仍是当前图书馆学认识论的重要组成部分。但由于时代限制，该阶段的认识局限于图书馆结构及外部联系，缺乏对图书馆本质和规律的挖掘。

第三个阶段是以谢拉、丘巴梁、兰开斯特、黄宗忠、周文骏等为代表的“本质的、规律的认识阶段”。20 世纪 60 年代到 20 世纪 90 年代，信息技术的迅速发展赋予了曾经的技术论新的时代意义，形成了以兰开斯特为代表人物的新技术说。此外，还有交流说、新技术说、矛盾说等代表性观点。这一阶段的特点在于深化了对图书馆学研究对象本质的认识，深入到图书馆内部文献、信息、知识层次。不过，不同的观点也存在着各自的问题，如交流说超越了图书馆学的学科范围，新技术说对技术的作用过于夸大等。

第四阶段是以切尼克为代表的“深入的、整合的认识阶段”，这一阶段的代表性观点是资源论。从 20 世纪 90 年代起，信息资源管理无论在应用领域还是学界均有较大的影响力，切尼克提出图书馆是“为利用而组织起来的信息集合”。这一观点突破了交流说与新技术说的局限，更深刻地从资源角度审视图书馆，具有突破性。

进入 21 世纪，更加先进、全面的信息基础设施建设为泛在化网络奠定了基础，信息产生的速度、数量、种类和人类获取信息的渠道与 20 世纪相比发生了翻天覆地的变化。这种变化使图书馆对于自身职能、技术、服务方式等内容产生了新的思考与调整，对于图书馆学学界而言，外部实践的更新为其研究提供了新的动能，关于学科研究对象这一问题的讨论更为细致、深入。这一时期的代表性观点包括获取论、制度论、知识论等内容，学者间以学术论文形式开展的沟通、交锋十分常见。

但是，这一时期的讨论呈现出分散性特点，真正逻辑链条严谨、体系完善的论述却并不多，学者缺少理论研究的共同指向。针对图书馆学研究对象的讨论，柯平指出：“对研究对象虽然重视但缺乏理性思维和科学的方法去研究，简单归纳随意立论；将研究对象与学科定义、理论基础等混为一谈，受图书馆学研究外化的影响，研究对象在固守图书馆和寻求外围突破之间摇摆。”

2010 年后，关于图书馆学研究对象的论文数量增长放缓，较少有学界较有影响力的学者以科学论文的形式输出观点。有学者较为尖锐地提出，“学科的合法性和学科认同问题，不是自说自话地强调图书馆学揭示了图书馆的本质并且了解研究对象和知识体系就可以自然得到解决的”“解决学科合法性问题的最佳方法是做出扎实的、具有学术性的研究成果，向学术界和社会提供图书馆学的知识输出，以获得学术界对图书馆学的学科认同”。这一观点虽存在过激之处，但为今后的图书馆学研究提出了具有警惕性的洞见。图书馆学研究对象问题的讨论仍然是具有基础理论意义的学科问题，当前未达成统一的认识并不意味着这一问题没有研究的价值，相反，随着实践的积累与技术进步带来的变革，这一问题在未来仍会诞生新的学说。但需要警惕的是，缺乏系统理论支持、过于分散的研究对象讨论对于图书馆学划分学科界限、厘清学科体系与获得学科认同的帮助是十分有限的。如何在立足学科特色的基础上用其他学科认同的方式表达图书馆学的研究、如何将科学的研究方法融入图书馆学研究、如何更好地服务于中国特色社会主义建设，在当下具有更强的现实意义。

从内容角度来说，图书馆研究对象经历了从非本质说到本质说的转变；从认识深度来说，图书馆学研究对象的讨论经历了从具象化到抽象化、从表面到实质、从局部到整体的过程。马克思主义哲学认为，实践是认识的来源和检验认识是否正确的标准，实践的发展为认识不断拓展新的领域和层次，提供新的经验材料，使人们获得越来越丰富的内容。学界对于图书馆学研究对象的认识也以不同历史时期的实践为转移，是一个不断向前推移的、由浅入深的、由不完全到完全的发展过程。

第3章

图书馆学理论要素结构辨析

理论是学科发展的重要根源，理论的存在能够帮助梳理组织杂乱的数据，简化社会世界的复杂性。理论被描述为可以解释现象之间关系的概括，有学者将理论定义为“一种由观察到的事实和法律与生活某种特定方面相关的系统化解释”，还有学者认为理论是一系列内在相关的建构、定义和命题，通过明确变量间的关联来解释和预测现象，并针对现象提出系统化视角。图书馆学是一个兼容并蓄的学科，不仅有自身的学科理论和方法，还擅于吸收其他学科的理论与方法，将其吸收至图书馆发展的理论之中。这为图书馆在泛在知识环境下的发展建设提供了新的理论视角。图书馆学基础理论是图书馆学的立身之本，也是图书馆事业可持续发展的基本依托。不同学科的学者对理论进行了各自的定义，虽然表述不同，但内涵基本是一致的。图书馆事业起步之初，规模比较小，数量也有限，人们更多关注的是图书馆个体的发展。中国图书馆事业的繁荣昌盛是图书馆人忘我奉献的奋斗目标，也是图书馆学人的终极追求。图书馆学人勇于承担学科基础理论建设的使命与责任。在图书馆研究领域，图书分类、图书目录、图书馆内部管理等成为人们研究的热点。这反映出人们对图书馆的研究先是从图书馆内部运作机制开始的，在基础研究领域，人们对图书馆的认识是限于微观领域的。人们认为图书馆就是收集保存人类文化遗产，并对其加以组织供人使用的机构。杜定友形象地把图书馆比作人的公共脑子。图书馆学就是研究图书馆内部组织法、管理法、使用法的学科。国内外学者对图书馆学研究主题也做了许多研究，对图书馆学的发展及学科建设起到了积极推动作用。杜定友、刘国钧还分别以三要素、四要素来具体剖析图书馆的内部结构。从微观领域来经验描述式地研究图书馆，是20世纪二三十年代理论研究的特点，这也恰恰符合人们对新生事物从具体到抽象的认识规律，这种研究方法适应我国当时理论研究的需要。

3.1 我国近现代图书馆学理论回顾

3.1.1 沈祖荣及其图书馆学思想

沈祖荣，字绍期，英文名 Samuel T. Y. Seng，1884 年 9 月 11 日诞生于湖北宜昌，是中国现代图书馆学家、中国现代图书馆事业的先驱、中国图书馆学教育之父，1977 年卒于江西庐山，终年 94 岁。

他毕业后以启迪民智、唤醒民众为己任，立志教育救国，开始投身韦棣华在文华大学创办的文华公书林，充任协理，致力于图书馆事业。在他与韦棣华的努力下，文华公书林成为我国较早的具有公共性质的图书馆。1914 年，他在韦棣华的资助下赴美国纽约公立图书馆学校攻读图书馆学，成为中国历史上出国学习图书馆学的第一人。回国后大力宣传新式图书馆，演讲图书馆学理论与方法。在 1917 年到 1919 年间先后与余日章、胡庆生在中国掀起了一场引进欧美图书馆学术，创办美式现代化图书馆事业的“新图书馆运动”。从此，中国图书馆事业摆脱了封建旧有的藏书楼状态，转变为现代图书馆形态。1920 年，私立武昌文华大学图书科成立，这是我国第一所图书馆学教育机构，作为创始人之一的沈祖荣担任教授。1927 年，他出任图书科主任和文华公书林总理。1930 年，中国历史上第一所也是新中国成立前唯一的一所独立的图书馆学专门学校——私立武昌文华图书馆学专科学校成立，沈祖荣出任校长兼教授。他除了继续教授多门专业课程外，还制定校训、校歌，并组织各项与教学有关的活动。抗日战争期间，他与全体教职员工一起努力，维持了学校原有规模，保证了学生的来源。1929 年，他创办的《文华图书馆学专科学校季刊》，成为当时图书馆学术交流的重要的也是唯一的理论园地，为中国图书馆学研究发挥了巨大作用，把中国现代图书馆学研究推向高潮。1940 年秋，文华图书馆学专科学校经国民政府教育部批准正式设立档案管理科，是新中国成立前中国唯一的档案学教学科系。新中国成立前全国图书馆高级专门人才大半为沈祖荣弟子，影响极其广泛，因此沈祖荣先生被海内外誉为“中国图书馆学教育之父”。新中国成立前在国内外发表的图书馆学论文近百篇，出版著作三部，主要有《仿杜威书目十类法》（与胡庆生合著，文华公书林 1917 年出版）、《标题总录》（私立武昌文华图书馆学专科学校 1937 年出版）和《简明编目法》（文华公书林 1929 年出版）。

其中，《仿杜威书目十类法》被誉为“我国采用西方新分类法之始”，在图书分类方面具有划时代意义；《标题总录》是我国第一部系统的主题法。纵观沈祖荣先生的著述，其图书馆学学术思想主要有以下几点。

他认为中国图书馆事业改革与发展的关键在于：①制定最低限度标准，保证图书馆事业的发展；②建立全国性的图书馆管理机制，加强图书馆间协作；③建设有中国特色的图书馆事业。在建立全国性的图书馆管理机制方面，他提出了具体建议：“须设立图书馆责任委员会”来负责全国图书馆改良与协作；由作为全国教育改良之总机关的中华教育改进社来组织图书馆责任委员；“责任委员会须规定常年经费”。在建设有中国特色的图书馆事业方面，他有更深层次的思考，逐渐开始透过图书馆具体工作上升到文化高度。他指出："中国式的图书馆，应有纯粹的中国色彩，合乎中国韧性，合乎中国书刊出版物的字形与装帧式样。我们虽然采取了人家的科学管理方法，但应在具体工作上变为中国化的图书馆。如分类、编目、存储和使用设备等等，都以代表中国文化的姿态，从图书馆里体现出来。"

3.1.2　杜定友及其图书馆学思想

杜定友，中国当代著名图书馆学家，祖籍广东南海县（今佛山南海区），1898 年生于上海。中学毕业后被保送到菲律宾大学留学，攻读图书馆学。毕业时一举拿到文学学士、教育学学士和图书馆学学士三个学位。学成回国后，于 1922 年受聘于广东省教育委员会兼广东省图书馆馆长，并创办了"广东图书馆管理员养成所"，这是我国最早的培训图书馆员的教育机构之一。1927—1936 年，先后任南洋大学（上海交通大学前身）图书馆主任、中山大学图书馆主任。抗日战争期间，他随图书馆四处漂泊，为保存图书馆的书刊资料历经千辛万苦。截至 1959 年，他的著作论文就有 452 篇；其中有关图书馆学的 234 篇，占全部作品的 52%。先生的成就主要有以下几个方面：图书馆学理论、图书分类法、汉字排检法、地方文献、图书馆建筑和设备等。他关于图书馆理论的研究比较系统，在图书馆学基础理论领域发表的著作主要有：《图书馆通论》《图书馆学概论》《学校图书馆学》，论文主要有：《图书馆学之研究》（《图书馆》杂志，1925 年创刊号）、《图书馆学的内容和方法》（《教育杂志》1926 年 9—10 期）等。这些著作、论文基本上完整体现了他系统的图书馆学理论思想，概括起来，主要有以下几个方面。

1）对图书馆学这门学科的科学认识

他认为图书馆学是一门专门学科，"因为图书馆现在已成为一种活的教育机关，好像学校教育社会教育一样。我们研究教育的人，除了学习教授法、管理法之外，还有所谓教育原理、教育哲学等等；而所有教授法、管理法，都是由教育原理、教育哲学出来的。因此在图书馆学内，我们所谓编目分类的方面，就是和教授法、管理法一般，是图书馆学的应用方面，不能说图书馆学尽在于此。我们还要根据种种原理，研究种种方法，去利用图书馆内的书籍和各种设备，使图书馆成为教育化、社会化、科学化"。关于图书馆学的定义，他做了这样的界定："图书馆学是人类学问中的一部分，专门研究人类学问记载的产生、保存与应用。"关于图书馆学的范围，分为专门的图书馆学学识与辅助的图书馆学学识。专门的图书馆学学识又分为理论方面和实用方面，而辅助的图书馆学学识又分为专门科学和普通科学。关于图书馆学研究方法，他也做了探索。他认为图书馆学研究方法因人而异，主要有普通的研究、专门的研究、片面的研究、分类的研究。

2）图书馆学本土化思想

他认为图书馆学者应注意研究中国传统的校勘学，"这种学问，是图书馆学者必需的。所以我把它归入书目学之下。其实这种科学，也很有独立成科的价值。这种科学实先于图书馆学，不过一向没有人去做科学的研究"。现在国外图书馆学者着力于科学研究，而我国较早已经开始了。"我们现在只要继续先贤的事业，比他们便早得多，不过有一点不同。他们研究校勘之学，是以世界的科学的眼光来研究的；我们往往局于一部分，有门户之见。这是我们要注意改良的。”

3）对图书馆的本质与职能的认识

他给出了图书馆的定义，“述其要道盖有二焉。能保全书籍，用一定之科学方法以处理之，一也；能运用图籍，使之流通，任何人士，皆有享阅之利益，二也。故图书馆之范围无大小，卷帙无多寡，凡具此二端者，皆得谓之图书馆也”。他进一步描述了公共图书馆的作用：一是“市民休养之中心点”，二是“市民游乐之中心点”，三是“市民之继续学校”，四是人们的参考咨询机构。杜定友自觉系统地考察了“图书馆与社会”的关系，高度抽象了“图书馆与社会”这一命题，他指出：“图书馆的功用，就是社会上一切人记忆的一切，实际上就是社会上的一切人的公共脑子。”这种认识与巴特勒的观点不谋而合。

4）关于图书馆事业建设的思想

他认为图书馆事业的发展必须具备四方面条件，即人才、书籍、财力与时势。这说明他已将图书馆放在社会系统中加以考察，拓展了图书馆学的研究视野。在探讨图书馆事业问题上，他提出了“三位一体”的图书馆事业理论基础：“三位者，一为‘书’，包括图与书等一切文化记载；次为‘人’，即阅览者；三为‘法’，图书馆一切设备及管理方法、管理人才。”这一认识被后人当作图书馆学研究对象的“要素说”的源头，这有悖于杜定友的思想。他所说的“三位一体”，实际上指的是图书馆的构成要素，而非图书馆学的研究对象。

3.1.3 杨昭悊与《图书馆学》

杨昭悊，湖北谷城人，中国近代图书馆学家。1927年与其兄杨昭恕合办私立图书馆，按图书馆学理论和技术加以管理，并订有较为完备的章程。他在参加北京高等师范学校开的图书馆讲习会期间就主张译书，译有《图书馆学指南》。后来他发现译书存在诸多问题，随即开始编撰图书馆学著作。《图书馆学》是他在留美期间出版的。这是中国学者自编的第一部体系完备的、理论与技术并重的概论性著作。作者自称该书“学理技术兼收并蓄，十分八九是参考各名家的著作，自己也参考十分之一二的意见”。蔡元培、戴超、林志均等均为其作序。蔡元培称该书是“我国今日起最应时势的好书”，戴超誉其“有裨于中国图书馆之前途者，实匪浅勘”。《图书馆学》作为商务印书馆的“尚志学会丛书”之一出版后，好评如潮，反响强烈，曾于1926年、1928年、1933年先后三次再版。

在杨昭悊的《图书馆学》出版之前，中国的图书馆学著作多是译自欧美、日本。如孙毓修的《图书馆》、顾实的《图书馆指南》及戴志骞的《图书馆学术讲稿》等均是当时有影响的系统著作，偏重工作方法的技术和应用，忽视原理的阐释，杨昭悊认为其“语焉不详，偏而不全”“想求一种原理应用图书馆学，简直没有”。于是他在序中写道“外国的图书馆学的著作属于分科的多，属于通论的少，倘若把它译出来，只合于图书馆员参考，不足供一般人研究”“外国图书馆学著作，关于应用的多，关于原理的少，倘若把它译出来，只可供应用，不能示提倡”“外国图书馆学的著作，多半是发表自己的意见，或叙述本国的状况，倘若把它译出来，只能供参考，不能资比较”。杨昭悊的书在成书体例和内容上多有自己探索之处。杨昭悊的书的内容分为原理（上册）和应用（下册）两部分，在原理部分阐述了图书馆与图书馆学的定义、图书馆同其他学科的关系、图书馆学的研究范围及分科、图书馆学的研究方法、图书馆教育等图书馆学基础理论问题，第一次明确了图书馆学基础理论的内容体系，而这种内容的界定和体系的安排为以后多种概论性著作提供借鉴，而且这些课题也是当前 21 世纪中国图书馆学一直在研究的问题。他在论及原理部分时，提出了自己的见解。他认为“图书馆是搜集有益的图书，随着大家的知识欲望，用最经济的时间，自由使用的地方”，图书馆学是“关于图书馆的理论与技术知识的总和”，而研究图书馆学的作用“简单说有两种：可以增进办理图书馆的人的能力；可以增进利用图书馆的人的知识”。关于图书馆和其他学科的关系，他提到了和图书馆学关联密切的社会学、心理学、经济学等学科，并论述了它们和图书馆学的关系。他明确了图书馆学的研究范围，第一次勾画了图书馆学的学科体系结构，认为图书馆学应分为“应用的”和“纯正的”两大部分，即“应用图书馆学和理论图书馆学”，我们现在的图书馆学学科体系划分仍然沿用他的思想。在图书馆学研究方法方面，他提出了“归纳”“演绎”“证实”三种研究方法。《图书馆学》这本小册子集中体现了杨昭悊有关图书馆学的思想，他不拘泥于外国图书馆学译著的形式与内容，在图书馆学的理论上做了大胆而有益的探索，为 20 世纪中国的图书馆学基础理论研究打下了良好的基础。他的许多图书馆学思想至今仍然有借鉴意义。因此，《图书馆学》是中国图书馆学基础理论研究的开山之作，杨昭悊也因此书的理论和功绩成为中国图书馆学史上的奠基人。

3.1.4　刘国钧及其图书馆学思想

刘国钧，字衡如，中国著名图书馆学家，1899 年生于江苏南京，九三学社社员。曾任北京大学图书馆学系主任、北京图书馆顾问、国家科学图书小组成员、中国图书馆学会名誉理事、北京大学学术委员会委员、中国图书馆学会编译委员会顾问等。他 1915 年进入金陵大学文学院学习，1920 年毕业后留该校图书馆工作。不久，他留学美国，进入威斯康星大学哲学系、图书馆专科学院及研究院学习，并获哲学博士学位。留学期间，他受到美国先进的图书馆思想理论特别是杜威的实用主义哲学影响，写了一系列介绍美国先进经验的文章，如《近代图书馆之性质及功用》《儿童图书馆和儿童文学》《美国公共图书馆概况》《关于大型图书馆的图书编目工作组织》等。

1934 年他出版了《图书馆学要旨》，这可以说是他早期图书馆学思想的一个总结，该书提出了著名的“四要素说”。抗日战争期间，金陵大学迁址四川，这一时期的刘国钧的主要精力放在了哲学领域，他重点研究方向为魏晋时期的政治思想史。1944 年刘国钧出任西北图书馆馆长兼兰州大学哲学系教授。从 1951 年起，刘国钧开始在北京大学图书馆学系任教，担任教授及图书馆学教研室主任，兼任北京图书馆顾问，从 1958 年起，担任北京大学图书馆系主任、北京大学学术委员会委员、北京图书馆研究员、全国第一中心图书馆委员会委员等。1957 年，他在《中国科学院图书馆通讯》上发表了供讨论用的《什么是图书馆学》一文，揭开了新中国图书馆学理论研究的序幕。这篇文章体现了刘国钧关于图书馆学基本问题系统、深入的思考，提出了许多高水平理论问题。他认为："图书馆学所研究的对象就是图书馆事业及其各个组成要素。图书馆是客观存在着的一种事业，是人类社会生活现象之一。"这种规律、事业"深刻地影响到我们的生活——学习生活、文化生活、科学研究生活。既然如此，难道不应该弄明白它的性质、它的发展规律、它的各个组成要素及其规律吗？""宇宙间一切客观存在着的现实，一切对人们生活有影响的客观实在，哪怕是最轻微的影响，最细微的现象，都可以而也应该成为人们认识的对象，科学研究的对象"。文中还提到"研究图书馆在人类历史的作用，研究它的发展过程，分析它的要素，掌握它的规律，从而使它能更好地为人们生活服务是图书馆学的第一个课题。这就是说要研究整个图书馆事业——它的历史，它的作用，理论基础，建设原则，总结各类型图书馆的经验等等"。并在此文中进一步把"四要素说"完善为"五要素说"。刘国钧在 20 世纪 50 年代的研究重点是中国书史，编有《中国书史简编》，这本书被誉为中国书史研究的里程碑。同时他在分类领域也颇有成绩。1975 年，他发表介绍性文章《"马尔克"计划简介——兼论图书馆引进电子计算机问题》，把机编目录的技术介绍到中国，为我国图书馆自动化打下基础，此后他还发表了一系列介绍西方图书馆学的文章。1980 年 6 月 27 日刘国钧逝世于北京。

刘国钧先生从 20 世纪 20 年代至 20 世纪 80 年代，60 年研究不辍，出版了大量的图书馆学、书史等方面的专文、专著及译作，为图书馆工作理论和技术方法的发展做出了重大贡献，成为中国图书馆学界的一代宗师。刘国钧先生对图书馆学理论的贡献主要有以下几点。

1. 关于图书馆学的基本问题的探讨

关于图书馆学定义，他认为："图书馆学便是研究图书馆的组织法、管理法和实用法的学科。"在论及图书馆学的分科时，他提出了图书馆"四要素说"，他认为，图书馆成立的要素，若加以分析，可以说是有四种：图书、人员、设备、方法。图书是原料；人员是整理和保存这些原料的；设备包括房屋在内，乃是储蓄原料、人员、工作和使用图书的场所；而方法是图书所以能与人发生关系的媒介，将图书、人员和设备联系起来。分别研究这四种要素便成为专门的学问。根据"四要素说"的分析，他提出了图书馆学的体系结构，即图书馆学研究包括图书的研究（研究图书的实质、研究图书的一般内容、研究藏书的历史）、图书馆人员的研究（人员养成的方法、人员资格标准的研究）、图书馆设备的研究（器具、房屋）、图书馆管理方法（狭义图书馆学，包括行政、采访、整理、使用等方面）。这种体系结构逻辑非常缜密，但没有突出"理论"的重要性。

无论是刘国钧关于图书馆学定义的概述，还是其"四要素说"的提出，以及在此基础上勾勒的图书馆学体系，均反映了他当时的图书馆学研究是以单个图书馆为着眼点的，因为当时 20 世纪 30 年代的图书馆事业是以分散的、单个的图书馆作为活动的基础，准确地说当时并没有形成图书馆事业。20 世纪 50 年代，刘国钧将研究着眼于图书馆事业，提出了"图书馆学所研究的对象是图书馆事业及其各个组成要素"。扩展了之前他提出的"四要素说"，提出："图书馆事业有五项组成要素：图书；读者；领导和干部；建筑与设备；工作方法。很显然，五者之中缺少任何一项，就不能够有图书馆的存在。因此，图书馆必须对这些要素分别进行深入的研究。”

在这里应该指出，有人将刘国钧的图书馆学研究对象的学术思想综合概括为“要素说”，这其实是一种历史的误读。刘国钧先生并没有把“四要素”“五要素”单独列出作为唯一的研究对象，他所阐明的研究对象是图书馆事业，“五要素”是图书馆事业的组成部分，对各个要素的研究是图书馆学各分支学科的研究任务，总体来说，整个的图书馆事业才是图书馆学的研究对象。后来，刘国钧先生在北京大学图书馆学系 1957 年科学讨论会上指出，他之所以主张对图书馆事业所组成的“五要素”分别进行研究，是因为图书馆本来是一个复杂的事业，由诸多要素组成。分要素进行方可使认识深入。区分“五要素”并不等于孤立地对待每一要素，并未割裂图书馆事业。这是一个研究方法问题，并非研究内容问题。因此，刘国钧先生的图书馆学研究对象学术思想理应是“事业说”，并非“要素说”。

2. 关于图书馆的性质、职能

刘国钧认为图书馆性质主要有三方面。

1）自动性

图书馆的藏书应该皆为人所阅读，且使每个人都能读到自己所需要的读物，图书馆应“用种种方法引起社会上人人读书之兴趣”。

2）社会化性质

图书馆“注重之对象由书籍而变为其所服役之人”，图书馆本身日益成为社会之中心，“凡地方公共团体之机会多半举行于此”，且图书馆所负责的任务范围也逐渐扩大。

3）平民化

“近代图书馆乃为大多数人而设，而非为少数人设立。故其目的在使凡有阅读之能力者，不问年龄阶级与性别之如何，皆得有适当之读物”。关于图书馆的功用、职能，他总结为“教育上之价值”“修养上之价值”“社会上之价值”“经济之价值”。

他十分注重图书馆的教育职能，他认为公共图书馆是公共教育制度的一部分，“故其所处之地位，所受之待遇，所用之方法，亦必与学校相同也”。他认为图书馆教育有时竟过于学校，因为图书馆教育偏于社会，无年数限制，可以涉及一切人类所应有之知识，为常识之源泉，“夫一社会之人，在学校者少，人之一生，在学校之时少。然则图书馆教育，苟善用之，其影响于社会于人生者，且甚于学校”。

刘国钧先生关于图书馆学研究对象的学术思想在当时有相当分量的学术价值，即便是对当今网络环境下图书馆学基础理论研究也仍有影响。刘国钧先生摆脱了以前研究具体、个别图书馆的思维束缚，从整体、系统的角度来审视图书馆学，将研究的视野提升到了宏观层面上，同时也注意从微观层面上对图书馆学进行深入的要素分析，从而有机地将宏观研究和微观研究结合起来，体现了科学的辩证思想。1985 年，吴慰慈、邵巍编著的《图书馆学概论》认为“图书馆事业及其相关因素是图书馆学的研究对象。但这种研究应包括微观与宏观两个方面，既研究微观对象，也研究宏观对象”。这可以说是对刘国钧的“事业说”的继承和发展。

3. 《什么是图书馆学》

刘国钧先生的《什么是图书馆学》发表后在国内引起了一场围绕图书馆学研究对象和内容的大讨论。北京大学图书馆学系 1957 年 5 月就该文举行了科学讨论会。武汉大学也围绕"什么是图书馆学"展开学术探讨。这场讨论引发了众多研究者对图书馆学研究对象、图书馆学性质和职能、图书馆工作本质、社会主义图书馆事业建设原则等问题的思考。支持刘国钧的学者认为该文发展与突破了 20 世纪 30 年代的要素说理论，开始从图书馆事业整体上进行阐述，体现了刘国钧对图书馆学研究在认识上的进一步深化。反对者认为其不能揭示图书馆研究对象的本质。这次讨论形成了中国图书馆学史上的第二次高潮，为新中国的图书馆学理论研究开了个好头，提出了许多重要课题，打开了人们的思路，活跃了争鸣空气。由于受当时历史条件限制，这次讨论有不少政治意识形态批判内容，影响了学术发展。在这次讨论的影响下，我国组织编写了《图书馆学引论》《社会主义图书馆学概论》等理论著作，黄宗忠的"矛盾说"思想也在这次讨论的影响下产生。

3.1.5　程伯群的《比较图书馆学》

比较图书馆学是从社会经济、文化、科技、社会政治体制、思想和历史的角度出发，对两个或两个以上国家的图书馆事业发展中的经验、特点、规律进行对比研究，所以比较图书馆学研究是图书馆学基础理论的重要内容。1924 年，世界书局出版了程伯群编著的《比较图书馆学》一书。该书分四编，分别为图书馆行政、图书馆技术、分类编目学、书志目录学。该书应用比较方法研究了中西图书馆学教育、分类编目、图书馆历史的差异，用大量篇幅介绍了美国、英国、日本的图书馆学研究成果。这本书是比较图书馆学领域最早出现的著作，比欧美关于比较图书馆学的研究要早 20 年，在世界上具有开拓意义。

3.1.6　周文骏的《我国图书馆学的对象和内容管见》

1957 年 9 月，周文骏在《学术月刊》发表了《我国图书馆学的对象和内容管见》一文。这篇文章明确提出了图书馆学的研究对象和内容，并对刘国钧先生的"什么是图书馆学"一文作了合理的学术解读。

文章开篇指出"图书馆学的研究对象是图书馆事业。图书馆学便是一门研究各个历史时期的和当前的图书馆事业全部活动的科学"。关于图书馆事业，周文骏认为刘国钧在"什么是图书馆学"一文中所论述得过于庞杂，提及的图书馆事业五要素只能说明图书馆事业不能缺少什么，并不能说明其本质是什么。于是周文骏先生在文中明确提出"图书馆事业是国家的一种文化教育事业，是劳动人民共同使用图书的组织"。这个认识明确将图书馆事业同校勘事业、目录事业、图书生产事业区分开来，不能不说这是一种理论创新。文中还指出图书馆学所要研究的图书不是一般意义上的图书，不是孤立于图书馆事业之外的图书，而要研究图书馆事业中的图书。这和刘国钧先生关于图书要素研究内容的解释有所区别。

周文骏最后给出了我国图书馆学的研究内容："关于各个历史时期的图书馆事业全

部活动的研究是图书馆事业史的范畴：关于当前图书馆事业全部活动的研究，是当前图书馆学最主要的内容。”

3.1.7　“矛盾说”思想的提出

20 世纪 60 年代最有影响的理论可以说是黄宗忠关于图书馆学研究对象的“矛盾说”。1960 年，黄宗忠等在《图书馆学通讯》发表了《关于图书馆学的对象和任务》。该文认为社会主义图书馆学是研究社会主义图书馆事业的全部活动及其发展规律的科学。它的研究对象为图书馆事业，研究内容主要包括图书馆事业的建设原理、图书馆工作、图书馆事业史和图书馆的建筑与设备等。1962 年，黄宗忠在《武汉大学学报》（哲学社会科学版）发表了《试谈图书馆的藏与用》一文，他根据毛泽东在《矛盾论》中有关科学对象区分的论述，对图书馆的各种矛盾进行分析，提出图书馆“藏用矛盾说”。他认为“藏与用是图书馆工作的两个方面，构成了图书馆工作的基本内容”“藏是用的条件，用是藏的目的，没有藏就谈不上用，两者不仅相互依存、相互促进，同时也相互制约，藏必须根据一定的目的与需要来藏，不能脱离用；用又必须以藏为基础，以一定的藏书为先决条件”“藏与用是对立统一的”等，1963 年，黄宗忠等在《武汉大学学报》发表了《对图书馆学几个问题的初步探讨》，再一次强调图书馆的“矛盾说”理论。该文提出“图书馆搜集、整理、保藏图书的数量与质量是同一定阶级的读者共同使用图书的需要之间的矛盾”，是图书馆事业领域中的特有矛盾。该文给图书馆学下了一个定义，即“图书馆学是关于图书馆事业发展的科学，说明图书馆搜集、整理、保藏图书并利用图书供一定阶级的读者共同使用的规律”。

3.2　图书馆学理论分析与展望

3.2.1　图书馆学学科主要构成

如果说图书目录学、版本学等构成了传统图书馆学的主要学科，那么现代信息学、情报学、管理学、传播学及计算机科学等构成了现代图书馆学的主要学科。美国图书馆学家谢拉在《图书馆学引论》中指出：“传统的图书馆文化现在正面临着挑战，或至少在受到一种新的文化分支——‘情报学’的冲击。”笔者认为，包括情报学、信息学、管理学、传播学及计算机科学在内的现代科学，都对图书馆学研究产生了深刻而广泛的影响。现代科技不仅仅对传统图书馆学产生一种“冲击”，还给传统图书馆学带来了千载难逢的发展“机遇”。美国学者布沙等在《图书馆学研究方法：技术与阐述》一书中指出：“图书馆学界的很多学者现在倾向于依靠其他学科的基础知识（如信息传播、社会学、心理学和计算机科学）。因此，图书馆学和情报学进行各式各样的基础研究的时机已经成熟。”1992 年，美国学者切尼克在《图书馆服务导论》中明确地指出：“图书馆是为利用而组织起来的信息集合。”这标志着信息学已经成为现代图书馆学的主要学科。

3.2.2 图书馆运营多元化的影响

图书馆是一种跟人们生活相关的社会文献机构，也是一项不可或缺的社会制度安排。图书馆事业尤其是公共图书馆事业建设，离不开各种社会条件的有力支撑。有学者主张制定评价公共图书馆服务体系发展水平的基本标准，保障基层地区与贫困地区弱势群体利用图书馆的基本权利。然后提出均衡和多元是未来公共图书馆发展总体框架中的两条主线，因而基础理论研究应当解决两个问题：第一个问题是公共图书馆的均衡发展问题，即通过政府强制、立法保障、财政支持等兜底保障措施来确保公共图书馆服务体系的地域均衡与城乡一体；第二个问题是公共图书馆的多元化发展问题，即通过政府主导、行业自主与社会合作等多元主体参与来提升公共图书馆的服务水平。肖雪博士紧扣核心业务，阐述图书馆的边界与模式，认为尽管社会力量参与公共文化服务体系建设是国家的一个基本政策，但社会力量参与图书馆建设应该有一个边界问题，分类编目、信息组织、服务工作、活动策划等传统的图书馆核心业务由社会力量外包之后，严重削弱了图书馆的存在价值，同时社会力量旨在提高读者到馆率，所开展的游戏性活动或泛娱乐化倾向也不符合图书馆的服务宗旨。因此，发动社会力量参与图书馆工作，应当考虑业务、职能的边界问题，图书馆应该承担舵手的职责。此外，她还谈及了总分馆体系中的街镇分馆问题，街镇分馆往往跟街镇综合文化服务中心合二为一，通常萎缩为仅负责借还的图书室，甚至成为无人问津的空壳，这一严峻的现实问题值得人们重视。最后，沙勇忠教授肯定了图书馆发展过程中正在进行的业态融合、跨界合作，认为图书馆学基础理论研究应当关注图书馆的核心职能，需要在《图书馆学基础教程》的两个假设的基础上进一步拓展。

3.2.3 图书馆学理论创新的多维视角

目前，图书馆事业和图书馆学正处于一种近乎矛盾的状态：一方面，电子图书馆（electronic library）、数字图书馆（digital library）、虚拟图书馆（virtual library）等新生事物蓬勃发展、方兴未艾；另一方面，图书馆学基础理论贫困交加、进展艰难，国内外图书馆学界似无良策。这种近乎矛盾的状态既表现出理论的滞后，也预示着理论的突破。

任何一门学科一旦确定了自己的科学地位，必然要有自己独立的理论体系，学科越趋于成熟，理论研究则越趋于专业化、学科化。图书馆学研究不是为了研究而研究，而是为了推动图书馆的发展而研究。图书馆学是一个兼容并蓄的学科，不仅有自身的学科理论和方法，还擅于吸收其他学科的理论与方法，将其吸收至图书馆发展的理论之中，将为图书馆在泛在知识环境下的发展建设提供新的理论视角。许多学者认为理论是一个学科成熟的核心，并且识别图书馆学理论基础，整体的评估结果表明在过去的研究中理论研究有很多不足之处。图书馆学自创立以来，从学科门类、学术活动到学术思想、理论体系等步步趋于自己特定专业化的形成。但是，作为彰显自己的学科地位和宣告自己成熟发展标杆的专业化规范，对我们学科的理论创新究竟是起到推进作用还是桎梏作用，是值得细细品味和深思的。随着时代的发展，目前我国的图书馆发展已经逐渐变得专业化，并且通过图书馆开展越来越多的学术活动已经成为可能。在图书馆发展逐渐趋于专业化的形势之下，通过这种专业化的学术理论进行必要的创新思考是十分重要的。在我国的图书馆学研究领域之中，对于图书馆学的研究已经具备了一些研究成果，并且这些研究成果大多数是建立在传统的事实经验之上的，其研究成果具有一定的经验性与传统性。在对图书馆学进行新一轮的研究时，虽然会涉及对于传统图书馆学理论的研究，但是更重要的还是在新的时代之中加强对于图书学的理论创新，加强创新思维在图书馆学之中的发展与培养，树立一个新时代的创新型研究理论。

在新时代我国对于图书馆学的理论研究应该摒弃经验主义，并且进一步在图书馆学之中加强理论创新的重要作用，加强图书馆学在新的时代之中其理论创新的重要作用，最终达成图书馆学理论研究能够更加适应社会的发展需求。随着图书馆服务对象的显著增加，对于图书馆在实践过程中的变化性也在逐渐增强，在进行理论创新研究的时候，需要从审视与批判的视角来关注新时代图书馆学的变化与影响，在研究的过程中需要学者具备前瞻性的目光及批判性的眼光，在实际的图书馆学理论创新之中勇于突破枷锁的束缚，最终达成在自由与学术氛围内对知识的质疑与理论创新。图书馆学学科性质彰显的是人文价值和社会实践，它所面对的研究对象正是纷扰复杂的人文社会。显然，它的非客观性和多元性使这门学科在发展的过程中，不可避免地要产生一些交叉、边缘及新兴学科，它所面对的研究对象的综合性、整体性和模糊性又使得它不可能固守于自我的学科界限，而必须求助于其他学科的理论与方法。通过“跨学科”的交叉综合性研究，寻找新的学科增长点，是图书馆学理论创新的又一着眼点。

以往图书馆学理论的创新都是基于学科这个平台来加以挖掘和整合资源的，但是纷繁复杂的图书馆学现象不会让你按照学科的模式界定和归类，图书馆学所面对的研究对象又多处于这种交叉模糊的学科分界点，那么未来的创新模式，就必须借助于其他成熟学科的理论研究嫁接和整合。创新不仅是固有经验的升华，研究范式的转换，也是交叉领域的碰撞。图书馆学的理论研究同样要受到社会价值的制约，理论创新成长在社会价值观的庇护下才会有发展的空间和意义。科学研究领域中有两种价值观传统，即本质主义和功利主义，这两种价值观的冲突和融合深刻地影响着图书馆学研究的方向。图书馆的本质是要为社会提供知识服务，而社会环境和我们服务的群体，是在不断发展和变化的，我们在服务实践中会经历各种各样的未知问题，这就需要我们的理论创新走在前面，去解释图书馆学所面对的日新月异的现象，预测未来图书馆事业的发展趋势。

将“数字人文”引入到与信息技术应用及资源数字化密切相关的图书馆学，以期为解决当前大数据环境下的新问题提供帮助，为图书馆学的范式转换提供新思路。它不是依靠一种特定的技术为一个独立的研究内容提供方法支撑，而是能够为图书馆学的学术需求提供通用的解决方法，成为本学科研究的基本方向。将数字技术运用于人文学科研究，利用计算机处理各类型的信息，为科学研究提供海量数据和元数据。它帮助研究人员脱离繁复的数据整理，又能够促进新问题的提出，同时它也改变着人们的信息需求、信息利用方式与行为。

3.3　图书馆发展的纵横规律

3.3.1　图书馆的时间协同结构

1. 图书馆的起源与历史变革

当人类开始使用文字记录自己的语言和记忆时，文献诞生了；当人类有意识地收集、整理和保存文献时，图书馆诞生了。正如谢拉所说："图书馆正是社会的这样一种新生事物：当人类积累的知识大量增加以至于超过了人类大脑记忆的限度时，当口头流传无法将这些知识保留下来时，图书馆便应运而生了。"如语言和文字一样，图书馆确切的起源时间已无从考证，但图书馆已然有了上千年的漫长历史，自其诞生起，一直担负着记录和保存人类文明的历史使命。美国图书馆学家埃尔默·约翰逊（Elmer D. Johnson）表示："如果我们给'历史'所下的定义是'从人类开始保存记录以来的生活时期'，那么图书馆差不多与'历史'同样悠久。"

图书馆的起源可以追溯到公元前 30 世纪两河流域苏美尔人的泥版藏书和公元前 16—公元前 11 世纪中国商代的甲骨文收藏。从古至今，图书馆在不同的历史时期具有不同的发展形态，认识图书馆在不同时期的发展形态有助于了解图书馆的本质特征及其发展规律，从而对现代和未来的图书馆发展事业提供历史借鉴。图书馆是人类文明发展的记录者，人类文明的发展和社会历史的变化影响着图书馆的发展与变革，但由于图书馆一直保留着"保存、记录和管理人类文明"的基本职能，图书馆的发展具有一定的连续性，图书馆的历史分期不能与一般的历史断代分期方式等同。

本书将图书馆的历史划分为古代图书馆、近代图书馆和现代图书馆三大类，划分依据主要是：社会生产力和生产关系的变革，社会科技水平和文明发展程度，民众受教育程度和阅读需求，科技革命引起的文献记载形式和记录方式的变革，图书馆的服务对象和职能范围，图书馆的社会属性和社会性质。

世界范围内的古代图书馆主要是从公元前 30 世纪到公元前 18 世纪末期，中国范围内的古代图书馆则是从公元前 16 世纪到公元 19 世纪末期，古代图书馆时期图书馆主要是统治阶层和宗教神权的私有藏书楼，主要职能是收集和保存各种知识文献，开放程度较低，发展缓慢。19 世纪工业革命推动了生产力的变革和科学民主的文明进程，古代图书馆开始向近代图书馆转变。世界范围内的近代图书馆时期从 19 世纪初开始到 20 世纪中叶结束，中国范围内的近代图书馆时期从 20 世纪初开始持续到 20 世纪 70 年代末。近代图书馆的主要标志是面向社会所有人开放的公共图书馆的诞生，公共图书馆成为民众参与社会生活的重要组织机构。20 世纪中叶，联合国教育、科学及文化组织（简称联合国教科文组织）成立，图书馆事业向国际化和全球化发展；同时信息革命推动世界从工业社会进入信息社会，图书馆的工作程序向计算机化、信息化、数字化和智能化转变，近代图书馆向现代图书馆转变。

2. 世界图书馆的发展与使命演化

谢拉认为："从某种意义上来说，图书馆的所有职能都归于保存，保存对于图书馆来说始终是最基础和必要的。"图书馆在保留"收藏和保存知识记录、保证知识传承"基本职能的基础上，随着社会经济结构的变化和文化意识形态的变化不断变革自身的发展理念和存在使命，推动图书馆社会功能、运行机制和服务方式与时俱进。

目前世界上最早的图书馆是公元前 3000 年苏美尔人的图书馆，以焙烧泥版作为文献载体，使用楔形文字保存知识，在当时主要承担记录和保存的使命。公元前 2400 年的埃及图书馆往往与宫廷和寺院有关，具有宗教和实用的使命，其藏书包括神学、工艺、文学等书籍，历史年鉴和各种教科书，藏书主要用莎草纸作为记录载体。古埃及的图书管理员的职位属于世袭制的公共职位，皆为受过高深教育的上层人士担任，图书馆的藏书也往往只有上层贵族能够进行阅读。

公元前 8 世纪的亚述巴尼拔国王图书馆和公元前 4 世纪左右的亚历山大图书馆则承担学术和研究的使命。亚述巴尼拔国王图书馆即著名的尼尼微皇家图书馆，是现今已发掘的古文明遗址中保存最完整、规模最宏大、书籍最齐全的图书馆。亚述巴尼拔国王图书馆收藏的泥版图书主要有三类：一是宗教预兆及魔法方面专门的泥版图书；二是学术性的泥版图书，包括标示着读音的楔形符号表、各类词汇与名称用语、将苏美尔语翻译成阿卡德语所需要的辞典等；三是记载着《吉尔伽美什史诗》《创世史诗》和许多其他著名而流传至今的上古近东文学作品的泥版图书。亚历山大图书馆藏书丰富，不仅有希腊各著名学科的文稿，还有埃塞俄比亚、波斯文、希伯来文和印地文的手抄本，由专门的学者进行抄写和编修，被称为"古代世界的光荣"，是当时世界规模最大的图书馆，却在公元 3 世纪左右被烧毁。

公元前 5 世纪，希腊已有一定数量的私人图书馆和向公民开放的"公共图书馆"。凯撒在被杀前曾计划在古罗马建立公共图书馆，公元前 37 年左右，凯撒的部下波利奥在罗马建立了第一个公共图书馆。古希腊和古罗马的公共图书馆与现代意义的公共图书馆有本质区别，现代意义的公共图书馆是给所有人开放的，而古希腊和古罗马的公共图书馆一般只对统治阶级和专门学者开放，大部分平民和奴隶无法使用，古希腊和古罗马图书馆具有彰显个人身份和提供公共利用的使命意义。

中世纪的西方被天主教所禁锢，学术中心皆被摧毁，只剩下修道院图书馆承担保存宗教档案的使命，中世纪图书馆数量十分少，藏书数量也很少，一般当作寺院惩罚僧侣的抄写室，保存僧侣抄写的宗教手稿，如圣经读本的复本、教会的著作及举行宗教仪式时需要的一些书籍等，大部分粗糙简陋，为数不多制作精美、装潢考究的手稿为有钱人专有。

公元 4 世纪后主要由拜占庭的图书馆和伊斯兰教地区的图书馆承担传承学术的使命。古希腊和古罗马灭亡后，中世纪的拜占庭和阿拉伯的伊斯兰教是西方世界的文化中心，拜占庭的帝国图书馆、大学图书馆和私人图书馆保存了西方世界几乎完全绝迹的古典文献，流传至今的古典著作大部分来自于拜占庭图书馆的写本；公元 800 年左右中国造纸术传入阿拉伯后各种文献书籍得以在伊斯兰地区普遍传播，伊斯兰文学及学术辉煌一时，图书馆收藏有世界各地的文献抄本，包括伊斯兰教著作、炼金术、医学、占星学、文学、历史和哲学等各种类型，保存了西方古典时期的文化遗产。

公元 12 世纪的天主教大教堂图书馆和公元 13 世纪出现的大学图书馆承担起教育的使命。中世纪后期，大教堂图书馆取代了修道院图书馆的地位，成为宗教和教育的主要场所，藏书主要是神学书籍、礼拜书籍和学校所用的世俗书籍。大学在欧洲兴起后，各大学逐渐开始设立自己的图书馆，逐渐取代了大教堂图书馆发挥的教育作用，藏书基本通过铁链锁在书架上供师生阅读，不允许外借。

文艺复兴时期人文主义盛行，图书馆承担着传播人文主义思想的使命，贵族热心于图书收集，图书馆的建设成为一种彰显个人身份地位的象征。美第奇家族在文艺复兴的中心佛罗伦萨建成了由米开朗琪罗设计的洛伦佐图书馆并向公众开放。15 世纪的梵蒂冈图书馆不断扩建并收集大量图书，成为西方世界的藏书中心和学者重要的研究中心。由于活字印刷技术在当时逐渐兴起成熟，制作图书的成本大大降低，藏书大量增加，图书馆不再使用铁链拴系图书，图书馆的建筑设计变化也使得更多光线照进室内，人们逐渐确立起公众有自由接触图书的思想。

17—18 世纪，各国在原有图书馆的基础上建立国家图书馆，法国在 1792 年法国大革命后将法国皇家图书馆改为国家图书馆并向公众开放，英国于 1753 年成立大英博物馆图书馆，美国于 1800 年成立美国国会图书馆。国家图书馆的主要使命是保存国家文化遗产、提升民族自豪感、采取呈缴本制度对国家文献进行全面收藏、确立和实施便于普通公众使用图书的各项原则。

18 世纪，注重社交娱乐和自我提升的会员图书馆和流通图书馆开始流行。1731 年富兰克林创办费城图书馆公司，成员通过购买股票的方式获得成为图书馆会员的资格，费城图书馆公司也被称为“全北美合作图书馆之母”，社会团体基于共同的愿望和目的自行成立图书馆的模式一直延续至今。流通图书馆的运行模式是读者通过交付专门租费的方式获得借书资格，流通图书馆收藏的图书一般为当时的畅销小说，曾因文学价值不高而广受批评。

19 世纪，服务大众的公共图书馆、提供信息的专门图书馆、支持教学和研究的学术图书馆逐渐成为主流。19 世纪 40 年代，荷拉斯·曼和亨利·巴纳德发起公共教育运动，主张学校地区建立公共图书馆向全体人民开放，但建立起的图书馆因资金不足而流产。1833 年 4 月 9 日，美国新罕布什尔州的彼得博罗镇建立起一个由地方财政资助、免费面向全体居民的公共图书馆。1850 年，英国通过世界上第一个“公共图书馆法”。此后，从公共财政中获得资助，向地区全体民众免费开放的公共图书馆在西方各国迅速发展。同时，专门收藏某一学科或某一类文献资料为专业人员服务的专门图书馆和学校支持教学工作的学术图书馆也在不断发展壮大。

图书馆组织的建立和图书馆学教育的兴起与普及是近代图书馆的重要特征。1876 年世界上最早的图书馆国家组织——美国图书馆协会成立，1927 年国际图联在英国成立，促进了图书馆的合作与发展。1887 年德国卡尔·霍兹科和美国麦维尔·杜威分别在戈丁根大学和哥伦比亚大学创办图书馆学校，开启了图书馆在管理方式和方法技术方面的科学化。

现代图书馆的主要标识是 20 世纪中期联合国教科文组织的成立和计算机技术、现代通信技术在图书馆工作的应用。20 世纪 60 年代美国将计算机应用于文献编目检索；20 世纪 70 年代计算机开始广泛应用于欧美的图书馆业务，机读数据库实现联网检索；20 世纪 80 年代图书馆自动化研究成为世界潮流，电子图书馆成为热点；20 世纪 90 年代信息高速公路和互联网的发展使得“虚拟图书馆”“数字图书馆”成为潮流，世界图书馆发展进入全球化、数字化、智慧化和智能化时代。

3. 中国图书馆的发展与使命演化

图书馆的出现必须具备两个基本条件：一是有文字记录的资料，二是对于这些资料又有了保存的观念。中国最早的图书馆可以追溯到公元前 16—公元前 11 世纪的殷商时期，考古发现的大量甲骨文收藏已初步具备图书馆的基本条件。中国的图书馆发展极为缓慢，古代图书馆时期从公元前 16 世纪一直持续到公元 19 世纪末期，期间图书馆的使命主要是文献的收集、保管和整理；20 世纪初，西学东渐后近代图书馆的理念从西方传入中国，图书馆开始承担文献组织、向公众开放、教育等使命；20 世纪 70 年代开始，中国图书馆进入现代图书馆发展时期，图书馆的社会使命和文化价值越来越被重视。

殷商至西汉成帝之初（公元前 16 世纪—公元前 20 年左右），中国古代图书馆已建立初步的藏书制度和藏书机构。商朝已设置史官管理各类典籍，甲骨文被称为“作册”，“史”“尹”是统治机构专门管理典籍的宗教官；周朝专管典籍图书的史官被称为“柱下史”，图书的载体形式主要是竹简和缣帛；战国时期，“士”阶层逐步壮大，文化上“百家争鸣”，私人藏书开始出现，结束了“学术统于王者”的时代。公元前 221 年，秦灭六国，为了维护中央集权的统治实行统一文字、集中全国书籍、禁挟书令、焚书坑儒等文化政策，建立王朝官府藏书机构，设立御史大夫执掌图籍。汉代统治者一方面废除“挟书之律”，促进民间私人藏书合法化发展；另一方面广泛征集图书，丰富官府藏书。该阶段藏书已有了原始的文献归类，但尚未形成系统整理图书的概念，图书馆的主要职能是保管图书典籍以便藏书所有者后来查找使用。

西汉成帝至 20 世纪初，图书馆形成了系统的文献整理工作流程，图书馆主要使命是对收集来的文献图书进行版本鉴定、考证、文字校勘和整理编目，以保管整理文献为主要目的。西汉刘向奉汉成帝命令对全国图书进行全面的收集、校订和编目，整理汇编成《别录》，其子刘歆在《别录》的基础上编出《七略》，成为中国第一部图书馆藏书目录和图书分类法，目录学、版本学和校勘学也随之产生。东汉蔡伦改进造纸术，极大地促进了图书文献的增长和图书馆的发展。魏晋南北朝时期官府藏书、私人藏书和寺院藏书发展迅速，郑默的《中经》和荀勖的《新簿》等确立了“经、史、子、集”的四分法体系。唐朝的藏书规模进一步扩大，雕版印刷术的发明进一步促进了图书事业的发展。宋元时期书院兴盛发展，书院藏书成为中国古代第四大藏书体系，宋代官府藏书所编写完成《太平御览》《太平广记》《文苑英华》《册府元龟》四大类书。官府藏书在明清达到巅峰，明代《永乐大典》和清代《四库全书》是中国古代图书的两次大汇总。19 世纪末期，西方资本主义侵入中国，太平天国运动冲击封建统治，中国沦为半殖民地半封建社会，私人藏书楼开放藏书供人阅读，古代图书馆开始向近代图书馆过渡。

1902 年，浙江绍兴古越藏书楼对外开放，1904 年，湖南图书馆和湖北省图书馆相继建立，是最早的官办新式公共图书馆。1910 年，美国人韦棣华女士创办的武昌文华公书林向公众开放，1920 年，中国文化大学图书科成立，是中国最早的图书馆学教育机构。1917—1927 年，“新图书馆运动”推动了中国公共图书馆的发展与普及，1917 年，沈祖荣和胡庆生新编的《仿杜威书目十类法》推动了中国图书馆分类法的变革。1925 年，中华图书馆协会成立，加强了中国图书馆与国际图书馆的交流。1927 年，杜定友出版《图书馆学概论》，确立图书馆的三大要素为：要能积极保存、要有科学的方法以处理之、要能够活用图书馆以增进人民的智识和修养。1934 年，刘国钧出版以图书、人员、设备、方法四要素为中心的《图书馆学要旨》，中国图书馆学理论研究开始逐渐走向成熟。新中国成立后，中国完成了对图书馆的所有制改革，初步建立了门类齐全的图书馆体系，促进《全国图书协调方案》的批准和实施。

1974 年 8 月，“汉字信息处理工程”开始实施，1979 年，中国图书馆学会成立，中国科学院宣布在全院实行图书情报一体化体制，中国开始转型进入现代图书馆发展时期。20 世纪八九十年代中国图书馆如火如荼地开展自动化、集成化和电子化的现代图书馆改革运动，积极推动图书馆实现联机检索、分布式管理和数字集成。1980 年，“北京地区研究试验西文图书机读目录协作组”成立，并于 1981 年成功研制利用美国国会机读目录图书馆磁带编制西文图书目录的模拟系统。1991 年，中国自行研发成功图书馆自动化集成系统，极大地推动了中国图书馆自动化进程。1997 年，中国正式开始自己的数字图书馆研究计划“中国试验型数字式图书馆项目”，数字化和网络化成为图书馆追求信息资源广泛交流与共享的重要途径。

进入 21 世纪后，信息社会日新月异的经济和技术环境的变革极大地推动了图书馆的发展与繁荣，图书馆信息生态趋于系统化，研究逐步从信息资源共享深入到知识开放共享、数据资产管理和智慧图书馆领域，图书馆与社会发展、识字与素养、空间再造、人工智能、数字人文、开放运动、公共数字文化与精准扶贫、图书馆改革、第三代图书馆及“一带一路”与图书馆国际化成为图书馆的发展和研究趋势。

4. 图书馆的时间变迁规律

诺斯曾指出：“历史是至关重要的，历史的重要性不仅在于我们可以向过去提取经验，而且还因为现在和未来是通过一个社会制度的连续性与过去连接起来的。今天和明天的选择是由过去决定的，过去只有被视为一个制度演进的历程时才可以理解。”图书馆的发展历史是我们认识图书馆规律的重要方式，图书馆的规律主要体现在独立性、周期性、协同性和不均衡性。

独立性是指图书馆的发展具有相对独立性。图书馆是以保存和开发利用人类全部信息资源、知识文化为根本任务和最终目标的，对收集的文献资源进行知识组织是图书馆区别于其他社会机构的关键本质，也是图书馆历经各个社会时期都能一直长期存在的重要原因。无论是西方还是中国，图书馆一直致力于收集文献典籍和图书资源，并不断扩大知识内容的概念内涵，从文献单元到数据单元，再到知识单元，图书馆不断深入知识层级的研究，推动知识组织从低级阶段向高级阶段和智慧阶段发展。

周期性是指图书馆的发展过程是一个波浪形螺旋上升的过程。随着社会文明的进步，图书馆不断改进图书馆管理模式和治理结构，服务方式从封闭走向开放、服务对象从精英走向平民化、工作理念从以文献为中心走向以用户为中心，促进图书馆组织效能的提升。虽然图书馆总体上是朝着目标前进发展的，但图书馆的演进具有阶段性的发展特征，在很长一段时间内一直重复着同一个发展模式，有时甚至会发生退后发展的情况。比如，中国的古代图书馆发展时期长达几千年，一直处于缓慢发展的阶段；西方的图书馆在古希腊、古罗马时期蓬勃发展后也经历过黑暗的中世纪时期。

协同性是指图书馆是与社会协同发展的，图书馆的发展是与人类文明社会的发展相互促进、相互影响的。一方面，人类文明社会的前进发展催化了图书馆的生成与发展：①生产实践对图书馆产生发展具有决定性作用，各个历史时期的社会生产和社会分工决定了图书馆的发展形态和发展模式；②图书馆发展对物质条件（经济发展）和技术手段具有依赖性，历代图书馆的馆藏资源载体形态的变迁和服务层次的深化反映了文献处理技术的发展，体现了社会科技生产力的进步；③图书馆的发展受到统治阶级政治意识和社会主流文化思潮的影响，统治阶级对图书馆的重视及公众尊重文化的社会氛围有助于图书馆的建设与壮大。另一方面，图书馆信息资源的保存与利用促进了人类文化水平和科学素养的提升，间接推动了经济的发展和科技的提高，推动了人类文明社会的进程。

不均衡性是指图书馆在不同时期、不同区域呈现不均衡的发展形态。图书馆的发展是社会文明程度的反映，不同历史时期和不同地域社会发展不一致，图书馆的发展形态和发展模式也不尽一致。图书馆的差异化发展一方面推动图书馆的多样化发展，另一方面也加剧了全球化背景下的数据鸿沟的扩大。全球合作和相互交流是图书馆发展的未来方向，在不均衡中寻求均衡是图书馆人的重要使命，图书馆面临环境的不确定性，可以选择寻找和实施外在的先进经验与解决方案进行制度配置的移植。

3.3.2　图书馆的空间融入结构

图书馆是人类信息知识的中心，承担着人类知识文化遗产的保存功能，是保存、阅览、流通的主要场所。自从图书馆产生以来，其空间功能就一直在发生演变。现代图书馆专家认为，好的图书馆空间是指图书馆经过反复调整并调整到读者认可的最理想状态的图书馆物理空间的集合。图书馆空间不仅有建筑、设计、家具等不同方面的因素，还有计算机、网络、电信、信息通信等技术的发展对图书馆社会化功能的影响，这些影响逐渐改变了传统图书馆，使图书馆的空间、布局等相应发生变化。随着信息技术时代的来临，图书馆空间也转变为环境舒适、设施齐全、功能集中的信息获取、知识学习和合作交流的场所，体现社会的文化特征。维克·兹韦雷维（Victor Zverevich）认为“图书馆空间是所有存放印刷资源及传统图书资料的载体，并提供读者服务的物理空间的集合，除此之外，还有虚拟图书馆空间：包括Web 服务器、计算机内存及存储空间、通信频道、Wi-Fi 等，用于支持读者访问图书馆的数字化资源”。

1. 图书馆作为空间的意义

1）促进公民社会民主与公正

阿根廷国家图书馆馆长说过："如果有天堂，天堂应该是图书馆的模样。"天堂是一个无限温暖与光明的想象，没有身份贵贱。可见图书馆作为公共空间具有公平正义的意义。图书馆具有公共空间属性，为公众提供了一个能够满足其社会需求并解决问题的场所，同时也为人们提供了一个公平、低门槛、积极服务、公共资源丰富的互动场所。图书馆不仅致力于满足社会地位低下群体的需求，还可以通过向有文化、有思想的公众提供所需信息间接地做出贡献。任何公民都可以自由平等地出入图书馆、使用图书馆资源，图书馆作为公共空间通过保障公众的知情权和受教育权来维护社会的公平。

2）为地区智力发展提供动力

在信息时代，即使遭受到新媒体、新科技、电子化浪潮的冲击，图书馆的地位依然不可动摇。图书馆是一个区域内极具学习、教育氛围的场所，不仅是一个适合潜心学习、阅读的地方，其本身就是一个知识仓库。图书馆能丰富公众的文化生活，满足公众的文化娱乐需求，还能为公众提供系统、强大、全面的智力支撑，利用其信息资源优势参与到地区发展、科研研究、产品开放当中。

3）提供文化交流的场所

图书馆为公众提供了一个放松自我、享受沟通对话，得到心灵抚慰和自我满足的场所。在这样一个领域内，人们可以自由地阅读、自由地组成读书会、自由地交流自己的心得体会，还可以举办各种各样的讲座。图书馆不仅仅是用来储存文献和借阅图书的地方，更是一个相互交流、思想碰撞、知识共享的空间。

2. 图书馆空间的发展历程

1）国外图书馆建筑空间发展

西方图书馆事业发源早，因此，本书国外图书馆建筑空间发展历程主要以西方图书馆为研究对象。国外图书馆建筑空间发展大致可分为四个时期。

（1）早期西方图书馆建筑空间以藏书为主要功能，这一时期文献稀少珍贵，是财富和地位的象征，同时也昭示着社会统治阶层的权威，因此，此时图书馆建筑风格多以厚重、严肃为主。随着西方大学的兴建，大学图书馆慢慢取代了国家图书馆的地位，由于照明、建筑等条件限制，其主要功能以藏书为主，此时图书馆的藏书区与阅读区都主要表现为以圆形、多边形、矩形和十字形为主的建筑格局，书架之间通常用于设置阅览区，采光则是依靠高拱窗和顶窗来实现。

（2）随着经济技术的发展，文献不再只被少数人拥有，照明、采光、建筑技术的提升不仅是图书馆建筑发展的动力，还推动了西方大学图书馆空间服务能力的提升。此时的图书馆大多采用集中空间布局，建筑中部为罗马穹顶式大厅或哥特式中堂，四周设有偏厅和书架，将藏书、阅读和服务等图书馆功能区进行集中设置，古典韵味浓厚。

（3）进入现代社会后，西方对学生自主学习与引导式教育理念的关注使得图书馆重新定位了自身服务功能，模数式图书馆（modular library）设计理念由此产生并得到实际应用。图书馆空间多以大开间为主，布局灵活，适应用户需求多元化的要求。

（4）数字时代要求图书馆在交流性、休闲性、社会性、舒适性上更为突出学习空间、创客空间及协作研究空间，体现共享、公共和公开的精神，较好地诠释了人文关怀的理念。

2）国内图书馆建筑空间

20 世纪以前，我国图书馆主要以藏书楼为主，同西方国外早期图书馆一样，由于受到文献数量、技术等限制，我国早期的藏书楼更多的是身份地位的一种象征。藏书楼重藏轻用，几乎不对外开放，部分藏书楼甚至不允许家中女眷进入。直到 20 世纪初期，国外图书馆的空间管理与服务思想传入我国，我国图书馆才在已有图书馆空间的基础上进行适应性变革，图书馆建筑风格与我国古典建筑相融合。新中国成立后我国图书馆事业迎来了飞速发展的时期，其空间规模、管理水平都逐渐与世界先进图书馆接轨，在整个建筑外形上，既吸纳了西方建筑宽直的特点，也有我国传统建筑装饰飞檐等，是较为直观的中西方建筑理念的融合体。进入 21 世纪以来，图书馆在空间设计上更加注重用户需求，也更加注重人性化、生态化、人文化、现代化的建设理念。

不管是国外还是国内图书馆，其建筑空间结构从模糊到明确，表现形式从固定到灵活，建筑风格也从追求艺术发展至理性之上。

3. 图书馆的空间分布

1）图书馆的实体空间结构

图书馆实体分布需要着重了解两个方面的内容：图书馆实体在现实空间中的数量与分布情况，特定空间内图书馆的类型构成。

图书馆实体在现实空间中的数量与分布情况主要涉及不同地区、不同国家拥有的图书馆数量及平均每馆服务区域、平均每馆服务人数等指标。图书馆实体在现实空间中的数量与分布的情况在一定程度上可以反映一个地区或国家的发展水平。总体而言，发达国家拥有更多的图书馆，平均每馆服务人数相对较少，相反，发展中国家拥有的图书馆少，平均每馆服务人数多。截至 2019 年，美国共有各类型图书馆 29 278 所，其中，公共图书馆 14 831 所、高校图书馆 4796 所，每 1.3 万人拥有一家公共图书馆。除此之外，英国和加拿大每 1 万人拥有一所公共图书馆，德国每 6600 人一所，奥地利每 4000 人一所，瑞士每 3000 人一所。中国是一个文明古国、文化大国，但公共图书馆数量只有 3100 多所，平均每 46 万人才拥有一所公共图书馆，相当于一个县只有一所图书馆，而广大农村地区基本上没有图书馆。切尼克说过："当一个社会特定的社会、政治、经济等方面的综合条件具备之后，图书馆就易繁荣起来。图书馆繁荣于稳定的社会环境之中，相对和平和安宁的时期有利于人们开展各种闲暇活动。"由此可见，除了受经济水平的影响，图书馆数量还与一个地区或国家的文化水平、传统、国家制度、图书馆观念等有联系，这可以解释同是发展中国家但图书馆数量却有较大差异的现象，如南亚的印度、尼泊尔、斯里兰卡等，其拥有的图书馆数量多于东南亚的印度尼西亚、泰国、缅甸等。图书馆的发展与繁荣由多方面的因素相互制约，一个生长点往往能带动周围地区图书馆的发展，如印度图书馆事业的崛起带动了周边国家图书馆的发展；我国江浙地区也可称为图书馆的生长点。

图书馆发展水平不能仅仅将其数量作为评价的唯一标准，图书馆构成也应纳入考虑。在一个地区或国家中，图书馆类型的构成能反映出在该空间内图书馆发展的特色。从《国家统计年鉴》对各省各个图书馆数量的统计来看，各省份公共图书馆数量差别并不大，北京、上海等地公共图书馆的数量甚至低于其他省份，然而，北京、上海等地区拥有较多其他类型的图书馆，其发达的教育事业更是决定了其拥有大量大型的高校或科技图书馆，与其他地区相比，其支持系统学习、科研的功能更强，在专业文献保障方面的优势自不待言。以法国和日本为例，法国专业图书馆的数量远胜于日本，而日本学校图书馆却多于法国，可见，法国更注重专业的发展，而日本侧重于教育方面的投入。

2）图书馆的区域空间结构

区域图书馆联盟是以地域为中心建立的图书馆联合协作组织，目的是促进地区内图书馆事业的发展，信息资源的联合共建共享，以及地区与地区之间的图书馆合作交流。本章主要介绍我国区域图书馆联盟的现状与分布情况。

我国区域图书馆联盟的组织模式按照组织发起单位可划分为三种形式。

（1）中国高等教育文献保障系统（China Academic Library & Information System，CALIS）下设的文献信息中心。CALIS 自 1998 年成立以来，已在全国建立了 4 个全国性文献信息中心、7 个地区文献信息中心和 15 个省级文献信息中心，其成员馆已达到 500 多家，遍及全国 27 个省区市。

（2）由地方主管部门、行业组织组建的联盟。例如，上海市文献资源共建共享协作网是在上海市政府推动下形成的跨系统联盟；北京市高等学校图书情报工作委员会组建了北京地区高校图书馆文献资源保障体系等。

（3）自发组建的联盟。区域内图书情报机构的联合组建或某一图书情报机构发起组建的联盟，前者以馆际互借联盟为主，后者主要有陕西省图书馆组织建设的陕西公共图书馆服务联盟。我国区域性联盟中，政府组建形式占绝大比例，从中也可以看出，政府的导向作用是区域图书馆联盟建设的可靠保证。

区域图书馆联盟的建设受当地经济影响较大，经济越发达的地区，区域图书馆联盟数量越多，服务方法越多，服务质量也更好。目前，东部经济发达地区汇聚了我国大部分区域图书馆联盟，如浙江、江苏、广州等地凭借地理及经济优势组建了较多的区域性联盟。相反，在甘肃、贵州、内蒙古、新疆、西藏、宁夏等经济水平相对滞后的地区，其区域图书馆联盟数量较少，而部分图书馆仍然采用传统的服务方法，图书馆自动化与网络化发展水平及技术的规范化与标准化程度不高，阻碍着图书馆联盟的组建，且相比之下存在经费投入较少，信息基础设施落后的情况。从联盟分布区域特点也可以看出，区域经济的发达程度直接决定了图书馆联盟的发展程度，同时，区域图书馆联盟的发展也推动了区域经济、社会的进一步发展。

4. 图书馆空间发展的趋势

在数字化时代，拓展自身功能并提供多元服务成为实体图书馆生存和发展的必经之路，图书馆空间发展面临新的环境与挑战，图书馆空间发展不仅涉及空间再造、功能空间的建设，还有学者将数字技术与空间建设相结合。本章将着重介绍图书馆空间在信息环境下的发展趋势。

1）特色图书馆空间

特色图书馆是一种结合当地风土人情、历史文化、政治经济的以人文环境为看点和特点的图书馆。

特色图书馆空间要与图书馆设置及未来规划相辅相成，更要符合本馆用户的要求，推动图书馆事业的发展。图书馆可以根据本地的发展规划、专业侧重及文化特色，创建特色空间来满足用户在学习、休闲、工作等方面的需求，打造图书馆特色空间。比如，学术报告厅的设置与使用，可以进行各式各样的活动诸如阅读推广、经典诵读等；也可设置图书漂流空间，共享好书，同时加强用户交流。以福建江夏学院为例，其货币博物馆展示了中国历代古币、福建历代古币、中国近现代货币、世界货币四大类货币，与其重点学科相联系，并提供金融实训课程，服务于学科与学校发展的需要。边远地区如云南省，少数民族众多，民族学为云南大学的强势学科，那么其高校图书馆可以致力于民族文化、风俗等资源的建设，并且可以与当地机构合作，以打造健全的民族特色空间；丝绸之路沿线高校图书馆可以利用实地资源，着重建设与丝绸之路有关的特色空间。特色图书馆空间建立之后，要加大宣传力度，提高其知名度和使用率。可以利用新媒体、手册、展板、LED（light-emitting diode，发光二极管）屏幕等手段进行宣传，还可以与其他部门合作，创新服务，实现共赢。还可以引进各种展览及先进设施，让用户走进图书馆特色空间，提高空间的使用率。

特色图书馆的建设不仅可以打造图书馆特色品牌，还对推动当地经济、政治发展等大有裨益，同时也能为我国特色信息资源的收藏、管理、传播带来积极的影响。

2）智慧图书馆

上海图书馆馆长刘炜说过，“人类历史上从来没有哪一天比现在更接近图书馆的理想：保存人类所有知识，并支持所有人随时随地取用”。面对数字化阅读的冲击，图书馆的功能正在发生转变，面对数字化的浪潮，图书馆正不断改变自身的服务方式，打造智慧图书馆。

早在 1999 年，智慧图书馆的概念就被正式提出，欧美国家的图书馆最早开始实践，其中大学图书馆为主要力量。2005 年，我国开始注意并重视智慧图书馆的发展和研究。纵观全球图书馆事业，对智慧图书馆的研究仍然处于初级阶段。

智慧图书馆的定义目前没有统一的标准，学者从不同角度提出了自己的理解。比如，从智能建筑的角度来看，智慧图书馆能够采用高科技智能技术，把图书馆建设成现代化的智能建筑；从数字图书馆的角度来看，智慧图书馆是一种能够提供更富智慧性、更富人性化服务的数字图书馆；有学者认为，智慧图书馆既具有传统数字图书馆的功能，又具有其鲜明的智能化特征。总结起来，智慧图书馆是建立在物联网和数字图书馆基础之上的新型图书馆，能够依靠物联网技术为用户提供数字化、智能化、网络化、智慧化的便捷服务。

智慧图书馆除了数字化、智能化的特点，还具有互联、高效和便捷的特点。智慧图书馆的互联性不仅体现在对图书馆中人、物的全面感知，把各种文献信息和读者、馆员的信息互联在一起，还体现在跨越时空的立体互联上，这种互联摆脱了时间和空间的限制。信息的共享和协同也体现了智慧图书馆的互联性。高效性是智慧图书馆的宗旨和保障，体现在灵敏和便捷、节能和低碳、整合和集群三个方面。智慧图书馆的便捷性首先体现在其服务理念上：坚持以人为本，达到便民、利民、为民的根本目标，除此之外，其服务质量更加优化，更趋向于智能化、个性化、互动式的服务。

以南京大学智慧图书馆创新服务为例，"Book+"服务可以将图书馆馆藏书目与互联网信息技术相结合，与豆瓣、微博等论坛和社交媒体联系起来，依据读者的学科背景展示与专业相关的热门图书与新书，个性化的借阅排行和新书推荐，还可以在豆瓣上查看读者对书籍的评价。"Pad+"是一款基于安卓系统平台开发的大屏幕触控互动服务终端，可以提供大量优质的专业电子书、电子期刊资源以及图书馆的一系列优质服务，是目前国内唯一支持与手机终端互动的服务平台。"Subject+"学科知识服务平台是以学科为基础，建立各大学科新闻、文献、课程、会议、人物、机构、专利的聚合系统平台，及时发布网络上与专业相关的信息，并且建立互动问答平台，能及时有效地解决用户在学习科研中遇到的难题。

3）创客空间

美国硅谷人的"车库精神"是创客的起源，他们让越来越多的原创者通过网络分享自己的创意。图书馆创客空间将线下实体空间与线上虚拟空间相结合，不仅为创客提供开展活动必要的场地与环境，还能通过虚拟空间提供所需的信息资源，不仅如此，还能完成远程的沟通与管理、发展与共享等，为创客提供了一个进行知识建设、课题研究、创意构思、成果分享的空间。

在创客空间内，用户通过图书馆提供的资源、技术、设备等进行实践操作，通过共享，参与用户都可以获得更多的信息资源与知识，更能提升用户自身的信息素养和创造能力，培养发现知识的兴趣与能力。

共享、共创、跨界自造是创客空间的三大特征。为用户提供各种资源、设施等以及用户之间的交流与分享体现了创客空间共享的特征；用户在空间内展示作品、共同创造体现了共创的特点；通过原创，用户得到新的技能，收获实际的创作经验和思维，体现了跨界自造的特征。武汉大学图书馆一直在空间服务建设方面不断改进与创新，其创客空间建设十分成功。用户可以利用图书馆的馆藏资源、影像设备、会展平台等，实现自己的创新实践，也可以利用其所提供的创客讨论区，与研究团队的成员分享各自的新发现、新想法。这不仅实现了校园内部各个学科之间的交流，也使得跨界合作成为可能，比如，创想时空将学校艺术、工程专业的用户集合起来组建团队，致力于与国内外知名企业合作；创意教育会邀请创业成功的校友分享经验，通过实例引导用户打破常规。这些空间服务在保障图书馆传统服务的基础上，极大地扩展了其他创新功能，在用户与社会之间架起了沟通交流的桥梁。上海图书馆"创 · 新空间"为用户提供智能化的专题信息服务，打破人们对传统图书馆的刻板印象，激发用户的创作灵感，使图书馆成为集学习、交流、探索、创新于一体的场所。长沙新三角创客空间向公众开放，是一个非营利性的创意制作平台，倡导"文化+科技+创意"的碰撞组合。来馆用户经过培训考核，通过者可以无限制免费使用设备。

4）信息共享空间

信息共享空间（information commons），简称 IC。信息共享空间目前尚无统一定义，有学者将它定义为一种基于图书馆空间，由资深图书馆员和技术人员维护和支持的、为研究和学习传递信息、检索信息、促进学术交流、创造学术机会、支持交叉研究的空间，是集计算机技术、信息资源、参考咨询服务、信息素质教育和个性化与合作化学习空间于一体的新型服务模式。还有学者定义其是在信息技术革命、互联网普及和开放获取等运动驱动下，为推动信息和知识开放获取与传播，为满足读者对信息资源、信息技术和综合服务的需求，围绕数字和实体环境而特别设计的“一站式”学习场所。共享空间的原意为“公有共用”，是指人们交流、聚集的场所，信息共享空间则融合实体、虚拟、文化三种空间。

信息共享空间最早是在 20 世纪 90 年代后期美国兴起的一种新型学习模式。1987—1988 年，密歇根州杰克逊社区大学最早提出创建信息共享空间实体，1992 年及 1994 年，美国爱荷华大学图书馆和南加州大学图书馆先后建立了信息拱廊和信息共享空间，并取得成功，其中爱荷华大学信息拱廊标志着信息共享空间的诞生。20 世纪 90 年代中期，北美地区图书馆服务模式开始变革，许多大学图书馆建立了信息共享空间，同时引发了全球化的发展潮流，许多大学开始引入信息共享空间的服务理念和建设经验。我国最早开始建立信息共享空间的地区为香港，在 20 世纪 90 年代末开始建设，取得了一系列成果。我国台湾师范大学于 2005 年建立共享空间。以 2007 年北京大学图书馆的多媒体共享空间为标志，内地（大陆）开始了建设共享空间的脚步，之后，复旦大学、上海师范大学、清华大学、上海大学等陆续开放信息共享空间，自此开始，国内有更多学者加入研究信息共享空间的队伍中，代表人物有任树怀（上海图书馆）、盛兴军等。经过不断的探索和发展，国内高校图书馆信息共享空间服务模型基本成型，国内高校基本上实现信息共享空间全覆盖。

开放存取和图书馆服务是信息共享空间的基本思想。前者促进信息共享、共有和自由存取，鼓励人们在民主讨论中思考、学习、实践；后者把信息共享空间作为整合空间、资源和服务的综合性服务设施与协作式学习环境。空间、资源、服务被称为信息共享空间的三要素。

随着信息共享空间应用领域的不断扩展，用户群体的需求和其本身的服务目标不断改变，信息共享空间慢慢向学习共享空间、研究共享空间、科学共享空间、创新共享空间、知识共享空间等拓展，其中，学习共享空间是发展最为活跃的。

学习共享空间于 2004 年由美国南加利福尼亚大学比格提出。学习共享空间通过整合人员、技术、设施、资源等多种要素，借助实体和虚拟两种空间环境，为学生、教师和科研人员的学习、研究提供协同与交互式的学习氛围，成为图书馆与读者进行多维互动交流的最佳平台。学习共享空间提供了一个没有时空限制的、以学习和科研为主要目的无缝空间环境。

不可否认，学习共享空间和信息共享空间之间存在差别，但学习共享空间是信息共享空间的发展和进步，信息共享空间正逐渐向学习共享空间发展和过渡。比起信息共享空间，学习共享空间更注重文化氛围，有学者指出：“通过营造文化氛围，图书馆可为用户成人成才和教学、科研提供有效的人文关怀，形成共同的文化共识、温馨和谐的服务环境、友好的人际环境、任人唯贤的用人机制，能真正成为读者学习的乐园、科研的好帮手。”

3.4　图书馆发展的动态平衡规律

3.4.1　网络社会与实体图书馆

图书馆的千年发展历史体现出图书馆的社会职能和存在使命是一个不断调整、逐步明确、积极完善与深化的过程。在信息网络时代，图书馆失去了对信息情报资源的垄断，民众获取信息的选择途径趋向多样化，图书馆的社会信息优势地位动摇，信息情报服务的行业模式发生变化，形成了数字化、大众化、远程化、融合化、智能化和联盟化的图书馆发展新业态。因此，图书馆发展的社会职能定位不再局限于图书文献中心，更是信息交流中心、知识服务中心、公共文化服务中心和学习教育中心，图书馆的发展也需要平衡实体空间建设和虚拟空间建设两个方面，相辅相成，彼此协调。

多功能空间服务是图书馆实体空间的建设发展方向。图书馆是个不断生长的有机体，从保管文献图书的藏书机构，到公众文化交流的公共场所，图书馆的空间服务是不断发展的，发展趋势越来越开放。随着社会的进步和技术的发展，图书馆需要对实体建筑布局和功能进行更为自由、人性、灵活的规划与划分，通过空间设计凸显图书馆多样化的信息服务，如文化展示、读者讲座、影视欣赏、休闲互动等丰富多彩的用户交流活动，为公众的知识学习和文化交流提供舒适、宽阔、明亮、令人愉快的空间环境，积极打造一个集社会信息中心、交流中心和休闲娱乐中心于一体的“城市第三空间”。

全媒体信息服务平台是图书馆虚拟空间的建设发展方向。互联网技术的发展使得公众的信息环境和生活方式发生了极大变革，信息泛滥和信息茧房成为当代信息获取主要问题，公众越来越强调信息的精准性、交互性和个性化。图书馆需要改变传统的收藏、展示信息资源的形态，提高知识组织能力和用户研究水平，积极利用新兴技术手段广泛开展图书馆服务，优化业务流程，转换服务视角，打造全媒体复合信息和服务平台，推动信息资源和智力资源的共享交流，实现图书馆行业情报服务的增值效应，提高全社会的信息情报素养。

3.4.2　图书馆馆藏资源的动态平衡

馆藏是图书馆发展的资源之本，互联网环境中“馆藏即服务”。随着文献资源出版方式呈现多样化发展的趋势，图书馆的馆藏内容发生了根本的变革，“拥有馆藏”“获取馆藏”“纸质馆藏”“数字馆藏”等馆藏概念发展迅速，新时代图书馆应及时调整馆藏资源建设途径与策略，扩宽视野、兼容并蓄，在明确馆藏建设目标和任务的基础上制定出可持续的馆藏发展政策，实现多元资源的动态平衡。

数字资源与纸质资源应平衡发展。互联网技术极大地推动了文献资源的聚合与共享流动，在线获取的便利性和开放性也得到了用户的推崇与喜爱，图书馆知识组织和提供文献服务的能力大大提升，数字馆藏日益成为图书馆的馆藏建设重点，资源购置经费也逐渐由纸质资源向数字资源倾斜。但纸质媒介仍是用户阅读的重要方式，纸质馆藏依旧是保存图书馆文献、维持供需平衡中不可或缺的一部分。同时，由于数据库服务商掌握数字资源出版、发行、销售和利用等环节的控制权，图书馆在数字资源的供求关系中往往处于劣势地位，不得不接受重复购买、只有使用权没有所有权、常年涨价等不平等要求，导致数字馆藏具有重复性、不稳定性、垄断性和不易保存等缺陷。图书馆应优化配置数字馆藏和纸质馆藏，有机整合数字资源和纸质资源，促进纸质资源数字化以提高文献资源的流动性和可利用率，精准选购数字资源，创新与数据库服务商的合作模式以解决数字资源的长期保存问题。

注重用户需求与打造特色馆藏并举。馆藏资源建设的最终目的是为用户服务，因此馆藏发展策略应建立在充分调研用户需求的基础上。网络技术的发展使得个性化的文献服务成为可能，用户可以通过读者决策采购（patron-driven acquisitions，PDA）、需求驱动采购（demand-driven acquisition，DDA）等模式直接参与文献采购，实现信息资源的个性化定制，提高资源购置的效率。同时，馆藏资源的建设与管理应注重用户对资源的可发现性和可利用性，需对馆藏资源进行多方面、多层次的集成、组织与整合，建立信息知识的关联体系，创新资源发现工具和发现服务，实现馆藏资源的易用性。但注重用户需求不等于放弃图书馆的主体地位，图书馆应努力挖掘建设自身的特色馆藏，融合创新图书馆服务，对用户需求进行一定的引导。特色资源建设是图书馆馆藏资源建设的特色标志，是图书馆提供特色服务的基础，加强特色资源建设是图书馆的基本职能所在，也是增强图书馆的核心竞争力、塑造图书馆品牌、彰显和提高公共图书馆地位和影响力的重要举措。

文献资源共建共享，实现馆藏资源区域协调互补发展。图书馆发展日益呈现出差异化、不均衡的情况，数字鸿沟的情况也在图书馆层面愈演愈烈，资源丰富、经费充足的图书馆往往会得到用户更多的青睐，资源短缺、经费较少的图书馆越来越无人问津。图书馆之间建立合作联盟优势互补，不仅可以满足用户无限增长的多样化信息需求，还能减少重复建设，降低馆藏建设成本，提高馆藏利用率，缓解不同地区图书馆发展不平衡的矛盾，实现图书馆的共同发展。图书馆的共建共享不应仅仅是文献资源的交流传递、互通有无，更应是馆藏发展、管理机制、业务合作、服务创新层面的深度联盟。

3.4.3　专业人才的动态平衡

图书馆人才是图书馆事业发展的中坚力量和关键要素。英国图书馆学家哈里森曾说："即使是世界一流的图书馆，如果没有能充分挖掘馆藏优势、高效率和训练有素的工作人员，也难以提供广泛有效的读者服务。"随着社会的不断发展，图书馆需要更具创新实践能力的高素质馆员承担图书馆的运作与服务。高素质馆员的培养一方面依赖于图书馆学教育输送新生血液，另一方面依靠图书馆人力资源管理与制度建设保障职业发展。

21 世纪以来，西方图书馆事业萎靡，图书馆学教育出现“去图书馆化”的危机；中国图书馆事业飞速发展，但图书馆学教育出现滞后于图书馆实践事业和国家文化事业发展的问题，图书馆学专业学生普遍存在实践能力缺乏和专业认同感不足的问题。因此，图书馆学教育应积极革新教学理念和实践培养模式，应在基于高校教学改革深化的基础上，从图书馆学性质与特点出发，加快学科理论与实践的整合和优化，创新教学模式，立足于社会对于图书馆信息型、专业型、实践型和创新型人才的需求，培养真正具有职业认同感和创新实践能力的图书馆人才。跨界教学、跨界实践教学是培养复合型的图书馆学人才的重要方式，图书馆学教育打造跨专业课程有助于学生将图书馆学与其他相关学科进行知识资源整合，取长补短，实现人才多元化发展；跨院校培养方案有助于学校教学相互促进、相互进步，扩宽学生视野；跨社会组织教学模式则有助于帮助学生将图书馆学理论与具体社会实践相结合。

图书馆人力资源管理与制度建设是图书馆事业发展的重要组成部分。目前国内图书馆人才资源生态主要存在人才现状与需求不匹配、竞争激励机制不完善、人才成长发展空间有限、科研学术氛围不浓厚等问题。图书馆应积极建立既符合自身发展特点，又符合图书馆事业发展的专业管理人才制度，提高人力资源整体素质，加强精细化管理，促进自我发展和活力创新。人力资源管理和制度建设发展方向主要有以下几点。

（1）优化人才结构，改革人才引进和培养机制，注重人才的学科背景和专业素养，实行合理的选聘制度。

（2）建立人才制度，完善人才规划、人才考核、人才激励、人才培养等一系列政策体系。

（3）转变管理理念，推进法人治理结构改革，建立图书馆、馆员、用户三位一体的科学管理理念。

（4）营造良性竞争的友好环境，尊重人才、重视人才并爱护人才，引导良性竞争，激发人才动力，促进人才合理流动。

3.4.4　图书馆信息生态系统的出现

“信息生态学”的概念是 1997 年美国管理科学家托马斯·达文波特提出的，是指信息人与信息生态环境相互联系、相互作用的有机整体。信息人是指需要信息并参与信息活动的单个人或由多个人组成的社会组织。信息生态环境是信息环境的一部分，是指对信息人的生存、生活和发展有直接或间接影响的信息因素总和。从信息生态学角度解释，图书馆系统是一个信息生态系统，图书馆工作人员及信息用户可视为信息人，他们通过信息的收集、处理、利用等过程，与图书馆的信息环境之间形成一个信息生态循环系统。优质的图书馆信息生态系统是构建有序信息交流空间的前提。

图书馆信息生态发展过程可以总结为七个阶段，分别是：联机检索情境下，图书馆信息生态发展雏形形成；分布式管理出现，图书馆信息生态研究步入起步阶段；数字资源集成视角下，图书馆信息生态理论基本形成；信息资源共享阶段，图书馆信息生态趋于系统化；知识共享平台发展时期，图书馆信息生态理论与应用研究系统深入；大数据背景下，图书馆信息生态不断充实与丰富；智慧图书馆演进时代，图书馆信息生态逐渐完善并创新。

影响图书馆信息生态系统的因素大致可分为四大类：信息人、信息资源、信息技术、信息制度。信息人是指图书馆员和用户在内的信息接收者、使用者、传播者，其信息素养与能力的高低、信息意识的强弱直接决定图书馆信息生态系统的状态。因此，信息人应具备敏锐的信息意识、优秀的信息能力和完善系统的知识结构。信息资源是有序化的信息集合。由于信息资源的飞速增长，如何在海量的信息资源中快速、准确地找到所需信息是图书馆面临的难题之一。解决这个问题、提高资源利用率是图书馆信息生态建设的目标。信息技术是指对文献资源进行收集、存储、处理、加工、传输、利用等现代化手段，包括计算机技术、通信技术、多媒体技术等。信息技术的发展，引发了图书馆服务模式的变革，成为图书馆信息服务的关键。信息制度是用以约束信息人行为的规则，包括信息政策、信息法律、信息标准、信息伦理等。信息制度对信息人起到引导和制约的作用，健全的信息制度可以解决信息人之间、信息人与信息环境的矛盾，是图书馆信息生态系统的重要研究方向。

3.4.5　图书馆联盟的协同治理

图书馆联盟是指为了实现资源共享、利益互惠的目的而组织起来的、受公众认可的协议和合同制约的图书馆联合体。图书馆可以加入多个图书馆联盟，在不同联盟中，图书馆所承担的责任、义务，享受的权利都不尽相同，成员之间达成的协议也不同。图书馆联盟可以减小各馆之间的数字鸿沟，有助于信息共建共享，成员馆可以获得种类更为丰富的文献资源，并且减少重复购买造成的经费浪费。由此可见，图书馆联盟的运行和发展受到成员馆缔结合约的约束，成员馆不论规模大小，都要同时承担一定的权利与义务。

根据图书馆联盟治理结构分层及各层之间的关系，将联盟治理划分为联盟内部治理机制和联盟外部治理机制两大类。

联盟内部治理机制是指在追求联盟最大利益的基础上，充分发挥各成员馆的优势和长处，通过联盟内部关系协调和协同组织，不断化解各种影响联盟整合效应提高的不利因素，最大程度地提高联盟竞争力，实现图书馆联盟可持续发展目标的机制。其主要目的是确保在不同挑战下联盟内部治理结构能持续稳定地保持良好的绩效和地位。良好的内部治理机制是实现图书馆联盟长期可持续发展、实现长期目标、保障成员馆之间关系稳定的必要条件。其功能完善与否可以衡量图书馆联盟的发展水平，并主导联盟内部关系网的形成与发展。可见，任何图书馆联盟想要实现长期稳定的发展，想要保持内部关系网的有序发展，一套合理完善的内部治理机制是不可或缺的。

联盟外部治理机制是以持续发展和进取创新为指导思想，通过创造良好的外部环境来促进联盟健康发展，采用各种外部关系协调和优化手段，为联盟发展扫除各种外部不利因素的机制。图书馆联盟的发展和壮大使其受到越来越多的外界环境因素的干扰与影响，这些因素会相互联系，对联盟发展产生影响。因此联盟外部治理机制要优化和协调图书馆联盟外部的资源与关系，使联盟可以适应不同的环境及其变化，获得发展的主动权。外部治理不仅强调外部环境的调整，也重视内部环境的改变，统筹发展，为联盟的发展创造条件。在联盟发展过程中，尽管外部治理可以实现图书馆联盟的可持续发展，但规避外部风险并不是外部治理的全部，如果联盟内部关系得不到妥善治理，即使拥有优质的发展环境，内部问题也会成为阻碍联盟发展的绊脚石。

第 4 章

图书馆用户管理及需求研究

4.1 图书馆用户伦理的演化

4.1.1 以用户为中心的人文精神

现代图书馆学的形成过程就是图书馆从封闭转向开放、从以少数人为中心转向以更广大的用户群体为中心的过程。“英国公共图书馆之父”爱德华兹提出了公共图书馆应该向社会公众免费开放的理念，这种思想指导着英国公共图书馆运动的发展。1850 年，英国通过了《公共图书馆法》，规定地方政府应为本地区的成人和儿童提供图书馆服务，经费从房地产税中提取，这是第一次以全国性公共图书馆法的形式确立了公共图书馆开放服务的对象以及公共图书馆的义务，“免费向社会公众开放”从此以法律条文的形式出现在各种文件中。每个纳税人都有使用图书馆的权利，标志着现代图书馆精神开始形成，此后这种伦理被不断地修补、完善和丰富，逐渐形成了平等、自由、公正的图书馆人文精神体系。

1. 用户为本

用户为本的思想是说图书馆无论何时，都要以服务用户为目的，保护用户，以用户评价为图书馆工作质量的出发点和落脚点。图书馆以用户为中心的人文精神首先体现在其公益性、普惠性上，图书馆向所有人免费开放、免费服务，为用户提供资源和场所，创造了极大的社会效益。而图书馆管理构建应吸纳用户参与，建立用户反馈的沟通机制，如读者荐购、读者留言、读者咨询等，评估图书馆实践更应以用户的体验为最高准绳，用户说好才是真的好。用户为本也要求图书馆以用户的权利为重，保护用户隐私。

2. 公平性

服务的公平性一直是图书馆探讨的核心，即人人平等享有使用图书馆的权利。不同的社会群体拥有不同的用户需求和不一样的接触文献的途径，图书馆服务要做的就是弥合可及性的鸿沟，确保信息弱势群体也能获得图书馆文献服务。社会上的一些弱势群体，如老年人、残障人士和儿童；一些特殊用户人群，如囚犯、乞丐、拾荒者，图书馆员必须公平地看待他们，为他们提供对等的信息服务。当然，公平原则指的是用户权利的公平，这不是说，对他们的服务不需要加以细分，因为不同的用户群体需求不同。对于儿童读者，应当注意书籍内容深度是否适合等问题；对于残障人士，要收录一些特殊载体的文献，保证他们阅读的便利性。

3. 效能性

效能性是指为用户服务的效率，讲究用最少的时间最大程度地满足用户的需求。图书馆的工作特点决定了图书馆员在工作中要具备一定的专业基础知识和业务技能。图书馆员要努力提高自己的专业理论知识和业务技能；熟悉本馆文献资源和特色馆藏；熟悉相关专业知识、知识产权知识、语言文字知识；学会运用信息技术解决问题，提高服务效能。只有在此基础之上，图书馆员才能提高其服务效率，从而体现出图书馆员的精神面貌，维持支撑用户服务可持续发展的保障体系。

4. 中立性

中立性就是“知识自由”，包括知识获取自由、知识传播自由和知识表达自由。知识自由原则要求图书馆员在采购文献资源时保持价值中立，不因资料的国别、背景或作者的政治主张而加以歧视或排斥。福斯克特曾说：“图书馆员应该无政治导向、无宗教信仰、无道德标准。”指的就是图书馆服务的中立性，即图书馆不能代替用户做价值判断，不能因馆员自身的政治、宗教和道德取向取舍资源，而应让用户自己去做选择。中立性区别于公平性，指的是价值中立，即对书的内容保持中立，让读者选择。中立性也要求图书馆拒绝、抵制不合理的审查制度，捍卫用户的权利。例如，《美国图书馆协会职业道德规范》指出：“为所有图书馆用户提供高水平、公平的服务，坚持知识自由的原则并抵制一切对图书馆馆藏信息资源的审查。”

时代虽然在发展变化，但这些支撑图书馆的核心精神不可磨灭，推动着图书馆有机体的可持续生长。例如，阮纲纳赞在《图书馆学五定律》中提出了“让每个读者有其书”和“节约读者的时间”，本质上是用户服务的公平性和效率性；戈曼的新图书馆学五定律提出的“图书馆服务于人类文化”“确保知识的自由存取”蕴含的思想本质上是用户服务的中立性。

随着数字技术的不断发展，图书馆“以用户为中心”的人文精神内涵也与时俱进，不断丰富。内涵的丰富不只体现在新元素的加入，还体现在传统人文精神的新面貌，人们更多地应用技术去诠释、实现图书馆的核心精神与关键原则，并置入新的内核。在用户伦理中逐渐加重的新理念主要有如下三个方面。

1）用户的技术保护

技术发展很直接的一个好处就是传统时代无法保障的用户权利可以通过技术保护的方式实现。例如，通过大数据分析，图书馆可以更加清楚地了解用户需求，构建用户画像，并优化服务；利用盘点机器人、RFID（radio frequency identification，射频识别）自助借还机，图书馆可以节约传统图书馆繁琐的业务流程，启发用户智慧，提升用户服务的效能。云环境的开放、各种传感器的布置带来了图书馆用户隐私泄露等很多问题，但图书馆可以用技术和算法规避云安全隐患、用户隐私泄露等问题。例如，2018 年的美国《博物馆和图书馆服务法案》在图书馆部分强调为图书馆收集用户数据提供充分的技术协助与支持；巴西利亚大学的研究人员发布了基于设备的安全以改善物联网中用户隐私的一些数据。

2）用户的数字可及

数字可及性指的是用户数字资源的可获得性和通过数字技术手段获取文献资料的能力。20 世纪 90 年代开始，数字文献、CD-ROM、数据库等电子资源激增，深刻地改变了图书馆的馆藏结构。之后，随着开放存取运动的展开，OA 期刊风靡全球。现如今，图书馆的电子资源比例急速上升，远远超过了纸质资源。电子资源具有容易获取、便于携带、体积小、密度大、不受时空限制、多媒体等优势，但也具有版权问题、损伤视力、长期保存问题、依赖网络设备等缺点。如何面对时代的变化与用户的变化，让用户更多地接触到图书馆的网络资源和数字文献，以保证资源发挥其他机构不可替代的科研价值和社会效益，惠及用户，是图书馆需要长期思考的课题。例如，国际图联的“21 世纪知识权利”项目，就致力于电子书的公平获取和著作权的保留行动及开放式许可，以构造比较平衡的版权方与用户之间的关系环境，并让用户受益。WOLFcon（World Open Library Foundation Conference，世界开放图书馆基金会会议）2020 年年会就探讨了将图书馆服务平台与 Perpetua 整合的问题，Perpetua 是一个将馆藏资源内容进行长期数据保存管理的解决方案，包括特殊馆藏、典藏档案、研究数据等。

3）用户的精准服务

当大数据引入图书馆如火如荼时，精准服务也兴起了。精准服务是一对一的推送服务，它源自图书馆服务公平性的诠释，由于每个用户都应当权利平等，所以他们的需求都应当最大程度地获得满足，这也是个性化服务的基础。传统的个性化服务主要方式是参考咨询和个性化定制，用户主动向图书馆提出自己的需要，而图书馆给予答复或资源。单向的流通渠道不仅让用户费时费力，也让用户感受不到图书馆服务的价值。精准服务依托着数据决策平台的用户生物数据、足迹数据、借阅数据，通过协同过滤等智能算法完成大数据分析，建立用户画像，发现用户的兴趣点和需求点，及时推送资源和消息，这是图书馆主动式的智能服务，且可反馈用户实时动态需求，并产生个性化推荐，除了在主动性和个性化方面取得了长足进步外，在服务的深度和即时性方面也上了一个阶梯。所以，以用户为中心的人文精神不再是笼统的“一竿子打死一船人”的服务，甚至于超脱了分层服务、分众服务，而是充分尊重个性，逐渐向个体的深层次的需要发展。

4.1.2　图书馆法律与规范中的人文精神表述

图书馆的人文精神发展史是伦理与法理交织在一起的历史，以图书馆实践运动为先驱的图书馆精神以法律、政策、法规、规范等制度化的形式留存下来，以实现图书馆标准化与规范化，并将以用户为中心的理念逐渐沉淀于图书馆的日常业务和馆员的思想操守之中。1994 年，联合国《公共图书馆宣言》宣示了人人拥有平等使用图书馆的权利等思想，规定了公共图书馆的使命价值。国际图联的《图书馆员和其他信息工作者伦理守则》与《世界人权宣言》相互呼应，以面向全球图书馆的通用性规范总领保障图书馆员合法权益、平衡知识产权与开放获取、统一分歧等问题。《国家人权行动计划（2021—2025 年）》提出，完善公共文化服务基础设施，做好公共图书馆、文化站、博物馆、美术馆等的规划建设，更充分地保障公民文化权利，意味着公民使用图书馆是一项基本人权。

1. 美国

1938 年，美国图书馆协会制定并颁布第一版职业伦理守则《图书馆馆员伦理守则》，其是世界最早的图书馆伦理规范，明确了图书馆和图书馆员要“向读者提供最高水平的服务”。美国同时也是世界上图书馆法最为完备的国家之一，联邦法和州立法覆盖广泛，《美国国会图书馆分类法》《医学图书馆资助法》《图书馆服务与技术法案》《博物馆服务法案》等构成了美国图书馆依法治馆的柱石，使自由、平等的人文精神成为肉眼可见的制度化条文。

美国是世界上少有的为图书馆进行技术性立法的国家，2006 年的《图书馆服务与技术法》代表着新时代美国图书馆法治建设的走向，法律中的技术伦理决定了美国图书馆伦理非常重视馆员的职业能力建设。2018 年，《图书馆服务与技术法》与《博物馆服务法案》合并，成为《博物馆与图书馆服务法案》，合并后的法案专注于大数据的时代背景，补充了图书馆在数据的收集与分析、技术的支持与应用方面的诸多问题。例如，法案言及图书馆员必须具有运用技术让用户找到、评估、组织、创造和交流信息的职业能力，这一条目虽然是针对馆员能力的规定，但却以用户的自我实现为目标和衡量标准，充分展现了用户为本的思想。

美国图书馆人文精神突出的一个特点是非常重视中立性，也就是知识自由。“知识自由超越政府权威”这一思想在许多法律、规范乃至实践中都有渗透。例如，美国图书馆协会伦理守则明确提出，图书馆员应抵制审查。典型的实践案例有：《美国爱国者法案》颁布后，在美国图书馆协会指导下，图书馆和图书馆员抵抗美国联邦调查局（Federal Bureau of Investigation，FBI）的审查，并组织抗议活动。美国对用户权利平等也很看重，在特殊人群服务方面，《图书馆服务与技术法案》明确提出，要加强对残疾人、文盲、贫困家庭的少年儿童等获取文献信息困难的人群的公益服务，以缩小信息差距。

2. 英国

英国也有丰富的法律与规范资源，来传递图书馆的人文精神，如《公共图书馆与博物馆法》（1964 年）、《大英图书馆法》（1972 年）、英国图书馆与信息专业人员特许协会《图书馆及信息专业人员道德原则与职业行为规范》（2006 年）。英国图书馆高度重视馆员服务的效能，根据《职业行为守则》第三条，“对读者负责”是“会员的基本责任”，落实到行动上是“努力为读者提供所需的资源和服务”；《公共图书馆与博物馆法》明确把“高效率的图书馆服务”作为基本方略。英国图书馆员的分工很细，对于各种违规操作都有相应的惩罚措施，伦理建设一向是能力和道德“两手抓”。《图书馆及信息专业人员道德原则与职业行为规范》不仅对图书馆员的技术素养做出了要求，而且对防止隐私泄露等道德伦理做出了规范。

3. 澳大利亚

澳大利亚主要的图书馆法律与伦理规范有《澳大利亚国家图书馆法》（1960 年）、澳大利亚图书馆与信息协会《职业道德声明》（1997 年）。澳大利亚以法律形式支持建立以图书馆理事会为核心的法人治理结构，并具有完善的残疾人法律保障体系。理事会是图书馆自我管理的一种形式，保证了图书馆自治的灵活性。澳大利亚高校有专门的残障人士服务项目、设备和网络栏目，并实施相应的读者注册制度，反映出高校图书馆员对服务公平性的深度实践和服务灵活性的高度理解。澳大利亚十分讲究服务实施的具体过程，强调主管部门必须以人为核心，而不能以服务为核心，每一样经费要确保发到人的手中、每一样服务要确保惠及用户，而不是单单把钱拨给了服务机构。

4. 韩国

韩国的图书馆立法在不断地革故鼎新。2006 年，为了适应新时代以及新环境下的国家发展战略，韩国出台了《图书馆法》，以取代当时已不适应技术发展的《图书馆及读书振兴法》，成为韩国图书馆的基本法。其中，第四十三、四十四条明确提出图书馆有减少知识信息差距的义务和责任，表明韩国图书馆职业伦理高度重视服务的便利性和均等性，保障人人平等使用图书馆的权利。在特殊人群服务上，韩国尤其重视残障人士的信息保障，如《图书馆法》第四十五条规定设立国立残疾人图书馆支援中心。韩国图书馆协会《韩国图书馆员道德准则》（1997 年）提及“要以善良友好的方式对待读者”，这是在服务态度上体现图书馆的人文关怀。

5. 日本

日本图书馆协会《图书馆员伦理纲领》（1980 年）的第一条便是：图书馆员应以满足整个社会和广大读者的要求作为完成一切工作的出发点。图书馆是建立在满足社会的期望和读者的要求基础之上的。因而，保障国民自由地获取知识是图书馆的主要目的。只有尽力满足社会的期望和读者的要求，才是图书馆员的基本态度。这为日本图书馆领域用户为本思想的伦理建设奠定了主要基调。

日本的图书馆法是在教育法的支撑下发展起来的，所以日本图书馆十分重视学校图书馆员伦理建设，并在以维护权利公平为主旨的特殊人群服务上偏重青少年。例如，《国立国会图书馆法》第二十二条要求以支部图书馆形式设立儿童图书馆。价值中立在日本的法理和伦理精神里都有明确体现，如《国立国会图书馆法》第十条规定，国会图书馆馆员不得兼任国会议员，也不得在政府、司法部门任职；第十五条规定，馆长可以成立立法考察局，对两院的方案进行评估，这意味着如果政府要制定侵犯图书馆用户权利的法案或政策，图书馆有权发出自己的声音，这反映了知识自由在权威之上的思想。

4.1.3 我国“以用户为中心”的理念与传承

我国普惠、公益的思想源远流长，早在南唐，就已经产生了“为用户着想、以用户为尊”的人文萌芽。940年，白鹿洞书院成立，享有国家支持的书院模式开启了新的时代。发展到宋代，形成了四大书院。书院的藏书免费对学生开放，用以学习钻研、经世治国，书院内的藏书楼可以理解为古代的高校图书馆。书院的教育对象主要是平民子弟，且对下层社会开放，学员免费入学，并对经济困难的学员给予补贴，藏书楼的资源能够不被贵族垄断，具有朴素的普惠思想。

我国最早的公共图书馆是1902年徐树兰创办的古越藏书楼，实现了中国藏书楼由藏到用的转变。西学东渐阶段，图书馆免费向社会公众开放的思想逐渐深入人心，湖南图书馆、福建图书馆、湖北图书馆等近代意义上的公共图书馆相继开放，并形成章程。新中国成立后，国家在图书馆领域颁布了一系列政策，如《关于加强和改进公共图书馆工作的指示》(1955年)、《中华人民共和国高等学校图书馆试行条例(草案)》(1956年)、《全国图书协调方案》(1957年)。虽然这一时期的政策主要侧重于图书馆员的技能培育，图书馆和用户的关系没有成为研究重点，但公有制文化对均等、普惠、自由等思想的传播起到了重要作用。

1995年，香港图书馆协会制定的《香港图书馆协会伦理守则》发布，这是我国现存最早的正式的图书馆伦理规范，正文只有5条，是英文版。其主要内涵是：提供组织完善的信息及公正服务，而不关注个人的信念为何；保护读者公平使用信息的权利；尊重读者隐私；提升专业知识和技术；保持高水平的专业立场。用户平等、服务公平等人文精神已经以条文形式出现。

2002年，台湾的图书馆学会制定《图书馆员专业伦理守则》，一共10条，分为3个部分：①专业哲学：自由、平等、中立；②社会责任：文化、教育、素养；③服务素质：热情、效率、提升。专业哲学部分的描述是人文精神的指导，而社会责任和服务素质部分是图书馆和图书馆员如何做的问题。

2002年，中国图书馆学会颁布了《中国图书馆员职业道德准则(试行)》，由序和正文组成，正文有10条内容，分别是：确立职业观念，履行社会职责；适应时代需求，勇于开拓创新；真诚服务读者，文明热情便捷；维护读者权益，保守读者秘密；尊重知识产权，促进信息传播；爱护文献资源，规范职业行为；努力钻研业务，提高专业素养；发扬团队精神，树立职业形象；实践馆际合作，推进资源共享；拓展社会协作，共建社会文明。整部准则与《公民道德建设实施纲要》相呼应，彰显了中国特色。短短120个字，其内容可以分为职业理念与职业精神(第1、2、8条)、与读者的关系(第3、4条)、提升自身素养和能力(第7条)、与文献的关系(第6条)、社会责任(第5、9、10条)五个方面。该准则吸收了国外优秀文明成果，第一次比较全面地论述了我国图书馆职业伦理的内涵，通过服务态度、服务技能等规定渗透着图书馆人对用户的尊重和权利的保护，但对服务的中立特征关注不多。

2015年，《关于加快构建现代公共文化服务体系的意见》明确了建设公共文化服务体系要坚持正确导向的基本原则，其中，首要的一条就是以人民为中心，认真研究人民群众的精神文化需求；而后，在均衡发展这一块，强调了城乡差距、地区差距、特殊群体的服务等问题，彰显了图书馆人文服务的均等性和公平性。2017 年，《中华人民共和国公共文化服务保障法》颁布，在总则中重申了以人民为中心和公共文化服务的目标——满足公民基本文化需求，第一次在全国性的法律文件中使用“公益性、基本性、均等性、便利性”的词汇作为政府建设公共文化服务体系和设施的要求，彰显了我国社会主义文化保障的优越性，为我国公共文化服务中“以用户为核心”的人文精神的弘扬填补了法律空白，也标志着公共文化服务标准化、制度化、法治化建设日臻成熟。

2018 年，我国第一部全国性图书馆法《中华人民共和国公共图书馆法》实施，在用户与图书馆的关系上，总则里说得很清楚：“保障公民基本文化权益，提高公民科学文化素质和社会文明程度，传承人类文明”是立法的重要目的。第二十三条“国家推动公共图书馆建立健全法人治理结构，吸收有关方面代表、专业人士和社会公众参与管理”则以法律形式规定了用户参与图书馆建设的合法性和权利性，并以国家支持作为保障。在第四章服务中，《中华人民共和国公共图书馆法》把公共图书馆服务的原则用“平等”“开放”“共享”三个词描述，并严格规定了强制免费开放的服务项目；在特殊群体服务上，《中华人民共和国公共图书馆法》特别用第三十四条保护儿童读者的权利；并在第四十三条重申了读者隐私保护的义务——“公共图书馆应当妥善保护读者的个人信息、借阅信息以及其他可能涉及读者隐私的信息，不得出售或者以其他方式非法向他人提供”。

在对用户开放和用户权利平等上，我国的公共图书馆在法律体系上相对完备，也没有争议。此外，公共图书馆在实践中也在不断地完善制度和创新举措，将以用户为本的理念逐渐深化。高校馆的开放问题依然面临着讨论，《中华人民共和国公共图书馆法》第四十八条规定，“国家支持学校图书馆、科研机构图书馆以及其他类型图书馆向社会公众开放”。这个“国家支持”是鼓励性质的权利性规定，而不是义务性规定，也是因为有诸多的困难尚未克服，如高校图书馆与社会公众的接触面不广，高校图书馆的主要用户是高校师生，教研资源难度高、知识层次深、知识结构复杂，不太适合少儿等群体阅读；一些科研资源和数据是高校本身的知识产权，开放资源必须考虑到高校图书馆和相关人员的权益；社会群体复杂，有可能威胁校园安全；之前高校图书馆一直是对内管理，已经形成了一套规章制度和运营模式，对外管理应采用什么样的制度体系以及与对内管理的系统如何沟通，这些都是成本不小的问题。

一些国家政策、战略、规划也对用户人文精神的弘扬、缩小公众的信息差距做出了规定。《“十四五”公共文化服务体系建设规划》提出的一项重要基本原则是坚持以人民为中心，同时提出建设以人为中心的图书馆，包括推进公共图书馆功能转型升级、广泛开展全民阅读活动、加强古籍整理保护和传承利用。四大目标也是围绕着为社会公众服务来描述的，分别是公共文化服务布局更加均衡、公共文化服务水平显著提高、公共文化服务供给方式更加多元以及公共文化数字化网络化智能化发展取得新突破，充分展现了服务的公平性和效能性。《中国图书馆学会“十四五”发展规划纲要（2021—2025 年）》明确将“有效提升普惠服务的覆盖面和实效性”作为发展目标。

4.2　图书馆用户需求的变化历程

图书馆用户即图书馆读者，其成分和类型多种多样。高校图书馆的用户多是在校师生，学术水平和认知水平较高；而公共图书馆的读者是年龄、认知相差程度较大的市民。用户需求是指用户动机、用户心理，支撑着用户使用图书馆的行为和后续活动。不同的用户对图书馆有不同的需求，需要的服务也不同。了解用户需求，分析其类型、成分、结构是图书馆研究的重要主题，是图书馆展开高效优质服务的基础。按照需求的对象，用户需求可以分为阅读需求、情感需求和服务需求。图书馆是文献信息保存的中心，阅读需求是最基本的用户需求，图书馆必须不遗余力地保证各种文献资源的可及性，让用户自由选择，并采用各种手段激发用户的阅读兴趣，开展阅读推广、讲座、比赛、用户培训等多项服务。情感需求是用户情绪的需要，馆员可以通过人文关怀和情感交流为用户实现情绪的调节，也可以利用资源和导航界面减轻用户的负面情绪，培养积极的正面情绪，开展阅读疗愈服务、用户咨询服务等。

图书馆以用户为中心的核心价值决定了图书馆工作必须以用户需求为导向，全面和深入地了解用户需求、挖掘用户兴趣点是图书馆可持续发展的永恒课题。技术的日新月异深刻地改变了用户的思维模式和行为方式，用户需求也发生了变化，这成为图书馆转型升级的根本动力。用户需求的发展历程按照技术发展的轨迹和图书馆进化的形态，可以分为传统图书馆、数字图书馆和智慧图书馆三个阶段。

4.2.1　传统图书馆

1. 传统图书馆环境与用户需求

传统图书馆印刷型文献占据主导，图书馆在纸质资源的采购、编目、管理、服务上进行了技术性的探索。传统的分类法和主题法支撑着图书馆纸质资源的目录体系，便于用户利用。开放排架也是图书馆的重要服务。这一阶段虽然图书馆承担社会交流的职能，但用户对图书馆的需要主要是文献服务和空间服务。图书馆的知识保存优势明显，用户习惯到馆阅读文献，解决自己的知识诉求。作为阅读场所，图书馆的空间环境功能突出，安静、光线充足是最基本的要求。针对阅读，马希圣将读者需求分为固定性需求、选择性需求和偶然性需求。固定性需求是读者自己提出的需求；选择性需求是图书馆提供书刊阅览后，读者做出的选择；偶然性需求是读者在随意浏览时，突然想要获得资料的需求。

图书馆为了方便用户借阅，在馆藏和空间布局方面采取了措施，主要有四种模式。

1）典藏与流通合一的模式

典藏与流通合一模式的特点是藏书保管与流通借阅合为一体，以及典藏室、目录室一起组成流通部（组），全部馆藏直接向读者开放借阅。此种模式比较单一，只适合小型图书馆采用，因为藏书规模小，借阅量也小，藏书保管和流通借阅均可有效实现，再则书刊有限，不宜分散，只能集中在书库储存借阅，不适合大型图书馆采用，因为大型馆典藏、流通各自繁重，结合在一起往往重流通而轻典藏，工作会有名无实。

2）典藏独立成部的模式

典藏独立成部模式的特点是总书库、典藏室、目录室组合成典藏部，它不担负流通借阅，不对读者直接开放。外借另设辅助书库担负。此种模式有利于整个典藏工作的统筹安排，有利于藏书的清点、管理和保存，为保证辅助书库藏书的质量创造了条件，也为提高外借的质量和效率、提供开架借阅创造了条件。但由于总书库不提供借阅，对于珍贵书刊的使用不便，将这部分书刊调入辅助书库又不利于保存，随要随到书库调入随还，手续不易出差错。另外辅助书库担负外借任务，压力很大，阅览室担负阅览任务比较轻松，忙闲不均；对读者来说，外借阅览截然分开也觉不便。

3）传统式典藏布局模式

在国内图书馆界，常用的是传统式的藏书布局，对图书的用途和闭架的流通方式是有区分的。基本书库采用辅助书库和专门书库的典藏布局。基本书库即基藏布局，该库收藏图书馆全部中外书刊，并存储大量复本。由此可见库内藏书繁杂，常常出现架拥为患的现象；辅助书库即样本书布局，其收藏图书为具有推荐性、针对性的无复本样书，其设置宗旨在于向读者全面展示馆藏，以解读者求知之急。该库开设阅览室，流通方式以半开架内阅览为主。专门书库即特藏图书布局，其收藏贵重的珍本文献，甚至该精品十分昂贵，如古籍、书画、名人墨迹、手稿、案卷、善本等绝版书籍。为了确保珍藏安全，防火、防盗、防鼠、防腐等井然有序，以防未然，该库委任专人管理与服务。该库全闭架，只限有关人员在内阅览。

传统式的藏书布局采用闭架或半闭架的图书流通方式。借阅时，读者与工作人员都需耗费大量时间和精力，甚至读者有时借不到所需书刊，时常发生误解或争议。然而书库均采用封闭式管理，工作人员直接承担图书上架、下架、归架、顺架等操作任务，书库整洁，排架有序，清晰统一，图书保养完好，丢损率较低。

4）三线典藏模式

三线典藏模式是根据特鲁斯维尔的藏书“二八率”理论，按照馆藏资源利用率高低，结合管理方式，将全部馆藏资源分三部分，以此组成一、二、三线书库的馆藏布局。在这种布局模式中，一线书库是馆藏资源部的主体，因图书资料具有针对性强、现实性强和推荐性强的特点而利用率最高，借阅量占总借阅量的 50%—60%，实行全方位开架借阅管理；二线书库是读者借阅量较高区，主要收藏参考性强、利用率较高的文献资料，以供读者参考和检索，实行半开架借阅，通常借阅量占总借阅量的 20%—30%；三线书库主要存放各种函件的馆藏及内部备查资料，借阅量占不到总借阅量的 10%，一般实行闭架借阅。三线典藏制是依托分科开架借阅方式来实现的，它使读者可以在同一区域内按类查找所需图书，使读者与书之间尽量达到零距离，极大地方便了读者，提高了借阅率，降低了拒借率，满足了读者的借阅需求，同时也使馆员的工作强度有所减轻。一个具有一定历史的高校图书馆，其相当大的一部分文献逐渐老化、利用率低下，甚至无法利用，但为了达到规定的标准与要求，又不能及时剔旧，久而久之馆舍面积不足的矛盾越来越凸显。因此，将这批僵尸文献转入三线书库，既可最大限度地释放可利用空间，同时又可以大大提高馆藏效用，同时更能适应现代读者的阅读需求，保持图书馆一段时间内的相对稳定。

三线典藏制将能满足读者大部分需求的、相对少量的高利用率文献集中在一线、二线书库，使读者能用最少的时间，最少的精力，获得最大量的情报，有利于读者接近利用率高的藏书，有利于图书馆将最好的人员和设备安排在一线、二线书库，有利于最大限度地节约馆舍空间等。同样有利于解决图书馆有限馆藏信息资源与读者无限信息需求的矛盾，实现图书馆信息服务的目标。同时，三线典藏制建立在图书利用率低的基础上，对工作人员的业务素质相对要高。大量利用率低的藏书在密集排架的三线书库基本不需要另外增加人员就可以满足读者借阅需求，可以在一定程度上降低管理成本。

这一时期，虽然技术不足，但图书馆仍然致力于用户权利平等，为公众提供个性化的分群服务。例如，为残疾人提供无障碍环境、为少儿举办亲子活动等。1964 年，美国颁布了《图书馆服务与建设法案》，规定图书馆要为弱势群体提供特殊服务，包括监狱、医院、孤儿院等特殊人群和残疾人，1984 年又增加了印第安部落和土著居民，并规定图书馆有义务进行扫盲活动。

2. 用户需求的获取方式

传统图书馆用户到馆借阅，体现用户需求的数据大多是借阅数据。用户需求的调查方式比较单一，常规是采用读者调查法和图书馆统计法。

1）读者调查法

调查法是比较直接和普遍的一种研究方法，广泛应用于社会科学的各个领域。图书馆直接对读者采用调查方法，获取的数据有很高的可靠性和效度。读者调查法又分为访谈法和问卷法。访谈法是指直接和读者面对面或电话交流，获取读者的想法，这种方式非常直接有效，但资源有限，可能造成样本量有限，所以采访的对象必须很典型。问卷法是指向读者散发问卷并回收，这种方式随机性比较大，样本量也可以很大，但周期长，并且问卷的设计十分重要，会大大影响调查的结果。

2）图书馆统计法

图书馆统计法是数学方法在图书馆领域的应用，是带有图书馆学特征的数据统计和分析方法。通过图书馆统计，图书馆不仅获得了文献采购、流通、管理的诸多数据，也对用户的借阅行为等数据了如指掌，从而提出理论或构建模型，探究读者使用图书馆和图书馆自身发展的一般规律。例如，普赖斯曲线就是美国科技史学家普赖斯综合、分析了大量的统计资料，在坐标轴中描点而形成的，虽然有其局限性，但为研究文献增长的规律奠定了基础；文献半衰期是指该学科目前尚在利用的文献中较新的一半是多长时间内产生的，而这个尚在利用的文献就是去统计读者使用这些文献的情况。图书馆统计法对获取读者需求、指导图书馆资源和管理建设至关重要，是图书馆领域的专门性方法。

4.2.2　数字图书馆

1. 数字图书馆环境发展

1945 年 7 月，范内瓦 · 布什（Vannevar Bush）在《大西洋月刊》上发表了关于 Memex

信息机的构想，被公认为是对“数字图书馆”蓝图的最早描述。这一构想于 20 世纪 50—60 年代被马萨诸塞技术学院实现，他们将两万篇科学文献的缩微库与一个计算机目录检索系统相连，进行自动检索，被认为是数字图书馆的雏形。1965 年，美国学者利克莱德将全计算机化的图书馆命名为“未来的图书馆”（library of the future），利克莱德也因此被认为是数字图书馆的先驱。1978 年，图书馆学情报学家兰卡斯特发表“无纸实体图书馆”（paperless library）预言，将人们对未来数字图书馆的认识又推进了一大步，进入 20 世纪 80 年代，我们又看到了诸如“电子图书馆”“虚拟图书馆”“没有围墙的图书馆”等新名词。1988 年，美国国家科学基金会伍尔夫在其撰写的《国际合作白皮书》中，首次提到“数字图书馆”（digital library）。随后，“数字图书馆创始工程”“美国记忆”等数字图书馆建设项目开展得如火如荼。1994 年，中国接入互联网。2001 年，中国科学院文献情报中心实施了国家科学数字图书馆项目。

数字图书馆相对于实体图书馆有很大不同，它依托于计算机技术这个“经济基础”，为读者提供远程服务，也是这个时候，读者变成了真正意义上的用户。最初，数字化主要集中于图书馆的设备和管理。20 世纪 60 年代，联机编目和 MARC 逐渐发展。20 世纪 70 年代末，第一代图书馆自动化管理系统开始形成，它的功能主要是解决馆内印刷型资源的联机采购、编目或流通管理问题。随着科技的发展，功能单一的自动化系统无法满足图书馆的实际需求，第二代图书馆系统应运而生，实现对图书馆采购、流通、检索、服务等多种业务的集成化管理。20 世纪 70 年代，联机公共目录检索系统产生于公共图书馆，成为图书馆集成管理系统的重要组成部分。

随着网络技术的发展，电子文献激增，图书馆的馆藏结构发生了巨大的变革，原本面向纸质资源的图书馆自动化系统不再能容纳，为了管理这种复合型的资源，图书馆引入了电子资源管理系统、知识库系统等多种资源管理系统。读者足不出户，就可以在家里上网获取图书馆资源，便利、快捷，为了方便用户检索，图书馆开始了学科信息门户、发现系统等面向用户的搜索端口实践。文献传递和馆际互借、虚拟参考咨询、科技查新等服务也逐渐发展起来。

进入 21 世纪，数字技术经历了从 Web 1.0 到 Web 2.0 的迭代，互联网的交互方式也发生了从“人机交互”到“人人交互”的变革，博客、BBS（bulletin board system，网络论坛）、社区等新网络社群的形式对图书馆的建设也产生了很大影响，图书馆开设了自己的微博、微信及论坛，便于用户根据自己的兴趣参与讨论，形成黏性较强的用户集群，并及时、方便地接收图书馆的消息推送。

2. 数字图书馆用户需求的变化

1）数字化、在线化、网络化的信息获取

数字化文献获取的好处是跨越时空限制，便利、快捷、高效。用户不用到馆就可以在网上阅读自己需要的文献，本馆没有的还可以通过文献传递和馆际互借服务获取。正如《公共图书馆宣言》所言，“富有成效的参与和民主的发展有赖于良好的教育和对知识、思想、文化及信息的自由和不受限制的获取”。用户阅读的载体也发生了变化，由以印刷型文献为主，逐渐过渡到以电子文献为主，也有很多用户保留了纸质阅读的习惯。在线化的获取也为读者了解计算机技术和检索技术提供了机会。对于信息弱势群体，这也是一大好处，边远地区、乡村地区的读者可以通过网络从图书馆获取知识，而视觉障碍者不一定要阅读盲文文献，有声听书也是不错的选择。用户不再只要求图书馆开展线下服务，还要求图书馆重视线上资源的服务。

2）个性化、多样化的服务

传统图书馆模式下，读者一直在适应图书馆，图书馆编写读者手册以便读者知道该如何使用图书馆。数字图书馆的出现给了读者很多便利地提出自己意见的机会。例如，读者可以通过网络向图书馆员咨询问题，参与论坛讨论，向大家推荐图书或指正图书馆的某些做法。在这样的情况下，图书馆对用户的需求有了个性化的了解，个性化定制服务就有了基础。依托数字化平台，用户获取资源的障碍大大减小，对图书馆服务的多样性需求增强，如情感交流、阅读推荐、讲座、线上活动等。

3. 用户需求的获取方式

图书馆统计法和读者调查法仍然适用，网络技术为调查提供了更多便利，而统计的范围则更加广泛。传统的“到馆率”“借阅率”“流通人次”等指标不再完全适用，其中一些指标有了新的内涵。例如，数字图书馆时期，“点击率”也是一个十分重要的指标，而图书馆的使用频次除了实体馆的“到馆率”要计算外，图书馆网站的点击次数、浏览次数也要统计，并且计算机后台的数据并非人为统计，而是由计算机统计出来呈现给图书馆员。

4.2.3 智慧图书馆

1. 智慧图书馆的环境

2003年，艾拓拉首次提出了“智慧图书馆”，它是一种不受空间限制、可感知的移动图书馆服务。在后期的研究中，智慧图书馆的内涵不断丰富。

有的学者从功能上定义智慧图书馆。例如，王世伟认为智慧图书馆是智能图书馆发展的更高级阶段，应在互联层面上实现全面感知、立体互联和共享协同，在高效层面上实现节能低碳、灵敏便捷和整合集群，在便利层面上实现无线泛在、就近一体和个性互动，其三大特点是“互联”“高效”“便利”。初景利认为，智慧图书馆应该是通过人机交互的耦合方式致力于实现知识服务功能的高级图书馆形态。

有的学者从技术的角度定义智慧图书馆。例如，李玉海认为智慧图书馆以智能技术为基础，将管理、感知与计算有机结合，为用户提供文献信息资源和深加工的知识服务，并提供智能共享空间和特色文化空间。严栋认为，物联网技术是智慧图书馆的基石，智慧图书馆=图书馆+物联网+云计算+智慧化设备。

有的学者通过时空的角度定义智慧图书馆。例如，程焕文通过历史、管理、技术三个维度，指出智慧图书馆是图书馆的一个发展阶段、生长过程和生态体系。梁继峰等认为智慧图书馆信息生态环境是网络虚拟空间、社会实体空间、知识共享空间和智能感知空间交互一体的多维智慧空间，以智慧计算为核心的技术群对图书馆信息生态平衡的影响较大，信息传播“多中心”，信息链上的任意节点都可成为新的信息传播节点，信息传播速度根据其本身价值和用户需求量而定，相对于传统图书馆和数字图书馆，智慧图书馆传播速度更快，传播范围更广，信息利用率更高。

虽然业界对智慧图书馆的内涵和定义莫衷一是，但公认的是，智慧图书馆是目前图书馆发展的最高形式，它借助大数据、云计算和人工智能技术，为用户实现无人化、泛在化、精准化的服务。无人值守是智慧化的基本标准，智能设备和机器人将取代传统馆员琐碎的前台服务与业务工作，将人力资源解放到战略管理、系统维护、电子流通等更能创造价值的流程中去，让用户体验到与智慧化设备交互的乐趣，并养成习惯。泛在化服务是指借助物联网技术为用户提供无时不有、无处不在的服务。例如，通过人脸识别技术可以收集到用户的面部数据，通过室内导航技术可以获取用户的位置信息，通过借阅记录的数据分析可以获取用户的兴趣爱好，这些数据是实时动态的，而图书馆的数据管理中心也可以实时动态地挖掘用户的需求，随时随地向用户推送资源服务或智能消息。精准化服务是指进行一对一的推送，满足用户深度需求的个性化服务。图书馆借助智能算法和大数据分析完成用户画像的建立，匹配用户需要的图书资源，再主动推送给用户。也就是说，智慧图书馆实质上是一个真正的以用户为中心的自动化系统。在这个系统中，图书馆是智慧的，因为它可以通过传感器和智能分析技术每时每刻感知用户的需求，并向用户推送他们所需要的服务；用户也是智慧的，因为他们学习了智能设备的使用方法，可以自主地实现一些操作，而不用依赖他人，获得的知识可以满足自身深层次的需要，能便利地内化为结构化的知识储备，实现知识的积累与智慧思维的启迪。

2. 用户需求的变化

大数据、物联网、人工智能技术催生了用户需求的变化，重塑了图书馆的资源建设模式和用户服务模式。用户的需要从简单的双向服务向智能的多向服务转变，从浅层次的知识服务向深层次的知识服务转变，从延缓、静态的被动服务向即时、动态的主动服务转变。简单来说，用户服务的效能性需求急剧上升。另外，技术的飞速发展重塑了阅读的载体和方式，新媒体的崛起和碎片化阅读趋势明显，大数据等技术使图书馆对用户阅读需求的即时掌控力度加强，开放存取行为使数据商与图书馆合作纽带强化，图书馆的阅读新生态正在形成。由于用户的思维模式和行为方式改变，用户获取资料更为自主，传统的借阅等业务可以由用户与设备交互完成。数据商、书商、网商的数据资源十分庞大，率先应用大数据的电商领域借助对用户的了解获益匪浅，百度学术、七麦数据等网络资源蕴含着巨大的能量，已经建立起比较开放的文献集合，并提供统一的检索入口。图书馆不再是建立学科导航和学科信息门户的唯一主体，这意味着在开放共享的时代图书馆的传统优势荡然无存，对图书馆来说是一项巨大的挑战，图书馆调整自身的定位、塑造自身的价值优势成为当务之急。用户需求的多元化和个性化也十分突出，由于在网络上的选择变多，用户的自由发展得到了更大空间，个性化、精准化的需求增加。云环境下的开放环境可能会造成用户隐私的泄露，技术伦理尚待规范，对技术的过分热衷也可能导致图书馆忽视植根于图书馆生长骨髓的人文精神。

3. 用户需求的获取方式

智慧图书馆了解用户需求具有主动性，从用户数据的获取、分析到可视化都极具技术性。在用户数据收集阶段，图书馆主要依靠物联网技术和传感器技术。例如，人脸识别技术、室内导航技术、虹膜识别技术；在用户数据分析和用户行为分析阶段，图书馆主要借助智能算法，建立用户画像；在用户服务推送阶段，也是由系统根据用户画像的实时动态一对一智能推送资源。下面简单介绍几种大数据分析和构建用户画像中常用的技术与算法。人脸识别技术和室内定位技术是数据收集阶段的常用技术，而聚类分析算法和协同过滤算法是构建用户画像时的常用算法。

1）人脸识别技术

人脸识别技术是利用计算机收集用户的面部信息以辨别用户身份的一门技术。它的原理是通过计算机的人脸检测，锁定目标的面部特征点定位和特征提取，再与数据库中储存的人脸信息进行比对匹配，确认目标人脸的身份。目前人脸识别技术已经在图书馆的门禁管理、座位管理和借阅系统中有诸多应用。

2）室内定位技术

室内定位技术是物联网技术的重要组成部分，用以传递在实体图书馆室内的时空数据，包括 RFID、蓝牙、Beacon、UWB、地磁、Wi-Fi 等[①]。目前大部分室内定位技术的原理是利用传感器的信号确定位置。例如，地磁技术使用手机的感应器测量环境中的地磁信号，然后与标准的地磁场基准图比对来实现定位；蓝牙与 Wi-Fi 通过测量信号强度进行定位。定位技术的一大应用是路径规划和导航，往往与 GIS 技术或 VR 技术结合使用[②]，已在图书馆导航系统和漫游地图中取得许多成果。

3）聚类分析算法

聚类分析是一种无监督学习方法，是数据挖掘中进行数据处理的重要分析工具。它的原理是将数据集合拆解成 N 个相似元素组成的多个组或簇的过程，使相同组中元素的相似度最大化，不同组中元素相似度最小化，即组内同质、组间差异。典型的聚类算法有 K 均值算法、Canopy 算法、EM 聚类算法、层次聚类、模糊 K 均值、LDA 聚类等[③]。

4）协同过滤算法

协同过滤算法也称推荐算法，是精准服务运用的常见算法。原理是根据目标用户的行为特征，选取一个与目标用户兴趣相同、行为相似的群体，根据该群体的喜好给目标用户过滤信息，推荐感兴趣的内容。Mahout 完整封装了并行化的协同过滤算法，提供 API 便于业务人员根据场景调整和优化。

此外，还有 Python 编程方法、模式挖掘算法等许多收集数据和分析数据的技术方法，共同构成了图书馆的数据管理体系，在此不一一介绍。

---

① Beacon 表示信标，通信用语；UWB 为 ultra wide band 的缩写，表示超宽带。

② GIS 为 geographic information system 的缩写，表示地理信息系统；VR 为 virtual reality，虚拟现实。

③ EM 为 expectation-maximization，最大期望；LDA 为 Latent Dirichlet allocation，隐含狄利克雷分布。

4.2.4　图书馆用户需求的演化方向

1. 从实现显性需求到实现隐性需求

在信息爆炸的时代，用户对图书馆的需求已从以获取文献信息为主转变为以获取知识信息为主。用户以更少的时间、更快的方式，从图书馆拿到更有价值的信息资源，从微小化的知识单元到升华后的知识结论，进而演化为体系化的知识结构。在传统图书馆、数字图书馆，用户是需求的主动提出者，图书馆能够满足的多是显性需求，而深层次的隐性需求却不被挖掘和满足。智慧图书馆时代，用户对知识服务、知识共享的深度、范围、速度都提出了更高的要求，图书馆必须主动、精准、泛在、高效能地提供满足用户个性化需求的知识资源和嵌入式服务，不仅仅是文献资源，在文化交流和情感交流方面，图书馆也应多多努力，确保每个用户都能享受到平等的图书馆服务。图书馆还应当构建完整的图书馆生态链，展开多元合作，与科研机构、出版商、数据商、书商等社会各界建立充分衔接、充分沟通的合作关系，为泛在地提供用户服务建立保障。

2. 由技术保障服务的公平性和效能性

人工智能重塑了图书馆的资源组织方式和服务模式，也改变了用户的行为方式。由于现在其他科研机构和商业搜索引擎也能提供不少的资源，甚至能完成对用户的分析，一些人产生了疑问：用户还需要图书馆吗？传统图书馆时期，图书馆的服务被动，且效率低下，很多服务延伸不到社区和偏远地区。而在新型智能技术引入后，用户能够独立完成图书馆的常规利用，简单的业务将被设备取代。用户的数据能通过人脸识别、虹膜识别、iBeacon 等技术传递到云平台，并被储存，再经过大数据分析技术挖掘出用户兴趣点或其他需求，便能够精准推送图书馆资源或服务。整个过程只需用户下载一个 App 或关注公众号便可实现。可以说，在智慧图书馆时期，用户真正成为图书馆的中心，他们要求图书馆主动提供智慧化、智能化、泛在化的服务，对自己的学术研究、兴趣爱好、情绪管理等需求提供高效能、高便利和高智能的服务。在这样的趋势下，图书馆的集成化管理和一站式服务门户作为图书馆高效、便利的保障，就越来越重要。而对于信息弱势群体，技术性的保障使他们更加有机会享受到图书馆的服务。例如，牛津大学德莱图书馆将“利用数字化技术来分享馆藏资源”作为延伸服务的战略目标之一，实施“数字博德莱”项目，以将部分珍贵馆藏延伸至全世界的用户。

3. 对数据和情报的需求增强

培养用户的数据素养是大数据时代高校图书馆的基本任务，普通的用户在新时代对数据的认识意识强化，但数据利用水平参差不齐。新时代，几乎所有的服务创新都是数据驱动的。例如，胡小军介绍了一种以大数据分析挖掘用户兴趣点的读者服务模式；弓建华等对用户利用空间的数据做了统计，并以此作为空间建设的依据。智慧推荐、科研服务等无一不是基于用户数据分析展开的服务，深度学习等智能算法的引入也是为了更精确地分析和挖掘数据。用户走进图书馆，既是数据的形成主体，也是数据的利用主体，他们希望图书馆提供更多、更有价值的数据，以支撑自身的学习生涯或丰富精神生活。在此背景下，图书馆的情报功能越来越重要，图书馆借用智能手段预知用户的需求，主动为用户提供情报和数据以满足多元化的用户诉求，反过来，也培养用户对数据的认知能力和掌控能力，启发用户思维，实现智慧图书馆的应有之义。

4. 用户的个性化需求凸显

用户的知识结构与兴趣爱好呈现多元化特征。例如，高校图书馆的用户和公共图书馆的用户不尽相同，高校图书馆的用户知识水平高，对科研资源的需求大，不同知识领域的用户希望尽快获得自己专业前沿的知识资源，并与自己的研究方向准确契合，节约自己的时间。公共图书馆的用户对象广泛，有农民工、老人、儿童，强调张扬个性，要求图书馆资源的覆盖面要广、服务的精准度要高、启发用户思维的业务模式要新。图书馆领域也有大数据构建用户画像的诸多实例，依据协同过滤等算法计算出用户的兴趣模型，提供知识地图、资源推送等服务，这也为用户的个性化需求表达提供了更大的窗口，一些用户自己都不曾察觉的需求需要能够被图书馆感知挖掘。从前，图书馆推出的用户个性化定制多是在网站上让用户自己表达自己的需要，但如今，图书馆作为信息共享中心和服务中心，对满足用户多样化、个性化的需求应当有主动意识，并尽可能运用智慧推荐、大数据、云计算等技术改良仓储系统和服务平台，为用户提供个性化、精准化、智慧化的服务。

5. 智能技术与图书馆人文精神的矛盾交织

智能技术的引入让图书馆和数据商的服务越来越像，诸多与企业、数据商的合作以及成果的转化是移植还是同化犹未可知。在热闹的技术浪潮之下，什么是图书馆的立身之本呢？是图书馆的人文精神，以用户为中心的服务理念，用户至上的建设原则。但技术恰恰是挑战这些伦理的，如使用人脸识别技术采集用户生物数据就涉及对用户隐私的侵犯，甚至有一些人觉得，智能技术就是违背了图书馆的核心价值。机器人的伦理问题也很有争议，技术的负面效应，如信息茧房、过滤气泡、回音室效应等问题，全都浮出水面。面对技术引发的各种问题，我们始终要坚持以用户为中心，以技术解决技术问题，以技术保护用户隐私，以技术规制技术风险。用户需要图书馆给予用户更多的知情权，透明化自身的一些信息，同时，在法律、管理、服务等诸多领域规范技术的使用，并观测和监督图书馆的技术使用。

4.3　图书馆用户管理体系

4.3.1　资源与用户

1. 资源建设的对象和目标

图书馆的资源建设对象主要是馆藏文献，可分为实体馆藏和虚拟馆藏两个部分，还包括元数据、管理系统、用户数据等信息资源。资源建设的目标主要有以下几方面。

1）充分容纳用户的需要

谢拉在《图书馆学引论》中说："公众需要什么，图书馆就提供什么。"图书馆的资源建设也应围绕用户中心展开，从文献资源的收集、加工到流通、利用都应该考虑用户需要。获知用户需要什么样的文献，当然有赖于图书馆的调查和分析。图书馆的馆藏应尽可能多地满足用户需要，做到每个读者有其书，每本书有其读者。

2）建立自身特色资源

图书馆自身要有区别于其他图书馆或信息资源服务机构的优势，那就是建设特色馆藏。特色馆藏可以是某一时期的历史文献，如民国文献、夏商周文献；可以是地方志；也可以是某一学科的文献，如历史、哲学；也可以是面向某一用户群体的文献，如少儿文献、妇女读物；也可以是特种文献，如研究报告、标准文献等；也可以是特色资源数据库。

2. 资源建设的原则

1）覆盖面广

图书馆的用户很多，兴趣爱好、年龄层次不尽相同，图书馆需要尽可能多地收录各方面的资源。高校图书馆应收容各个学科的出版物，尤其是新书；公共图书馆应收录各个年龄层次的出版物，以供市民阅读。除了内容的覆盖面广，载体的覆盖面也应广泛，需要有纸质资料、电子期刊、视听文献、数据库、多媒体资料等诸多形式。

2）特色收藏

图书馆拥有自己的特色资源既是自身的资源优势，又可以培养一批忠实的读者。图书馆可以利用自身的特色资源，展开阅读推广，建设自身的图书馆品牌，实现经济效益和社会效益；也可以发挥保存价值，为相关读者的思考和研究提供资料。例如，密歇根大学图书馆与教师合作建设中国舞蹈资料库，既留存了宝贵的舞蹈资料，又促进了两国的跨界交流。

3）保证质量

图书馆收集的图书应是正版，而非盗版，且书籍的完整性和整洁性应保证。否则，读者会有不被尊重的感觉。保证质量不等于按图书馆员的标准选取好的图书，但图书馆的确会根据自身的经费、读者使用率、年限等情况去剔除图书。

3. 资源建设的内容

1）采访

图书馆采访又称文献采购、文献采选，是图书馆对出版物和其他资料进行采集的过程。图书馆采访可以以购买的方式获得资源，也可以以租赁、免费下载、开放存取等方式获得资源的使用权。图书馆的采访与读者息息相关，图书馆会参考读者荐购确定订购清单，如果某种资源的读者利用率低，图书馆也会考虑在馆藏决策中削减或剔除这种资源的成本。根据用户服务的中立原则，图书馆无权替用户做出选择，在采选时不应掺杂个人的道德要求和喜好兴趣。

2）编目

文献编目又称文献著录，是将文献的若干形式特征和内容特征加以描述和记录的过程。文献著录早已有成文的标准，最初，分类法在领域内占据主导地位，如我国古代的七分法、四分法，近现代的杜威十进分类法、中图法等。分类法符合馆员对学科的认知，却给用户造成了许多障碍，后来，面向用户的主题法诞生，如美国国会主题词表、汉表等，主题法可以对多个概念进行组配，符合用户的查找习惯。传统的文献描述语言是针对纸质书编目的，著名的有《国际标准书目著录》（*International Standard Bibliographic Description*，ISBD）、《英美编目条例》（*Anglo-American Cataloguing Rules*，AACR2）、《文献著录总则》（GB/T 3792.1—2009）及分则等。为了适应数字化技术的变革，20 世纪 60 年代图书馆出现了 MARC。随着网络资源不断地涌入图书馆，都柏林核心元素集（Dublin core element set，DC）出现了，它是一个致力于规范 Web 资源体系结构的国际性元数据解决方案，定义了一个所有 Web 资源都应遵循的通用的核心标准，其元素较少，可扩展性、灵活性、互操作性相比于 MARC 都得到了很大提升。随着语义网的深入发展，1998 年，国际图联又提出了书目记录的功能需求（functional requirements for bibliographic records，FRBR），应用“实体—关系”模型来构建概念框架，颠覆了以往的编目模式。

除了个体图书馆的编目，图书馆编目还有合作编目和在版编目的模式。合作编目又称共享编目，是指两个或多个图书馆机构合作完成的编目，由参与者共享编目成果，这种方式有利于群策群力，资源共享，互通有无，提高编目速度，缺点是有时会造成重复建设，在数字化技术兴起后，联机合作编目也成为合作编目的重要形式。在版编目是指图书馆在出版社出版图书的过程中进行编目，即一边出版、一边编目，好处是可以快速、及时地对文献进行加工和报道，避免各馆收到书后再进行单独编目所造成的重复性劳动与人力浪费。

3）文献组织与保护

文献组织是把加工、编目后的文献入库，予以排列，以便管理和流通。书库划分是文献组织的重要内容，大中型图书馆需要设立保存本书库、辅助书库、特藏书库、外文库、报刊库、地方文献库等。文献排架也是文献组织的重要组成部分，国内图书馆多用《中国图书馆图书分类法》分类排架，设立索书号。文献保护是对文献载体予以保护性措施的工作，多是针对古籍的珍本、善本、孤本，保护的措施可以是数字化加工，也可以是日常的修补、防潮、防光、防霉等。

4）系统保障

系统保障在一些图书馆中也归入了资源建设中心。这里的系统指的是图书馆所有的管理与服务系统，包括新一代图书馆服务平台、电子资源管理系统、机构知识库、用户管理系统、知识发现系统等。孙亚丽提出了图书馆要建设以用户为中心的学科服务平台，用户、馆员和资源之间通过智慧型的资源导航系统，筹建机构智库以实现联盟多角色的交流互动。

4.3.2　馆员与用户

馆员建设也称图书馆人力资源管理，即图书馆组织为了实现其战略目标而对其人力资源进行合理配置、更换、开发和使用的一系列管理过程。馆员是图书馆的重要资源，资源建设和面向用户的服务都是通过馆员来连接的，只有做好人力资源管理，图书馆才能实现可持续发展。

1. 馆员建设的对象

1）管理者

图书馆的管理者是图书馆内部具有经营管理权限的人才总称，包括正副馆长、办公室主任、部门主任等。管理者是图书馆工作的领导者，是图书馆战略的决策者，是馆员的领头羊。在新时代，管理者不仅是文献的保存者和开发者，更是图书馆交流的中间人，是图书馆各类资源的协调者，图书馆发展方向的领路人。只有具备开拓创新思维的管理者才能引领图书馆向智慧图书馆体系转型。

2）技术馆员

技术馆员是负责图书馆计算机、网络和信息技术的规划，开发新的系统和应用，对系统进行维护的人才。由于技术在图书馆进化中扮演着重要角色，技术馆员的作用举足轻重。他们综合图书馆的文献资源建立数据库，根据读者的需求建立检索机制和发现界面，通过网络与其他图书馆资源共享，互通有无，并执行在线化的工作流程。

3）资源馆员

资源馆员是从事图书馆资源建设相关业务的馆员，包括采访人员、编目人员、电子资源馆员等。采访人员和编目人员是文献资源建设的主要责任人，他们的目标是用最少的经费完善馆藏，最大程度地满足用户需求。他们调整馆藏的结构，确保馆藏的质量。随着电子资源管理持续推动图书馆的重大组织变革，电子资源馆员诞生了，该职位可以追溯到管理 CD-ROM 收藏的公共服务专家，但是到 2018 年，北美研究图书馆协会（Association of Research Libraries，ARL）和美国北部其他大型学术图书馆的大多数电子资源馆员都出现在技术服务部门。这些馆员负责电子资源的许可，与供应商的合同谈判，以及管理在线访问。

4）咨询馆员

咨询馆员又称参考咨询馆员，是与读者沟通，为读者提供咨询、导向、查新、定题、跟踪和培训服务的人才。他们不仅具备某个学科的专业背景，是学科专家，而且精通图书馆学、情报学的相关技能，是知识的导航者。随着数字化技术的发展，虚拟咨询馆员可以在线对用户展开人文关怀和情感交流。随着咨询机器人问世，许多图书馆也选择使用在线机器人或实体机器人替代简单的咨询功能。

5）流通馆员

流通馆员是直接面向用户的馆员，他们工作在一线，需要对图书馆的资源概况有相当充分的了解，也需要有比较高的沟通素养。流通馆员对用户的借阅、归还等行为进行指导，但在智能化时代，图书馆借助设备采用了自助借还等模式完成流通馆员的一些简单操作。此外，图书馆还有知识产权馆员、财务馆员等。

2. 馆员建设的内容

1）引进、招聘

馆员招聘主要由计划、招募、测评、选拔、录用、评估等一系列活动组成，图书馆可以按照平等就业，择优录取的原则从内部聘任或从社会招聘。少数时候，图书馆可以不拘一格进行人才引进，不走常规的招聘渠道，如引进海外归来的人才、从其他文化机构引入领导者等。

2）培训

馆员培训主要包括馆员的职业生涯规划、职业能力培养、技术宣讲、业务评价等，其形式多种多样，有讲座、竞赛、活动等。对馆员进行培训，可以更好地帮馆员提高职业能力，增加图书馆效益，并增加各个馆员和部门沟通交流的机会。

3）考核评价和激励

馆员的考核评价是管理者按照规章制度对馆员业务工作的评估活动，图书馆会设立明确的绩效标准，对表现突出的馆员进行物质和精神奖励，反之则给予惩罚。物质上主要是薪酬、职称、奖项等，精神上主要是赞扬或批评、荣誉称号等。馆员的激励十分重要，尤其是当馆员做得很好或处于进取状态的时候，图书馆要运用政策、考核强化馆员继续行动的动机，调动馆员工作的积极性，为图书馆创造更大的效益。

3. 馆员的职业素养

馆员是连接图书馆资源和用户服务的桥梁，必须具备以下四种基本素养。

1）用户观念

技术取代了图书馆员简单而琐碎的工作，图书馆员需要对自身的角色有正确的定位，也需要对业务的转型有所适应。技术只是一样工具，馆员应更为主动地关怀用户，与用户进行情感交流，思考如何创新服务以使用户更为便利。馆员还应当关注用户隐私泄露等问题，具备数据道德和文化内涵，秉持以用户为中心的理念，及时与用户沟通，确保用户的知情权。

2）专业知识

新时代的图书馆员不仅要全面掌握图书馆专业的知识、知识产权知识及语言文化知识，还要对新技术、新设备有最基本的概念掌握和原理理解，包括云计算、数据可视化、文本挖掘、用户画像、数字保存、人工智能（artificial intelligence，AI）技术、网络通信协议、标准、数据库设计等。技术人员或电子资源管理馆员则在技术能力上会有更高的要求，这些将会在招聘时作为筛选条件而提出。

3）创新思维

图书馆员应树立创新性思维，积极开发新技术，并从海量信息中发现契机，探索图书馆管理与服务的新模式，主动参与图书馆战略的规划与优化，为图书馆的可持续发展建言献策。

4）数据素养

图书馆员应掌握系统或服务平台的使用、利用图书馆设备展开数据分析、调试数据采集设备、算法改进、针对服务流程中的问题与用户沟通等技能，对大数据的掌控能力将是职业能力的核心，而这些都可以通过经验获得。从数据中发现情报、消除信息的熵值，将成为图书馆咨询工作的有机要素。

第 5 章

当代图书馆体系的重构

5.1 图书馆的存在形式与转化

5.1.1 图书馆的治理

通常认为，个体或组织管理共同事务的行为总和就是治理。在智能化社会背景下，在智能技术和社会多元治理理念的推动下，图书馆治理活动日益复杂，治理框架包含经济、政治、文化、法律、技术、制度等诸多要素。鉴于此，本章基于社会转型和智能化发展两个视角，从技术、场景与协同三条路径出发，探讨智能化社会背景下图书馆治理变革的路径。

1. 在社会发展进步和科技进步的背景下，强化图书馆治理的技术路径

科技进步和创新发展是推动产业转型升级的重要力量，它不仅能够促进社会分工的日益精细化，而且能够在推动社会发展的过程中积累社会变革的力量。因此，管理者不仅要强调科技创新的治理问题，还要从宏观层面出发关注科技嵌入的社会治理。通过分析国内外图书馆的发展实践可知，一方面，创新是推动图书馆发展的终极力量；另一方面，图书馆的发展是科技创新和服务创新共同推动的结果。随着科技创新成果和智能技术应用推动图书馆变革，原有的图书馆利益相关者产生了新的利益关系和矛盾冲突。因此，图书馆需要从智能技术促进用户发展的视角引入治理框架、确立治理范式、架构技术路径，遵循“技术—社会”的发展逻辑设计治理规则和治理机制，化解智能化社会图书馆面临的利益冲突，充分利用科技促进图书馆治理水平的提升，在图书馆治理过程中为智能化科技创新成果的有效运用营造良好条件。

2. 在制度演变和技术融合的背景下，明确图书馆治理的场景路径

目前，智能化信息技术的发展与应用已成为推动经济发展和社会转型的重要力量，甚至与作为适应性变量的制度一起成为决定经济社会发展的内生变量。如前文所述，在图书馆治理过程中要注重智能化信息技术的创新融合和有序应用，因此，要从制度演变和技术融合两个维度对图书馆治理体系、治理机制和治理模式做出科学设计。一方面，在图书馆治理过程中要深度融入智能化技术，即在图书馆治理的每一个环节、步骤和层面引入智能化技术，在严谨科学的数据采集和分析基础上，完成图书馆治理全过程场景的数字化重现，提高跨领域和跨层次的现场治理能力，增强数据信息双向流动的网络化运行能力，推动图书馆治理模式的创新和治理能力的提升；另一方面，智能化驱动的图书馆治理通过智能化技术的充分应用推动了组织的变革和重构，使图书馆治理和决策体现出去中心化、去差异化、去权威化的特征，消除了利益相关者之间的隔阂，打造出多维跨界的信任合作机制，进而影响、引导不同利益相关者的利益诉求，乃至塑造各类治理主体价值选择。

3. 在多元共治和系统共生的背景下，建构图书馆治理的协同路径

在智能化社会，社会发展和技术进步均强调开放性和多样性，社会系统主体的多元化趋势日益明显，合作共治已成为社会发展的要求，现代图书馆的发展和治理同样如此。图书馆要基于国情和自身特征，遵循图书馆发展逻辑和要求，以现代治理理论为基础，从实际情况出发，构建政府、社会、市场、图书馆和用户等多元合作、协同共赢的治理格局。一方面，要明确图书馆不同治理主体的责任、权利边界，充分利用智能化技术在不同治理主体和利益相关者之间建构多维、双向、分布式的“自组织”网络，以社会发展和技术进步的融合交互为驱动，激发图书馆多元治理主体参与协同创新的活力与共同治理的积极性，形成友好、合作、融洽的治理秩序，营造图书馆智慧治理的良好环境。另一方面，要突破传统图书馆治理思维的局限，充分引导，利用图书馆内外部的各种资源和力量，构建多位一体、多层共存的图书馆治理渠道，调整、优化和重塑图书馆治理结构，加强治理机制的协同融合，公平对待不同利益主体的不同诉求，形成多主体和谐共存、高度协同的“善治”局面。

5.1.2　图书馆的管理

当前的图书馆正从稳态机制过渡到动态机制，发展与创新能力决定了图书馆在未来环境中的生存能力和生存质量。因此，发展管理已成为现代图书馆管理的核心任务之一。图书馆应有意识地规划和组织发展战略管理，包括服务创新、技术创新和机制创新在内的创新管理，以及可持续创新能力管理。

在这样的革命性变化趋势面前，对于图书馆来说会有如下变化：一是发展的内容已经从提高和扩大传统的资源规模与服务能力，走向了深化服务内涵、建设新型服务能力、构造新型服务机制，从而在新的环境下满足新的要求。二是发展的方式将不主要依靠大规模资源投入，而必须依靠对服务内容、服务方式、服务机制的改造与创新。尽管图书馆还需要在基础能力方面继续完善，但是投入的增长力度及其效益力度都将逐步减弱，满足新的需求的能力跃迁将重新定义服务内涵、重构服务机制、重塑核心竞争力。三是发展的推进不再仅仅依靠单一机构的努力，而必须通过多层次和多类型的泛信息机构的合作联合，既要拓展信息服务机构之间对资源、技术、服务、人才等的共建共享，又要开拓与数据、出版、档案、网络服务、科研、教学等机构的交叉渗透、竞争合作。四是发展的过程越来越缺乏可直接借鉴的成熟知识和经验，必须依靠原创性、前瞻性、战略性的分析、探索和创新。

1. 建立规范的发展战略分析机制

发展战略管理是发展管理的起点，我们需要用系统的方法来梳理、分析和设计思路，提高发展战略对未来环境的适应度和创新力度。根据创新规划（innovation planning）理论，战略规划的出发点绝不应该是图书馆自己，而必须是它所服务的用户及其环境。通过对用户及其环境变化的分析，建立可能适应未来变化的新的服务范式，在此指导下形成发展目标与场景框架，再由此提出发展任务和实现效果。

2. 建立面向创新的发展战略规划机制

在建立发展战略规划时，需要利用规范的方法将分析引向创新。例如，德尔菲法、路线图、情景分析和 SWOT 分析①等许多方法都能帮助我们凝练思路，但我们更需要能打破固有思维、突出面向未来的创新方法。无论利用任何方式，发展战略规划的出发点是把握发展的脉络，尤其是有意识地挑战传统范式，有意识地通过范式演变理论来梳理对变化趋势和变化规律的认识，努力洞察即将来临的范式演变。例如，在建设中国科学院国家科学数字图书馆时，我们归纳整理了范式演变的三个阶段：基于资源、依附物理图书馆的数字图书馆，基于分布环境和集成服务、突破单一图书馆局限的数字图书馆，基于用户和用户过程、打破文献情报服务局限的数字图书馆。这种拷问范式演变的思想基础是承认不断的发展将激发新的需求，新的需求会要求新的能力，新的能力往往需要从新的角度和通过新的机制才能有效开发和利用；是承认必须将创新作为发展的基本动力和主要形式，用创新满足用户需求和信息环境变化需求，从而占据发展主动权；是承认要有意识地探索观念、服务、技术和机制的创新，要有意识地避免自我延伸、自我循环、自我完善、自我束缚，要有意识地争取比用户和竞争对手站得更高、想得更远、动得更快、做得更好。通过战略性思考不断凝练发展目标，通过前瞻性布局激发创新和引导变化，通过滚动性规划推动当前工作和可持续发展。

3. 建立可持续发展的战略管理机制

创新与发展是一个动态发展的过程，因此发展战略管理并不仅仅是简单完成某一次既定的发展规划，更重要的是形成内在的持续发展的战略管理机制。在国家科学数字图书馆建设中，力求通过以下三个方面来构建这种机制：①经常性趋势研究，包括定期举行专题趋势研究、每年组织前瞻课题研究、有意识经常举行国际前沿交流及其总结报告；也包括通过《图书情报工作动态》定期跟踪报道国内外重要研究机构、核心学（协）会、重要图书情报机构、重要相关机构（如网络信息服务、新闻出版、档案等）、重要相关领域（科研、教育、法律、网络、信息技术）等的重大动态和重要战略文件；准备建立年度观察制度，形成经常性战略研究。②经常性用户调研，包括系

① SWOT 中 S 表示 strengths，优势；W 表示 weaknesses，劣势；O 表示 opportunities，机会；T 表示 threats，威胁。

统化用户调研、定期（年度）需求分析报告、与日常服务和培训相结合的用户反馈机制等，将用户需求变化纳入经常性、制度性监测之中，将这种监测纳入发展战略管理之中。③年度战略研讨会，由各个方面和各个部门对本业务领域的发展趋势进行研究分析，并成为梳理变化趋势、凝练发展目标的一种基本平台。

5.1.3　图书馆与社会发展互动

当下，信息环境在变化，用户信息行为在变化，社会信息需求在变化，图书馆必须随之变化和适应。除信息环境外，图书馆还同时受到经济环境、教育科研环境等多种因素的影响和制约，图书馆的发展要与社会现实发展同步，才能更好地发挥其作用。

对图书馆名称的描述已从传统图书馆发展到虚拟图书馆、电子图书馆、数字图书馆、移动图书馆、泛在图书馆（ubiquitous library）等，其变化可见一斑，图书馆的业务和岗位在发生转变、颠覆、淘汰及扩展延伸。学术界和实务界对图书馆的未来走向并没有明确的答案和路径。图书馆的建设要重点关注的问题应包括：图书馆和图书馆员的新职能、图书馆用户、馆藏、长期保存、经费和责任、协作。在此背景下，需要树立新的理念，如图书馆的使命不是图书、信息，而是人；图书馆服务要以用户为中心，以用户需求为驱动；重组图书馆的业务、服务、资源、人员和预算；重新改造空间方便用户利用；创新合作等，这些推动着图书馆的转型。

随着社会网络及新兴技术的出现，图书馆的服务形式也受到越来越多的挑战。这些新技术在当前和未来学习与研究中的应用，都对图书馆的服务提出了新的要求。人们在学习和研究过程中，正越来越多地使用数字资源，并且越来越多地通过移动设施（笔记本电脑、手机、平板电脑等）来获取所需要的资源和服务，人们转向用各种网络技术和工具来发现、管理大量信息，而非图书馆传统的发现途径。这些信息行为使得图书馆传统服务功能日益减弱，服务模式受到极大挑战。因此，在新的信息环境中，需要重新定义图书馆的作用，重新构建图书馆与其服务对象之间的关系。用户服务内容、模式、对象和方法的多样性，是大数据时代图书馆用户服务的一个显著特征。泛在图书馆的概念提示我们，图书馆作为一种功能无时不在、无处不在，即用户在哪里，服务就在哪里。

图书馆是城市乡村文明的根基，是城市乡村的文化名片，是标志性场所，是每个人都熟悉并随时自由光顾的地方，一座图书馆体现一个地方的文化水准。例如，东莞图书馆在图书馆之城、总分馆服务体系建设、自助图书馆服务等方面领跑全国。它的魅力，它的阅读人次与数量，为城市的文明与发展奠定了基础，做出了知识与文明的贡献。

图书馆是社会的公器，体现社会的公平、公益，体现读者的文化与阅读权利，是一个平等包容的地方。在这里，每位居民是享受者，是主人，享受文化的服务，享受社会的和谐与梦想。在这里百姓可以参与管理，对发展建言献策，《中华人民共和国公共图书馆法》保证了百姓的权益。作为图书馆的从业人员，要创新服务方式，把服务根植于社会，专注百姓的阅读需求，满足百姓的文化需求，把这个公器的能量发挥到极致，在小康社会及社会发展中展示风采。

图书馆是社会发展的引擎。在社会组织体系中，图书馆作为其中的一个组成部分，担负着收藏、服务、传承文化的责任，与社会的文明与发展息息相关。为了奠定发展的基础，国家实施了公共文化服务共享工程、送书下乡工程、数字图书馆推广工程、公共文化服务体系示范区建设工程、网络平台建设、云服务建设、总分馆服务体系建设等，全国已形成遍布城乡的公共文化服务体系，百姓可便捷地获取信息，阅读需要的文献，遇到问题可向图书馆寻找答案，可到图书馆去交流，大家在阅读中进步，在求知中成长，在阅读中积累能量，为社会不断发展提供动力，贡献才能。

5.2　图书馆类型与划分标准的分析

5.2.1　划分图书馆类型的含义与意义

类就是许多相似或者相同事物的综合。分类就是把相关类似的事物归类在一起的行为。经过分类而产生的一组或者一类中的所有部分至少拥有共同的一种性质，而这种性质属于它们的特性，是其他类和组所不具备的。分类是简化思维的过程，是为了更好地认知、熟记和管理。正如杰文斯所说："一切思维，一切推理，就其涉及的通用名称或通用观念，可以说存在于分类之中。"分类的结果就是"类型"。"类型"是具有共同特征的事物所形成的种类。由于对图书资料等资源的收藏和利用的共同特征，在这类系统中便形成了图书馆这一类型。

图书馆是系统收集、整理、保存、传播和利用书刊资料，为一定社会的政治、经济和文化服务的科学、教育、文化机构。图书馆作为现代信息社会提供信息、知识服务的中心，在我国的精神文明建设和经济建设中都发挥着重要作用。国家为了满足社会的信息需要和阅读需要而组织各类图书馆从事文献收集、加工、存储和利用等活动，这些活动对社会发展产生了一定的影响，具有一定的规模。这些活动便构成了图书馆事业。一个国家的图书馆事业是一个体系化、结构化的整体，为了便于在全国或某一地区的范围内统筹规划图书馆事业的发展，便于掌握各种图书馆的特点和工作规律，就必须把我国图书馆划分为不同的类型。随着图书馆事业的不断发展，图书馆的类型也日趋多样化，这些图书馆的使命、研究内容、服务对象等都各有差异。因此研究图书馆的分类问题，已经成为图书馆学研究的重要方面。其意义在于以下几点。

（1）有助于清晰各图书馆的定位，把握图书馆的目标、使命、服务对象、业务活动等。各类型的图书馆有机组成了整个国家的图书馆系统，在其内部各个子系统都发挥着不同的社会职能。图书馆的社会职能取决于它本身的性质和特点，同时又通过它所承担的具体任务和业务活动来体现。因此，只有掌握图书馆的类型划分，才能为不同图书馆制定专属的方针政策、发展策略等，最大限度地发挥图书馆的功能。

（2）有助于全面安排和统筹规划图书馆事业的发展。图书馆事业中的每个子系统都有着自己独特的使命、性质、功能等，协调各类型图书馆的发展，可以形成为各部门提供科学依据、为国家提供决策、涵盖和满足社会信息需求的图书馆网。要使图书馆类型多样、系统更加健全，就必须深入研究图书馆的类型，掌握各类型图书馆的特点及发展规律。

（3）有助于建立不同的协作方式，构建各类型图书馆联盟。交流学习同一类型图书馆的办馆理念、服务方式等，相互开展经验交流，形成某类型图书馆的专有共同体，共同提高工作水平。这种协作方式，不仅可以促进各图书馆工作的开展，同时可以增强凝聚力，促进整个图书馆系统的稳固发展。

5.2.2 图书馆类型的划分标准

1. 图书馆类型划分的国际标准

要想对图书馆进行分类，首先必须清楚分类的依据标准是什么，即应该明确各图书馆不同因素，或者相同的、相近的因素。这些共同的、相近的因素就成为划分图书馆类型的标准。这些因素是从各图书馆的各个方面总结的，因此划分图书馆类型的标准并不唯一。为了避免因图书馆类型的划分标准不同而给图书馆界的学习交流造成困难，在联合国教科文组织的支持下，国际标准化组织（International Organization for Standardization，ISO）和国际图联制定图书馆统计的国际标准，从 1966 年开始，进行了一系列工作之后，于 1974 年，由国际标准化组织颁布了“ISO 2789—1974（E）国际图书馆统计标准”。在这个标准中，专门有“图书馆的分类”一章，将图书馆划分为：国家图书馆、高等院校图书馆、其他主要的非专门图书馆、学校图书馆、专门图书馆和公共图书馆六大类型，并对每种类型的图书馆都做了概念性的规定。

2. 我国图书馆类型划分标准

除国际标准之外，在我国，还有通常使用的划分图书馆类型的标准，即通用标准。具体如下。

1）按藏书成分划分

（1）综合性图书馆，包括各级公共图书馆、综合性大学图书馆、工会图书馆等。

（2）专业性图书馆，包括专业科学研究机构，专业院校图书馆及高等学校的系、科图书馆（室），专业厂矿技术图书馆（室）等。

（3）通俗图书馆，包括街道、乡村图书馆（室）等。此外还有报刊图书馆、古籍图书馆、视听图书馆等。

2）按用户群体划分

如有儿童图书馆、盲人图书馆、少数民族图书馆等。

3）按主要任务划分

如有科学图书馆、大众图书馆等。

4）按图书载体划分

如有传统图书馆、电子图书馆、复合图书馆、数字图书馆、移动图书馆、智慧图书馆、真人图书馆等。

5）按时间的维度划分

如包括古代图书馆、近代图书馆、现代图书馆、未来图书馆。

从上述划分类型可以看出，划分图书馆类型的标准多种多样。这些标准都从不同的角度揭示了图书馆类型，这就注定任何一个单一的标准无法全面系统地揭示各类型图书馆的性质及特点。因此必须将多个标准结合使用，这样才具有意义。

5.2.3 国家图书馆

1. 定义

国家图书馆是由一个国家的政府专门设立的图书馆，面向全国的中心图书馆。同其他图书馆相比较，国家图书馆的规模最大，藏书最丰富，人员条件、设备条件及各项工作都具有先进水平，既是国家总书库、国家书目中心、馆际互借中心、国际书刊交换中心，也是全国的书目和图书馆学研究的中心。国家图书馆是国家图书馆事业发展的首要推动者，是各类型图书馆的指导者，是全国图书馆在各项业务工作规划中起中心作用的图书馆，对全国图书馆事业的发展起着重要的作用。

各国的国家图书馆由于所处的历史时代、地理环境及社会制度的不同，在形式、规模及作用等各个方面都存在很大的差异。但有一点却是共同的，即它们都代表了本国图书馆事业的发展水平，体现了一个国家文化、教育事业的现状。

根据国际标准化组织颁布的 ISO 2789—1974（E）国际图书馆统计标准的规定，对国家图书馆的定义是：凡是按照法律或其他安排，负责收集和保管国内已经出版的所有重要出版物的副本，并且起贮藏图书馆的作用，不管其名称如何，都是国家图书馆。它们通常也执行某些功能：编制全国总目录；拥有并更新一个大型的有代表性的外国文献馆藏，包括有关该国的书籍，作为国家文献目录情报中心，编制联合目录，出版回溯性全国总书目。名字叫作“国家”图书馆，但其功能与上述定义不符者，不应列入“国家图书馆”类型之中。

2. 类型

国家图书馆有多种类型，目前世界上国家图书馆大致可以分为以下几种。

1）公共性的中央图书馆

这种类型的图书馆具有公共图书馆的性质，其服务对象是面向社会的，但在服务重点方面与一般公共图书馆又是不同的，是有所侧重的，如朝鲜民主主义人民共和国国立中央图书馆、英国不列颠图书馆、法国国家图书馆、澳大利亚国家图书馆、苏联国立列宁图书馆、北京图书馆等都属于这种类型的国家图书馆。

2）政府性的国会图书馆

这种类型的图书馆除了具有公共图书馆的性质外，为国会服务是它们的主要任务。属于这种类型的国家图书馆有美国国会图书馆、日本国立国会图书馆、瑞典国会图书馆等，它们特别设立了“研究和立法参考处”或“国会研究服务部”，专为国会服务。

3）大学图书馆兼作国家图书馆

在北欧一些国家，这种类型的国家图书馆比较多，如芬兰赫尔辛基大学图书馆、挪威奥斯陆大学图书馆等就都兼有着国家图书馆的任务。近年来，有些观点认为大学图书馆兼国家图书馆的做法削弱了国家图书馆在全国图书馆事业中的作用，因此，有些国家已在考虑另建国家图书馆。

4）科学院图书馆兼作国家图书馆

主要代表是罗马尼亚的国家图书馆。在 1955 年以前，罗马尼亚科学院图书馆就兼为国家图书馆。后来考虑到科学院图书馆的首要任务是为科学研究工作提供图书资料，所以在 1955 年,在布加勒斯特另建了一所大型综合性公共图书馆——国立中央图书馆来作为国家图书馆。但是，科学院图书馆仍是国家图书馆之一。

5）专业图书馆兼作国家图书馆

这类图书馆一般都拥有某一专业方面的丰富馆藏，成为该专业的国家藏书中心和图书资料检索中心，如美国的国家医学图书馆、国家农业图书馆就属于这种类型的图书馆。

6）档案馆兼作国家图书馆

这类图书馆在一些比较小的国家采用，如玻利维亚的国家图书馆和档案馆、柬埔寨的国家档案馆和图书馆、摩洛哥的国家图书馆和档案馆、巴拉圭的国家图书馆和档案馆等。

除了以上几种类型的国家图书馆以外，还有一些国家的国家图书馆不仅仅是一个单独的图书馆，而是由若干个大型图书馆组成的，如美国的国家图书馆除了国会图书馆以外，美国国家农业图书馆、国家医学图书馆也都是国家图书馆；苏联、罗马尼亚等国家的国家图书馆也有类似的情况。

3. 国家图书馆的职能

关于国家图书馆的职能，一直是国际图书馆界关注的问题，在国际上曾引起了多次的讨论。1970 年联合国教科文组织通过的《关于图书馆统计国际标准化的建议》中提出，国家图书馆是“负责收集和保存本国所有重要的出版物，并担负国家总书库职能的图书馆。正常情况下，国家图书馆还履行以下几项职能：出版国家书目；拥有一个丰富的外文馆藏（包括有关本国的外文图书）；作为国家书目情报中心，编制联合目录，出版回溯性国家书目”。1976 年 8 月，联合国教科文组织在瑞士洛桑召开了国家图书馆馆长会议，对国家图书馆在国家情报系统和国际情报系统中的作用问题，做了一项政策声明，认为“国家图书馆是图书馆事业的首要推动者，各类型图书馆的领导。国家图书馆应在全国图书馆工作的各项规划中起中心作用”。根据这项声明的精神，国家图书馆在国家情报系统中应起三个主要作用：提供必要的图书馆服务；领导国家情报系统中的图书馆成员；积极参加国家情报系统和制订全面发展规划。

目前，从世界上大多数国家的实际情况来看，国家图书馆的主要职能大体上可归纳为：完整、系统地收集本国主要出版物，使国家图书馆成为国家总书库；重点地采选外国出版物，使国家图书馆拥有丰富的外文馆藏；积极开展情报工作，为科学研究服务；编印回溯性书目和联合目录，使国家图书馆成为国家书目中心；组织图书馆现代化技术装备的研究、试验、应用、推广工作，使国家图书馆在图书馆现代化建设中起中心和枢纽作用；开展图书馆学研究，推动图书馆学研究的发展；代表本国图书馆界和读者利益，参加国际图书馆组织及各项外事交流活动。

2017 年 11 月 4 日，第十二届全国人大常委会第三十次会议表决通过了《中华人民共和国公共图书馆法》，并于 2018 年 1 月 1 日起正式施行。该法（第二十二条）明确了我国国家图书馆的主要职能及功能界定，具体为：①承担国家文献信息战略保存职能。国家图书馆有责任全面收集和保存国内外文献，这一职能是大多数国家图书馆的基本职能之一。②承担国家书目和联合目录编制职能。控制国家书目，减少编目重复劳动，共享编目结果、降低编目成本。③为国家立法和决策服务的职能。④组织全国古籍保护的职能。进行全国古籍普查登记工作，负责全国古籍保护培训工作，推动全国古籍保护研究工作。⑤开展图书馆发展研究和国际交流。推动全国图书馆事业发展，培养与造就人才，在国际交流中提升核心优势和竞争力，凸显图书馆在社会中的地位和价值。⑥为其他图书馆提供业务指导和技术支持的职能。

5.2.4 公共图书馆

1. 公共图书馆定义

公共图书馆的英文名称是 public library，因此，曾被译为民众图书馆、大众图书馆等。无论从其本身的性质、类型的特点、目的和任务，还是影响范围的广度而言，公共图书馆与其他类型的图书馆都有很大的不同。

关于公共图书馆的定义，目前世界上许多国家的理解是不一致的。国际标准化组织颁布的 ISO 2789—1974（E）《国际图书馆统计标准》中定义公共图书馆是指那些免费或只收少许费用为一个团体或区域的公众服务的图书馆，它们可以为一般群众服务或为专门类别的用户如儿童、工人等服务，它全部或大部分接受政府资助。

国际图联、联合国教科文组织将公共图书馆定义为是由社区，如地方、地区或国家政府，或者一些其他社区组织支持和资助的机构，通过提供一系列资源和服务来满足人们对知识、信息和形象思维作品的需求，社区的所有成员都有享受其服务的权利，不受种族、国籍、年龄、性别、宗教信仰、语言、能力、经济、就业状况和教育程度的限制。

在我国，公共图书馆是面向社会公众开放的图书馆，由国家和群众举办，为广大人民群众服务，是按行政区划建立的。它受政府各级文化部门领导。国家图书馆，省区市图书馆，地（市）、州、盟、行政区图书馆，县、市图书馆，乡镇图书馆，街道图书馆（室），儿童图书馆，农村基层图书馆（室），都属于公共性质的图书馆。

世界其他一些国家的公共图书馆概念与我国有所不同。在美国、加拿大等国家，公共图书馆主要是指“城市图书馆”，包括市及市以下的社区、乡镇图书馆。这些图书馆一般是根据州或城市的有关法令而设置的，它们基本上属于市政府的一个部门，由市政当局批准任命的地方图书馆理事会负责管理，其经费主要来源于地方政府的税收。这些国家的州或省立图书馆带有政府立法图书馆的性质，其主要任务是为州或省政府提供有效的专门情报服务，同时负责协调全州或全省的图书馆情报活动。在为公众服务方面，州或省图书馆统筹只是起着“图书馆的图书馆”的作用，负责补充地方和地区图书馆的服务和资源。因此，这些国家的州或省图书馆一般不包含在公共图书馆的概念之内。

在苏联，公共图书馆除包含国家图书馆，州立图书馆，城市、农村图书馆，儿童图书馆以外，各加盟共和国的综合性国立图书馆也属于公共图书馆的范围。另外，苏联还有一些全国性的大型公共图书馆，如国立萨尔蒂柯夫-谢德林公共图书馆、国立外文图书馆。

总之，目前世界上关于公共图书馆的范围与内容的划分情况比较复杂，因此我们在学习与研究这方面的内容时，应根据公共图书馆的定义和各个国家的具体情况进行具体的分析，不能简单地一概而论。

2. 公共图书馆宗旨

关于公共图书馆的宗旨，不同的国家有不同的规定。在新加坡，公共图书馆的服务宗旨是：通过提供服务和学习机会的全国图书馆与信息资源中心网络来支持新加坡的进步，不断拓展国民的学习能力。

在南非，很多人没有适当的居住空间，也没有方便学习的电力设施，公共图书馆最先考虑的是提供基础设施，提供照明、桌椅等。

在我国，《中华人民共和国公共图书馆法》在总则中明确指出，公共图书馆应当坚持社会主义先进文化前进方向，坚持以人民为中心，坚持以社会主义核心价值观为引领，传承发展中华优秀传统文化，继承革命文化，发展社会主义先进文化。

《公共图书馆服务发展指南》中指出公共图书馆的宗旨是通过提供各种形式的资源与服务来满足个人和团体在教育、信息和个人发展，包括娱乐和休闲等方面的需求。它们向个人提供获得广泛多样的知识、思想和见解的途径，为民主社会的发展和维护起着重要的作用。

3. 公共图书馆特点

公共图书馆遍及全世界，存在于不同的社会和不同的文化中，并且处于不同的发展阶段。尽管各自的条件不同导致图书馆服务与服务方式有差异，但是它们仍有很多共同的特点，这些特点可以归纳如下：由国家中央或地方政府管理，以公共财政拨款的方式建设和维持运行；为广大群众所使用，面向整个社会，对用户群体极具包容性、广泛性和多样性；提供平等免费的服务，社会成员享有的服务不受国籍、种族等约束；建设和运营必须有法律依据。

4. 公共图书馆职能

公共图书馆担负着为科学研究服务和为大众服务这两大任务，在促进国家政治、经济、科学、文化、教育事业的发展，提高全民族科学文化水平方面发挥着极为重要的作用。国际图联 1975 年将公共图书馆的社会职能概括为四条：保存人类文化遗产、开展社会教育、传递科学信息、开发智力资源。

公共图书馆的职能可概括如下。

（1）国家版本和地方文献的收藏中心。各级公共图书馆都担负着收集和保存国家重要出版物副本，尤其是地方文献的任务，成为地方文献的重要收藏中心。

（2）书目中心。负责编辑和出版各种藏书目录与索引为广大读者提供书目服务。

（3）图书借阅中心。开展流通借阅和馆际互借业务。

（4）情报中心。积极开展情报工作，为科学研究和生产服务。

（5）文化教育、娱乐中心。通过各种方式，为读者提供文化教育、自学、娱乐活动所需的图书资料和场所。

（6）业务辅导中心。大型公共图书馆对本地区各类型图书馆（室）承担业务辅导职责。

（7）协作、协调中心。大型公共图书馆应成为本地区各类型图书馆之间，本地区与其他地区图书馆之间，在图书资源、图书馆服务方面的协作与协调中心。

（8）阅读推广。阅读推广是指“为培养读者阅读习惯、激发阅读兴趣、提升阅读水平，促进全民阅读所开展的有关活动和工作”，阅读的能力是一个人积极融入社会，成为社会一员的先决条件，公共图书馆必须支持那些使人们能够充分利用现代技术的活动，不仅如此，公共图书馆以其广泛的服务对象和固有的服务机制有责任和能力承担提高全民阅读意识的重任。

5. 公共图书馆目标

1）各国对公共图书馆目标的界定

世界上最早的现代意义上的公共图书馆出现于 19 世纪中叶的英国和美国。鉴于一百多年来世界公共图书馆界取得的令人瞩目的成就，人们也许会认为，早期公共图书馆的创立者对于他们要实现的目标一定有着明确的认识。事实并非如此。对于他们倡导的史无前例的事业，公共图书馆的先驱们的认识常常是模糊的，有时甚至是自相矛盾的。例如，1849 年，爱德华兹曾这样定义公共图书馆：“公共图书馆是从公共经费中获得全部或部分资助的图书馆，我认为公共图书馆还应该是在一定程度上向公众开放的图书馆。”1850 年的英国公共图书馆法也含有许多这样模糊的表述。

继 1850 年的公共图书馆法颁布之后，英国 1919 年的公共图书馆法、1964 年的公共图书馆与博物馆法，以及这期间及以后出现的政府或图书馆协会的报告，20 世纪 20 年代的《凯尼恩报告》（Kenyon report）、20 世纪 40 年代《麦克考文报告》（McColvin report）、20 世纪 50 年代的《罗伯茨委员会报告》（Roberts Committee report）、20 世纪 90 年代的《科米迪亚报告》（Comedia report），都对公共图书馆的目标进行了重新定义。其中，1964 年的公共图书馆与博物馆法规定，公共图书馆的目标是“向需要图书馆服务的所有人提供全面、高效的图书馆服务，并为此聘任合适的工作人员来提供和维护合适的建筑、设备、图书与其他资料，开展合适的活动”。配合后来颁布的各种标准，1964 年的公共图书馆与博物馆法在今天依然是英国公共图书馆提供服务的基本依据。

2）我国公共图书馆的目标

我国文化部曾先后在 1978 年 11 月颁布的《省、市、自治区图书馆工作条例》（试行草案）和 1982 年颁布的《省（自治区、市）图书馆工作条例》中，以图书馆的任务的形式规定了我国公共图书馆的目标。1982 年的《省（自治区、市）图书馆工作条例》规定，我国省级公共图书馆担负的基本任务包括：宣传马列主义、毛泽东思想，宣传党和政府的政策、法令，向人民群众进行共产主义和爱国主义教育；为本地区的经济建设和科学研究提供书刊资料；传播科学文化知识，提高广大群众的科学文化水平；收集、整理与保存文化典籍和地方文献；开展图书馆学理论和技术方法的研究，对市（地）、县（区）图书馆进行业务辅导；在省（自治区、市）政府有关部门的领导下，推动本地区各系统图书馆间的协作和协调。

为了加强对公共图书馆管理，推进公共图书馆事业的发展，较好地保障人民群众的公共读书阅览权利而制定了《中华人民共和国公共图书馆法》。该法中所指公共图书馆是指向社会公众免费开放，收集、整理、保存文献信息并提供查询、借阅及相关服务，开展社会教育的公共文化设施。故此，公共图书馆的目标概括如下。

（1）收集、保存、传播与创造人类文明。人类作为地球上唯一具有自己历史和精神记忆的生命群体，需要通过一定的载体来记录人类生存发展的每一个阶梯，以传播、创造人类的文明成果，使之能世代沿袭，推动人类社会不断迈向新的更高的阶梯。不管未来图书馆发展形态以及其保存人类文明的载体如何变化，收集、保存、传播、创造文化的功能性目标都应该是我们设计实施图书馆制度的基本价值取向。

（2）支持教育。公共图书馆既支持各级正规教育（包括小学、中学、专科和大学教育），也支持个人和自学等非正规教育，这是公共图书馆的核心宗旨。学习是一项终身的活动，不同的人在不同的阶段都需要新技术、新知识，公共图书馆以不同载体的资料（印刷型或其他形式）、空间和服务等方式支持人们正规的与非正规的学习，在协助教育过程中起着重要的作用。

（3）满足用户各种知识和信息需求。公共图书馆是地区的信息中心，在收集和提供地方信息方面有着特殊的职责。在各种信息充斥的时代，公共图书馆作为向所有人开放的服务机构，有责任和义务提供获取大量信息资源的途径，满足社会成员或组织在从事职业活动、日常生活、兴趣爱好时产生的对各类知识和信息及相关服务的需求。

（4）提供个人创造力发展的机会。拥有发展个人创造力和追求新的兴趣爱好的机会对人类的发展非常重要，为了达到这一目的，人们需要获取知识和形象思维作品。公共图书馆能够以不同的载体形式提供丰富多彩的知识和创作成果。公共图书馆可以直接参与提供信息给社会大众，为人们的日常生活和社会与经济的发展做出重要贡献，如开展基本生活技能知识教育、成人基础教育以及预防艾滋病等活动。

（5）满足本社区/地区公众的文化需求。公共图书馆是提供社区/地区文化艺术发展的中心，能反映出本社区/地区所代表的不同文化，能提供使用本社区/地区语言的馆藏资料，支持当地的文化传统，帮助形成和支持社区/地区的文化特色。

6. 公共图书馆的立法

公共图书馆必须有法可依，以确保它的延续性以及在政府机构中的地位。公共图书馆法有多种形式，一些国家或地区有特定的公共图书馆法，而在另一些国家或地区，公共图书馆法内容较广泛、涉及不同类型图书馆。公共图书馆法的条款也不一样，有些只简单地涉及公共图书馆的创建，其服务标准由直接负责图书馆工作的统计政府制定，有些则比较详细，包括对服务内容的要求和标准等。

墨西哥和委内瑞拉有特定的公共图书馆法，而哥伦比亚和巴西的信息服务法规则包括了公共图书馆服务。

《芬兰图书馆法案》（1998 年）规定公共图书馆无论是独立运作，还是与其他公共图书馆合作，都必须由市政府负责。公共图书馆必须与其他类型的图书馆合作，市政府还必须对图书信息服务作出评估。

我国《中华人民共和国公共图书馆法》由第十二届全国人民代表大会常务委员会第三十次会议于 2017 年 11 月 4 日通过，自 2018 年 1 月 1 日起施行，在 2018 年 10 月 26 日对其进行了修改。该法第五条指出："国务院文化主管部门负责全国公共图书馆的管理工作。国务院其他有关部门在各自职责范围内负责与公共图书馆管理有关的工作。"第四十七条指出："国务院文化主管部门和省、自治区、直辖市人民政府文化主管部门应当制定公共图书馆服务规范，对公共图书馆的服务质量和水平进行考核。考核应当吸收社会公众参与。考核结果应当向社会公布，并作为对公共图书馆给予补贴或者奖励等的依据。"

7. 公共图书馆服务内容

公共图书馆在馆内和社区里提供各种服务来满足用户的需求。公共图书馆必须按照平等、开发、共享的要求向社会公众提供以下服务：图书和其他媒体资料的查询、浏览和外借；利用印刷和电子载体提供信息服务；读者辅导服务，包括预约服务；社区/地区信息服务；用户教育服务；制订规划，开展活动；阅览室、自习室等公共空间设施场地开放；公益性讲座、阅读推广、培训、展览；国家规定的其他免费服务项目。

以上并非固定完整的服务内容，仅指公共图书馆的一些基本服务项目。服务的深度和广度应当根据各图书馆及所在地区的大小而定。服务形式也不局限于馆内服务，应当加强数字资源建设，建立线上线下相结合的文献信息共享平台，通过流动服务设施、自助服务设施等为社会公众提供优质服务。

5.2.5　高等学校图书馆

1. 定义

苏霍姆林斯基说："一个学校可以什么都没有，但只要有一个图书馆，就可以称之为学校。"高等学校图书馆是图书馆事业的又一重要类型。高等学校图书馆是为教学和科研服务的重要机构，是高等学校的文献情报中心，与教学和科研关系极为密切。《国际图书馆统计标准》将高等院校图书馆定义为：主要服务于大学和其他第三级教学单位的学生和教师的图书馆。它们也可能向公众开放。

由于高等学校有综合性大学、多科性文科或理工科大学、专科性大学之分，根据高校性质，可以将高等学校图书馆分为综合性、专科性、文科、理科各种类型；依据馆藏文献范围，可以将高等学校图书馆分为综合性图书馆和专业性的图书馆。

由于学科背景各有不同，各个学校的图书馆也就有各种差异。世界其他一些国家，如美国的高等学校图书馆还有大学图书馆与学院图书馆，或研究图书馆与大学本科图书馆之分。大学图书馆或研究图书馆主要为教师和研究生服务，学院图书馆或大学本科图书馆则主要为大学本科生服务。然而就其本质来说，都是相同的，都是为高校进行教学和科研服务的学术性机构。世界上一流的大学都具有馆藏丰富、设备先进和服务完善的一流图书馆。高校图书馆建设和发展与学校的建设和发展相适应，因此其水平也成为学校总体水平的重要标志。

2. 性质

首先，高等学校图书馆是为教学和科学研究服务的学术性机构，它的工作是教学和科学研究的前期劳动，是整个教学与科学研究活动不可分割的组成部分。为教学和科学研究服务，是高等学校图书馆基本的特征，也是高等学校图书馆存在的价值所在，是它的全部工作的出发点和归宿，并贯穿于它的全部工作的各环节。

其次，高等学校图书馆的服务是一种专业性、学术性很强的服务。高等学校图书馆所开展的工作，如分类、编目、参考咨询、情报分析等，本身就带有学术性，从服务内容、服务手段到服务方法，无不反映它的学术性质。

由此可见，高等学校图书馆既不是一个独立的教学机构或学术研究机构，也不是一个行政机构成的单纯事务性的服务机构；既不是一个以收藏为主的藏书楼，也不只是一个以普及为主的文化馆，而是为教学和科学研究服务的学术性机构。这种提法比较全面、准确地概括了高等学校图书馆的性质。

还应当明确的是，高等学校图书馆的服务性和学术性是互相渗透、互相统一、紧密联系、不可分割的；二者不是互相平行，更不是互相对立的。明确高等学校图书馆的学术性，不是削弱它的服务性，恰恰相反，是要使服务工作达到一个新的水平。为教学和科学研究服务的学术性机构这句话，是一个统一的整体，反映了二者的紧密结合，而不能割裂它。

3. 高等学校图书馆的职能

1）支持学生教育

（1）思想道德教育。我国的高等学校图书馆是宣传马列主义、毛泽东思想，建设社会主义精神文明的阵地，在培养共产主义思想品德方面，有着不可低估的作用。

（2）专业教育。高等学校图书馆是教师备课的后盾和学生学习的第二课堂。它以丰富的馆藏文献、可借阅的纸质书籍、可利用的电子资源信息等，鼓励学生在图书馆中学习和收集信息，利用图书馆的空间优势进行学习和阅读。

（3）信息素养教育。信息素养教育是高等教育人才培养的重要环节。高校图书馆通过开展形式多样的信息服务和信息素养教育活动、建设信息素养教育空间、构建完善的信息素养培育体系等，为学生提供全面、科学、有效的信息服务，培养学生创新能力和自主获取知识能力，发挥高校图书馆的育人作用。

2）支持科学研究

科研活动是高校为社会培养高质量人才以及提供高水平服务的有效途径，这有赖于高等学校图书馆高质量的文献资料信息工作。现代高等教育要求图书馆从被动的低水平服务发展为主动的高水平服务，要求图书馆丰富和完善原生资料，优化服务质量，从而营造科研环境，提高学校整体的科研水平。

3）承担校园文化建设

（1）高校图书馆作为学校的文献资源中心，可以培养全员阅读的学校氛围，提升学生阅读兴趣，转变学生的思想观念，培养学生阅读习惯，从而大力弘扬阅读精神，营造书香氛围。

（2）高等学校图书馆丰富的文化资源、优质的文化平台、多彩的文化活动等使得其成为传承和弘扬中华优秀传统文化的天然阵地，成为校园文化和社会文化建设的重要组成部分。

4. 服务对象及服务内容

高等学校图书馆的读者对象比较单一，主要是校内成员，包括学生、教师、研究人员、管理人员等。教师读者一般比较固定，学生则流动性比较大，主要表现为低年级向高年级流动，高年级学生离校和新生入学的不断更替。

高等学校的基本任务是根据国家的教育方针，努力培养各种为社会所需要的专门人才。据此，高校图书馆的主要服务内容如下。

（1）根据学校的性质和任务，采集各种形式书刊资料，用科学的方法进行分编与保管。

（2）根据教学、科研和课外阅读的需要，积极主动地开展流通阅览和读者辅导工作。

（3）配合学校教学、科研的需要，积极开展文献查阅方法、图书馆利用知识的教育和辅导工作。

（4）积极开展情报服务工作。

（5）统筹、协调全校的图书资料采集、整理、保存、编目和图书资源的合理调配与共享工作。

（6）进行图书馆学、目录学和情报学理论、技术方法及现代化手段的应用研究与推广工作。

5. 当代高校图书馆的服务

随着网络化技术的发展与革新，高校图书馆的服务模式和内容发生了巨大的改变，新世纪高校图书馆的服务内容具体可概括如下。

1）参考咨询服务

高校图书馆的参考咨询服务工作是图书馆发挥情报职能、开发文献资源、提高人们对各类文献使用频率的基本手段。大数据时代，高校图书馆的参考咨询服务工作已经由以馆员的专业技能和业务水平为基础的传统被动服务逐渐转向更专业、更能满足用户需求的现代主动参考咨询服务，服务内容也不再局限于对馆藏文献、读者权益等的简单咨询，而是更全面深刻地挖掘和整合数据信息，发现知识价值和规律，为读者提供更有价值的信息，从而提高高校图书馆的信息服务水平。

2）知识产品服务

高校图书馆的服务除了传统的借阅和参考咨询外，还包括系统、有序的网络服务。

服务内容也不再局限于对传统文献信息的收集、加工、整理、存储与传递等，而是根据用户需要，将隐性和显性知识资源提炼出来，通过信息提取、重组、创新、集成等形成知识产品服务。相比传统的信息服务，知识服务更能满足用户的个性化需求，即根据用户需求个性化分析用户的信息需求偏好，为用户提供量身定做的知识产品，同时为用户提供知识产品的质量评价等。

3）阅读推广服务

高校图书馆是高校的心脏，是文化与文明传承的场所，是培养高素质人才的基地。高校图书馆凭借丰富的馆藏资源、友好的实体渠道（场馆布置等）、健全的数字化阅读机制（数字图书馆等）、完善的人际互动（师生交流）等得天独厚的优势，已经成为阅读推广的主要力量，成为引领书香校园的风向标。

5.2.6 科学和专业图书馆

1. 定义

科学和专业图书馆属于专门图书馆。《国际图书馆统计标准》中对专门图书馆定义是指那些由协会、政府部门、议会、研究机构（大学研究所除外）、学术性学会、专业性协会、博物馆、商业公司、工业、企业、商会等其他有组织的集团所支持的图书馆。它们收藏的大部分是有关某一特殊领域或课题的内容，如自然科学、社会科学、农业、化学、医学、经济学、工程、法律、历史等。

科学与专业图书馆的类型很多，有综合性的，也有专科性的。在我国，科学与专业图书馆主要包括中国科学院系统图书馆、中国社会科学院系统图书馆、中国农业科学院系统图书馆、中国医学科学院系统图书馆、中国地质科学院系统图书馆、中医研究院系统图书馆、政府部门所属研究院（所）图书馆、大型厂矿企业的技术图书馆，以及其他专业性图书馆。

2. 科学和专业图书馆特点

1）文献信息一体化

文献与信息本来都共存于图书馆之中，二者存在着密切的内在联系。图书馆是收藏、管理和传播书刊文献资料的知识宝库，科技信息单位是提取、研究和加工书刊文献资料所含信息的服务中心。二者都是以文献信息为工作对象，都是采用从收集到利用的技术方法，都服务于同一的对象、读者或用户，都是为了达到继承人类知识成果这个共同的目的。尽管图书馆工作与科技信息工作在为科学研究服务的广度、深度、方式和手段等方面还存在着某些差异，但是它们在工作内容和工作方法上具有相似的程序，即重视科技文献信息的收集、加工、分析、报道、检索和提供。

2）服务方式多样化

科学与专业图书馆的服务方式早已突破单一的借阅形式，重点在于各种信息服务项目，如开展文献信息定题跟踪报道，受理大宗的专题回溯检索，科技查新，竞争情报服务，编制各种推荐性和参考性的书目索引等。

3）藏书专业性

科学和专业图书馆拥有丰富的文献馆藏，它们大都能反映出学科的专业性，具有专业性强、文献种类多、系统性与连续性强的特点，而且注重外文期刊的订购，所以国外文献占有较大的比重，凡与本单位科研方向和任务有关的文献信息资料均力求系统地收集，本门科学的相关学科的文献信息资料也根据需要予以收集。

4）图书馆人员的信息素养高

首先，科学和专业图书馆的馆藏资源都是最新科学著作，外文文献占比较大，因此要求图书馆员具有较高的外语水平和文献信息知识水平，才能浏览、检索、分析和利用外文信息；其次，科学和专业图书馆的服务对象是专业技术人员，因此图书馆员一般都从事过专业技术工作，具有较丰富的专业知识和文化素养。

3. 科学和专业图书馆任务

科学和专业图书馆工作是科学研究的一个组成部分，是科学研究工作的耳目、尖兵和参谋。科学和专业各系统的中心图书馆所担负的主要任务如下。

（1）紧密结合本系统、本单位的科研方向与任务，收集、整理、保管和提供国内外科学文献，为科学研究和生产技术服务。

（2）参加国内外专业学科交流活动，调研国内外科学技术的发展情况和趋势，了解国内外学科发展水平，收集国内外科学情报，进行分析研究，为制定科研政策、规划、计划和科学研究工作服务。

（3）组织本系统科学情报交流，协调本系统图书情报刊物的编译出版，宣传报道国内外的最新科学理论和技术。

（4）对本系统所属图书馆和情报单位进行业务指导，做好本系统的图书情报协调、经验交流和干部培训等工作。

（5）组织本系统图书情报人员开展图书情报理论、方法和现代化手段的研究，参加国内外有关学术活动。

5.3　信息用户需求

5.3.1　信息用户及信息需求结构

1. 当代信息用户的概念与特征分析

与其他社会化服务相比，信息服务是一项更具社会性的服务。在现代社会中，无论是工农业生产与经营活动、科学研究与开发活动、商业流通活动、文化艺术活动、军事活动等领域的职业工作，还是社会管理与服务工作，都离不开信息的发布、传递、收集、处理与利用，都需要有相应的信息服务为其提供保障。从信息的功能与作用上来看，信息的客观存在状态、形式及信息与社会组织和成员的关联作用，决定了信息服务的内容与形式。

信息服务是以信息为内容的服务业务，其服务对象是对服务具有客观需求的社会主体（包括社会组织和社会成员）。在服务中，这些主体称之为用户。

鉴于信息服务的普遍性和社会性，开展信息服务应从社会组织和社会成员的客观信息需求出发，以满足其全方位信息需求作为组织信息服务的基本出发点。这说明，信息服务用户与信息用户具有同一性，即一切信息用户都应成为信息服务的用户。

在图书馆和情报（信息）部门开展的文献信息服务中，用户（user）通常是指科研、技术、生产、管理、文化等各种活动中一切需求与利用信息的个人或团体。前者称为个体用户，后者称为团体用户。在信息传播与交流服务中，用户系指具有信息传播与交流需求和条件的所有社会组织及成员。在其他专门化的信息服务中，用户还具有新的含义。

考察社会信息的产生、传播、吸收和使用过程，任何社会组织和社会成员，既是信息的创造者和传播者，又是信息的接收者和利用者，其客观信息需求为他们的社会需求所引发，表现为对信息接收、交流、发布、传送、吸收、利用和创造的综合需求。社会中的人只要有利用信息的智力条件和与社会他人的交往需求，就必然成为信息用户。这是因为社会组织或成员在获取和利用信息的同时，必然伴随着新的信息产生和传播，表现为信息与用户的交互作用机制。因此，凡具有一定社会需求和与社会信息交互作用的一切社会成员（包括个体和团体）皆属于信息用户。

从信息所处的状态分析，可以明确，信息具有时间和空间结构。这种时空结构可以在布鲁克斯所构造的“认知空间”中做出理论表示，以此讨论信息三种状态的转变。如果第一信息与某个用户在“认知空间”是关联的，则在传递条件具备的情况下这一信息便会与该用户发生作用，从记录、传递状态转变为用户接收状态，且通过“用户吸收”产生出新的信息。如果将信息作用看作是一种“运动”，则可以发现“运动”是信息基本属性之一，人类的信息活动与信息服务是以信息用户为中心的“信息运动”过程。任何信息都是由于“用户利用”而产生的，而用户“创造”的信息将在社会中以新的渠道传递和被利用，由此而产生信息的社会效益和作用。

信息的社会功能与作用、用户与信息的关联以及用户的社会需求，决定了信息服务的性质和基本内容。

通过对信息及信息用户的本质分析，不难发现信息服务是从社会现实出发，以充分发挥信息的社会作用、沟通用户的信息联系和有效组织用户信息活动为目标，以“信息运动”各环节为内容的一种社会服务。从综合角度来看，信息用户具有以下一些主要特性。

1）社会性

信息用户的社会性不仅体现在信息用户主体所在领域具有广泛的社会性而且体现在信息用户追求信息的社会价值和效益上，决定了信息用户的社会规范。

2）知识性

信息用户在使用信息的过程中具有一定的知识素养，而且要求用户具备相应的知识储备匹配时才能有效地利用信息服务。

3）关联性

信息、信息用户与信息服务之间存在着必然的关联关系，三者之间的内在联系是组织信息传递的基本依据。这种依据客观地决定了信息用户的管理和工作模式。

4）指向性

任何信息用户在享受信息服务的同时都应有一定的用户和用户信息动态，由此决定用户的信息活动定向传播、组织、获取和利用，即信息用户的定向组织模式。

2. 当代信息用户的需求特征

人们对信息的需求是信息得以存在和迅速发展的前提，同时也使信息资源的有效配置成为必要。在当代环境下，信息用户的需求千变万化，但其主要的需求特征可概括归纳为以下几方面。

1）信息需求的多元化和综合化

信息需求的多元化和综合化主要可概述为：①随着科学技术的飞速发展和交叉边缘学科的不断涌现，用户的信息需求已从单一学科信息向多学科信息和交叉学科信息方向发展。与过去单一的信息需求相比，信息需求的范围已涉及社会科学、自然科学和应用科学的各个领域。②现代信息资源体系的建立，即信息资源的数字化存在形式和网络化传递方式，实现了以实体资源体系为主逐渐转变到以虚拟信息资源体系为主的体系，打破了传统图书馆的信息服务和提供模式。③计算机技术、多媒体技术、网络技术的应用使用户以多种方式获取信息成为可能，信息用户不必亲自到馆，只需通过网络来访问任一网站或任一图书馆以获取信息即可满足其信息需求。图书馆的信息服务对象将不再是对传统馆藏具有直接依附性的读者，而是打破地域时空限制的社会各界信息用户。

2）信息需求的快捷化和准确化

由于人类知识更新周期和老化速度不断缩短，人们对信息需求的观念也发生了改变，即注重使用快捷化的方式，获取准确化的信息。因此，信息需求的快捷化和准确化主要可概述为：①选择检索功能强大的信息资源体系是快捷、有效地获取所需信息的基本保障；②检索技能是实现信息需求的快捷化的基本条件；③知识结构、学科背景，对信息资源的使用需求方向做出选择，是实现信息需求的准确化的基本保证。

3）信息需求的层次化和个性化

在网络环境下，信息已广泛应用于社会各界乃至人们生活的各个环节，人们对信息需求的内容从层次上和个性上都表现出一定的差别。因此，信息需求的层次化和个性化可概述为：①信息需求的层次化可按需求划分为高层次和一般层次两级。高层次信息的需求从内容上，大多是具有创新性、验证性、开拓性和可实践性等方面的信息，既能体现学科的专业化发展特征，又能体现学科的交叉渗透和综合化、整体化的发展趋势，为研究项目确定起点，或为投入生产等提供参考与借鉴；一般层次信息的需求从内容上来看，是包罗万象的、新颖的、及时的、有实用价值等方面的信息，能体现社会发展现状，为人们的日常工作、学习和生活提供参考、借鉴与帮助。②在网络环境下，信息资源的传递突破了时空的限制，使信息用户的个性化需求得以实现。这些具有个性化需求的信息用户需要随时跟踪个人研究领域内或相关领域的最新发展方向与动态，信息服务部门应为他们提供相应的个性化服务，安排专业的咨询人员跟踪其信息需求，同时将分散的、与其研究领域相关的各种信息加以集中组织，并进行加工整理和二次开发，从中提炼出有针对性的信息，以快捷和便利的方式传递给用户，从而满足用户个性化需求。

5.3.2　图书馆用户信息需求分析

1. 图书馆用户概念

信息环境的不同导致用户获取信息的方式存在差异，人们常将通过纸质等传统信息载体获取信息的用户称为传统图书馆用户，而将利用网络环境获取信息的用户称为网络图书馆用户。在文献中，李书宁对国内关于用户信息行为的定义进行了总结，并对网络用户信息行为进行了界定。针对传统图书馆用户，用户信息行为是指用户在认知思维支配下对外部条件做出的反映，是建立在信息需求和思想动机基础上，历经信息查寻、选择、收集各过程，并为用户吸收、纳入用户思想库的连续、动态、逐步深入的过程，是信息用户的信息需求得到满足的必然途径。网络图书馆用户信息行为被界定为网络用户在信息需求和思想动机的支配下，利用网络工具，进行网络信息检索、选择、交流、发布的活动。

对于现代图书馆来说，一方面，用户仍在利用它的传统信息环境寻求着信息满足；另一方面，不断完善的网络环境又在改变着用户利用图书馆的过程和行为。所以图书馆用户应包含传统图书馆用户和网络图书馆用户，涵盖用户在信息需求和思想动机的支配下，利用图书馆提供的信息服务进行信息利用的全过程。

2. 图书馆用户信息行为研究

1）图书馆用户行为的概念

尽管图书馆学界对于用户行为的研究是一个热门话题，但是对于图书馆用户行为这一概念并没有产生统一的定义。根据研究场景的不同，图书馆用户行为的概念表述各有侧重，但是其核心都是相同的。图书馆用户行为一般是指用户在利用图书馆的过程中发生的浏览、检索、使用和借阅等行为。研究者通过各种分析方法对读者行为进行研究，能够了解用户的特征和行为模式，帮助图书馆改善运营方式，更好地提供个性化服务。

2）图书馆用户信息行为的类型

由于图书馆用户的需求、心理动机以及获取信息的能力都是因人而异的，不同的用户产生的信息行为类型也不一样。胡昌平教授认为，用户的信息行为按照过程的不同和活动的区别，可以分为信息需求的认识与表达行为、信息查寻行为、信息交流行为、文献与非文献信息感知行为、信息选择行为、信息吸收行为、信息创造行为等。熊菊敏和喻华林根据图书馆用户的不同信息需求，将图书馆用户信息行为分成三种类型，即浏览和检索行为，查寻行为，获取或借阅、吸收行为。任立肖认为，高校图书馆、公共图书馆、科研图书馆这三种类型的图书馆用户的信息行为存在很大的差异，这种差异的存在与图书馆的性质、馆藏资源、网络服务等因素密不可分。由此可以推出，不同类型图书馆用户所产生的信息行为也是不一样的。但是，通过阅读大量相关文献，可以得知信息行为大概分为如下几种：浏览行为，查寻行为，获取或借阅、吸收行为，其他行为。上述的信息行为分类不仅适用于网络信息用户，也适用于高校图书馆和数字图书馆的用户。

3）图书馆用户信息行为的研究方法

关于信息行为的研究方法，使用最多的就是用户调查法。张卫群认为，在用户信息行为的研究领域，从事图书情报服务的研究者多数从心理学、行为学及社会学的视角，采用认知科学和社会调查统计等方法，如推理分析法、观察法、问卷调查法等对用户信息行为进行研究。黄丽红在综合采用调查法、访谈法、观察法的基础上，对图书馆用户进行随机调查，收集数据，通过对数据的分析，发现了数字环境下高校图书馆用户信息行为呈现的规律性。由此可见，虽然对用户信息行为研究所使用的方法很多，但对图书馆用户信息行为的研究，大多采用的还是问卷调查的方法。

5.3.3　信息用户需求与图书馆用户利用信息关系

人存在于社会中是有一定的需求的，这一简单的道理（如同生物世界中的生物生存需求一样）是不难理解的。值得指出的是，人类社会是一个有机整体，社会是在一定地域内进行着的、以物质资料生产活动方式为基础的、相互作用的人群所形成的共同体。我们讨论信息用户需求，应在社会这个前提下进行。综合关于人类的各种需求研究理论，从以下三方面展开当代信息用户需求的研究（简称信息需求）。

1. 生活中的需求

地球上的所有生物在生存发展中必然产生对信息的需求，针对生存意义而言，人与动物界具有某些相似性。然而，就本质而论，二者是有区别的。动物的群体生活是一种生物现象，而人类的生活是在一定地域内进行着的活动。概括地说，在一定社会条件下生活的人的信息需求主要表现在以下方面：物质生活的信息需求，精神、文化生活的信息需求，个人安全的信息需求，劳动和其他社会工作的信息需求，社会交往与互助的信息需求，适应社会的信息需求，增长知识的信息需求，创造活动的信息需求，实现某种生活目标的信息需求，产生某种兴趣的信息需求。

2. 职业工作中的需求

社会是一个整体，存在着各种职业分工。由于职业的不同，人们在各自的工作中自然会产生不同职业的信息需求。一般说来，任何一种职业，其职业信息需求均可以归纳为以下一些基本方面：有关职业工作环境方面的信息需求、有关职业工作业务素质方面的信息需求、有关职业工作物质条件方面的信息需求、有关职业工作社会关系方面的信息需求、有关职业工作业务环节的信息需求、有关职业工作目标方面的信息需求、有关职业工作技能与知识方面的信息需求。职业工作的信息需求随着社会职业结构的变化而变化。

3. 社会化中的需求

人的社会化是指人对社会的适应、改造和再适应、再改造的复杂过程。社会化使人从“自然人”发展成为“社会人”。作为一个“生物”的人出生后，社会和时代都要以特有的模式对其施加影响，使之成为一个合乎社会行为模式，按社会规范行动的人。社会化贯穿人的一生，可以从社会文化角度、个性发展角度和社会结构角度等方面来研究。这些基本的方面反映了社会化过程中人的多元化信息需求。

处于不同时期的人具有不同的社会化课题，因而也有不同的信息需求。人的社会化是从儿童开始的，儿童社会化是逐步深化的过程。在这一时期，人所需要的是反映社会生活习惯、原始规范等方面的信息。例如，幼儿时期，人往往以生理为标准，饥而进食，再大些，即使饿了也不随便吃不相识的人给予的食物。这里有一个是否合乎社会规范的问题。这时的社会化是信息需求的原始阶段。

少年时期的社会化主要是在小学和初中阶段进行的。这是从无组织、无计划、无系统的非正式教育转向有组织、有计划、有系统的正规教育，从传授基本社会生活知识到较系统地传授科学文化知识。从以行为和口头语言为主的教育到以文字语言及科学符号教育为主的转化阶段。这时的信息需求是以吸收知识为主要目标的需求，由于人在少年时期已经具备了抽象思维与复合思维的能力，其信息需求必然具有智能化的特性。

青年社会化是以少年社会化作为基础展开的，是少年社会化的继续，也是初次社会化的完成时期。无论是继续升入大学还是参加社会工作，都包含了将一个尚未完全具备社会成员资格的人转化为合格的社会成员的必然过程。不同的是，社会化过程中的信息需求因人而异。学生侧重于需求专业知识方面的信息，而直接从事社会工作的青年人侧重于社会实践的信息需求。至于其他方面，各类青年的社会化信息需求是共同的，表现在对家庭、社会、生活工作环境、人际关系等方面的全面信息需求。

青年初次社会化以后必然继续社会化。继续社会化是指人们完成初次社会化以后还要不断地进行学习和变革的过程。一个人进入社会后（特别是现代社会），面对社会生活、科学技术、行为规范的不断变化，必然要调整自我的思想、行为，使之适应社会组织结构和生活方式的变化。这就要求人们充分利用各种社会信息，在社会生活中继续塑造自我。

人的社会化过程具有民族性、阶级性和历史性。在社会发展的不同阶段，人的信息需求虽然不同，却包括社会生活知识、技能、行为方式、生活习惯，以及社会各种思想、观念等方面的共同内容。

一般说来，人在社会化中的信息需求可以概括为六个基本方面：关于基本生活和劳动技能方面的信息，关于社会生活目的、社会观与价值观的信息，关于社会的自然环境信息，关于认识社会地位与职业的信息，关于社会行为规范、纪律、法制等方面的信息，关于所有与之交往的社会其他成员的信息。

用户的信息需求是发展变化的，并且受时空的限制。这说明，用户信息需求的状态是一种“运动状态”，用户不同的信息需求状态决定了用户的不同类型。

进一步研究表明，在一定社会条件下具有一定知识结构和素质的人在从事某一职业活动中有一定的信息需求结构。这是一种完全由客观条件决定，不以用户主观认识为转移的需求状态。但是，在实际工作中用户对客观信息需求并不一定会全面而准确地认识，由于主观因素和意识作用，用户认识到的可能仅仅是其中的一部分，或者全然没有认识到，甚至有可能对客观信息需求产生错误的认识。无论何种认识，都可以概括为信息需求的不同主观认识状态。通过用户活动与交往，用户认识的信息需求将得以表达，这便是信息需求的表达状态。显然，这一状态与用户的实际体验和表示有关。

用户的信息需求具有主观性和认识性，因而存在着三个基本层次：用户信息需求的客观状态—认识状态—表达状态。如果将用户信息需求的认识状态称为用户主观信息需求的话，那么可以进一步研究用户信息需求的内在机理。

（1）客观信息需求与主观信息需求完全吻合，即用户的客观信息需求被主体充分意识，可准确无遗漏地认识其信息需求状态。

（2）主观信息需求包括客观信息需求的一部分，即用户虽然准确地意识到部分信息需求，但未能对客观信息需求产生全面认识。

（3）主观信息需求与客观信息需求存在差异，即用户意识到的信息需求不尽是客观上真正需求的信息，其中有一部分是由错觉导致的主观需求。

（4）客观信息需求的主体部分未被用户认识，即用户未对客观信息需求产生实质性反应，其信息需求以潜在的形式出现。

以上第一、二种情况是正常的，其中第一种情况是理想化的，第三种情况是用户力求从主观上克服的；第四种情况必须有外界刺激，使信息需求由潜在形式转变为正式形式。

用户信息需求机理研究表明，用户的心理状态、认识状态和素质是影响用户信息需求的主观因素。除主观因素外，信息需求的认识和表达状态还受各种客观因素的影响，这些客观因素可以概括为社会因素作用于用户信息认知的各个方面，主要包括：用户的社会职业与地位、所处的社会环境、各种社会关系、接受信息的条件、社会化状况等。概括各种因素，不难发现用户的信息需求具有如下特点。

（1）信息需求归根结底是一种客观需求，由用户（主体）、社会和自然因素所决定，但需求的主体（即用户）存在对客观信息需求的主观认识、体验和表达问题。

（2）信息需求是在用户主体的生活、职业工作和社会化活动基础上产生的，具有与这些方面相联系的特征。

（3）信息需求是一种与用户的思想行为存在着内在联系的需求，其需求的满足必然使用户开展思维活动并由此产生各种行为。

（4）信息需求虽然具有一定的复杂性和随机性，然而却具有有序的层次结构。

从全面掌握用户信息需求的状态和规律的角度来看，这四个方面应该是我们展开用户信息需求调查与分析的出发点，以此可以进行综合性研究，以便在掌握用户状况的基础上开展信息工作。

4. 当代信息用户需求与图书馆用户信息需求的相似点

公共信息服务是一种开放性的信息服务，即以包括各行业用户在内的公众为对象，以提供信息发布、交流和利用服务为内容，以服务于社会为目标的社会化服务。公共信息服务的主要承担者是公益性信息服务机构，如国家信息机构、图书馆和包括公益性行业信息中心等为其主体。公共信息服务是国家规划下的社会化服务，在信息化建设和国家创新发展中，具有重要的战略地位。这里我们着重讨论的是，作为核心信息服务机构的图书馆服务的组织。

图书馆和图书馆网络是一种基本的公共化服务，它的建设本身就是一项社会化的系统工程，其服务组织更是公共服务的发展需要。

普通信息用户需求与图书馆用户信息需求存在以下几个方面的相似点。

1）搜索行为

信息搜索是用户使用信息的一个重要内容，同时也是用户满足自身服务需求最直接快捷高效的一种方式。用户在进行搜索时也具有一定的习惯，每个人的习惯都不会完全相同。不管是普通信息搜索还是图书馆搜索，与信息构建的质量息息相关，如果信息的组织分类做不好，就会导致搜索结果出现异常；如果标识系统建设质量不佳，用户可能就不能快速地找到搜索界面，这势必会影响用户的搜索体验。

2）浏览行为

浏览是用户获取信息的途径，不管是普通信息用户还是图书馆用户在浏览时，通常都会选择最省时省力的方法。周围信息数量十分庞大，用户不可能将所有信息全部浏览，所以如何让用户用最短的时间和最小的花费浏览到自己想要的信息，这就直接关系到用户的使用体验。同时，每位用户的浏览习惯不同，所以信息构建人员应充分了解用户需求，减少用户浏览信息的步骤和时间，让用户可以省时省力地获取信息。

3）内容充分

要尽可能满足用户对信息需求在质和量上的要求，要能按照用户的意图提供尽可能多的信息。由于用户在信息利用过程中，对信息需求不同，会提出不同的要求。信息工作者应能根据用户的要求，调整服务策略，想方设法提供让用户满意的信息。

4）成本效益

信息工作者在提供信息服务过程中应讲究经济效益和社会效益，要能让用户用最少的时间和精力得到全面、优质、有效的信息。如果一个信息系统让一般用户很难掌握其使用方法，或使用起来非常烦琐，则用户往往会放弃使用。任何用户都想用最少的时间和精力得到所需的信息和服务。易用性原则是决定一个用户使用还是远离该信息系统的一个重要因素。因此，信息工作者要在遵循“省力法则”的前提下开展信息服务，这样才能最大满足用户的需求。

5. 当代信息用户需求与图书馆用户信息需求的不同点

当代图书馆与传统图书馆相比，用户不直接接触图书馆实体，也没有图书馆员面对面为读者回答各种问题，各种信息行为发生在人机交互过程中。对当代图书馆用户信息需求研究主要表现如下。

1）强调收集、分析、理解用户使用信息的行为以完善信息服务过程

郭家义探讨了当代数字图书馆在提供个性化服务过程中用户兴趣的获取与分

析，比较了各种信息获取方式的优缺点，并讨论了分析用户信息行为时应该注意的问题；蒋淑婉提出当代图书馆在网络环境下有必要对虚拟用户的信息进行收集、挖掘，研究它们访问和利用数字资源的规律，使其“规律”集约成库，并将其与图书馆各项工作有机结合，通过反馈循环机制形成螺旋上升力量推动图书馆建设及用户研究向深层次发展。

2）构建智能化的用户界面，适应用户操作行为，以帮助用户有效地使用丰富的当代数字图书馆资源

赵冬梅认为，在数字图书馆的建设中应着力于建设基于用户浏览行为的智能导航系统。通过对用户在使用数字图书馆网站时的浏览行为进行监测，获取用户感兴趣的相关信息及其感兴趣的程度，在此基础上构造一个用户模型，同时构建一个与用户的兴趣与动态需求相匹配的智能导航系统模型，并在这两个模型之间进行匹配，自动地帮助用户查找所需要的信息。这里需要说明的是，对网络信息环境下用户信息行为的研究中还活跃着另一个强大的群体——计算机领域的研究人员。他们主要从 Web 用户的角度，通过日志分析、文本聚类对网络用户信息行为的提取和分类算法进行优化，从而构建网络用户信息行为模型和搜索引擎模型，提高查询效率，促进个性化信息服务的开展。这些研究对于当代图书馆的信息服务具有广泛的影响和推动作用。未来数字信息服务系统的构建离不开计算机领域对前沿技术的探讨与研究，也需要图书馆领域夹带着浓厚人文气息的关怀。虽然不同领域的研究者关注点有所差异，采取的研究过程与方法不同，但他们共同的目标就是完善信息服务过程，适应用户需求，在数字化的虚拟环境中构建人性化的信息服务系统。

6. 当代图书馆用户信息需求特点

与普通的用户信息需求相比，当代图书馆用户信息需求呈现出以下特点。

1）多元化、多层次性

当代图书馆用户信息意识普遍增强，信息的价值愈加为人们所重视，对信息与知识的渴求成为人们的自觉行动；信息需求主体也从过去的数量少、层次单一变为多个人群甚至每一位社会成员。网络环境下，人们对信息的需求与使用成为日常行为必需，图书馆信息服务对象因此变得复杂多样，呈现出多元化的特点，群体庞大；基于图书用户职业、专业、受教育程度多样化，对信息需求的方向、角度、范围、要求也不同，形成由低到高的具有不同层次信息需求的多个社会阶层。多元化、多层次的信息需求特征愈加分明。

2）全面性与精确性

图书馆用户信息需求遍及文化、教育和科学研究各个领域，不仅涵盖公开出版发行的书报刊，还包括非公开发行的会议文献、学位论文、内部资料等信息资源；不仅需要文字符号信息，还需要图像、声音等信息。就单一用户信息需求来说，不再满足于一般性的服务，而要求获得通过知识信息分析、综合、整体而形成的内容全面、类型完整、形式多样、来源广泛的序列化的知识单元，要求图书馆能够针对自己所承担的具体业务提供能够满足自己信息需求的综合化知识信息服务业务；用户在获取综合信息的同时，同时关注信息获取方式、信息价值等，更注重所获信息的精确性。

3）个性化

信息时代，信息资源呈现网络化特点，信息用户置身于信息网络中，信息行为倾向于个性化。图书馆用户因为专业、职业、兴趣爱好等不同，对专业性信息需求自然不同。部分用户能够根据自身的专业及爱好从事文化层次较高的研究与工作，由此造就了他们信息需求趋向专业和特殊。这部分图书馆信息用户的需求与普通信息用户有本质区别，对信息的需求具有针对性、个性化特点。他们要跟踪自己领域内最新发展方向与动态，掌握需要的资料，信息需求具有专业化特点。

4）及时性

每一个图书用户都迫切需要能够及时获得最新的文献信息。网络环境下，数字信息技术和互联网的广泛运用，改变了信息传播方式、扩大了信息交流范围，用户获取最全最新的文献信息的要求成为现实。用户能及时跟踪国内外最新技术与方法及成果，并应用于自己的研究中。电子杂志、电子报纸、数据库满足了用户对信息的新颖性和时效性需要。

5）系统性

用户的信息服务需求带有全程性、系统性。过去的信息服务只能局限在单一的图书馆，服务范围小，用户需求相关资料的全面性和系统性有限。网络环境下，用户不受地域、空间限制，信息资源丰富，可以实现资源共享，信息需求的系统性大为增强。

7. 当代信息用户需求对图书馆用户服务提升的作用

基于以上所述，根据当代信息用户对信息的需求要求图书馆要科学分析用户信息需求，发挥自身优势，积极开展网络环境下的信息服务。

1）开展网上咨询、导航服务

信息化下的图书用户信息服务，不单单要有信息咨询服务，还应有信息导航服务。图书馆通过互联网直接解答用户咨询的问题，解决用户检索时遇到的问题及各类数据库的特点、时限、收录信息及检索使用方法等；图书馆还应提供网上信息导航服务。为用户当好网络信息“导航员”，对资源分布、站点特色、信息内容、服务方式科学评价，使用户迅速掌握获取资源的途径，及时查找所需信息。

2）提高用户信息能力

用户通过图书馆获取信息需要有一定的信息能力。需要说明的是，不少用户信息能力并不高，不能够随时利用计算机自行查找和使用信息，难以满足自身的信息需求，无法鉴别和判断信息、知识、情报质量高低，无法有效地开展好研究工作。图书馆要加强对用户的网络信息检索能力的培训（培训内容包括计算机检索、网络检查及网络通信方法等方面），向用户介绍网络环境下的信息利用与交流的方式方法，帮助用户掌握检索、获取、利用有用信息的能力，从而提高用户的信息意识和信息技能。

3）加强信息资源开发

网络信息资源浩如烟海，庞杂而又无序。图书馆要将网上各种分散的信息进行有效的收集、分析、整理，经过深度加工和组织，把大量随机无序的信息资源转变为馆藏文献资源，提供给用户，为用户与网络架起沟通桥梁，使资源得到有效利用。图书馆应充分发挥人才、规模优势，根据用户的需求、教学科研和社会发展需要，确定信息收集的范围、重点、开发利用途径与方法，对信息资源系统进行挖掘并进行有效组织和加工整理，使之有序化，充分利用网络界面和信息处理与检索技术来开发和传递网上信息资源，方便用户查找，最大限度地满足用户需要。

4）开展针对性服务

信息时代的图书馆借助于数字信息技术和互联网，突破了区域、系统、行业、领域的局限，信息服务日趋社会化，信息用户不再局限于本单位、本地区，而是遍布于各个行业、各个区域、各个阶层，信息需求复杂多样。在此情况下，图书馆应以用户群为重点，如基层社区群众、政府公务人员、企业管理人员、科研人员、大中学校学生等，进行细致的调查研究，掌握不同用户的信息需求特点，特别是用户的个性化需求，针对他们的特点、现实需求和潜在需求，根据服务对象的专业和工作领域，有计划、有目的、有步骤地收集、分析、整理相关信息，及时提供给用户，从而提供有特色的高质量的全方位信息服务。

5）建设特色数据库

图书馆要想为用户提供高质量的信息资源服务，就必须有门类齐全、信息资源数量巨大的数据库。数据库是网络图书馆的核心，是图书馆现代信息资源建设的重点。图书馆要想建设信息质量更可靠、更稳定、更具有深度和广度的数据库，就要充分发挥自身的人才、文献资源、环境优势，加快网上专题、特色数据库建设，成为网络资源的分支资源和重要组成部分。图书馆发挥自身人才优势，担负起信息甄别、筛选、传播工作，根据地域、政治、经济、文化特点，根据用户需求，针对特定人群，选择某些独具地域特色、学科特色、人文特色、语言特色的资源，建立专题的网址库进行网络导航。将相关网站、网页的相关信息合法下载，组成专题镜像数据库，从而节省用户时间和精力，解决网络信息稳定性差的问题。图书馆应依托自身丰富的文献资源，根据馆藏优势，深入加工，建立特色数据库，加快馆藏文献的电子化进程。图书馆作为信息服务中心面对用户多元化和多层次性的个性化需求，必须因时代和用户发展需要变化，科学分析用户信息需求特点，采取针对性措施，开展有效的信息服务，从而更好地满足人民群众文化和精神生活的需要。

5.4　当代图书馆环境分析

5.4.1　信息环境

1. 信息环境变化

进入 21 世纪以来，传统的信息环境已经发生嬗变，数据的指数级增长和信息爆炸已经成为现代社会的一大特征，我们当前已经处于大数据时代。数据已经成为促进社会治理、经济进步、产业升级和个人发展的一种关键生产要素和重要推动力。现如今，大数据一词已经成为各个领域炙手可热的研究话题。从字面上来看，大数据一词就是大量的数据，或者说是巨量资料库。随着社会各界对于大数据的研究不断深入，虽然不同领域和机构均对其有着不同的定义，但是总体认识趋同，主要表现为对大数据的 4V 特征的归纳：数据规模海量性（volume）、数据发展快速性（velocity）、数据类型多样性（variety）以及数据的价值性（value）。因此，大数据也可以理解为对海量数据的采集、处理、可视化和监控的全过程。中国计算机学会（China Computer Federation，CCF）在《2019 年大数据发展趋势预测》中指出，大数据从辅助变成引领，从热点变为支点，大数据已经成为所有新旧技术、新旧模式的必备基础。在大数据环境下，自然人、事物、事件的存在形式、运行过程和发展趋势等都可用数据进行表示、存储、传输和分析。大数据快速广泛地兴起绝非偶然，而是时代发展的必然结果。在新的信息环境中，互联网并不是一个层级结构，也没有中心节点，这也表明了其无法成为某类权威，是一种去中心化的分布式、平等式的传播。

在信息研究领域，还有一个值得我们关注的概念，即泛在。顾名思义，泛在即广泛存在之意，引申到图书馆这一信息环境中则表现为一个核心特点，即“信息的无所不在”，更具体来说是指技术无所不能、信息无处不在，并具有网络化、全天候、开放性、多格式、多语种、全球化等主要特征。面对当前拥有海量规模、快速流转、复杂多样且蕴含巨大价值的泛在信息环境，各个领域都要运用全新的思维方式和处理方法。图书馆的数据资源主要包括两大类，一类是庞杂的文献信息资源及结构化数据，如传统的纸质文献资源、早年兴起的光盘数字资源及方兴未艾的数据库资源等，种类和总量丰富之余其发展速度也是前所未有之快；另一类即关于读者的结构化或半结构化、非结构化的数据资源，如图书馆在开展基础的文献流通工作，以及阅读推广、网络及数据库服务及维护管理工作中持续获取的关于读者或者用户的数据信息，包括阅读行为习惯及偏好、需求、兴趣、评价、信息反馈等数据。除此之外图书馆还储存着其他各种信息资源，总而言之，图书馆由于其自身的属性使然，天然地拥有海量的数据和庞大的文献资源，不断地存储、开发、选择和利用数据信息是其重要的工作内容。在新的信息环境中，用户可以自己掌握主动权，使自己处于主动地位参与创造价值，传播媒体可以利用强大的数字资源和云计算能力及时掌握用户需求信息，为用户提供更加个性化的服务，这对于图书馆提供信息服务来说是一个很大的契机。如果不能顺应这样的信息环境，继续在传统的思维方式指导下按照传统的运行模式存在，或按照传统的工作方式开展服务则很可能会被时代淘汰。因此，图书馆应当认清这一环境形势，寻找恰当突破口和时代的结合点，更好地开展信息服务，顺势而为方能势如破竹。

2. 图书馆遇上“互联网+”

“互联网+”（“Internet+”）是指以互联网为核心，以大数据、云计算、人工智能等一系列高新技术为手段，将互联网技术和实际产业相结合的新方法、新业态，其目的是链接一切。它打破了传统的闭塞信息环境，对技术垄断产生了有效打击和遏制，有利于促进社会的需求释放，对于促进全社会各行各业的创新发展起到积极的推动作用。“互联网+”概念的走强是 2015 年中国经济、社会领域最激动人心的事件之一，也是 2015 年信息科学、科技创新领域的热点研究主题之一。“互联网+”理念在我国最早是由于扬提出的，于扬在 2012 年 11 月第五届移动互联网博览会中首次提出“互联网+”概念，认为“所有传统和服务都应该被互联网改变”，但是因为时机等原因，当时并没有引起太大关注。但自 2014 年李克强总理在首届世界互联网大会上提出“互联网是大众创业、万众创新的新工具”，并将“互联网+”列为 2015 年政府工作报告的重要主题，“互联网+”便逐渐引起政府、企业、研究机构和研究者的重视①。2015 年 3 月，马化腾向全国两会提交了《关于以“互联网+”为驱动，推进我国经济社会创新发展的建议》提案，呼吁“以‘互联网+’为驱动，鼓励产业创新、促进跨界融合、惠及社会民生，推动我国经济和社会的持续发展转型升级”，并希望能从顶层设计层面制订国家的“互联网+”生态战略。同月，李克强总理在第十二届全国人民代表大会第三次会议的政府工作报告中正式提出“制定‘互联网+’行动计划”②。2015 年 7 月 4 日国务院印发《关于积极推进“互联网+”行动的指导意见》，正式拉开了我国“互联网+”理论与应用研究的大幕。

对于图书馆领域来说，20 世纪 90 年代以来网络技术的迅猛发展，又一次革命性地颠覆了图书馆的发展模式。作为传承人类精神文明和承担社会教育职能的重要文化服务机构，图书馆自然也深受“互联网+”大潮的影响，逐步开启了探讨和研究工作，数字图书馆、复合图书馆、智慧图书馆等新型图书馆模式也相继出现。但万变不离其宗，图书馆的主要任务——提供高效便捷的信息服务一直是其发展要义,建立馆员与用户之间、信息与信息之间、物质世界与互联网虚拟世界之间的联系，满足用户所需的信息服务。通过采用“云计算”“物联网”“移动互联技术”等可以将传统的实体图书馆、数字图书馆，甚至是信息交互平台等连接，在一定的服务协议、交互规则及信任关系的规范和约束下，对馆员、用户、读者、机构、行业等多元素进行有效链接。

在“互联网+”这一热潮下，图书馆学学术界也开展了众多相关研究。在中国知网学术期刊全文数据库中利用篇名入口，选择“图书馆”和“互联网+”进行逻辑与运算并模糊匹配，学科领域限定为图书情报与数字图书馆，得到近 2000 篇文献。通过对年度进行分析发现，从 2015 年开始论文发表数量开始陡然上升，显然是受到了国家政策的影响，并且在近五年来均保持比较高的发文量。由此可见图书馆领域对“互联网+”的重视，俨然已经成为本领域的研究热点之一。在“互联网+”的作用下，图书馆界理论和实践领域都在悄然发生变化。图书馆“互联网+”并非图书馆和互联网的简单叠加，而是二者的深度融合，等于给图书馆传统服务插上了一对“互联网+”的翅膀，使得图书馆的传统服务“飞向天空”。很多学者提出，“互联网+”时代，就是一个跨界的时代，各行各业都在彼此交叉、相互渗透。跨界的基础是科技的发展，特别是移动互联网的普及，不但改变了信息和人、人和人、信息和信息之间的关系，而且以其超强的连接和聚合能力，打破了行业间的边界，模糊了所有行业的界限，促使行业间不断融合、吸收，发生知识转移，从而完成了行业的跨界融合。“互联网+”中的“+”本身就意味着连接、

① 资料来源：《给力互联网，总理蛮拼的》，http://www.cac.gov.cn/2015-03/05/c_1114534034.htm?from=timeline[2015-03-05]。

② 资料来源：《政府工作报告（全文）》，http://www.gov.cn/guowuyuan/2015-03/16/content_2835101.htm?cid=303[2015-03-05]。

跨界、变革、开放和融合，因此，跨界融合被认为是“互联网+”的最主要和最典型的特征之一。跨界合作（crossover）简言之，是指两个不同行业或领域间的合作。其含义多引申为：跨越两个不同领域、不同行业、不同文化、不同意识形态等范畴而产生的一个新行业、新领域、新模式、新风格等。2016 年全国哲学社会科学工作办公室将《“互联网+”时代跨界资源整合与图书馆业务创新研究》列为国家社会科学基金项目年度图书馆 · 情报与文献学课题指南的重要选题，2016 年和 2018 年两届“上海国际图书馆论坛”也均把“图书馆跨界合作”作为征文选题，由此可见随着“互联网+”的持续推进，图书馆跨界合作的研究与实践也在逐步发展。通过梳理当前国内的图书馆实践，发现在“互联网+”的背景下开展的跨界合作已经积累了丰富的经验。①图书馆与书商或书店、数据库服务商的跨界合作，“你选书，我买单”的跨界融合方式，充分发挥了读者决策采购的优势所在，实现图书馆、书店及读者的三方受益、互惠共赢的友好合作关系，促进图书馆行业的服务转型升级。2016 年 6 月，美国图书馆协会授予内蒙古图书馆“彩云服务”项目“美国图书馆主席国际创新奖”，该奖被誉为图书馆界的“奥斯卡”，这一实践是图书馆在互联网思维管理理念下的变革，也是现代信息技术在图书馆领域的大胆应用，很多图书馆也衍生出了“馆中店”“店中馆”“馆店一体”等多种服务模式。②图书馆与高科技企业合作，与腾讯、阿里巴巴等高端互联网企业合作，搭载微信、支付宝等公众应用平台来实施和推广图书馆服务。现在众多公共图书馆已经开通了支付宝 App 图书快递到家服务，实现办证押金、线上借还等线上一体化服务，极大地便利了公众的阅读服务需求。③图书馆与咖啡店等商业空间的合作，近年来这种形式的合作几乎遍及各个城市的街角，合作对象包括咖啡店、商城、高铁、银行、酒吧等，出现了很多图书馆+咖啡店、图书馆+花店、图书馆+地铁等新型城市阅读空间，集阅读、休闲于一体，这些都是借互联网发展之东风才得以实现和推广。

“互联网+”在图书馆界的引入，也极大地便利了图书馆阅读推广工作的开展，数字图书馆的建设也已从语义数字图书馆发展到协同数字图书馆，在当前的互联网 4.0 时代，应当构建 4.0 的数字图书馆。目前已经诞生了微信的公众阅读平台、阅读 App、豆瓣网、移动图书馆、云图书馆等被广大用户所喜闻乐见的阅读推广产品、平台与服务。传统的数字图书馆由于移动互联网、云计算和大数据等互联网平台的介入，用户能够随时随地获取移动服务、智慧服务和云服务。虽然近年来移动互联已经在图书馆创新管理与知识服务方面得到了广泛的应用，也取得了显著的成效，但是对于全社会“互联网+”体系的框架构建的终极目标来说，还存在着较大的距离。首先，图书馆领域对于“互联网+”的认识还存在不足，并且很多人持有较为消极怀疑的心态，难以从思想观念上对其树立正确的认识；其次，图书馆“互联网+”的基础设施构建还亟待进一步完善，包括网络基础设施、软硬件基础设施等；最后，关于图书馆“互联网+”的相关国家、地区的制度、行业规范与标准尚不完善，仍然需要地区、国家和行业层面的进一步探索与完善。“互联网+”与具体行业的发展应回归用户服务的本质，不能片面追求“互联网+”的概念而忽视其行业本质和发展实质，图书馆行业必须抓住这一潮流和发展趋势，以用户为本，在相关政策规定的约束下根据自身的实际情况开展相关的探索与实践，勇于变革，善于突破，以促进本行业的良性及可持续发展。

5.4.2　技术环境

1. 新技术变革

信息环境的嬗变必然伴随着信息技术的发展，新信息技术特指5G①、大数据、云计算、物联网等与信息传播密切相关的技术，改变了人们获取利用信息的思维和习惯，催生了新的产业，也改变了人们认知世界的思维方式。具体到图书馆领域来说，由于技术变革图书馆的生存环境也发生了巨大改变，逐步衍生出云计算环境、移动阅读环境、新媒体环境等。伴随移动互联网技术的快速发展，越来越多的新技术被应用于用户体验的提升，如三维打印技术、增强现实（augmented reality，AR）技术、VR技术、混合现实（mixed reality，MR）技术、区块链技术、LBS②地理定位、移动支付、物联网技术和云计算等。LBS地理定位技术能够通过网络和GPS定位功能获取用户地理位置信息，图书馆能够利用该技术基于用户所在位置向周围的人提供信息，并能与相关平台合作开展线下的联合活动，从而提升自身的影响力；移动支付与知识付费相结合，能够将平台中的付费内容利用移动支付在移动端输出。各项新技术为高校图书馆信息服务在服务形式和发展模式上提供了新的可能，图书馆战略规划人员可根据移动互联网技术发展趋势制订符合实际情况的移动图书馆发展规划，从而更好地服务用户。此外还有如多重触控演示屏、手持阅读器、自助借还设施、Web 3.0语义网等技术在图书馆领域都已经得到普及。

5G网络是近年来非常热门的话题，它具备光纤般的接入速率，"零"时延的使用体验，百亿设备的连接能力，超高流量密度，超高连接数密度和超高移动性等，可实现多个场景的一致服务，用户感知的智能优化，同时将为网络带来百倍的能效提升和超百倍的比特成本。大数据的技术特色在于对海量数据的分布式数据挖掘，依托云计算的分布式处理、分布式数据库和云存储、虚拟化技术，依靠数量极多的计算机，通过一定的工作模式对数据进行分解、合并进而得到结果。数据的处理技术是研究重点，尤其是数据的收集、存储和分析技术，可以摒弃以前烦琐的样本研究方法，获取和利用信息更加便捷高效。物联网是通过RFID、红外感应器、全球定位和激光扫描器等传感设施与互联网连接，进行信息计算、处理、数据挖掘，通过无线通信技术实现智能识别、定位、监控和管理。简言之，物联网就是物与人在互联技术和各类平台的帮助下建立的桥梁。RFID是一种无线通信技术，通过无线电信号识别特定目标并读写相关数据。物联网由RFID技术演变而来，但是物联网概念的内涵及外延已不再局限于RFID。云计算是通过网络组织灵活调用ICT（information communication technology，信息通信技术）等信息资源，实现对信息的大规模计算。它通过网络利用分布式计算和虚拟资源管理等技术将ICT资源进行集中，动态地为用户提供服务。数据中心是云计算的物理实体，包括基础单元、操作系统和数据中心网络。云计算以低廉的成本、可定制的存储和强大的计算能力满足人们的需求。云计算的物理硬件可扩展性强，安全性高。具体而言，云计算具有如下特征：①按使用付费，即按使用的CPU（central processing unit，中央处理器）、带宽或存

① 5G为5th generation mobile communication technology的缩写，表示第五代移动通信技术。
② LBS为location based service的缩写，表示基于位置的服务。

储量来支付费用；②按需扩展，即根据用户的需求进行扩展；③多租户，即很多用户在同一个物理基础设施上运行各自的应用；④虚拟化，即一台主机被切割成多个虚拟服务器。VR 技术通过三维建模，将实体图书馆映射为物体的图元或者图形、图像，让用户借助 VR 头盔、VR 眼镜实现对智慧图书馆及其服务的沉浸式体验，可以应用于图书馆阅读推广、在线参观、情景展示等服务。区块链技术是当前信息技术的前沿，已经在金融、医疗、电子政务、人力资源等领域得到推广应用。区块链技术涉及计算机科学、密码学、数学等多个学科，是互联网时代创新发展的产物，是分布式账本、非对称加密算法、共识机制、时间戳等多种技术的集合。相比其他信息技术，区块链技术具有去中心化、去信任化、公开透明、智能合约和不可篡改等特征。区块链技术是图书馆未来应用的关键技术之一。

2. 技术带来的机遇与挑战

1）机遇

随着云计算、物联网、大数据、人工智能、区块链等新兴技术的高速发展，图书馆也迎来了新的发展机遇。通过新兴技术嵌入实现了图书馆现有技术系统的升级改造，提升了知识服务智慧化水平，也促进了“互联网+图书馆”的双网合一。图书馆在应用这些新技术的过程中可以寻找最恰当的契合点，推动信息服务变革。例如，云计算作为当今社会最流行的技术之一，利用其构建的云服务平台已经成为组织和机构创新服务的重要发展策略。通过大数据、个性化计算整合夯实服务基础，提升图书馆服务质量，为用户推送个性化服务；物联网技术为图书馆信息服务带来内容升级，虚实交互、嵌入式服务将覆盖服务全过程，极大地提升服务效能，同时有利于激发二次创新；移动互联网技术拓展了图书馆信息服务的渠道，增强了用户黏性，提升用户体验；虚拟化作为实现云计算的核心技术，是构建图书馆云服务平台的重要技术支撑，有利于实现数据中心及其资源的系统重构、动态分配、智能管理和自动化部署，提升图书馆信息化服务能力，增强组织的核心竞争力，为管理者和用户提供更加敏捷、高效、稳定、可靠的信息支持服务。此外 Beacon 技术、人工现实技术在精准服务方面有显著的应用价值。Beacon 技术具有定位准确、功耗较低、部署便利、感应面广等优势，可为不同设备提供感知共享。人工现实技术包括 VR 技术、AR 技术以及 MR 技术，可满足全方位信息接触需要。例如，上海交通大学李政道图书馆将先进的 AR 视觉搜索技术应用到图书馆的多元化特色资源展示与互动中，为图书馆的服务模式带来革命性变化，实现了自助观展受教、视频体验、文字与延伸服务体验、文字体验、动画体验、虚拟现实合影、现场体验留言等服务功能。浙江大学图书馆依靠 Hadoop 打造大数据平台，实现了指数级别的计算能力提升，大大拓展了专家数据、期刊数据处理上的应用范畴。其中，对期刊元数据整合和清洗后，建立相关分析模型并得出学术热点与趋势的应用实例给人印象深刻，将在未来辅助科研和学术评价中发挥重要作用。从宏观角度来说，新技术给图书馆带来的机遇与契机主要体现在智慧服务方面，尤其是智慧图书馆的构建。智慧图书馆离不开数字、物理和生物领域的跨界融合。它是一个复杂的多维系统，深度融合了计算技术、通信技术和物理控制，可以与读者的实时感知、动态调控和信息传递。有学者认为，智慧图书馆是一座可以把人、机器和物理环境连接起来的图书馆，连接需要运用物联网、云计算、移动通信、大数据和可穿戴技术。传统的互联网服务方式主要包括 BBS、电话、Email（电子邮件）、FAQ（frequently asked questions，常见问题解答）、微博、QQ 等，但是服务效果不甚理想，其影响与作用在新的技术冲击和用户新的信息需求变化下逐渐减弱，而在日趋先进的新兴技术带领下的智慧服务正在图书馆领域得到进一步发展壮大。

2）挑战

（1）个人信息、隐私安全隐患。在大数据和人工智能的共同驱动下，图书馆在开展信息服务时要求尽可能地全面掌握用户信息，数据分析和数据挖掘已经不再局限于图书或知识信息的收集、整合与推送，已然扩展到对个体信息的收集、整理与预测上，如实体图书馆可借助智能感知设备、视频监控、文献信息服务系统等获取用户的个人信息；而数字图书馆则可以通过注册登录、Cookies、行为过程抓取等获取用户个人信息；第三方移动 App 则经常以冗长而晦涩的“霸王条款”——个人信息保护协议强迫用户不得不接受，从而获取用户信息。其中基于用户数据的深度挖掘对个人信息的深度挖掘、分析应用也越来越频繁，各种隐私泄露、数据流出问题也愈加频繁，由此引发的信息安全、隐私保护需求与信息伦理问题值得我们关注。比如，2019 年 3 月 Facebook 用户数据泄露事件引发了公众对于社交网络平台个人隐私保护问题的恐慌，这意味着图书馆的信息安全问题也要经受更高的要求与考验。但是值得我们反思的是，当前国内图书馆的信息安全和隐私保护意识还比较淡薄，尤其是相对于大型的社交网络平台来说，图书馆的系统安全性系数还比较低，但是其虚拟学习社区及数字图书馆平台等都与大量的用户数据密切相关。此外，除用户数据和个人隐私以外，图书馆同样也面临着自身空间数据、资源数据以及历史数据的安全问题，如何保障这些数据完整、不失真、不外泄也是当代智慧图书馆构建过程中一大拦路虎。虽然在区块链技术中非对称加密技术的引入已经大大提高了用户隐私的安全性，但是随着学界对于区块链技术研究的不断深入，其备受吹捧的安全性也将受到挑战：首先，区块链的不可篡改性使读者在阅读云平台留下的痕迹不可修改，一旦读者的密钥被窃取，其个人隐私信息将面临在全网公开的风险，而且由于其技术特殊性，读者将无法删改已经产生的个人信息，读者的隐私将受到极大的威胁；其次，理论上某一主体获得 51%以上的控制权就可能对数据进行窃取，威胁区块链系统的数据安全；最后，云平台的正常运转依赖于分布式系统、共识机制、加密算法等多个模块的高效协同，其隐私安全面临自身缺陷和外部攻击的双重威胁，如不健全的加密算法、不完善的共识机制及外部病毒入侵等。

图书馆在利用智能技术为用户提供个性化服务时，获取用户的个性化兴趣与需求是其开展的前提。这些信息的获取通常来源于两个方面：一是用户主动提供的，包括系统提供的输入框手工输入以及在系统列出的选项进行选择；二是系统利用智能技术，根据用户行为或相似用户的行为来挖掘和推导用户的兴趣与需求，如现在很多网站提供的“猜你喜欢”“根据浏览历史推荐”等。其中在用户主动提供的信息中存在非常多的个人隐私，如用户在注册时可能会填写的年龄、性别、职业、联系方式等，以及个人偏好信息。此外用户的信息行为中也涉及大量的个人隐私，包括用户登录时间、地点、浏览、查询、评论、注释、保存、结果输出等。前文提到了在实体图书馆中 RFID 对图书馆带来的积极作用，可以很大程度地提高自助借还效率，并在一定程度上保护读者借还隐私。但是辩证来看，RFID 的隐私问题还存在令人担忧之处。典型情况如当用户拿着包含 RFID 标签的图书或物品时，可能会遇到一些专门利用 RFID 窃取他人隐私的“黑客”，只需拿出 RFID 阅读器便可远程读取到用户标签中的信息，包括其行进路线追踪等。因此对于图书馆来说，如何对 RFID 标签加强安全保护还任重道远，应当考虑从其读取难度和解析难度等方面着手增强安全性。

总而言之，在大数据环境下，分布式数据存储技术、5G 数据传输技术、MapReduce/Hadoop 数据处理平台和分类分析、聚类分析、关联分析、预测分析等数据挖掘技术综合作用，如若不采用强有力的保护和约束措施，个人信息将可能无处遁形。

（2）技术完善和推广压力。目前来看，很多大数据技术在图书馆中的应用尚不成熟，仍然处于起步阶段，应用经验还不足，尤其是区块链技术的应用。在建设智慧图书馆的发展进程中，智慧系统是实现智慧服务的核心，但是其中涉及的主要技术的应用还存在一系列问题。相关的大数据技术、人工智能技术等还需要比较长的发展过程，同时与智慧服务相关的硬件设备、空间条件等都需要不断的实践融合。传统条件下，物理空间与虚拟空间之间的巨大鸿沟可以通过大数据、人工智能等技术实现较高程度的融合，但是图书馆智慧服务技术的应用是十分广泛的，涉及硬件条件中馆舍空间的新建或再造，以承载不同需求的物理设备与通信需求、空间展示与导引需求，软件条件中的图书馆管理系统、定位与服务系统、虚拟服务空间、线上线下交流平台、人脸识别与追踪服务等，都需要进行整合与挖掘，以满足读者不同的服务需求。然而，新技术的运用仍需要长期探索实践。当前以图书馆自动化系统、RFID 系统、人脸识别系统、智能情境分析系统等构成的智慧图书馆服务模式，仍属于智慧图书馆的初级阶段，相关智能服务仍需不断完善。

在技术推广方面，以区块链技术为例，在图书馆领域的应用经验尚且匮乏，图书馆基于区块链技术构建阅读云平台还存在一定困难和阻力。首先，区块链技术在图书馆应用的实践案例较少，许多重要问题尚未达成共识，图书馆缺乏利用区块链技术进行阅读服务技术变革的动力。其次，图书馆在全民阅读工作中担当“中间人”的角色，连接资源供给方和读者，而区块链技术去中心化的特点将削弱图书馆“中间人”的地位和作用，对图书馆既有的阅读服务模式造成冲击。最后，图书馆应用区块链技术需要计算机、数学等学科的专业技术人才进行软件开发、平台维护等，而当前区块链行业前沿人才总体较为匮乏，图书馆在专业人才引进上难度较大。因此，对于图书馆来说，新技术带来的不仅是管理和服务上的升级，也面临着技术层面需要进行完善以及建立与技术配套的相关基础设施、人才队伍方面的压力，仍然需要较长的探索过程。

（3）数据存储难题。大数据、人工智能及区块链等技术的应用需要海量的储存空间，图书馆云平台的构建和使用将会面临数据存储的难题。首先，在区块链中的每个节点用户都保存了整个链条中全部的数据记录，而每一次计算都要下载“创世纪块”的数据，导致数据量越来越庞大。其次，随着数字阅读时代的到来，阅读资源更多的是图片、音频、视频，所需的存储空间更大。最后，当越来越多的用户不断加入云平台服务系统时，其产生的新区块将同步加入链条，区块链中的所有原区块都将重新备份数据，区块链系统承载的数据将越来越多。数据存储空间严重不足或超负荷运行将导致用户的数据信息不能实时上传、更新、传输、获取和保存，从而影响云平台的正常使用。

5.4.3 政策与法治环境

1. 相关政策及法律法规

我国制定的与图书馆相关的政策及法律法规非常多，其中既有专门的图书馆政策文本，也有蕴含于其他政策文本中的图书馆政策条文。尤其是步入 21 世纪以来，随着人民群众物质生活水平的日益提高，人们对于精神文化生活的追求逐渐提高，国家对于文化事业的发展和支持力度也不断加大，而图书馆作为提供公共文化服务的主体，各个层级都相继出台了很多有关图书馆事业的政策法规。从党的十八大报告提出“扎实推进社会主义文化强国建设”战略[①]，到十八届三中全会制定的《中共中央关于全面深化改革若干重大问题的决定》要求“建立健全现代公共文化服务体系”“推进基本公共服务均等化”，以及之后 2016 年第十二届全国人民代表大会常委会通过《中华人民共和国公共文化服务保障法》，2017 年文化部印发《“十三五”时期全国公共图书馆事业发展规划》，同年 11 月第十二届全国人民代表大会正式通过《中华人民共和国公共图书馆法》等，都对图书馆事业做出了一系列的规范和指导。

2013 年《国务院办公厅关于政府向社会力量购买服务的指导意见》的颁布，表明政府购买公共服务在国家层面上完成了顶层制度设计，政府购买公共服务作为重要的供给侧结构性改革成果和全国性的公共政策已上升为国家战略。省、市、县级政府作为政府购买图书馆服务的责任主体目前很多省市都开始因地制宜制定符合本地区情况的具体措施，建立一套政府购买图书馆服务的政策执行机制，规范政府购买行为，促进政策执行和保障执行效果。

“大众创业、万众创新”是近年来社会发展的方向和主流，打造良好公共文化服务体系，创新公共文化服务是“双创”是否落实的重要测评指标之一。2015 年国务院颁布《关于大力推进大众创业万众创新若干政策措施的意见》旨在推进“大众创业、万众创新”，这一战略举措的目的是培育和催生经济社会发展新动力，挖掘全社会创新潜能和激发创业活力。作为创新主要阵地的图书馆在国家科技研发、文化传承等领域的作用举足轻重，必将继续走在创新发展前沿，引领全社会的创新发展。在国民的基本素质、国家基础研究水平、科研的设施条件、国家体制与政策环境等众多影响创新、创业的因素中，核心因素是人。图书馆是公共文化服务体系的一部分，担负引导社会正确的精神舆论导向，开发社会资源，完善社会教育体系，满足社会成员文化欣赏娱乐等职能。在现代社会中，“创新服务内容，引导大众创业”理应成为图书馆开展延伸服务的方向。

图书馆界的“十三五”规划有以下几个明显的变化：第一是总体重视的程度超过以往任何一个时候。从理论界到实践界，总体热情都很高；第二是注重理论研究和理论支

---

① 资料来源：《图表：扎实推进社会主义文化强国建设》，http://www.gov.cn/jrzg/2012-11/08/content_2260457.htm [2012-11-08]。

撑；第三是重视战略指导，开始从发展规划向战略规划进化；第四是更加务实，许多战略规划的出发点和立足点就是面向实施和落地的。总的来说，虽然我国图书馆战略规划起步晚，与国际先进水平相比仍然存在一些短板与不足，但是发展很快，规划水平也已经有了巨大提升。

此外，还有很多政策的出台都与图书馆事业的发展密切相关。例如，在图书馆阅读推广方面，2014 年《政府工作报告》指出“倡导全民阅读”、2015 年《政府工作报告》提出“提供更多优秀文艺作品，倡导全民阅读，建设书香社会”、2015 年《关于加快构建现代公共文化服务体系的意见》中进一步将全民阅读理念具体化提出“深入开展全民阅读活动，推动全民阅读进家庭、进社区、进校园、进农村、进企业、进机关”，这一系列政策文件的出台，标志着全民阅读上升为国家文化发展战略。全民阅读大致包括两方面的内容：一是在全社会营造好的阅读风气、阅读氛围和阅读环境，提高全体社会成员的阅读积极性；二是实现全体社会成员享受阅读资源、利用阅读条件的平等化。公共图书馆是开展全民阅读活动的重要阵地，如何做好全民阅读推广活动、实现全民阅读资源与阅读条件的平等化，成为未来五年内公共图书馆的战略重点。在技术方面，文化与科技融合是当前公共文化服务体系建设的重点发展战略。2012 年，《国家文化科技创新工程纲要》提出加强图书馆等文化公共服务平台的网络化和数字化建设。2015 年，《关于加快构建现代公共文化服务体系的意见》进一步提出从专项规划实施、关键技术研究、融合应用示范、数字化服务推进以及网络构建等方面推进公共文化服务与科技融合发展。技术创新是图书馆发展的重要引擎。随着大数据、云计算、物联网、三维打印、智慧城市等新兴信息技术的发展，图书馆“十三五”战略规划中应注重将新兴技术导入图书馆的服务与管理中，从服务模式、服务形态、服务内容、管理方式等方面进行变革，让图书馆在新的信息技术背景下呈现出新的动力和活力，找寻新的战略发力点。在标准化、均等化服务体系建设方面，2015 年公布的《国家基本公共文化服务指导标准》（2015—2020 年）推进了公共文化服务标准化、均等化政策的落实。《国家基本公共文化服务指导标准》从免费借阅服务、设施免费开放、图书馆建设、流动服务和人员配置与培训等方面对各级公共图书馆划定了底线标准。因此，“十三五”期间各级公共图书馆以《国家基本公共文化服务指导标准》为纲领，以所在地区相关标准为参照，以《公共图书馆服务规范》《公共图书馆建设用地指标》《公共图书馆建设标准》等为依据，重点从基本服务项目、硬件设施和人员配备方面加强标准化建设。

2. 依法治馆的逐步推进

随着国家和各个地方层级关于图书馆事业的相关政策、法律法规以及战略规划的不断出台，我国的图书馆事业逐渐有了宏观指导和前进的指南针，开始有法可依。这些政策、法律法规的制定对图书馆事业的影响是巨大的，对具体某个条文的解读都会影响到图书馆事业的发展方向。其中近年来备受关注的莫过于《中华人民共和国公共图书馆法》的颁布与实施，这是继党的十九大之后的第一部文化立法，标志着我国图书馆事业进入法治化新阶段。该法不仅有力地推动了公共图书馆事业的发展，更对人民群众的公共阅读权利做出了法制性保障，在公共图书馆事业发展中占据里程碑地位。《中华人民共和国公共图书馆法》以立法形式明确我国公共图书馆事业在新世纪应具备的发展方向、发展原则以及承担的历史重任，对公共图书馆的定义与宗旨、管理体制、文献信息资源建设、职能与服务、法律责任等诸多方面做出明确指引，从而昭示传承人类文明、保障公民基本文化权益、提高公民科学文化素质和社会文明程度的立法宗旨。

《中华人民共和国公共图书馆法》中对公共图书馆的宗旨与定义、管理体制、文献信息资源建设、职能与服务、法律责任等方面都做出了明确详尽的规定。其中也对图书馆领域近年来备受关注的热点问题做出了意见指导。在阅读推广方面，法条中第三十六条规定，公共图书馆应当通过开展阅读指导、读书交流、演讲诵读、图书互换共享等活动，推广全民阅读。阅读推广就是指图书馆及社会相关方面为培养读者阅读习惯，激发读者阅读兴趣，提升读者阅读水平，进而促进全民阅读所从事的一切工作的总称。以立法的形式对图书馆开展阅读推广活动进行指导规范并加以保障，这将促使图书馆开展更加丰富多样的阅读推广活动，包括咨询、讲座、展览、书目推介、演讲诵读等。在针对特殊群体的阅读服务方面，法条中第三十四条第一款、二款分别对未成年人和老年人、残疾人等弱势群体的阅读服务做出了规定，体现了以人为本的人文关怀价值导向，明确了我国公共图书馆应致力于实现均等化服务的社会准则，也要求图书馆在以后开展服务中重视对特殊群体的信息服务，注意采取分级分龄分众的服务方式，使得图书馆服务辐射面扩大，提高服务效能。其中值得一提的是，《中华人民共和国公共图书馆法》的第四十三条对读者个人隐私保护做了规定，要求对于进馆读者的个人隐私、借阅信息等隐私，以及其他可能涉及隐私的阅读信息，要求公共图书馆应当妥善保护读者的个人信息、借阅信息以及其他可能涉及读者隐私的信息，不得出售或者以其他方式非法向他人提供。隐私属于公民个人所有的秘密，没有经过本人同意不得公开，并且依法受到保护，不被他人非法侵犯、知悉、利用的一种个人信息。个人信息包括姓名、性别、年龄、身份定位、家庭背景、社会地位、家庭关系等；借阅信息包括读者对文献的借阅、咨询、检索、阅读爱好、科研项目及层次等相关信息。同时，图书馆通过门禁系统、阅读服务终端、传感器、楼层监控等设备，对读者借阅查询、阅读行为模式、阅读需求、阅读喜好等相关信息进行整理并保存。这些信息是读者在利用图书馆的过程中产生的，是读者的基本权利，图书馆不能泄露或者以其他非法方式向他人提供。

近年来，政府购买公共文化服务也逐渐受到重视，公共图书馆界也积极探索政府购买公共图书馆服务的新模式，并在实践中取得了良好成效。《中华人民共和国公共图书馆法》第四十五条明确规定："国家采取政府购买服务等措施，对公民、法人和其他组织设立的公共图书馆提供服务给予扶持。"显然，无论是公共文化服务体系构建的宏观环境，还是公共图书馆事业发展的微观实践，或是公共图书馆建设的法律制度，都迫切需要推动公共图书馆创新服务，于是政府购买公共图书馆服务就成了一个不容回避的可行选项。

《中华人民共和国公共图书馆法》颁布的意义是十分重大的，其影响力将持续好几年甚至好几十年。国际图书馆学界的经验表明，一部法颁布以后的一段时间里，必定会迎来一轮事业发展的新高潮。在我国，经过 40 多年的改革开放，读者对图书馆文献信息资源的需求不断增加，社会对图书馆的认识也在不断加强，政府对于公共文化事业的投入和支持力度也在不断加大，这些利好因素都为图书馆事业的腾飞奠定了坚实的基础。

2017 年颁布的《中华人民共和国公共文化服务保障法》意义在于首次以立法的形式确立了以公益性为主导的中国特色现代公共文化服务体系，而《中华人民共和国公共图书馆法》颁布的意义也在于以法的形式将以公益性为主导的公共图书馆服务体系固化起来。

5.4.4　内部转型

2018 年，第 84 届世界图书馆和信息大会主题为“图书馆转型，社会转型（transforming libraries，transforming society）”。从全球业态来看，图书馆正经历着历史上最深刻的转型，一些学者认为如果不转型，公共图书馆的衰败将在 21 世纪末出现，有人描述图书馆的生存危机，并预测图书馆的消亡方式，有人认为图书馆可能会成为一个虚拟的地点，甚至开始争论图书馆的去留问题。2012 年初，世界著名的哈佛大学图书馆突然解聘了所有的员工，宣布将图书馆进行重组。哈佛大学将现有的 73 座图书馆分成 5 组，分别按照馆藏需求、内容、服务领域和特定活动，统一在“哈佛大学图书馆”之下，这使得之前分散的图书馆重整联合为一个有机体系。按照相关规定，所有哈佛大学图书馆馆员解聘下岗后，必须在 3 月份之前重新接受定岗、培训、再上岗。哈佛大学图书馆的重组是图书馆管理机制的革命性变革，被业界誉为哈佛图书馆的“大屠杀”，有学者将这次转型称为“风波”“阵痛”。哈佛大学图书馆的重组出乎很多人的意料，在转型中面对的这些风险也让很多人感到迷茫和恐慌，但这却是历史发展的必然。图书馆转型是指随着图书馆信息基础设施的完善及数字化信息系统的形成，将图书馆从里到外，从硬件到软件，彻底转移到信息轨道上来。具体而言，就是在发展理念、功能定位、资源建设、用户服务、技术应用等方面的转变过程。当今图书馆事业正处于旧范型向新范型转型的时期，转型将成为这一时期最突出的关键词。

美国图书馆协会图书馆转型团队强调转型对图书馆的重要意义，提出主动创新是图书馆创新的核心。其转型项目旨在提高图书馆在数字时代发挥的关键作用，强化图书馆可以作为社区核心领袖和变革推动者的作用，促进公众对图书馆服务、价值和影响的认识。除了系统外部的社会环境和行业环境的深刻影响，还有存在于系统外部的外在驱动力和系统内部的内在驱动力，两者形成合力共同影响图书馆转型发展。转型驱动力包括技术驱动、需求驱动和创新驱动，信息服务时代技术变革推动了新一代图书馆自动化系统等智慧技术的应用，社会需求和行业竞争是驱动图书馆转型的重要力量，而创新驱动则是图书馆转型最直接和深刻的内在驱动力。

关于图书馆转型的要素、内容及类型，即图书馆向何处转型、如何转型的问题，很多学者持有不同的意见，如新加坡智慧化图书馆提出其有待变革的四大要素：图书馆空间改造、开展不同年龄层级服务、升级数字基础设施、馆员技能再提升等。刘兹恒和徐志芳以空间、资源和服务三要素为视角探讨学术图书馆发展新形态。司莉和曾粤亮提出从环境、空间、资源、服务四个维度分析转型时期大学图书馆发展趋势。曲瑞琴将我国的图书馆转型归纳为三大类，包括服务模式转型、业务流程转型和组织结构转型。柯平和邹金汇指出，在技术、需求和创新三大驱动力的作用下，图书馆要在空间、资源、服务与管理四个要素的共同作用下实现整体转型，提出后知识服务时代图书馆转型为空间。

陈传夫和陈一认为，图书馆转型并不特指图书馆转变为某种特定的状态，而是图书馆为应对数字环境变化，对传统工作状态做出的改革调整以满足用户信息需求，巩固自身社会地位，可能是某一项具体业务的改进，也可能是组织结构的变化，或者是图书馆宏观发展战略的调整。目前，我国的图书馆转型还处于探索阶段，需要学术界及图书馆实践领域共同作出进一步的探讨，探索出符合我国国情的图书馆转型的模式与方法。

图书馆转型已经成为国际图书馆界发展的必然趋势，但是由于转型运动中涉及面的广泛性及深刻性，其结果可能是积极的也可能是消极的，在实践中存在诸多不确定性，甚至一些图书馆的转型停滞不前，兰开斯特大学教授也曾警示，过分关注技术已经导致图书馆员远离用户。根据当前我国图书馆转型的实践，虽然已经有一些图书馆取得了成效，但同时图书馆也面临一些创新业务方向不明晰、资金投入不足和技术更新不及时等挑战，目前我国已经有不少学者意识到这些问题。汤利光认为正确把握“改”与“转”的度十分重要，改得适时合理会推进图书馆事业的发展，否则会使人们产生“传统图书馆可能会被相近行业消融的错觉”，因此，要正确把握图书馆事业的核心内容。刘爱华表示，图书馆不仅遭遇了因生存环境变化而带来的“倒逼”问题，而且在毫无经验可借鉴的背景下，面临着理论构建和实践探索的“双重焦虑”，他认为，图书馆转型最缺乏的并非宏观指导，而是具体思路的建构，尤其是逻辑关系的梳理，逻辑起点、功能定位和战略突破口尤其需要明确。有学者指出社交媒体在图书馆的大量应用使图书馆面临安全风险、资源与系统安全风险、著作权风险、名誉风险等。陈传夫和陈一提出图书馆转型的风险大致可分为四类，包括投资风险、运营风险、技术风险和价值风险。任何行业在变革转型期都会面临着一定的风险，图书馆也不例外。作为图书馆管理者要做到科学地界定风险，分析其成因，尽可能全面地考虑不确定性因素，并做好风险控制。

5.5　当代图书馆体系的重构策略

5.5.1　整合资源，重构一站式信息服务

1. 网络信息资源的集成管理

网络信息资源具有学科广泛性、类型多样性、数量的快速增长及发布方式的特殊性，给读者在检索使用文献时带来很多困难，因此对网络信息资源进行集成管理，是一站式信息服务的首要工作。

1）一站式的统一检索平台

图书馆信息资源通常都有各自独立的检索入口，读者想要检索某个数据库的资料时，就必须进入该数据库的检索入口来查询资料，这给查询带来很大的不便。建立一站式的统一检索平台，实现对不同数据库信息资源的统一检索，使用户通过一次查询便可得到所有需求的查询结果，才能确保查询的效率和质量。统一检索可以称为异构检索、跨库检索或资源整合检索，是以多个异构数据源为对象的检索系统。这种系统向用户提

供统一的检索接口，用户输入的检索要求被系统转化为不同数据源的检索表达式，同时检索广域网上的和本地的多个分布式异构数据源，然后对检索结果进行再处理，经过整合、去重和排序等操作后，将检索结果用统一的页面格式呈现给用户，每条检索结果同时通过超链接与相关资源数据库关联，以便获取全文。通过统一检索平台，可以一次性检索包括期刊、电子图书、会议论文、报纸、图片、音频、视频等在内的多种数据库以及 Google、百度等搜索引擎内容。上海交通大学的“思源探索”、北京大学的“未名学术搜索”是目前比较成功的一站式信息资源统一检索平台。

2）信息资源分类导航

网络信息资源存在着庞杂无序、良莠不齐、自由随机等特点，这种网络信息资源的庞杂性和所需信息的针对性之间的矛盾、网络信息资源的自由性与科学性之间的矛盾越来越突出，令查询者无所适从。因此，图书馆对网上信息资源进行有效组织与控制，为用户提供网络信息资源分类导航，可以极大地降低用户获取信息的成本。对互联网上有价值的资源，图书馆要主动加以收集，运用目录学、索引学、文摘学等先进成熟的信息处理加工技术进行整理，按主题归类、筛选、保存，使之有序化，形成满足社会需要的知识集合和体现知识之间相互关联的知识网络。网络资源最重要的是各种文献数据库和有价值、有特色的学术网站，以及各种中外文搜索引擎。图书馆将这些内容进行整合，用统一的页面展示给用户，并分别进行简要介绍，揭示内容特色，建立本馆的网络信息资源目录，为读者提供集成化一站式专业信息检索界面。通过对网上信息的筛选、加工整理、评价、分类、保存，使之成为系统的有价值的知识信息，建立便于读者使用的资源导航系统，可以实现对馆藏资源和网络资源的充分利用，满足用户对知识、信息的需求，促进知识的转化与创新。

2. 网络信息服务的流程优化

1）信息服务功能的整合

在数字图书馆时代，网络信息服务涉及面越来越广，已经不仅仅是信息资源的检索和提供，还包括在线培训、资料存储、信息推送、文件共享等服务。面对浩繁的数字信息资源和多元化的服务，用户希望获得集咨询、信息检索和文献信息提供等功能于一体的服务方式。图书馆可以通过描述与文献的链接、问题与答案的链接、用户与资源的链接来实现一站式的服务体系。图书馆通过网络提供的各类服务功能，包括在线参考咨询、用户身份认证、在线培训、检索服务、数据下载、网上出版、推送服务、馆际互借与文献传递、信息发布和存储等，都可以在页面的链接实现关联和互通。图书馆网络信息服务功能整合要充分考虑现代信息用户的需求特点，以数字化的信息资源管理为出发点，全面支持各类信息的检索与获取，强调对信息资源进行规范的利用与管理，简化各种操作程序和步骤，从而充分体现图书馆一体化的服务特征。

2）一站式网络参考咨询服务

网络参考咨询服务又称虚拟参考咨询服务，不同于图书馆员与用户面对面的直接交流，而是馆员通过网络交流工具解答用户提出的问题，并为用户提供具体的信息检索和传递等服务。目前网络参考咨询服务的途径主要有：建立图书馆咨询网、设立电子邮件账号来接受与回答读者提出的参考问题、建立 FAQ、利用网络论坛来回答读者的问题、利用网络即时通信工具提供参考咨询等。参考咨询是图书馆信息服务的主要内容，是馆员与读者进行联系的主渠道，完善的参考咨询是图书馆服务品质的重要体现。图书馆提供一站式网络参考咨询服务，要求用户的任何问题都能够得到快速准确的回复，降低用户信息获取成本。一站式网络参考咨询服务关键在于完善图书馆网络参考咨询的各种渠道，实现 7×24 小时不间断服务，同时要加强馆员的业务培训，提高馆员网络参考咨询服务的能力和素质。

3. 网络信息服务的人员配置优化

1）进行业务部门重整

传统图书馆的业务部门划分精细，使得信息资源流动的整体性被各个部门割断，服务也跨越多个部门，使其服务功能随之分散，难以实现集成化。这种部门架构已经难以适应现代图书馆的发展需求，尤其是在网络环境下，图书馆各种服务是以集合式、整体化的方式通过网络提供给用户，业务工序和组织机构的过细化都不利于提高工作效率。为了实现一站式网络信息服务，图书馆要减少组织结构的管理层次，合并相关的业务部门，取消一些传统的机构，把相似和相互关联的业务工序和环节加以整合，消除重复职能，简化工作步骤，减少工作环节，使图书馆信息服务更加高效化。在图书馆各个部门中，网络资源建设和网络信息服务部门尤其要加强协同和联系，实现“用户需求—资源建设—信息服务”三者之间的良性互动。通过对业务部门的重新整合和优化配置，促进部门之间的信息流动，使部门之间更具渗透性，从各自封闭独立变为协作协调、彼此合作。馆员从单一的工作岗位中走出来，从封闭走向开放，从服务技能单一走向具备综合服务的能力，从而使一站式解决用户所有问题成为可能。

2）完善学科馆员服务体系

学科馆员是了解乃至精通某一学科或几个学科知识，并为该学科用户提供信息服务的图书馆员。由于学科馆员兼具专业的图书情报技能和学科专业知识，在网络信息服务中可以为用户提供专业性、深层次的学科信息服务，一站式解决用户遇到的各种问题，满足用户复杂的信息需求。建立一支高素质的学科馆员队伍，完善学科馆员服务体系，对图书馆一站式网络信息服务的开展起着至关重要的作用。学科馆员不仅需要具备扎实的图书馆学、情报学方面的基础知识和技能，还要具有一门或多门学科知识背景，了解学术前沿动态，熟悉馆藏资源和网上资源，有熟练的情报信息检索、分析、加工能力，具有较强的计算机操作能力和较高的外语水平，能参与相应学科的学术资源分类导航和特色数据库的设计、开发、维护，通过网络平台提供各种类型的个性化信息咨询服务。同时，学科馆员还应具备良好的思想素质、职业道德和沟通能力，熟悉客户关系管理。加强学科馆员队伍建设，要严格人员选拔，吸引那些具备较高计算机操作能力和专业学科背景的人到图书馆从事学科馆员工作。同时要加强馆员在职培训，通过轮岗熟悉图书馆业务流程，提高学科馆员业务技能，并通过完善的绩效考核制度充分调动学科馆员的积极性。

一站式网络信息服务是图书馆界广泛接受的理念和共同追求，是图书馆提升服务质量和用户满意度的重要途径。掌握熟练信息技术的图书馆馆员是一站式网络信息服务的基石，现代化的网络信息技术则是一站式网络信息服务的重要支撑，而用户信息素质的提升也是一站式网络信息服务实现的关键。总的来说，建立一站式的图书馆网络信息服务体系，在我国图书馆界还是一个较新的课题，理论研究、技术水平、实践经验都还不成熟，这些都还有待于在实践中进一步研究和探索，从而更好地实现读者的需求。

5.5.2　以人为本，重构个性化高效服务

1. 转变服务理念，坚持“人本位”

我们都知道，传统的图书馆管理与服务强调的是以书为本，重在“藏”；而现代的复合型图书馆、数字图书馆及智慧图书馆则应强调以人为本，重在“用”。图书馆以人为本的服务理念的转变是诸多因素造成的必然结果与要求，一方面是信息环境变化和社会发展、用户需求转变等外部因素综合作用的结果；另一方面也是当代图书馆自身谋求长足可持续发展的现实需要和追求。随着读者对于图书馆服务的要求与期待日益提升，对各类型图书馆都提出了新的挑战，其中尤其以公共图书馆为突出，因为面向的群体最为庞大和复杂，只有充分贯彻以人为本的服务理念和原则，充分了解读者和用户的信息需求，才能在新时代的信息洪流中永葆活力。

图书馆的构成要素包括图书馆员、馆舍、设施设备、纸质图书及电子资源等，其主体要素是人。如果没有人的运作与推动，图书馆的功能和作用就不能很好地发挥。换言之，图书馆最重要的资源是人，它直接关系到图书馆的生存和发展。按照传统理解，图书馆中的以人为本，即以读者为本，强调图书馆的一切工作要以读者为中心，读者第一。但有学者提出这种看法仅是站在读者服务工作的角度，较为片面，应该从两个层面去理解图书馆以人为本：一是以图书馆的服务客体——读者为本的服务理念；二是以图书馆的服务主体——馆员为本的管理理念，二者缺一不可。以读者为本的服务理念不难理解，因为图书馆存在的价值和意义就是为广大读者提供服务，没有了读者，图书馆的存在便失去其价值。换言之，以读者为本只是图书馆以人为本理念的一个层面。更深的层面是图书馆管理要强调以馆员为本。因为为读者提供服务的是图书馆员，馆员才是图书馆事业发展的灵魂，没有了馆员，图书馆的一切服务活动将无从开展。也就是说，图书馆的核心价值要靠图书馆员来实现，图书馆员的意识、知识、技术、能力和综合素质决定着图书馆持续发展的成败得失。

2. 细分用户群体，实现服务均等化和针对化

“分层”是社会学从地质学领域引入的概念，用于指代“社会成员、社会群体因社会资源占有不同而产生的层化或差异现象，尤其是指建立在法律规范基础上的制度化的社会差异体系”，处于不同分层的社会成员和社会群体虽然在个体需求上存在差异，但整体上具有一定的趋同性。社会分层是社会学家从经济地位、权利和社会声望等维度对人的社会地位差异性所展开的研究，主要研究差异现象、差异分类标准、差异程度和差异根源等方面的问题，当代的分层研究者越来越多地使用证实资料和统计分析技术进行研究。

分层分析解决问题的思路对于图书馆用户服务具有借鉴意义。图书馆的用户也是由需求不同的人群组成的多层次、多序列的动态综合体，用户按年龄、种族、收入及财产情况、教育、职业、居住地区等划分为不同的社会类别。同一类别的用户大体上有一致的价值取向、文化需要和对图书馆的个人诉求，而不同类别的用户则有不同的阅读心理和实际的阅读需要。在原来以借还书和阅览为主要服务内容的粗放型服务时代，用户个人诉求相对比较简单，尚可以不用太关心个别用户的个人诉求。但到了数字互联网时代，由于其他信息源的大量增加，用户的信息需求越来越多样化，图书馆若想在用户信息环境中获得重要的一席之地，就要更加准确地了解用户需求。按照用户的分类标准进行分层，细分用户，按层分析研究需求，并根据需求采取相应对策予以满足，这是当前精细化服务时代对于图书馆用户工作的重要要求。对于公共图书馆的用户群体划分，首先可以对用户的身份分层，主要对用户进行分龄分众，按照年龄可以划分为儿童、青少年、中年、老年群体等；而按照群体划分则可以有多种标准，如学习层次、知识结构、身体情况等。其次还可以按照忠诚度对用户进行分层，根据用户的忠诚度可将用户划分为潜在用户、现实用户、支持者和忠诚用户。图书馆的信息服务要致力于建立一种发现潜在用户和新用户，把潜在用户转变为现实用户，维系现实用户并将其发展为忠诚用户，与老用户建立并保持长期稳定的合作关系，用忠诚用户中的良好口碑来吸引和挖掘更多的潜在用户的良性运行模式。

在分层服务的实施中顾及读者的个体差异有利于实现公共图书馆服务的公平性，构建均等化、人性化的公共文化服务体系。

3. 引入新技术，提供精准个性化服务

当前我国基本公共文化服务建设取得了很大进展，但是就整体而言却呈现出重“硬件”轻“软件”、重“数量”轻“质量”的发展特征，服务主体与服务对象之间的对接机制建设还有待加强。作为公共文化服务重要提供者的公共图书馆在具体工作中也面临着上述问题。以往公共图书馆在开展服务时更加关注怎样为更多读者服务，让更多读者利用图书馆资源，相比之下对于读者的个性化需求关注度不够，对于如何提高馆藏资源利用率和服务效能方面办法不多。

公共图书馆对新型信息技术的应用不仅可以扩大图书馆的服务范围，提升图书馆服务效能，还能够在更大程度上满足读者的个性化和多样化需求，实现精准服务，从而提升读者满意度。近年来，大数据以其能够通过对海量数据进行分析来总结规律、预测趋势的特点受到相当重视，已被应用到人们生产生活的各个方面，许多企业都在探索利用大数据开展个性化、精确化和智能化的广告推送和推广服务。利用大数据开展服务也已在图书馆界成为趋势，更重要的是大数据能够使公共图书馆开展精准服务变为可能。公共图书馆精准服务是指公共图书馆在普适化服务的基础上为满足读者个性化需求开展的针对性服务，具有服务目的明确、服务开展及时、资源配置科学等特点，是提升公共图书馆服务效能和广大人民群众基本公共文化需求满意度的有效途径。

通过利用云计算、物联网、人工智能等技术对用户的各种行为、需求等数据进行收集、分析，可以生成用户画像，帮助产品与服务优化升级，实现精准营销和个性化服务。

随着大数据技术的不断发展，各个领域用户画像的精准度也得到了前所未有的提升。公共图书馆作为大数据的建设与利用中心，拥有海量的读者利用图书馆的全流量数据。因此，在技术保障无障碍的前提下，公共图书馆绘制的用户画像具有独特的环境优势和条件优势。用户画像的概念最早由有交互设计之父之称的艾伦·库珀（Alan Cooper）提出的。用户画像是以与用户相关的一系列真实数据为基础而形成的用户模型，是真实用户的虚拟代表。用户画像可以将用户的目标、行为、背景、能力、兴趣、需求、习惯等要素进行形象展现，并对用户角色进行虚拟勾画，从而形成与用户沟通、联系的精准纽带和有效工具。根据本馆读者的层次、类型和本馆的服务项目、服务渠道、服务途径、服务手段等对读者利用图书馆的全流量数据进行系统、科学地分类，形成用户画像的形象特征和个性特征，同时还要对出现的新热词、新形象、新趋势等进行智能区分或添加，并通过识别系统提醒管理员进行相应的干预和调整，确保用户画像更真实、更形象、更鲜活、更个性，最终实现高质量地为读者提供更加精准、个性和特色化服务的目标。此外，还可以利用 VR 技术让读者通过数字图书馆身临其境地感受和体验利用 VR 技术虚拟化的个人定制服务等。

公共图书馆是提供基本公共文化服务的重要机构，在服务的过程中要秉持公平性原则。传统的普适化服务方式虽然可以在一定程度上保证公平性，但是在整体资源有限的情况下，普适化的服务方式收到的边际效益呈递减状态，图书馆投入产出比降低，图书馆的服务效益必然受到很大影响。此外非常重要的一点是，普适化的服务方式不能满足具有个性化和多样化需求的读者，对这部分读者来说也是一种不公平。因此，公共图书馆应在读者服务体系方面进行重构，着重关注不同读者群体的个性化、多样化及复合化需求，从普适化服务向均等化、精准化的复合型服务模式转型，实现服务效益和读者满意度的最大化。

5.5.3　信息咨询，重构信息增值服务

1. 开发特色数据库

数据库是将信息源去伪存真，分类整理。系统化、逻辑化、用数学模型或其他科学方法进行深入分析，使加工过的信息在传递和使用过程中增值。没有经过提炼加工的信息只是一种资源并非财富，但建立数据库则可将资源变成信息资产，从而使信息增值。图书馆特色数据库建得比较好的有绍兴市图书馆的摩崖碑版数据库、浙江大学的核农学特色库、浙江理工大学的纺织服装特色库、杭州电子科技大学的超声理论与工程数据库、吉林省图书馆的中国朝鲜族专题数据库和长白山动植菌物图片数据库等。

2. 开展信息咨询服务

信息咨询服务是图书馆开展增值服务的重点之一，是图书馆与信息市场的重要接口。信息咨询服务是用以满足用户诉求，提供解答方案或完整线索的服务。针对用户各领域的咨询，馆员要用专业的知识、技能和经验，对所掌握的信息进行分析、综合、浓缩、创新等一系列的活动，形成的成果转化为生产力，继而满足各种利益的需要和达到

推动社会经济发展的目的。信息咨询服务主要包括信息咨询、决策咨询、智力咨询和动态咨询等，如发放农村致富信息参考、农村产业结构建设策略、农村道路规划方案、农村环境建设、企业财经报告等，人存于世，必然有所不惑，所以信息咨询服务作为信息增值服务的一种也是有很大很宽广的发展领域和空间。

3. 开展信息检索服务

网络时代，要获得及时性、准确性、实效性的信息就要通过信息检索。图书馆信息检索服务除了传统的纸张文献检索外，主要包括计算机检索、网络资源检索。例如，科技查新工作在当今市场经济环境下，已然成为一种信息商品，查新人员凭借丰富的数据库，以及网络资源的信息检索、加工、分析、整理等，为用户提供专深的信息服务。重新整理或是重组的事实信息使得信息或知识的潜能价值被利用起来。

4. 拓展商业情报服务

商业情报是企业在市场竞争中的法宝，它能使企业在信息经济大潮中优先掌握市场动态、发展脉象、准确定位市场，不仅能让企业获得经济效益，而且也能促进信息经济的增长。而70%以上的商业情报存在于公开的文献中，只有一小部分秘而不宣，但是对于记录知识的一切载体的文献，图书馆是最大的文献信息服务中心，是最有能力获得的，因此图书馆开展商业情报服务具有得天独厚的条件。

5. 融合新媒体的增值业务

新媒体的出现增加了图书馆的服务手段及服务内容，计算机技术、通信技术、网络技术和数字化技术的迅猛发展也改变了公共服务的模式。2010 年，杭州数字图书馆开通，在图书馆借率先通过宽带城域网、数字电视网、移动多媒体网“三网融合”的服务平台，使用户可以随时随地利用电脑、有线电视、手机等终端路径享受图书馆的信息服务。2012 年浙江工业大学的手机图书馆与 2013 年绍兴市图书馆的电视图书馆相继开通，融合新媒体使图书馆信息增值服务向更灵活、服务交互性更友好的方面发展。

5.5.4　资源共享，重构超区域化服务

图书馆自从它诞生之日起就一直背负着一个矛盾问题：图书馆用户对信息资源的无限性需求与图书馆提供信息资源能力的有限性之间的矛盾。这个矛盾制约着图书馆的产生、存在和发展。从单个图书馆的现实来看，图书馆用户的信息资源需求始终是无限的，而图书馆所能拥有的信息资源始终是有限的，所以用有限的资源来满足无限的需求是不可能的。尤其是在“互联网+”时代，信息资源爆炸式增长，其形态、来源越来越多元和复杂，任何一个图书馆都不可能收藏所有资源，更不可能以一馆之力来满足用户的所有需求。因此，信息资源的开放、共建、共享是大势所趋。

1. 资源共享形式——图书馆联盟

图书馆联盟是基于技术发展而产生的一种资源共享新模式。它是指以两个或两个以上的图书馆为主体，联合相关信息资源系统，为实现资源共享、利益互惠而组织起来的非营利的正式组织，其成员受共同的协议和合同制约。

国际图书馆联盟联合体（International Coalition of Library Consortia，ICOLC）将图书馆联盟的基本功能总结为：藏书建设协调、电子资源采购、电子资源存储和运行、馆际互借和文献传递、联合目录、人员培训、藏书保护等。

从图书馆联盟的定义可以看出，联盟由于不具有利益竞争性和学术研究性，与行业性协会和学会有区别，并且因与其所处的社会经济制度密切相关，它的组织形式没有统一的标准和固定的形式，具有多样性和多层次性。从不同的角度，对图书馆联盟的分类也不尽相同。

图书馆联盟按地理范围划分，可以分为地区性、全国性和国际性图书馆联盟，OhioLink 是美国著名的州内图书馆联盟，NSDL（National Science Digital Library，国家科学数字图书馆）是美国全国性图书馆联盟，CRL（Center of Research Libraries，研究图书馆中心）则是国际性图书馆联盟；按服务功能划分，可以分为某个项目设立的单一型联盟和合作范围广泛的综合型联盟；按组织结构划分，可以分为由占主导地位的图书馆或专门机构和其他固定图书馆成员组成的集中型联盟、所有成员地位相等的松散型联盟和介于集中型和松散型中间的紧密型联盟，如 OhioLink 是典型的集中型代表，美国的 NERL（North East Research Libraries，东北部研究图书馆）则是松散型的代表；根据各成员馆性质可以分为由同一系统、同一部门的图书馆之间结成的纵向联盟、同一地区不同类型图书馆组成的横向联盟以及纵向和横向综合的混合联盟，CALIS 就是教育部统一领导下高校间图书馆纵向联盟，上海地区公共图书馆、大学图书馆和科研图书馆组成的上海地区文献资源共建共享协作网就是典型的横向联盟，美国 CLC（Connecticut Library Consortium，康涅狄格州图书馆联盟）、加拿大 COOLC（Consortium of Ontario Libraries，安大略图书馆联盟）就属于综合的混合联盟。

国外图书馆联盟大多采取董事会负责制，董事会是图书馆联盟机构管理的上层。董事会成员通常由各成员馆的馆长组成，因为馆长更能全面地了解本馆的需求和发展目标，并且能够在涉及自身利益需要协调的时候做出决策。在大型的图书馆联盟中，董事会并不是一个常设机构，而是会设置一个小型的管理委员会，该管理委员会由董事会选举产生，并向它报告工作。联盟的日常事务一般由聘用的执行董事来负责管理，并协调、检查联盟成员馆之间的工作。有的联盟还设有办公室，有许多的专业人员，包括负责合同谈判、咨询、培训的专家。但是有的联盟没有正式的管理机构，也不设执行董事和办公室，仅仅依靠其成员馆提供所有事务的服务，如 NERL 就是完全依赖于其成员馆的自愿；OhioLink 采用的就是董事会负责制，由俄亥俄大学董事会任命了一个管理委员会。

我国图书馆联盟建设模式较为相同，主要的组成机构有成员大会、理事会和秘书处，各组织机构各司其职。成员大会主要工作为进行战略层面的研讨及交流，通过分析内外部环境，最终为战略的制定提供一定的理论基础及参考。理事会主要审核由秘书处提交的图书馆联盟工作报告和计划，并选择战略定位、明确战略目标及使命。秘书处代为执行各项战略措施，主要为联盟日常工作及运作管理，如开展培训、进修及研讨等战略实践活动。在战略控制和实施阶段，若遇到障碍或困难，再通过三者的协同工作，讨论、提出并执行解决问题的措施。

图书馆联盟的建设模式具有灵活多样的特征。不同的类型、不同的区域的图书馆联盟根据环境的不同会有不同的建设模式来应对变化迅速的图书馆需求和市场需求。

2. 资源共享的原则

1）自愿原则

自愿原则是信息资源共享的前提原则。自愿原则是指信息资源共享的参与者主观意志和主观行为的自觉、自主、自为和自律。世界各国图书馆信息资源共享的实践证明：只有以自愿参与为主导，以政府支持为辅助，信息资源共享计划或者活动才能够得以广泛推行和持续发展。第一，信息资源共享本身就是一种自愿行为，非自愿性的信息资源共享实际上不能称之为共享，因此自愿乃是信息资源共享自身的本质需要。第二，自愿在很大程度上淡化了政治、经济、文化、技术等障碍因素的影响，是一种比较纯粹的专业性行为，因此有利于形成更为广泛的跨地区、跨国家的信息资源共享。第三，因为自愿是参与者主观意志和主观行为的自觉、自主、自为和自律，因此自愿本身就意味积极参与，有利于充分调动全体参与者的积极性和主观能动性，这是信息资源共享得以持续发展的重要保障。

2）平等原则

平等原则是信息资源共享的基础原则。平等原则是指无论是大型图书馆，还是小型图书馆，无论是发达的图书馆，还是落后的图书馆，只要是信息资源共享的参与者，那么在信息资源共享的体系下就都具有平等的责任、权利和义务。平等原则主要包括平等权利、平等责任、平等义务等基本内容。一方面，平等原则是自愿原则的保障，如果没有平等，那么自愿就会失去其基本意义，合作就会失去其基本前提；另一方面，平等权利、平等责任和平等义务又是相辅相成的统一体，如果只有平等权利而不履行相应的平等责任和义务，或者只履行平等责任和义务而没有相应的平等权利，那么信息资源共享就不可能真正地得以实施。

3）互惠原则

互惠原则是信息资源共享的根本原则。互惠原则是指所有参与者在信息资源共享中彼此都能够获得平等的利益，由此图书馆用户的信息资源需求能得到最大限度的满足。美国图书馆学家认为资源共享最确切的意义是指互惠，一语道破了信息资源共享的真谛。

在信息资源共享中，互惠原则是自愿原则和平等原则的出发点与最终归宿，自愿和平等是互惠的途径和手段，互惠则是自愿和平等的目的。信息资源共享之所以如此地充满魅力，如此地令人执着追求，如此地在全球广泛开展，是因为互惠。因此，从一定意义上可以说，互惠原则是信息资源共享产生和发展的动力。

3. 资源整合与优化资源共享模式

图书馆作为社会公益服务单位，一般都是自建文献数据库或通过签订协议使用商业文献数据库。随着时间的推移，图书馆的数据库类型将会越来越多，数据资源的规模日渐庞大，复杂多样的数据类型和内容导致检索不便，所以需要进行资源的整合与优化。通过资源共享、馆际互借、资料查找等实现互联互通。在这方面，可以和数据企业对接，跟其合作，一是加强了资源上的合作，二是可以利用企业的专业人才团队完成对数据资源的整合。图书馆文献资源整合是时代发展的产物，是现代社会的需求，是节约成本、实现经济效益、创造社会价值的有益尝试和探索。

图书馆资源共享的本质是不同资源所有者通过互通有无提供信息服务，而网络技术和信息技术是实现资源共享的必要支撑，在提高资源共享效率的同时降低资源配置成本。近年来，以云计算、大数据、物联网、移动互联网、人工智能为代表的互联网新技术持续发力，云计算技术以其高效、便捷的优势，为图书馆的信息资源社会共享平台建设提供了技术保障。信息资源共享云平台建设和运营过程中，图书馆作为组织和实施的主体，其关注点在于满足社会大众的资源访问需求，云平台可以帮助公共图书馆建立一套新的服务系统。这种系统可以让用户体会到便捷的服务、友好的交互视窗界面和良好的接口兼容能力，而且，在良好的共享系统中，图书馆可以实现从纸质书为主的服务转型为数字化服务，从而提升图书馆的利用率和共享率，优化公众的信息获取体验。

5.5.5　缩小差距，重构服务分布

均衡发展是现代图书馆管理与发展的焦点问题，也是图书馆管理体系重构的关键。由于地缘、政治、经济、文化等原因，每个图书馆或不同地区图书馆的服务水平有所差异。如何弥合这种不均衡的布局，使每个图书馆的用户都能享受平等的信息权利，事关图书馆的影响力树立和图书馆可持续发展的百年大局。服务差距分布如下所示。

1. 国际层面

服务不均衡在国际层面表现为每个国家的经济水平发展不同，图书馆发展水平也有所差异。战乱频繁地带的人民尚不能安居乐业，更不能享受到较为稳定的公共文化服务；经济落后的地区文献交流阻塞，亟待国际的文化援助；饱受疫病困扰的地区也亟待建立关于疫病的数据库，享受相关的服务援助和支持。发达国家和发展中国家的图书馆发展模式也有所不同。发达国家的大型图书馆有足够的人力、物力来成为行业领域的标杆，推广创新的服务，也拥有比较大的行业影响力；发展中国家的牵头作用十分重要，寻求国际合作也是非常关键的渠道。

2. 国家层面

（1）地缘差距。地缘所造成的信息差距包括乡村和城市的信息差距、边远地区的信息差距、基层与高层的信息差距、其他经济欠发达地区与经济发达地区的信息差距。例如，美国的西部和东部，英国伦敦的东部和西部等。这些信息差距产生的根本原因是

这些地区经济困难，没有足够雄厚的经济基础来支撑文化建设。

（2）信息弱势人群。信息弱势人群是由于自身的特点或受限于某种环境，无法常规地利用图书馆的人群，包括老人、儿童、囚犯、文盲、残疾人。他们生理、认知和年龄上的特征，导致他们在缺失图书馆的指导和特殊服务的情况下，无法充分享受到文献服务、满足自身的需求。

（3）战略规划中的均衡发展。《公共图书馆宣言》说，每一个人都有平等享受公共图书馆服务的权利，而不受年龄、种族、性别、宗教信仰、国籍、语言或社会地位的限制。对因故不能享用常规服务和资料的用户，如少数民族用户、残疾用户、医院病人或监狱囚犯，必须向其提供特殊服务和资料。用户权利的平等性要求图书馆弥合信息鸿沟，促进服务均衡布局，包括信息获取的平等和信息分配的平等。均衡发展的理念在各国的图书馆战略规划中都有所体现。美国《奥比斯级联联盟 2019—2024 年战略规划》在“加强成员发展”目标下提出完善资源共享的机制，提升规模效益，在“扩大信息访问”目标下提出提高资源的可及性，保障信息公平获取，是图书馆联盟均衡化战略实践的典型。《澳大利亚国家图书馆资源共享战略规划（2012—2015 年）》希望让澳大利亚公民都能公平地享受数字资源，指出公共图书馆也可以通过联合编目、图书馆资源共享和联合采购等方式为读者提供公平服务，但在这个过程中，如何均衡资源贫富的图书馆利益，以及如何建立支持可持续发展的财务模型也是值得探讨的。国际图联致力于信息获取公平，认为全球每一个用户、机构、馆员都有平等使用图书馆服务的权利，在《国际图联 2019—2024 年战略框架》中提出为全球图书馆和信息社区需求量身定制高质量、影响力大且吸引人的交流活动。《中共中央关于制定国民经济和社会发展第十四个五年规划和 2035 年远景目标的建议》提出在“十四五”期间更加健全公共文化服务体系、提升公共文化服务水平，到 2035 年实现基本公共服务均等化。我国《“十四五”公共文化服务体系建设规划》四大目标中最首要的就是“公共文化服务布局更加均衡”。

（4）延伸服务。延伸服务是图书馆向不能常规利用图书馆服务的用户提供特殊服务，保障所有人的图书馆权利，是平等地利用图书馆的权利的重要方式。《美国图书馆互借实施规则》规定服务社会应是公共图书馆的基本义务。图书馆以用户为核心的人文精神也要求图书馆注重人人都有平等使用图书馆的权利，从而为不能常规利用图书馆的人提供特殊服务。在不断变化的环境中，延伸服务通过传统服务和新服务满足社区需求。无论是向无法到达实体图书馆的人提供服务，还是向服务不足的人伸出援手，图书馆的延伸活动和社区参与都可以确保向所有人公平提供图书馆服务。延伸服务的对象不能常规使用图书馆，可能是因为地区贫困、信息闭塞，也可能是因为自身是信息弱势群体。延伸服务是在实体图书馆之外进行的，是解决图书馆均衡发展问题的重要举措，彰显着图书馆的人文精神。延伸服务主要分为以下三种类型：①地域延伸型。图书馆服务向地域延伸主要是扩大基础服务和特殊服务的到达范围，往往是向不发达的地区延伸，如沙漠、边远地区、基层、乡村等。这些地区存在经济落后现象，容易文化发展滞后，而形成服务分布的差距。阿马戈萨山谷位于美国内华达州阿马戈萨沙漠南端，社区公共服务设施少，人口极度贫困，在奈县捐助和内华达州图书馆支持等帮助下，阿马戈萨山谷图书馆于 1995 年成为“图书馆区”，运营有税收保障，还有其他图书馆专业人员的指导，是图书馆延伸服务辐射沙漠的典型。②社区延伸型。图书馆进入社区的形式最为丰富，看电影等各种娱乐活动、讲座和阅读活动、沙龙互动交流、求职讯息与技能培训等服务类型层出不穷。纽约州莱茵贝克镇克林顿社区图书馆的娱乐活动有游戏之夜、乐高之夜、电影之夜、优惠券交换、品酒会、装饰游戏、吉他小组等。社区图书馆还可以举办各种阅读活动来提高居民阅读的积极性，如学生寒暑假期间，与学校合作开展课外阅读活动，激发学生的阅读兴趣。③人群延伸型。图书馆服务还应向老人、儿童、囚犯、文盲、残疾人等信息弱势群体延伸。2020 年 1 月 15 日，美国儿童图书馆服务协会（Association for Library Service to Children，ALSC）发布《参与、培育、提供和评估：面向儿童和家庭的延伸服务模式》白皮书，旨在促使图书馆更好地为儿童和家庭，尤其是为相对贫困社区的儿童和家庭提供服务。

5.5.6　当代图书馆法的重构与完善

我国的图书馆法治起步相对较晚。2015 年，《关于加快构建现代公共文化服务体系的意见》提出“2020 年，基本建成覆盖城乡、便捷高效、保基本、促公平的现代公共文化服务体系”，为后来公共文化领域的立法奠定了基础。2017 年《中华人民共和国公共文化服务保障法》出台，其总则第二条规定，本法所称公共文化服务，是指由政府主导、社会力量参与，以满足公民基本文化需求为主要目的而提供的公共文化设施、文化产品、文化活动以及其他相关服务。公共图书馆作为公共文化服务的主体之一，自然也在管辖的范围之内，但此法案还不是真正意义上的图书馆专门立法。2018 年，我国第一部全国性图书馆立法《中华人民共和国公共图书馆法》实施，它的立法目的是促进公共图书馆事业发展，发挥公共图书馆功能，保障公民基本文化权益，提高公民科学文化素质和社会文明程度，传承人类文明，坚定文化自信，这在我国图书馆事业的发展史上是一个里程碑式的事件，标志着我国图书馆进入了法治时代。《中华人民共和国公共图书馆法》规定了政府是我国公共图书馆发展的主导者，也是责任者，也宏观地规定了公共图书馆向社会公众免费开放等义务和责任。该法律也十分注重服务均衡发展的问题，这一点在第七条“国家扶持革命老区、民族地区、边疆地区和贫困地区公共图书馆事业的发展”和第十三条“国家建立覆盖城乡、便捷实用的公共图书馆服务网络”中得到了很好的体现。但也应当看到，许多问题也没有解决，如高校图书馆的立法空白问题、应用智能技术后可能带来的用户伦理问题、应急服务的详细规定问题等。2021 年，《个人信息保护法》《数据安全法》《关键信息基础设施安全保护条例》相继出炉，我国的法律体系再次添砖加瓦，与图书馆法治遥相呼应，联动颇佳。例如，《个人信息保护法》规定了个人信息保护可以通过数据库安全的技术手段实现，核心数据加密存储，通过数据库防火墙实现批量数据防泄露，也可以通过数据脱敏实现批量个人数据的匿名化，通过数字水印实现溯源处理，这就为图书馆技术保护用户隐私提供了法律依据。《中国图书馆学会“十四五”发展规划纲要（2021—2025 年）》提及在“十三五”时期，面向立法需求，图书馆全力推动《中华人民共和国公共图书馆法》出台，重点参与《中华人民共和国网络安全法》《中华人民共和国公共文化服务保障法》《中华人民共和国档案法》《数据安全法》《全民阅读促进条例》等法律法规的制定，配套建立有重点、有层次、有专业特色的法律法规宣传培训体系，并说这些法律是“十四五”时期图书馆发展的内在动能。现代公共文化服务体系“四梁八柱”的制度框架基本建立，公共文化服务法治建设取得突破性进展，体制机制改革不断深化，基本公共文化服务标准化均等化建设全面推进，覆盖城乡的公共文化设施网络更加健全，优质公共文化产品和服务日趋丰富，服务能力和水平明显提高。在这样的背景下，“十四五”公共文化服务体系建设规划出台，提出了“服务布局更加均衡”“服务水平显著提高”“服务供给方式更加多元”“数字化网络化智能化发展取得新突破”四大目标，为建设以人为中心的图书馆提供了政策依据。我国的图书馆法治与国家政策息息相关，结合紧密，相互配合，形成体系，保障着我国图书馆事业在法制环境下协调高效运转。

1. 应急服务

参与突发公共事件的应急管理、将自身纳入国家应急管理体系是图书馆最重要的课题之一。但是，图书馆的应急服务仍然呈现出一些问题，主要包括以下几方面。

1）预警体系不完善

目前我国图书馆界偏重研究应急管理的基本概念和基本框架的介绍，缺少细节，应急预案可操作性不强。每个公共图书馆的应急预案水平不同，这大大影响了一些图书馆在参与应急时的贡献程度。面对突发事件的不同情况，预案里没有分类、分层处理的办法。这也导致公共图书馆在应急管理中比较被动，个性化、特色化、精准化的服务程度不够。

2）信息流通渠道不健全

信息的封闭会引起危机事先未警觉、流言、恐慌，为抗疫增加难度。另外，中小型图书馆没有经费和智能设备，数字化尚未完成，建设云图书馆更是力不从心，以至于闭馆后便无法为社区或乡村民众提供文化服务。地区中心馆、省级图书馆应第一时间通知下属的市、区、乡图书馆，辟谣求真，解读政策，动员一切积极因素，做到联防联控、群防群控。另外，政府部门和省市级图书馆应及时将物资、资源、技术输送给下级图书馆，并对疫情较为严重的地区施以援手。

3）应急服务方式的单一

图书馆在疫情期间的应急服务方面，尚存在服务资源整合不够、服务深度不足等问题。余望枝和刘芳指出，虽然各个图书馆都致力于向用户推送资源，但对用户个性化的需求关怀不够，精准服务不足，推送资源分散，难以全面保障用户阅读的可达性。虽然图书馆已经借助了 5G 等智能技术的力量，但由于技术不成熟、机制不完善等原因，图书馆的应急服务形式单一，局限于在线咨询和资源推介；应急服务的内容也不够专深，馆员未对用户深层次需求有所调研，创新潜力未完全激发。

我国是“一案三制”（应急预案和应急体制、机制、法制）的应急管理体系，应急法治建设是应急服务的重要保障。虽然我国已有《传染病防治法》《中华人民共和国突发事件应对法》等诸多的疾病控制法律，但在图书馆领域仍然有相关立法的空白，现有立法并未将应急服务作为重点突出。未来的图书馆法治建设将完善应急服务的内容，让图书馆的运转更为安全稳健。

2. 协调发展

协调发展指的是图书馆的资源分配公允和图书馆内部诸要素、图书馆与外部机构的关系和谐平衡发展的良好生态。例如，美国《博物馆和图书馆服务法案》(2018 年) 在原有法案的基础上补充的"支持和加强协作性专业网络、作品和联盟，利用共享、有意义和可操作的数据分析和建模，推进博物馆、图书馆和信息服务，满足社区需求"条款就是协调发展的典例，彰显了图书馆法治将突出协调发展的作用，并朝这个方向不断深化、创新。

1) 纸质资源与电子资源协调发展

纸电资源的比例决定了图书馆的馆藏结构，也是决定图书馆的资源建设质量的关键因素。合理分配纸电资源的比例有利于经费的合理配置，为图书馆创造更大的效益，更有效地满足用户的需求。吸纳用户参与文献资源的采购是合理协调纸电资源的好办法，如上海大学图书馆与田田网荐购平台合作,让大学生在该平台免费选购自己喜欢的图书。读者可以根据自己的喜好进行分类查找，并按照自己的阅读习惯选择纸本图书或是电子图书的荐购，采购人员根据读者推荐的书目进行馆藏比对，重点采购未购买的图书，保证图书的采购能最大程度地满足读者需求，提高了图书的利用率。

2) 图书馆与其他机构协调发展

现代图书馆的开放体系决定了它与其他类型的文化机构、出版商、书商、数据商、馆配商会展开多元合作，那就要平衡图书馆与其他机构之间的利益冲突，确保信息资源向对用户有利的方向流动。图书馆内部的合作有图书馆联盟等模式，高校图书馆有校校合作、校企合作等模式，乡镇综合文化站一直以基层文化站、街镇图书馆的双重身份在基层公共文化服务方面发挥着作用，协调街镇图书馆与综合文化站的服务分布也是十分必要的。面对协调发展问题，图书馆一方面要加强沟通，通过疏导和交涉巩固合作的基础；另一方面要建立合同、协议、宣言等书面化的成果，强化合作的纽带，共同提供信息资源共享服务。

3) 图书馆资源分配协调发展

图书馆组织应调动自身的一切资源，利用社会各界的助力，推动图书馆资源公平分配，确保每个用户都能平等地享受图书馆服务。这些措施包括加强合作，促进资源共享机制；开展延伸服务和特殊服务；借用国家的力量，为中小型图书馆赢得拨款和政策；有能力的大型图书馆支持下级的图书馆；中心图书馆发挥辐射作用；充分发挥网络基础设施的作用等。例如，为了解决城乡居民在获取公共图书馆服务上的严重不平衡问题，海宁市要求农村和城市配置同等的资源和服务，完善城乡一体化的资源保障和共享机制。

3. 体系化发展

体系化发展指图书馆事业与诸多积极元素相融合，形成科学有效、开放包容的现代图书馆建设体系。

1）区域一体化发展

区域一体化一开始是经济学的概念，是指区域内单独的经济体整合为更大的经济集团的过程，如北美自由贸易区、欧盟就是区域一体化的实例。后来学者意识到，经济一体化是区域一体化的基础，文化服务也要一体化发展。在我国，长江三角洲（简称长三角）一体化、珠江三角洲（简称珠三角）一体化、京津冀一体化都是国家战略。《长江三角洲区域一体化发展规划纲要》提出了“城乡区域融合发展”,《“十四五”公共文化服务体系建设规划》提及积极发挥国家重大发展战略引领作用，推动公共文化服务体系建设与京津冀协同发展、长江经济带、粤港澳大湾区、长三角一体化、黄河流域生态保护和高质量发展等国家发展战略的结合。区域一体化发展的好处是各区域的图书馆互惠互利，共同发展，能有效地避免资源分配的差距过大，同时强化了各区域图书馆之间的交流和合作关系。

2）文旅融合

2018 年 4 月，我国文化和旅游部正式成立，消除了文化和旅游融合发展的体制障碍，搭建了文旅融合的新平台，催生了文旅融合的新模式。文旅融合是在旅游中发挥文化的传承、教育、弘扬、推广等职能，为此，图书馆将扮演重要角色，主要有三个方面：①地方特色资源的阅读推广。图书馆通过构建地方文献数据库拥有大量的资源，可以推介给游客。同时，图书馆还可以在民宿、景点放置自己的图书资源，以达到推广阅读、让游客了解风俗民情的目的。②图书馆地方品牌的建立。图书馆营销很重要的一点就是“贴标签”，体验到地方特色的游客自然会给予图书馆相同的属性标识。亚历山大图书馆则利用其馆藏资源打造亚历山大印象、永恒的雕塑、阿拉伯书法等几个常设展览，组织相关的书展、艺术展、研讨会、音乐会等活动，并根据读者兴趣建立特色文化展览，通过数字技术彰显埃及悠久的历史。③将图书馆作为旅游场所，参与旅游设计。例如，美国纽约公共图书馆专门为游客设计旅游观光线路，带领游客参观借阅室、阅览室和展览室等与阅读相关的场所以及一些文献资料。

3）智慧图书馆体系化建设

体系化建设智慧图书馆是指不只关注于图书馆资源、技术、服务、空间的单独要素或个体图书馆，而要在全国范围内建立标准化、规范化的图书馆智慧化体系，上下畅通、互通有无，让每个图书馆都享受到智能化发展的成果，让每个用户都接受图书馆的普惠服务和智能服务。《国家图书馆“十四五”发展规划》提出了“智慧转型”战略，到 2025 年，国家图书馆将建设成为更具智慧、品质、开放的世界一流国家级图书馆，支撑国家现代化建设和人的全面发展的高质量文献信息保障和知识服务中心。《“十四五”公共文化服务体系建设规划》提出要坚持系统推进数字化、网络化、智能化发展取得新突破，体系化建设智慧图书馆。智慧图书馆的电子资源比例远远超过纸质资源，一定要重视数字资源建设，以大数据、云服务技术为支撑的图书馆服务平台也在转型中发挥关键作用；拓展图书馆服务智慧应用场景。在空间内运用各种传感器传输用户数据，借用 VR、AR 等技术带给用户不一样的视听盛宴，提升用户体验，并不断开发新的业务场景；为用户提供多元化的精准服务。满足用户的个性化需求需要图书馆多元的供给方式，借由用户画像得到用户兴趣点，为用户推送喜欢的资源，积极开拓创新的服务模式，便利用户阅读。

第6章

科学研究的过程与要素

6.1 社会科学研究的过程

6.1.1 社会科学研究的概念

社会科学研究是指以一种经验的方式，对社会世界中人们的行为、态度、关系，以及由此形成的社会现象、社会产物进行的科学的探究活动。

6.1.2 社会科学研究的基本功能

（1）探索：探索社会现象，引起关注。
（2）描述：描述社会现象及它们之间的关系。
（3）解释：解释社会现象（变量）之间关系的发生和变动。
（4）预测：预测社会现象（变量）、社会问题、社会关系的变动趋势。
（5）干预：批评、评估和干预的功能。

6.1.3 社会科学研究的难点

（1）（研究对象）人的特殊性：研究对象的主观意愿和主观意志对研究过程和研究结果的影响。

（2）研究的干扰性和伦理困境：社会科学对于被研究对象会产生干扰和影响，还要考虑尊重和保护被研究者。

（3）社会现象的复杂性：复杂的变量关系导致多因多果的解释困境。

（4）研究者保持客观性的困难：研究者保持权力无干涉、价值中立和情感超脱的困难。

6.2　社会科学研究的方法体系

社会科学研究方法体系的三层次说：方法论、研究类型及方式、具体研究方法和技术，具体如图 6-1 所示。

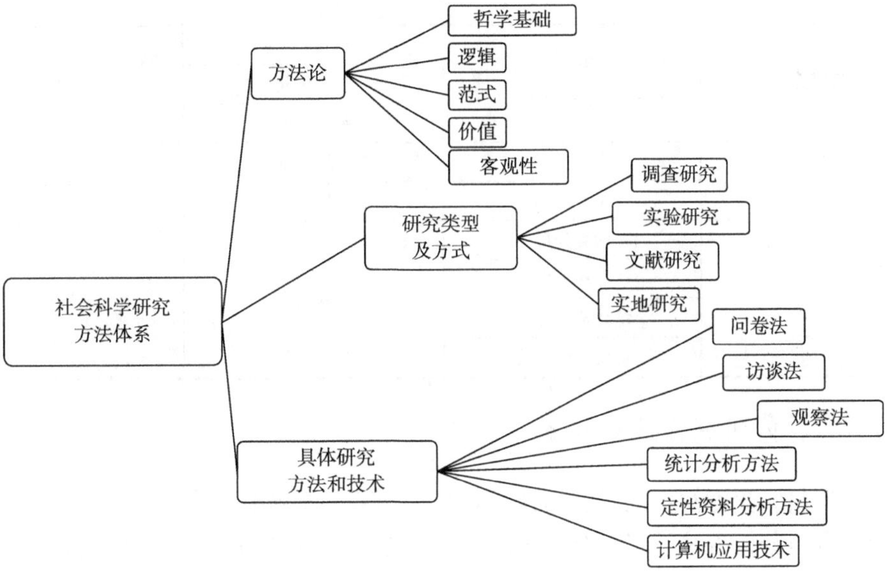

图 6-1　社会科学研究的方法体系

6.2.1　方法论

方法论指导研究的一般思想方法、基本假设、基本逻辑或原则，如社会科学能否客观地认识社会现象？是否存在客观的社会现象？等等。

探讨的主要问题包括社会现象的性质及理解、社会研究的哲学基础及假定、社会研究过程或结果的客观性、研究者价值取向与研究之间的关系、社会研究中不同研究范式之间的关系。

6.2.2　研究类型及方式

研究方式是指研究采取的具体形式或研究的具体类型。其中，社会科学研究常用的研究方式。

（1）（问卷）调查研究：普查和抽样调查等。

（2）实验研究：实验室实验和实地实验等。

（3）实地研究：参与考察、个案研究等。

（4）文献研究：历史比较研究、内容分析、统计资料分析等。

其中，社会学研究的主要研究方式、子类型、资料收集方法以及研究性质，如表 6-1 所示。

表 6-1 社会学研究的主要方式

主要研究方式	子类型	资料收集方法	研究性质
调查研究	普遍调查	统计报表	定量
	抽样调查	自填式问卷	
		结构式问卷	
实验研究	自然实验	自填式问卷	定量
	实验室实验	量表测量	
		结构观察	
实地研究	参与观察	无结构观察	定性
	个案研究	无结构访问	
文献研究	内容分析	目录索引	定量/定性
	二次分析		
	统计资料分析		
	历史比较分析		

6.2.3 具体研究方法和技术

（1）资料收集方法：问卷、访谈、观察、测验、实验等方法。

（2）资料分析方法：定量分析（统计分析方法）、定性分析（定性资料分析方法）。

（3）操作程序和技术：计算机应用技术、问卷及量表编制技术、编码技术、实验控制技术等。

6.2.4 社会研究方法体系中各部分之间的关系

社会研究方法体系包括三个层次，且是一个有机整体，具有内在关联性。

（1）不同的方法论观点影响着研究者对研究方式的选择。

（2）不同的方法论倾向及与之相适应的研究方式，也在一定程度上制约和影响着研究者对研究领域和研究问题的选择。

（3）一定的研究方式通常也规定了一套与其相应的具体方法和技术。

6.3 社会科学研究的层次与过程

6.3.1 科学研究的三个层面

（1）理论：对事物之间联系方式（变量之间关系）的系统表达。

（2）资料收集：对事物的感知、观测。

（3）资料分析：利用证据资料，建立事物之间的联系。

6.3.2　社会科学研究的步骤

社会科学研究的过程包括以下五个阶段，具体如图 6-2 所示。

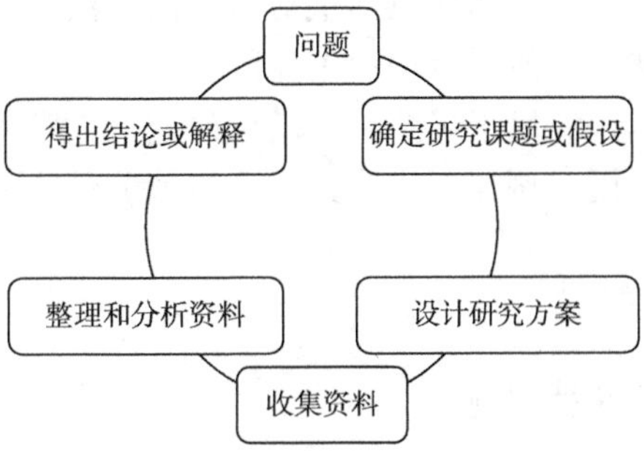

（1）确定研究课题或假设；（2）设计研究方案；（3）收集资料；（4）整理和分析资料；（5）得出结论或解释

图 6-2　社会科学研究的具体步骤

6.3.3　案例分析

中国独生子女问题研究案例如下。

（1）确定研究领域、主题及明确研究问题：中国独生子女问题研究；独生子女家庭、教育研究。

（2）进行研究设计。

①确定研究方法：调查研究方式（问卷调查、抽样调查）；②确定调查地点、调查对象：某地小学独生子女与非独生子女及家长；③明确分析单位：小学生中的独生子女；④明确资料收集对象：小学生家长；⑤抽样方法：分层、多阶段、整体抽样；⑥准备调查测量工具：问卷和访谈提纲。

（3）收集资料：奔赴某地进行问卷调查、个案访谈。

（4）整理分析资料：问卷审核、清理、数据录入；统计分析。

（5）结论及成果：独生子女家庭典型特征等。

6.4　研究问题的选择研究

6.4.1　研究问题的概念界定

（1）研究主题：社会研究所涉及的某一现象领域或问题领域，如婚姻、家庭、人际交往、社会流动等。

（2）研究问题：一项社会研究所要回答的具体问题。例如，城市居民的住宅状况对邻里交往有什么影响？农村留守老人的生活满意度如何？

研究主题一般比较宽泛，一个研究主题一般可以包括多个不同的研究问题。研究问题的选择过程往往是从宽泛的研究主题开始，逐步缩小到更为集中的研究问题。

6.4.2　研究问题来源

（1）现实社会生活。例如，当代大学生对试婚的看法。

（2）个人经历。例如，如何看待毕业失业问题。

（3）现有文献。例如，农民工寻找工作模型研究；大学生社团的决策机制。

（4）不同来源共同作用。例如，当代大学生对就业创业的态度。

6.4.3　研究问题的类型

（1）概括性问题和特殊性问题。

（2）普遍性意义问题和特殊性意义问题。

（3）差异性问题和过程性问题。例如，中国的大学生对希望工程是否支持。中国的大学生在希望工程的发展进程中起到的作用。

（4）意义类问题和情景类问题。例如，长沙市交通警察是如何看待自己的职业的。长沙市的交通警察每天是如何履行自己的职责的。

（5）描述性问题、解释性问题、理论性问题。

（6）比较性问题与非比较性问题。

（7）因果性问题与相关性问题。

6.4.4　选题的重要性及标准

1. 选题的重要性

（1）明确研究方向和目的。

（2）体现和影响研究水平与质量。例如，中学生上网现状调查；网络对中学生社会化影响研究。

（3）选题制约调查研究过程。

（4）影响调查的质量。

2. 选题标准

（1）重要性。选题的重要性主要体现在理论、应用上的价值和意义，如农村儿童辍学状况调查。

（2）创造性。课题中应该具有新的东西，如城市街头农民工与城市非正规就业。

（3）可行性。具备完成课题的主客观条件，如离婚妇女的心理冲突与调适研究。

（4）合适性。适合研究者的个人特征。

6.4.5　选题要避免的“陷阱”

（1）贪大求全。费孝通说：“在选题上常常容易犯的毛病是脱离实际，想搞大理论，搞一个完整的体系，看不起小题目，忽视知识的积累，以致老虎吃天，无从下口，自己给自己出难题。这样的教训是不少的。”因此，研究问题要明确化。

（2）对问题已经解决到什么程度一无所知。因此，要进行文献回顾。

（3）应避免的非研究问题。①虚假问题。提出的是一个没有正确答案的问题——科学是什么颜色？②错误问题。提出的是一个在没有解的区域中的问题——大学生的厌学情绪是缺乏什么饮料引起的？③形而上学的问题。把本身复杂的价值判断问题简单化——富孩子好还是穷孩子好？

6.4.6　研究问题的明确化

1. 研究问题明确化

研究问题的明确化是指通过对研究问题进行某种界定，给予明确的陈述，以达到将最初头脑中比较含糊的想法，变成清楚明确的研究问题；将最初比较笼统、比较宽泛的研究范围或领域，变成特定领域中的特定现象或特定问题的目的。例如，我国社会中的青少年犯罪问题调查研究；农村青年的价值观研究。

2. 研究问题明确化的方法

（1）缩小问题的范围。缩小内容范围，从某个特定角度研究；缩小研究对象范围；缩小地域范围。

（2）清楚明确地陈述研究的问题。问题陈述必须清楚明白；问题陈述必须包含两个变量；问题陈述必须是可检验的。

6.4.7　文献回顾

1. 文献回顾及其意义

文献回顾也称为文献考察或文献评论，是指对到目前为止的，与研究问题领域相关的各种文献进行系统查阅和分析，以了解该领域研究状况的过程。或者说，就是一个系统地识别、寻找、考察、总结那些与我们的研究有关的文献的过程。

文献回顾与选题之间的交互作用：感兴趣的现象或问题领域，通过较为宽泛地查阅相关的文献，初步确定研究问题，并借助查阅更专门的文献，进一步明确研究问题。

文献回顾对社会研究的主要作用：帮助研究者熟悉和了解本领域已有的研究成果；为研究者提供一些可供参考和研究的思路和方法；为解释研究结果提供背景资料。

2. 文献来源

（1）相关著作——图书馆。

（2）相关论文——期刊、索引、参考文献。
（3）相关统计资料和档案资料。
（4）各种专业性资源网站。

3. 文献回顾的程序

首先，找到感兴趣的现象或问题领域；较宽泛地查阅相关文献；初步确定研究问题；进一步查阅更为专门的文献；进一步明确研究的问题。

4. 文献选择

（1）相似性。例如，武汉市城市居民生活质量研究；厦门市城市居民生活质量研究。
（2）时间新。
（3）权威性（作者、发表载体、影响等）。

5. 文献阅读

重点了解研究的理论框架和研究背景（出发点、目标）、研究方法、研究结果、自己对该领域研究的评价。同时对重要内容做记号、做简要评语、做摘录（注明原文出处：作者、论著或资料名称、出版社或登载期刊、出版年、页码）。

6.5 研究假设与研究设计

6.5.1 研究假设的定义和作用

1. 研究假设的定义

假设就是研究者对于研究结果的一种设想，对于研究问题中变量间关系的一种预期。可以说假设就是还没被证明的定理。它是对研究问题的一种常识性解释。

2. 研究假设的特征

（1）至少要有两个变量。
（2）一般表明变量之间存在一种因果关系。
（3）假设在逻辑上是与所研究的问题相关的。
（4）假设是可以证伪的。

3. 假设在研究中的重要性

（1）假设最重要的功能是指引研究的方向。假设可以知道研究者从何处入手，选择何种研究方式和调查方法，收集何种资料。大胆假设、小心求证。
（2）发展理论。假设—假说—定律。

4. 假设的类型

（1）描述型假设。这类假设的内容主要是说明一些变量的存在、大小及分布情况。
（2）关系型假设。这类假设在于说明两个（或多个）变量之间的关系。

5. 假设的陈述方式

①函数式陈述；②条件式陈述，即“如果……，则……”，如“如果家庭收入增加，则家庭用于食物支出的比率将降低”；③差异陈述，“a 组与 b 组在变量 X 上无（有）差异”，如“大学教师和省级公务员的收入水平没有差异”；④有关调节变量的假设陈述形式：Z 将调节 X 与（或对）Y 之间的关系（或作用）、Z 将加强（或减弱）X 与（或对）Y 的关系（或作用）、X 与（或对）Y 的关系（或作用）将随 Z 的变化而增强（或减弱）。

6.5.2　研究设计类型

1. 理论研究与应用研究

1）基础理论研究

基础理论研究是指对某个学科或领域的基本理论、概念、原理和模型等进行探索和研究。这种研究通常涉及学科的核心问题和基本概念，以及未解决的理论难题和方向。

2）应用研究

应用研究是指将已有的理论、方法和技术应用于实际问题的解决，以解决社会、经济和科技发展中的实际问题为目标。这种研究通常涉及工程设计、制造、管理、政策等方面。

2. 探索性研究、描述性研究和解释性研究

1）探索性研究

探索性研究也称“先导研究”，目的在于对某一问题或某一现象进行初步了解。它既可以作为一项独立的研究，也可以为进一步周密、深入的研究做准备。主要适用于如下三种情况：研究者本人对所要研究的问题或者现象不大熟悉，了解很少时；所要研究的问题或现象本身鲜为人知，或很少有人涉及时；进行大规模的调查研究之前。

2）描述性研究

目的在于系统地了解某一社会现象的状况及发展过程，通过对现状的准确、全面描述来解答社会现象“是什么”“怎么样”的问题。

3）解释性研究

试图对社会现象做出普遍的因果解释，目的在于解答“为什么”的问题。

3. 横剖研究与纵贯研究

1）横剖研究

横剖研究指的是在某一时刻点上，对社会现象或事物“横截面”所进行的研究。它可以把握研究对象在一定时空范围内的基本结构状况及特征。

2）纵贯研究

在一段长时间内的不同时刻点上对所研究对象进行若干次观察和资料搜集，以描述事物发展的过程、趋势和变化的研究类型。

4. 趋势研究、同期群研究与追踪研究

1）趋势研究

对某一确定的总体，在一定的时间段内就某一特定问题，进行若干次调查，通过对比分析几次调查的结果，发现公众意见和态度的变化发展趋势，并预测或推断其发展结果的研究类别。具体调查方法多种多样。当研究的总体规模较大时，一般采用只调查其有代表性的样本的方法。在多次调查时，每次的样本可以不同，但是各样本的规模和结构应当比较一致，以便进行比较。

2）同期群研究

同期群研究也称作人口特征组研究，是指对某一特殊人群（即特征组）随时间推移而发生的变化进行的研究。

3）同组研究（追踪研究）

同组研究又称为定组研究或追踪研究，它指的是对同一组人随时间推移而发生变化的研究，主要用来探讨人们的行为、态度或意向的改变模式和变化过程，分析影响这种改变的各种因素。

6.5.3 研究方法

1. 统计调查

两个显著特征：使用结构式的调查方法收集资料；在对大量个案做分类比较的基础上进行统计分析。

适用于对社会现象的一般状态的描述以及对现象间关系的因果分析；还适用于对集体的态度、行为倾向和社会舆论的研究，如民意测验。

2. 实地研究

实地研究是一种深入研究对象的生活背景中，以参与观察和无结构式访问的方式收集资料，并通过对这些资料的定性分析来理解和解释社会现象的社会研究方式。

适用于对少数有典型性的或独特的社会单位进行详细、深入的考察，特别是对那些只有在现场才能很好理解的事件、过程和行为进行研究。

源于人类学的田野调查（马凌诺斯基传统的系统田野工作），并已从“异域”走向“本土”，从“原始”走向“文明”，从农村走向城市。

3. 实验研究

最适用于解释现象之间的因果关系，在社会研究中，主要用于社会心理学和小群体的研究。

实验研究的三组基本要素：自变量和因变量；前测和后测；实验组和控制组。实验法收集的资料与统计调查资料一样，可以进行分类汇总和统计。大规模的“社会实验”也是依据实验法的原理。

4. 文献研究

历史学的主要方法，利用现存的第二手资料，侧重从历史资料中发掘事实和证据。

社会研究中，文献法必不可少：探索性研究阶段中的文献查阅；无法直接调查的情况下利用文献资料开展独立研究。

特点为：非接触性、间接性、无反应性；资料收集方法与分析方法密切关联，研究者通常是确定了分析方法后再查找某种类型的文献。

6.5.4　分析单位与研究内容

1. 分析单位、抽样单位、研究内容/主题

（1）分析单位。分析单位是社会调查所研究的对象。

（2）抽样单位。一次直接的抽样所使用的基本单位，在实际抽样中往往是多层次的，有时候与分析单位相同，有时候则不同。

（3）研究内容/主题。分析单位的属性或特征，是一项调查研究所要了解的调查项目和调查指标。

2. 分析单位的类型

分析单位类型包括个人、群体、组织、社区、社会产物。

3. 研究内容的类型

（1）状态。例如，个人的性别、年龄、文化程度、婚姻状态等；群体、组织与社区的规模、结构、地点等；社会产品的大小、重量、颜色、形式等；社会行动发生的时间、地点及相关的人或群体等。

（2）意向性。例如，个人的人格、心理、态度、观念、信仰、个性特征、偏见、偏好等；群体、组织或社区的目的、政策、规范、关系结构、利益关系、内部凝聚力、行为过程及其成员的整体取向等。

（3）行为。例如，犯罪、离婚、选举、入党、辍学、旅游、就业等。

4. 研究内容与分析单位有关的两种错误

1）层次谬误又称区群谬误、生态谬误、体系错误

用较高层次的分析单位（较大的集群分析单位）做研究，却用较低层次的分析单位（较小的或非集群分析单位）做结论。

比如，研究者所收集的是有关某种大的集群（如城市、公司或学校）的资料，却从中抽取出有关个人行为的结论。

2）简化论

简化论又称简约论、还原论，是指研究者用个体层次的资料来解释宏观层次的现象，用某类特征来分析和解释各种复杂的社会现象。

6.5.5 研究方案的具体设计

1. 研究方案的内容

研究目的确定经过了探索、描述与解释。探索是对所研究现象或问题进行初步了解以获得初步的印象和感性认识，同时为今后更为周密、更深入的研究提供基础和方向。从资料中所得出的各种结果并不用来推论研究对象的整体状况，也不用来检验某理论假设，而主要用来“探测”某类现象或问题的基本范围、内容或特征，用来“提示”深入研究这一现象或问题的可能途径，用来尝试可用于这一现象或问题深入研究的合适方法或工具。描述是对研究对象的情况和时间的描绘叙述。许多社会科学研究的目的就是描述，它可以极大地丰富有关社会形态和本质的知识。描述性研究应注意描述的准确性和描述的概括性。解释性研究关注的是“为什么”的问题，是解释原因、说明关系、解释规律、展示趋势，理论色彩强。解释性研究通常从理论假设出发，经过实地调查，收集资料并通过对资料的分析来检验假设，最后达到对社会现象进行理论解释的目的。解释性研究在方案设计上，具有系统性和周密性的特征，同更为严谨的、有针对性的社会研究方法中的实验设计相接近。解释性研究在研究内容上，特别注重研究内容的实用性和准确性，要求研究内容必须针对所要验证的理论假设。具体的研究方案设计需要经过以下步骤。

（1）说明研究课题的目的和意义。

（2）说明研究的内容。

（3）说明研究的理论假设。

（4）说明研究的分析单位和抽样方案。

（5）说明研究资料的收集方法和分析方法。

（6）说明研究人员的组成、组织结构及培训安排。

（7）确定研究的时间进度和经费使用计划。

2. 课题选择与研究设计的注意事项

如何才能更好地完成一项社会研究，马丁・丹斯考姆教授认为，出色的社会研究意味着项目的成功设计和顺利执行，为此研究者要注意方法上的 11 个关键问题。

①目的性：研究需要清晰的目的；②问题意识：必须以问题的发现和解决作为研究的灵魂，以及作为成败评估的标准；③实用性：研究应当结合现有的知识，并且符合现实需要；④资源：应当认识到时间、经费和机会对研究的限制；⑤创造性：研究应当对现有知识的革新有所贡献；⑥准确性：研究应该使用可靠的方法，产生准确的数据；⑦方法：研究应该对它的方法有一个明确的说明；⑧结论：研究应该产生普遍化的结论；⑨准确：研究者要虚心并懂得自我反省；⑩伦理：研究者应清楚参与者的

权利和利益；⑪客观：研究者必须慎重对待已有的研究成果和证实自己的观点。

6.6　文献综述与分析

6.6.1　文献综述的意义

展现对于专业领域或研究问题的熟悉程度，表明研究在整个学术传承中的地位。

6.6.2　文献综述的内容

概括出某个领域的已知研究成果；指出已知研究中的失误之处或不足之处；提出未来研究方向及研究的大概路径。

6.6.3　文献综述的大致步骤

（1）确定研究领域或研究问题。

（2）收集文献（文献量大时，应先做个计划）：学术期刊、专著、学位论文、第三方研究机构。

（3）浏览、筛选、阅读、精读文献。

（4）做文献阅读笔记，笔记一般要包括：检验的假设、测量主要变量的方法、研究发现、数据方面（样本群体、样本容量、抽样方式等）、所使用的数据处理方法、所提出的未来研究建议及自己对该文献的批判性评论等。

（5）系统地整理文献笔记：按照特定的研究主题、发展历史、按照主题下的不同假设或者在一个主题下讨论不同的研究方法。

（6）动手撰写文献综述：条理分明的组织框架、有导言和结论、章节之间有起承转合。

第7章

概念的操作化与测量

7.1 概念与概念化

7.1.1 概念

1. 概念的定义

概念是对现象的一种抽象，它是一类事物的属性在人们主观上的反映。概念在形式上常常用字、词或词组来表示。概念不是现实世界客观存在的客体。它只是人们为了方便存储所接收到的外部信息。把概念和表达这一概念的术语区分开来。所以概念包括两个部分术语与定义。术语为一个概念正名，一个概念必然有一个术语加以表达以方便表述。概念一旦形成并有了名词以后人们就暂时抛开概念化过程，而直接用名词、术语进行沟通。

2. 概念与构念的关系

构念是一类特殊的概念，是研究人员依据研究的需要所仔细构建或"发明"的一种概念。作为构念必须具备如下条件。

（1）必须具有能够加以观察的行为。

（2）研究人员常常是把某种构念放入某种理论框架中探讨其与其他概念之间的关系。在一定意义上说所有的概念无论是可直接观察的还是不可直接观察的都可以是构念。在文献中有时候也称为潜变量。

3. 概念的分类

概念一般而言划分为三类。

（1）物体概念。此类概念所指的是两种对象：东西（thing）和东西的属性，如男人、小孩、学校；大、小、硬。

（2）事件概念。此概念所指的两种对象为：事件（event）和事件的属性，如战争（激烈）、唱歌（优美）。

（3）关系概念。关系概念是指东西、事件及属性之间的关系，如文化、习惯、家庭系统、社会化等。

7.1.2　概念化

1. 概念化的定义

概念化（conceptualization）就是人们从一组心像（mental image）中抽象出共性并对这个共性赋予一个名词的过程。概念化就是对抽象概念的界定和详细描述定义也就是对概念进行语义上的定义与范围界定。概念化的结果就是概念。

2. 定义的定义

定义也称为界说，就是提示概念和名词所表达的共同属性，即内涵的逻辑方法，或者就是对概念所用术语的认知意义（cognitive meaning）的解释。定义的标准形式通常是“x”的意思是“y”。一个定义由两个主要部分构成：一是被界定项（definiendum）x；另一个是界定项（definiens）y。界定项必须与被界定项相等，它除适用于被界定项所指的一切事物外，不能适用于其他任何事物。例如，“人是理性的动物”。考虑这些定义：柏拉图的“人是两足而没有羽毛的动物”。

3. 定义的方法

科学研究最实用且应用最多的方法是种差界定法。

种（species）概念=种差（differential）+属（genus）概念。

例如，界定一个名词。首先要弄清楚它属于哪一个更大的集合类内的事或物，也就是找一个归属，种属关系辨明以后，就要弄清楚该名词在同类中的个性。个性弄清楚后，该名词的内涵就明晰了。

4. 概念化的操作步骤

（1）弄清楚概念定义的范围和维度。查阅文献看其他研究者对该概念的定义。

（2）对各种定义进行分类。可以按照定义所含的一些基本元素进行分类。

（3）决定一个定义。可以是别人的也可以是自己的。

7.2　概念的操作化

7.2.1　概念、变量和指标

概念、变量和指标的概念及之间的关系，如图 7-1 所示。

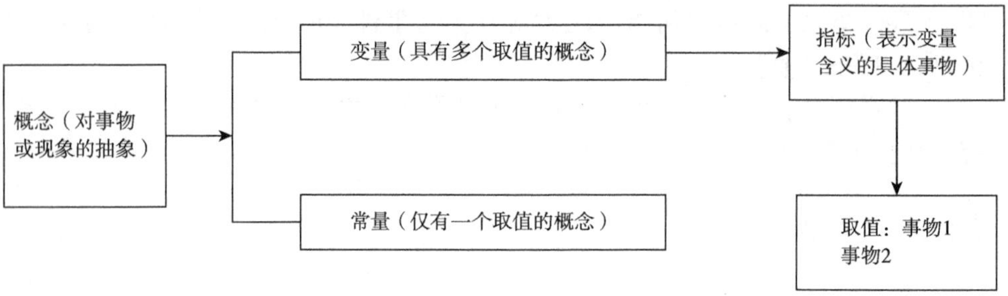

图 7-1　概念、变量和指标的概念及之间的关系

7.2.2　操作化的含义与作用

操作化就是将抽象的概念转化为可观察的具体指标的过程，或者说，是对那些抽象层次较高的概念进行具体测量时所采用的程序、步骤、方法、手段的详细说明。操作化是社会调查中测量社会现象的关键环节。比如，"同情心""智力"等概念我们都能体会，但终究是看不见摸不着的东西，必须经过操作化的过程，才能进行实际测量。

7.2.3　操作化过程

1. 概念澄清与界定

先列出有关这个概念的各种类型定义；总结出共同元素；决定采用何种定义。

2. 发展测量指标

方式 1：列出概念定义中的维度；针对不同维度建立测量项目或指标。

方式 2：探索性，尽可能多地列出测量项目或指标；试测，通过因子分析找出概念维度。

7.3　指标群与量表

7.3.1　指标群

指标群测量项目（items）之间地位对等，没有特定的顺序结构，该测量工具就称为指标群。指标群，顾名思义就是一系列指标的集合，示例如表 7-1 和表 7-2 所示。

表 7-1　艾森克人格问卷中与情绪有关的六项

目录	是	否
（1）你是否有时候会平白无故感到高兴和沮丧		
（2）你是否经常情绪起伏不定，无论是否有原因		
（3）你是一个多愁善感的人吗		

续表

目录	是	否
（4）当你想集中注意力的时候，是否也经常走神		
（5）即使你是在与别人谈话，是否也经常走神		
（6）你是否感到自己有时精力过剩，有时又疲惫不堪		

表 7-2　网瘾测量量表（得分 5 分以上）

目录	是	否
（1）你是否对网络过于关注（如：下网后还想着它）		
（2）是否觉得只有不断增加上网时间才能感到满足，从而使得上网时间经常比预定时间长		
（3）当你准备下线或停止使用网络时，你是否感到烦躁不安、无所适从		
（4）如果不能上网时，是否会感到烦躁不安或情绪低落		
（5）你是否将上网作为摆脱烦恼和缓解不良情绪（如紧张、抑郁）的方法		
（6）是否对家人或亲友隐瞒迷恋上网的程度		
（7）是否觉得在网上比在现实生活中更快乐或更能实现自我		
（8）是否在支付高额上网费用时有所后悔，但第二天却依然忍不住还要上网		

7.3.2　量表

1. 量表定义

其测量项目之间具有结构强度顺序，这样的测量工具就是量表。就是由一些测量项目所构成的、用于测量某个抽象概念的工具。

2. 常用量表

1）利克特量表

利克特量表（Likert scale）于 1932 年由利克特开发而成。由一组对某事物的态度或看法的测量项目构成，回答者对这些测量项目的回答可以分为 5 级或 7 级。

2）鲍格达斯社会距离量表

鲍格达斯社会距离量表（Bogardus social distance scale）用以测量人们相互间交往的程度、相互关系的程度或对某一群体所持的态度及心理距离。

3）语义差异量表

语义差异量表（semantic differential scale）主要用于研究人们对周围环境、某个群体或事物的看法与态度。

7.4　测量的基本理论

7.4.1　测量的概念

测量（measurement）就是根据一定的法则，将某种物体或现象所具有的属性或特征用数字或符号表示出来的过程。Stevens（史蒂文斯）认为，广义地讲，所谓测量就是根据一定的法则（rule）把数字（numeral）分配于物体或事件（objects and events）之上。

1. 物体或事件

物体或事件就是我们研究感兴趣的东西或者引起我们兴趣的事物的属性或特征，如身高、阅读能力、貌美、智力、动机、偏好、对某项政策的态度。

物体或事件划分为三大类。

（1）物理维度：物体或者人类行为的结果特征，如身高、生产率、技术进步程度、GDP（gross domestic product，国内生产总值）。直接度量出物体本身所具有的属性，不牵涉到被测的主观判断。

（2）个体对物理刺激的感知，如听众对声音、灯光亮度的感知。测量方法为心理物理度量方法（psychophysical scaling）。

（3）心理层面的事物：所测事物只存在心理维度，不具有或者无明显的物理维度，如态度、偏好、智力、审美、心理年龄。测量方法：心理测量（psychological measurement）。

2. 数字

数字而非数值，数字仅仅是当作一种物体或事件特征的代表符号，本身没有意义，仅当我们赋予它们意义的时候，它们才具有意义。

3. 法则

最困难、最有趣的工作是设定法则。法则就是告诉我们做些什么的一种指引或方法。对等于数学中的函数。测量中的法则就是把物体或事件的特征赋予数字的方法。f={（x，y）|x=物体或事件，y=一个数字}，法则决定了测量好坏，事物难以测量说的就是这个法则难以确定。好的法则是特征本身的结构与符号系统（数字）的结构之间的关系一致或平行，也就是让两者之间存在形式对称性。

7.4.2 测量的四要素

（1）测量客体，即测量的对象，对应“测量谁”的问题。社会调查中常见的测量客体有个人、群体、组织、社区等。

（2）测量内容，即测量客体的某种属性或特征，对应“测量什么”的问题。

（3）测量法则，即用数字和符号表达事物各种属性或特征的操作规则，对应“怎么测”的问题。

（4）数字或符号，即用来表示测量结果的工具，对应“如何表达”的问题。

7.4.3 测量层次

测量层次有定类测量、定序测量、定距测量、定比测量，对应的测量对象依次为定类变量、定序变量、定距变量、定比变量。

1. 定类测量

（1）含义。定类测量也称为定名测量尺度或类别测量尺度。它是对测量对象的属性或特征的类别加以鉴别的一种测量方法。

（2）数学特征：等于与不等于（或者属于与不属于）；定类尺度是社会测量的最低层次；不能类比大小和安排顺序，更不能进行加减、乘除运算。

（3）实例：对人们的性别、职业等变量特征的测量都是常见的定类尺度的测量。

（4）遵循原则：包括互斥、穷尽等原则。

（5）适用的统计方法：包括比例、百分比、众数、异众比率、X^2 检验等。

2. 定序测量

（1）含义。定序测量也称等级测量尺度或顺序测量尺度。它是指对测量对象的属性和特征的类别进行鉴别并能比较类别大小的一种测量方法。

（2）数学特征：大于或小于；比定类尺度的数学特征高一个层次；不能进行代数运算。

（3）实例。测量人们的生活水平，可以将其分为贫困、温饱、小康、富裕，这是一种由低到高的等级排列；测量城市规模，可以将其分为特大城市、大城市、中等城市、小城市，这是一种由大到小的排列。

（4）适用的统计方法，主要有中位数、四分位差、等级相关和非参数检验等。

3. 定距测量

（1）含义。定距测量也称等距测量尺度或区间测量尺度。它是一种能够测定事物的属性和特征的差别程度的测量方法。

（2）数学特征：能够进行加减运算，但不能进行乘除运算；0 不具备数学 0 的含义。

（3）实例。例如，智商、温度等。

（4）需要注意的是，定距测量的值可以为零，但这个零并不具备数学中零的含义，即此时的零并不是绝对的“无”，它是人们主观认定和选取的。

（5）适用的统计方法，有算术平均数、平均差、方差、积差相关、复相关、参数检验等。

4. 定比测量

（1）含义。定比测量也称等比测量尺度或比例测量尺度。它是一种能够测定事物间的比例、倍数关系的测量尺度。

（2）数学特征：能进行加减乘除运算，存在绝对的零点（如对年龄、身高、体重、受教育年限等的测量）。

7.5　测量信度、效度

7.5.1　测量的信度

信度（reliability）也就是可靠性，它是指采用同样的方法对同一对象重复测量时所得结果的一致性程度。信度指标通常以相关系数表示，即用同一被试样本所得的两组资料的相关系数作为测量一致性的指标，称为信度系数。估计信度系数的方法很多，常见的有：①再测信度；②复本信度；③折半信度；④评分者信度。

7.5.2　信度系数的类型

1. 再测信度

再测信度（test-retest reliability），又称重测信度，反映测验跨越时间的稳定性和一致性，即应用同一测验方法，对同一组被试者先后两次进行测查，然后计算两次测查所得分数的关系系数。该信度能表示两次测试结果有无变动，反映了测验分数的稳定程度。相关程度高，表示前后测量一致性高，稳定性好。重测过程考虑不同的条件（环境的、人的）带来的测量结果的误差，这种误差与两次施测的情境相关联。

其优势是能提供有关测验结果是否随时间而改变的资料，可作为预测受测者将来行为表现的依据。其不足在于易受练习和记忆的影响，第一次测试所发现的错误也可能导致第二次反应的变化而增加误差变异。再测信度只适用于测量那些不会随时间的变化而改变的特质。

2. 复本信度

复本信度（alternate form reliability）是测定信度的指标之一。在问卷调查中，设计两套在难度、长度、排布、内容上尽可能相似类同的问卷，这两套问卷是等价的，称为复本；用两套问卷调查同一个对象，比较相应问题的答案，求出相关系数，称为复本信度，又称等价系数。复本信度优越于复查信度之处在于它不受时间因素等的干扰，但要设计好两套等价的问卷，难度相当大。

3. 折半信度

折半信度（split-half reliability）是将调查项目分为两半，计算两半得分的相关系数，进而估计整个量表的信度。折半信度属于内在一致性系数，测量的是两半题项得分间的一致性。这种方法一般不适用于事实式问卷（如年龄与性别无法相比），常用于态度、意见式问卷的信度分析。在问卷调查中，态度测量最常见的形式是 5 级利克特量表。进行折半信度分析时，如果量表中含有反意题项，应先将反意题项的得分作逆向处理，以保证各题项得分方向的一致性，然后将全部题项按奇偶或前后分为尽可能相等的两半，计算二者的相关系数（即半个量表的信度系数），最后用斯皮尔曼–布朗公式（Spearman-Brown formula），求出整个量表的信度系数。

4. 评分者信度

评分者信度（scorer reliability）指的是多个评分者给同一批人的答卷评分的一致性程度。在由客观性试题组成的心理测验中，答案具体而固定，无须考察评分者信度；但在投射测验、道德判断测验、创造性思维测验等测验的评分中，答案并不固定，评分时必然掺杂有主观判断因素，因此在评定这些主观性题目时，评分者之间的变异是产生误差的重要原因之一。因此，需要考察评分者信度。

考察评分者信度的方法是：随机抽取相当份数的试卷，由两位或多位评分者按记分规则分别给分，然后根据每份试卷的分数考察评分的一致性。主要评分方法包括皮尔逊积矩相关法、斯皮尔曼等级相关法及肯德尔和谐系数法，一般要求在成对的受过训练的评分者之间的平均一致性达到 0.90 分以上，才认为评分是客观的。

7.5.3　社会测量的效度

社会测量的效度是指测量工具或测量手段能够准确测出所要测量的变量的程度，反映的是测量的有效度和准确性。

7.5.4　效度的类型

1. 表面效度

表面效度又称内容效度或逻辑效度，指的是测量内容或测量指标与测量目标之间的适合性和逻辑相符性。

2. 内容效度

测量该变量的所有测量项目是否涵盖了该变量的所有方面的内容。

评估内容的基本步骤：描述内容领域；决定内容领域中每个项目要测量的各个区域；对测量的结构和内容领域的结构进行比较。

3. 准则效度

将原有的一种测量方式或指标作为准则，用新的测量工具所得到的测量结果与已有的特定测量结果之间的相关系数，来表示测量工具有效性的高低，之后延伸出预测效度、并行效度。预测效度：当效标是未来值时，如果一个测量的结果和未来出现的结果相一致，则该测量工具具有预测效度。并行效度：当效标是已知的值时，如果一个测量的结果和同期的效标值相一致，则该测量工具具有并行效度。

4. 建构（构造）效度

利用现有的理论或命题来考察当前测量工具或手段的效度，涉及一个理论的关系结构中其他概念（或变量）的测量。

5. 内在效度和外在效度

内在效度指的是一项研究的资料和结论的有效性，外在效度指的是研究结论的普遍有效性。

7.5.5 信度与效度的关系

信度低，效度不可能高；信度高，效度不一定高；效度低，信度有可能高；效度高，信度必然高。换言之，信度是效度的必要非充分条件；效度是信度的充分非必要条件。

7.5.6 影响信度和效度的因素

（1）各种主客观因素对信度和效度的影响。例如，调查者自身的问题、被调查者的问题、测量工具与样本选取不当、环境及其他因素。

（2）各种调查方法对信度和效度的影响。实地研究资料的信度不如统计调查；统计调查资料的内在效度不如实地研究，但后者外在效度非常低；实验法受到“干扰”因素较大；文献法虽不存在“干扰”，但对资料的信度和效度要多加考虑。

第8章

图书馆用户研究方法

8.1 问卷法

8.1.1 问卷法背景

“问卷”一词翻译来自法语“questionnaire”，是指为统计和调查所用的、以设问的方式表述问题的表格，是现代社会科学研究中被广泛使用的一种以书面文字为主要形式的研究方法，具有灵活和快速的特点，能从数量巨大的样本群体中高效收集所需要的数据，提供较大的调查空间，还能对所得数据进行量化研究。而图书馆用户的基本特点如下。

1. 范围广，类型多

图书馆类型不同，服务对象的特点也有所不同。高校图书馆用户多为学生、教师、科研人员，文化水平普遍较高，有较强的专业需求，需要掌握学科前沿发展动态，更具专业性和针对性。与高校图书馆相比，公共图书馆用户构成更为复杂，它对所有人开放，其用户的年龄层次、学历、社会地位都呈高离散型分布状态。需要进行专业研究、学术写作的用户更倾向于使用高校图书馆或研究性图书馆，需要行业信息的用户则更多使用企业图书馆，因此，公共图书馆的用户更多是社会人士，更能满足各类弱势群体的需求。

2. 信息需求多元化

不同图书馆服务的对象不同，意味着其需求也存在差异。研究人员需要专业性知识，所需的服务不再仅仅局限于简单的文献阅览，追求从信息服务到知识服务、智慧服务。不同社会背景的用户其需求更是千差万别，可分为认知需求、情感需求、个人整合需求、社会整合需求、纾解压力需求等。

8.1.2　问卷的分类

根据调查者对问卷的控制程度，问卷可分为结构型问卷和非结构型问卷。

1. 结构型问卷

结构型问卷适用于大型调查，它每个问题的提问方式都是固定的，并且给出固定的可能答案，这些在进行研究时都是不能改变的，这也是其称为结构型问卷的原因。

根据答案的形式，结构型问卷又可以细分为封闭式问卷、开放式问卷、半封闭式问卷。

1）封闭式问卷

封闭式问卷是指对提出的问题规定了答案，如“您对图书馆用户服务是否满意？”

A. 非常不满意

B. 不满意

C. 一般

D. 满意

E. 非常满意

这样的形式为研究人员整理归纳答案提供了便利，为信息处理带来了方便，同时提高了问卷的回复率，并在一定程度上节省了被调查人员回答问题的时间。由于答案只能在给出的选项中选择，问卷的准确性受到了一定的限制，甚至容易使被调查者随便答题、乱答，以上述题目为例，如被调查者是一位刚入校还未去过图书馆的同学，那么他随便勾选答案的可能性非常高。封闭式问卷不管是电子版还是纸质版都存在手误的风险。

2）开放式问卷

开放式问卷与封闭式问卷恰恰相反——只提出问题，不提供任何答案，由被调查者根据自身情况自主回答，如“您认为图书馆应该增加哪些设施”“您对图书馆用户服务有什么意见或建议”等。

在开放式问卷中，由于没有固定答案，被调查人员可以充分发表自己的看法，解决了当答案太多时封闭式问卷过于繁杂的不便之处，并且通过回答者的答案，可以分析其是否真正理解了问题。开放式问卷的缺点是明显的，由于其答案有着很强的主观性，不方便量化统计分析，答案不规范也更容易发生。开放式问卷对被调查人员的文化水平、写作能力及表达能力有一定要求，且回答起来需要思考，耗时长，难免会引起被调查人员的不耐烦情绪而被拒答。

3）半封闭式问卷

半封闭式问卷即封闭式问卷与开放式问卷相结合的一种问卷。它可以使问卷中的每道题都是半封闭式的，即给出一定的答案，同时列出开放式问题以备回答，如“您常去的图书馆区域有哪些？”

A. 自习区

B. 阅览区

C. 多媒体区

D. 馆藏区

E. 共享空间区

F. 其他

除此之外，当问卷中同时存在封闭式问题和开放式问题时，也可称其为半封闭式问卷。

是选择封闭式问卷还是开放式问卷，要依据我们研究的课题而定。当课题需要对被研究者进行探索，且无法简要地概括被研究者可能的回答时，采用开放式问卷比较合适。当问题答案较少，主要考察因果关系，此时使用封闭式问卷为宜。

2. 非结构型问卷

非结构型问卷是指问卷结构较为松散的问卷，并非完全没有结构，而是不准备标准表格和答题形式，只限定调查方向和询问内容的问卷。研究人员以提问的方式询问被调查人员事先准备好的问题，以了解研究课题的某些情况，提问方式可以自由改变，但始终要围绕课题方向和主旨，如研究人员既可以问“您为什么要来图书馆”也可以问“您来图书馆的目的是什么”。

从非结构型问卷的特点可以看出，调查过程需要耗费大量的人力、物力、时间，因此其更适合小规模的调研。使用非结构型问卷进行研究时，可以根据回答实时更新想要提问的问题，还可以及时对表述不清或有疑惑的回答进行更深一步的了解，提高了问卷的有效性和精确度，便于更深一步地研究。

8.1.3　问卷的构成

问卷的结构一般包括三个部分：前言、正文和结语。

1. 前言

问卷的前言也可称为说明语或卷首语。在前言里，首先要进行自我介绍，让被调查人员明白调查者的身份或主办单位，再向被调查对象简要说明本次调查的主旨、目的以及答题时应注意的事项和要求、保障答题的匿名性等，以便确保问卷结果的准确性，消除被调查人员的答题顾虑。还要说明填写问卷的方式及问卷回收的形式和时间。

在撰写前言时，为了争取被调查对象的合作和支持，引起他们的兴趣和重视，前言的用词要平易近人、简洁明了、通俗，篇幅不可过长，否则可能会让被调查对象失去耐心。如下所示：

亲爱的读者朋友：

你们好！首先感谢您在百忙之中参加我们的问卷调查活动！为了更好地了解你们对××大学图书馆数字资源服务系统的使用情况、满意度及新的需求，我们特地安排了此次调查活动。我们将根据调查结果有针对性地改进图书馆的数字资源及系统建设。此次调查为匿名调查，且调查结果仅供研究之用，因此您尽可以放心回答我们的问题。

最后，感谢大家对我们工作的支持和配合。谢谢大家！

请在下面选项前的“□”中打“√”，在“_”上填空。

2. 正文

问卷的正文是问卷的主体部分，可分为被调查对象信息、调查项目、调查者信息三个部分。

被调查对象信息是关于被调查对象基本情况的资料，包括个人的性别、年龄、学历、民族等。由于不同性别、不同年龄阶段、不同文化水平的人在各个方面都可能具有差异，几乎每种问卷都包括这部分内容，以便分析不同群体的特性，写出有针对性的调查报告。

调查项目是问卷的核心内容，是研究课题所要想被调查人员了解的部分。大致可分为行为资料和态度资料两部分。行为资料记录被调查人员社会行为，如“您一周去几次图书馆”“您常去图书馆的哪个区域”。态度资料记录了被调查人员对人对事的评价、兴趣、意见、情感等方面的态度，如“您认为图书馆付费服务定价是否合理（1—5 分别表示极不合理、不合理、无所谓、合理、非常合理）”。

调查者信息用来证明调查作业的执行、完成和调查人员的责任等情况，包括调查者姓名、电话、调查时间、地点等。

3. 结语

结语出现在问卷的最后，用于向被调查人员表示问卷的重要性和感谢，如“问卷填写完毕，请您检查下问卷填答是否完整！再次感谢您的支持与帮助！”

8.1.4 问卷法的优缺点

1. 优点

经济省时，覆盖面广。与访谈法、田野调查法等比较，可以在短时间内调查较大规模的研究对象，甚至可以进行人口普查，在调查规模和时间效率上有较大优势。

问卷标准化易于统计分析。问卷调查通常采用标准化的问题，不管被调查对象的身份、性别、社会地位，他们回答的问题都是一样的。结构型问卷将答案限制在一定范围内，可以对所得数据进行量化处理，便于使用数据分析软件进行研究。

具有客观性。在问卷调查的过程中，调查人员参与较少，可以尽可能地避免偏见、情绪等主观因素带来的干扰，减少数据误差，提高准确性。

隐私性较强。问卷调查具有较高的保密性，匿名回答更容易让被调查对象放下防备心和顾虑，可以相对自由地表达自己的观点和想法。

2. 缺点

问卷设计的要求较高。问卷中问题的设置不仅要考虑到问题的内容、提问形式，甚至问题的排列顺序也要精心思考，这些都是很专业的问题。研究对象的选择、抽样及后期的计量分析等，对研究人员的专业水平都提出了较高的要求。

调查无法挽回。问卷调查是一次性的，如果在调查过程中发现问题的设置不合理、样本选择不合适等问题，已得数据只能全部作废，这是无法挽回的。当样本规模较大时，出现这样的失误损失非常大。

调查所得的信息有限。问卷调查缺乏弹性，只能得到书面的社会信息，无法像访谈或者田间调查那样对被调查对象进行深入提问和分析，从而不能得到生动具体的社会情况。

所得数据信效度低。被调查者答案的真实性、准确性是存疑的，都需要在调查过程中得到控制。

8.1.5　问卷法的适用范围

对实际行动和迹象的观察。例如，调查人员通过对顾客购物行为的观察，预测某种商品购销情况。

对语言行为的观察。例如，观察顾客与售货员的谈话。

对表现行为的观察。例如，观察顾客谈话时的面部表情等身体语言的表现。

对空间关系和地点的观察。例如，利用交通计数器对来往车流量的记录。

对时间的观察。例如，观察顾客进出商店以及在商店逗留的时间。

对文字记录的观察。例如，观察人们对广告文字内容的反映。

8.1.6　问卷的编制

1. 中立原则

提问和回答是问卷调查的核心内容，也是研究人员与被研究人员之间的互动。问卷调查中要注意研究人员的个人取向对被研究人员的影响，最理想的状态是双方都持有客观中立的立场，保证被调查人员是在无干扰的情况下做出回答。

2. 易懂原则

在前沿课题的问卷调查中，难免会提到一些晦涩难懂或者新颖的概念和专业知识。为了保障被调查者对问题的理解，要在题干中对这些概念和知识进行简要说明。

3. 避免歧义原则

所有问题要描述准确，避免出现多种语义。单项选择题中的答案不要存在包含关系，多项选择题要避免选项重复、关系不清的现象。

8.1.7　问卷的设计方法

1. 沿用现有问卷

沿用在文献中占有显著地位的问卷，能保障调查的信效度。信效度是衡量问卷合格的标准，信度是指问卷的可靠性，效度是指问卷的有效性。有一定地位的问卷作为经典保留下来成为参考案例，已经经过反复的应用，其信效度在实践中能到了保障。同时，这些问卷之所以能被反复使用，其本身的质量是被专业人士认可的，沿用这样的问卷，也能提高研究的可靠性。

沿用现有问卷虽然能减少风险，但仍然存在一定的局限性。随着研究内容和研究实践的发展，早期问卷在内容上会有一定的局限性。图书馆学是西方传入中国的，中西方文化有较大的差异，体现在用户的行为方式、价值观念、思维方式等各个方面，因此，某些跨文化问卷的适用性存在问题，在沿用问卷时要注意我国图书馆学的特点。

在沿用现有问卷时，首先，要确认问卷的适用性。不仅要考量问卷在概念上是否包括了需要测量的概念，还要考察文化和样本上的适用性。研究者可以从经典的问卷入手，在比较成熟、被广泛接受的问卷中选择适合性最高的问卷。其次，问卷的使用不是无偿的，研究者需要获得原设计者的授权。再次，不要任意删改问卷中的问题，尽量沿用问卷中的所有问题，以保证问卷的信效度。最后，在沿用国外问卷时，要注意翻译的质量，翻译人员最好选择有较高外语水平的图书馆学人士。

2. 自行设计问卷

当现有问卷无法满足研究需求时，可自行设计问卷。

8.1.8　问卷编制的程序

问卷调查的过程一般包括确定研究目标（定义目的和目标）、选择目标群体（定义目标群体）、编制调查问卷（编制问卷）、调查问卷的测试（实施问卷试题）、问卷的实测（问卷调查实测）、回收问卷与转录和分析数据几个步骤，如图 8-1 所示。

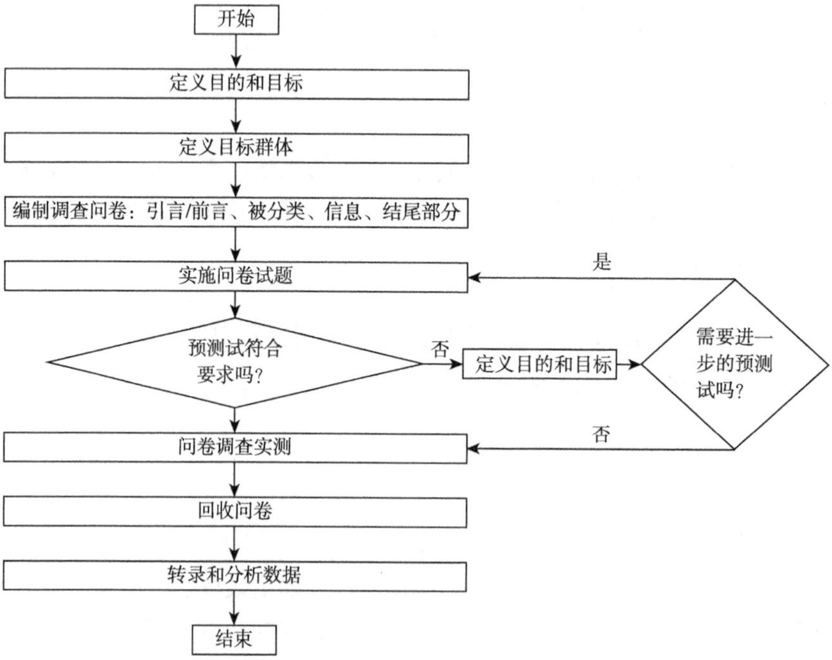

图 8-1　问卷设计流程图

1. 确定研究目标

问卷编制的第一步要确定好研究的目标，如问卷是研究图书馆用户还是研究图书馆制度等，这一步，在进行设计前就要确定好，明确问卷调查的研究主题。除此以外，还需围绕研究目标列出需要调查的变量，考虑问卷的可容量，避免问卷过长。厘清变量之间的关系和总体结构。

2. 选择目标群体

确定好研究目标之后，就需选择目标群体，明确被调查人员具体是哪个区域或范围内的人员，信息要尽可能详细，包括被调查人员的学历、年龄、职业等。一些调查样本过大，还需要进行抽样。

3. 编制调查问卷

设计调查问卷是非常重要的一步。问卷具有一次性，稍有失误就可能导致收集的所有数据都作废，浪费大量的人力、物力、财力，因此这一步需要反复斟酌，选择最合适的问题、合理安排问题数量和排列顺序。

在设计问卷时，问卷不宜过长，措辞要清晰明了，对于一些专业名词及概念要附上相应的注释。设计时要考虑到后续的数据分析，如果时间紧迫，则应选择封闭式问卷。问卷的题量也很重要，题量过大容易引起被调查人员的不耐烦，太小又意义不大，一般问卷建议不要超过两页，控制在 20 道题目左右为宜。

4. 调查问卷的测试

调查问卷的测试即我们常说的“预调查”（或“预测试”）。在设计问卷时，考虑得再周到，难免有不足之处。为了避免这些不足在进行正式调查之后才发现，无法及时补救，造成浪费，需要在正式调查之前进行预调查，以便检测、调整问卷。预调查的样本数量无须过大，但需要是相关的。通过预调查，可以发现问卷中隐藏的问题，并对其进行修改。

5. 调查问卷实测

预调查完成后，就可以开始正式发布问卷了。可以到调查预期时的实地发放纸质问卷；若无法实地调查，可以通过问卷星、微信等网络平台发表电子问卷，还能通过电子邮箱、快递等方式将问卷发放给大家。在发放问卷时，为了引起被调查人员的兴趣，可以提供报酬，如文具、牙膏等。

被调查人员填写好问卷，就要回收审核问卷。问卷回收率越高，意味着问卷设计越合理，问卷调查的代表性也越好。一般来说，回收率最低应不少于 50%。还要审核回收的问卷，剔除无效问卷，保障调查的合理性和准确性。

6. 回收问卷与转录和分析数据

当回收足够数量的问卷后，可以开始数据分析。问卷分析通常将问卷进行编码和量化处理，利用计算机软件进行分析，如 SPSS。得到需要的信息后，问卷调查的后续工作一般包括研究报告的撰写和发表、研究成果的发布，还可以将研究结果反馈给被调查人员以表示重视和感谢。

8.1.9 设计问卷时需要注意的问题

（1）问卷调查表格要尽可能简要。
（2）问题要可答，其表达要通俗易懂。
（3）问卷的措辞要准确，态度要诚恳、谦虚。
（4）问卷设计要客观中立，避免诱导性问题。
（5）设计问卷时要尽可能考虑周全，合理利用篇幅。
（6）合理确定问题顺序。可按照问题的类型、难易程度来安排顺序。

8.1.10 问卷的质量评估

问卷的质量优劣是衡量一个研究好坏的标准之一，优秀的问卷可以帮助研究人员收集到大量的数据。对问卷进行质量评估时，首先，应考虑到问卷是否经过预调查，被调查人员读到问题，理解的意思是否和设计者的意图一致。其次，考察问卷中的问题是否客观中立，是否会对回答者造成心理诱导。最后，要检验回答者是否属于目标样本。

1. 问卷调查的误差

从测量的角度，问卷的误差可分为抽样误差、测量误差、系统误差，具体见表 8-1。

表 8-1 问卷调查误差类型统计表

项目	抽样误差	测量误差	系统误差
定义	由于随机原则的作用而产生	使用测量工具进行心理测量造成的误差	与测量目的无关的因素所引起的固定、系统的变化
原因	偶然因素引起	偶然因素引起	固定因素引起
结果	影响信度	影响信度	既影响信度又影响效度
案例	各样本的平均数不同，每个样本平均数与总平均数之间存在偏差，导致使用样本数量推断总数量时发生误差	被调查人员注意力的变化；调查环境的变化	研究者的诱导；题干的表达存在歧义；评分有误

2. 问卷的信度

信度是指一份问卷的可靠性，测量结果的一致性。蒋萍等在《问卷调查法》一书中指出，信度有两层含义：①根据以同样的测量工具重复测量某项持久性的特征，是否得到同样的结果可知该测量工具的稳定性、可靠性或可预测性。这里我们特别强调“某项持久性的特征”，这是指被测量的东西前后并不发生变化，而对于前后发生变化的测量，测量的信度应该指该测量及时地反映出这种变化的程度。②能否减少随机误差对测验结果的影响，从而能够反映测量工具所要测量的真实情况，即测量结果是否具有稳定性、可靠性和可预测性。一个好的测量工具必须是稳定可靠的，且多次测量结果前后一致。

3. 问卷的效度

效度是指问卷调查的准确性、有效性，检验是否能从问卷中获取想要的研究数据。同时，效度也称准确性，是指测量工具或手段能准确地测出所测事物的程度，或能够准确、真实地度量事物属性的程度。也可以说，效度是指测量标准或所用指标能如实地反映某一概念真正含义的程度。一个测验的效度越高，表示测验的结果越能显现其欲测量对象的真正特征，反之，如果一个测验的效度很低，则表明该测验不能很好地测出所欲测量对象的真实特征。

要注意的是，效度是针对一定测量目的的，一份效度高的问卷调查结果，沿用该研究的问卷到一个调查目的不同的研究中，所得结果的效度不一定高。

8.1.11　图书馆用户问卷选题

本节选择的问卷案例来自曹树金等撰写的《网络环境中公共图书馆和高校图书馆用户需求实证研究》一书，由于问卷过长，在此截取问卷前三部分。

网络环境中图书馆用户需求和满意调查问卷

尊敬的先生/女士：

您好！为了让图书馆更好地为您服务，我们需要获得您对图书馆资源、服务和系统等方面的需求和满意情况。请您惠赐 20 分钟左右的时间填写问卷，谢谢！本问卷采用无记名回答，所有的资料仅供学术研究之用，请您放心如实回答。

问卷填写说明：

选择题请在您确定的选项上的字母或者数字上打“√”。填空题请在横线上填写答案。您的确切回答对我们的学术研究会有很大的价值。

一、个人信息

1. 您的性别：

A. 男　　B. 女

2. 您的年龄是：

A. 14 岁以下　　B. 14—17 岁　　C. 18—24 岁

D. 25—45 岁　　E. 46 岁及以上

3. 您目前的居住地是________省（自治区/直辖市）________市（县/区）。

4. 您的教育程度是（包括目前在读的）：

A. 初中及以下　　B. 高中/中专/技校　　C. 大专

D. 本科　　E. 研究生及以上

5. 您的职业是：

A. 学生　　B. 教师　　C. 专业技术人员（医生、律师、科研人员等）

D. 公务员　　E. 公司企业员工　　F. 农民　　G. 自由职业者

H. 离退休人员　　I. 无业/下岗/失业　　J. 其他

6. 您现在从事/学习的专业所属学科门类是（教育程度为大专及以上的才需要回答此题）：

A. 人文社科类　　B. 经济、管理类　　C. 自然科学类

D. 工程技术类　　E. 医药卫生类　　F. 其他门类

7. 您的职称是：

A. 无职称　　B. 初级　　C. 中级　　D. 副高级　E. 正高级

8. 您对外语的熟练程度如何？（如懂多种外语按最熟练的一种填写）

A. 一点也不懂

B. 懂一些简单的日常单词

C. 能进行一般的日常会话

D. 能看一些简单的文章

E. 比较熟练地听说读写

9. 上网设备和网络应用使用情况（表 8-2）：

表 8-2　上网设备和网络应用使用情况统计表

上网设备和网络应用使用情况	从不	很少	有时	经常	几乎每天
9.1 电脑上网	1	2	3	4	5
9.2 智能手机上网	1	2	3	4	5
9.3 平板电脑（如 iPad）上网	1	2	3	4	5
9.4 搜索引擎（如 Google、百度）	1	2	3	4	5
9.5 电子邮件	1	2	3	4	5
9.6 即时通信（如 QQ、MSN 等）	1	2	3	4	5
9.7 博客（如新浪博客、QQ 空间）	1	2	3	4	5
9.8 微博（如新浪微博、Twitter）	1	2	3	4	5
9.9 社交网站（如开心网、人人网等）	1	2	3	4	5
9.10 论坛/BBS	1	2	3	4	5
9.11 在线百科全书（如维基百科/百度百科等）	1	2	3	4	5

10. 请问最近半年来，您去图书馆的频率是：

A. 没有去过

B. 半年 1—3 次

C. 每月 1—3 次

D. 每周 1—3 次

E. 几乎每天去

11. 请问最近半年来，您远程使用图书馆（如访问图书馆网站、电子资源等）的频率是：

A. 没有用过

B. 半年 1—3 次

C. 每月 1—3 次

D. 每周 1—3 次

E. 几乎每天用

12. 您最常使用的图书馆（不包括电子图书馆）是____？（请填入图书馆的具体名

称，如××市图书馆/××大学图书馆/××科技图书馆等）

二、信息资源需求和感知

13—16 各类型信息资源需求

对下列各类型信息资源，请您根据您的使用频率、需求的载体类型、语种需求和时间跨度需求，分别在右边相应的数字上打“√”（表 8-3）。注：专利文献是指专利申请文件经国家主管专利的机关依法受理、审查合格后，定期出版的各种官方出版物的总称。标准文献是记录各级各类标准的特种文献。政府出版物是经国际组织或一个国家的中央政府或地方政府许可，由政府机关负责编辑印制的，以公费出版形式，通过各种渠道向政府官员或公众发行的文字、图片以及磁带、软件等出版物。

表 8-3　各类型信息资源需求统计表

信息资源类型	13. 使用频率					14. 载体类型			15. 语种需求			16. 时间跨度需求				
	从不使用	很少使用	有时使用	经常使用	几乎每天用	纸本	电子	二者都要	中文	外文	二者都要	当年内	五年内	十年内	十五年内	十五年以上
A. 学术类图书	1	2	3	4	5	1	2	3	1	2	3	1	2	3	4	5
B. 休闲类图书	1	2	3	4	5	1	2	3	1	2	3	1	2	3	4	5
C. 学术类期刊	1	2	3	4	5	1	2	3	1	2	3	1	2	3	4	5
D. 休闲类期刊	1	2	3	4	5	1	2	3	1	2	3	1	2	3	4	5
E. 报纸	1	2	3	4	5	1	2	3	1	2	3	1	2	3	4	5
F. 工具书（字典、辞典、年鉴等）	1	2	3	4	5	1	2	3	1	2	3	1	2	3	4	5
G. 会议论文	1	2	3	4	5	1	2	3	1	2	3	1	2	3	4	5
H. 博硕论文	1	2	3	4	5	1	2	3	1	2	3	1	2	3	4	5
I. 专利文献	1	2	3	4	5	1	2	3	1	2	3	1	2	3	4	5
J. 标准文献	1	2	3	4	5	1	2	3	1	2	3	1	2	3	4	5
K. 政府出版物	1	2	3	4	5	1	2	3	1	2	3	1	2	3	4	5

17—18 对图书馆信息资源质量的需求和满意

下面是对图书馆信息资源质量的描述，请您根据它对您的重要程度和您使用之后的实际感受，分别在左边和右边相应的数字上打“√”（表 8-4）。

表 8-4　图书馆信息资源质量的需求和满意统计表

17. 对您的重要程度					图书馆信息资源质量	18. 您的实际感受				
极不重要	不重要	无所谓	重要	非常重要		极不同意	不同意	一般	同意	非常同意
1	2	3	4	5	A. 我没有遇到过我需要的书刊被全部借出的情况	1	2	3	4	5
1	2	3	4	5	B. 我没有遇到过因为最大用户数已满而导致我无法使用数据库的情况	1	2	3	4	5

续表

17. 对您的重要程度					图书馆信息资源质量	18. 您的实际感受				
极不重要	不重要	无所谓	重要	非常重要		极不同意	不同意	一般	同意	非常同意
1	2	3	4	5	C. 在我需要的学科/主题上，图书馆能够提供多种资源给我（如不同语种的资源，不同载体的资源）	1	2	3	4	5
1	2	3	4	5	D. 图书馆信息资源内容的广度能够满足我的需求	1	2	3	4	5
1	2	3	4	5	E. 图书馆信息资源内容的深度能够满足我的需求	1	2	3	4	5
1	2	3	4	5	F. 图书馆提供的信息资源与我的需求相关	1	2	3	4	5
1	2	3	4	5	G. 图书馆提供的信息资源是权威可信的，图书馆能够提供最新的信息资源给我	1	2	3	4	5
1	2	3	4	5	I. 图书馆能够让我获取到育婴资料全文	1	2	3	4	5
1	2	3	4	5	J. 图书馆能够让我在家中/办公室获取信息资源（如提供远程访问/提供送书上门服务等）	1	2	3	4	5
1	2	3	4	5	K. 图书馆提供简明易懂的指引/标识让我能够轻松获取所需资源	1	2	3	4	5
1	2	3	4	5	L. 图书馆能够让我免费或者以很低的价格获得信息资源	1	2	3	4	5

19. 获取信息资源的渠道

您使用的学术信息资源和日常生活信息资源最主要的来源是什么，请选择最符合您实际情况的选项，在右边相应的数字上打“√”。大众媒体指电视、广播、报纸等。人际渠道指朋友、老师、同学等。此题是单项选择，每题只需选择 1 个答案（表 8-5）。

表 8-5　获取信息资源的渠道统计表

信息的首要来源	书店	网络（图书馆电子资源除外）	大众媒体	图书馆纸本资源	图书馆电子资源	人际渠道	其他
19.1 学术信息	1	2	3	4	5	6	7
19.2 日常生活信息	1	2	3	4	5	6	7

三、信息服务需求和感知

20. 图书馆信息服务使用

您使用图书馆以下服务项目频率如何，请根据您实际情况，在右边相应数字上打“√”（表 8-6）。

表 8-6　信息服务需求和感知统计表

图书馆信息服务项目	从不使用	很少使用	有时使用	经常使用	几乎每天用
20.1 书刊外借	1	2	3	4	5
20.2 书刊阅览	1	2	3	4	5
20.3 自习	1	2	3	4	5

续表

图书馆信息服务项目	从不使用	很少使用	有时使用	经常使用	几乎每天用
20.4 馆内上网	1	2	3	4	5
20.5 讲座/展览	1	2	3	4	5
20.6 参考咨询	1	2	3	4	5
20.7 用户培训（如专题培训/文献检索课/信息素养课程）	1	2	3	4	5
20.8 馆际互借/文献传递	1	2	3	4	5
20.9 文献复制（如打印复印等）	1	2	3	4	5
20.10 视听服务（如看录像/视频等）	1	2	3	4	5
20.11 查论文被收录/引用情况	1	2	3	4	5
20.12 科技查新	1	2	3	4	5
20.13 馆藏书刊目录查询	1	2	3	4	5
20.14 新书通报	1	2	3	4	5
20.15 电话/网上续借	1	2	3	4	5
20.16 电话/网上预约（如预约图书、讲座、服务设施等）	1	2	3	4	5
20.17 电子资源检索	1	2	3	4	5
20.18 电子资源导航（如电子期刊导航、数据库导航）	1	2	3	4	5
20.19 网络信息导航	1	2	3	4	5
20.20 电子资源远程访问	1	2	3	4	5

21. 解决图书馆使用问题的途径

当您在使用图书馆时遇到问题，您希望通过哪些途径解决？请您根据实际情况选择您对各种途径的需求，在右边相应的数字上打“√”（表 8-7）。

表 8-7　解决图书馆使用问题的途径统计表

解决图书馆使用问题的途径	极不需要	不需要	一般	需要	非常需要
21.1 当面咨询图书馆员	1	2	3	4	5
21.2 在图书馆留言板留言	1	2	3	4	5
21.3 打电话咨询图书馆员	1	2	3	4	5
21. 4 网上填写图书馆咨询表单	1	2	3	4	5
21.5 使用图书馆实时咨询	1	2	3	4	5
21.6 求助同学/朋友/老师	1	2	3	4	5
21.7 使用搜索引擎去寻找答案	1	2	3	4	5
21.8 到互助式问答网站求助（如到百度知道、搜搜问问、新浪爱问知识人等提问）	1	2	3	4	5

22. 对图书馆收费的认知

以下是对图书馆服务收费情况的描述，请根据您的意见，在右边相应的数字上打“√”（表 8-8）。

表 8-8　图书馆收费认知统计表

图书馆收费情况	极不同意	不同意	一般	同意	非常同意
22.1 办理借书证不应该收费	1	2	3	4	5
22.2 借阅书刊不应该收取押金	1	2	3	4	5
22.3 馆内上网服务不应该收费	1	2	3	4	5
22.4 自修室不应该收费	1	2	3	4	5
22.5 补办借书证可适当收费	1	2	3	4	5
22.6 超期可适当收取违约金	1	2	3	4	5
22.7 丢失书刊可适当收取赔偿款	1	2	3	4	5
22.8 打印复印等可适当收费	1	2	3	4	5
22.9 代查、代检、代译服务可适当收费	1	2	3	4	5
22.10 科技查新服务可适当收费	1	2	3	4	5
22.11 馆际互借/文献传递服务可适当收费	1	2	3	4	5
22.12 决策咨询服务可适当收取费用	1	2	3	4	5

23—24 信息服务质量需求和满意

以下是对图书馆信息服务质量的描述，请您根据它对您的重要程度和您使用之后的实际感受，分别在左边和右边相应的数字上打“√”（表 8-9）。注：此题中馆员指图书馆工作人员。

表 8-9　信息服务质量需求和满意统计表

23.对您的重要程度					信息服务质量	24.您的实际感受				
极不重要	不重要	一般	重要	非常重要		极不同意	不同意	一般	同意	非常同意
1	2	3	4	5	A. 提供安静的学习空间	1	2	3	4	5
1	2	3	4	5	B. 环境整洁舒适	1	2	3	4	5
1	2	3	4	5	C. 提供激发研究和学习的环境	1	2	3	4	5
1	2	3	4	5	D. 提供团体学习和研究的环境	1	2	3	4	5
1	2	3	4	5	E. 提供足够且完善的现代化设备和配套设施	1	2	3	4	5
1	2	3	4	5	F. 各种指引和标识设置明确、美观	1	2	3	4	5
1	2	3	4	5	G.馆员有统一的着装和服务标识	1	2	3	4	5
1	2	3	4	5	H. 馆员真诚地解决用户问题	1	2	3	4	5
1	2	3	4	5	I. 馆员乐意帮助用户	1	2	3	4	5
1	2	3	4	5	J. 馆员快速响应用户要求	1	2	3	4	5
1	2	3	4	5	K. 馆员始终有礼貌地对待用户	1	2	3	4	5
1	2	3	4	5	L. 馆员具备解答用户问题的知识和技能	1	2	3	4	5
1	2	3	4	5	M.馆员了解用户的需求	1	2	3	4	5
1	2	3	4	5	N. 馆员言行举止职业、规范	1	2	3	4	5
1	2	3	4	5	O. 为用户提供及时的服务	1	2	3	4	5

续表

23.对您的重要程度					信息服务质量	24.您的实际感受				
极不重要	不重要	一般	重要	非常重要		极不同意	不同意	一般	同意	非常同意
1	2	3	4	5	P. 图书杂志报纸等及时准确归架	1	2	3	4	5
1	2	3	4	5	Q. 用户的个人信息和借阅记录准确保密	1	2	3	4	5
1	2	3	4	5	R.有便于每位用户使用的开放时间	1	2	3	4	5
1	2	3	4	5	S. 关注用户的个性化需求	1	2	3	4	5
1	2	3	4	5	T. 及时有效地处理用户的意见和建议	1	2	3	4	5
1	2	3	4	5	U. 开展对用户有帮助的培训和讲座	1	2	3	4	5

问卷填写完毕，请您检查一下问卷填答是否完整。

再次感谢您的支持与帮助！

8.2　访谈法

访谈法是最普遍的社会调查研究方法之一，是收集资料的最基本方法之一，是社会工作者必须掌握的一种工作方法和基本技能。它是通过访谈者与访谈对象的交谈这一互动方式获得调查资料，了解社会情况的基本社会调查方法。自 20 世纪 20 年代以来，在图书馆情报学研究中占统治地位的研究方法大概就是以邮寄问卷方式的调查研究。目前，更多的图书馆和服务机构在调查用户的满意度与倾向时，综合采用问卷法、用户访谈法等多种社会调查方法。从应用趋势来看，问卷法、访谈法以及采用“问卷+访谈”的混合方法逐渐增多，如此结合能够扬长补短，充分发挥每种方法的功用。

访谈法也是调查者以问题的形式收集资料，这种方法和问卷法最大的区别在被调查者回答的方面。对于调查者提出的问题，采用问卷法时，被调查者是用文字或符号来回答；采用访谈法时，被调查者是用口头语言来回答。相关工作人员在做访谈时，必须与被调查者面对面直接交谈。显然，两种方法在提问的方式上有显著的区别，问卷法是用文字形式来提问，访谈法是用口头语言来提问。由于访谈是一种直接的、面对面的社会交往过程，研究者不仅可以了解正在发生的社会现象，还可以了解曾经发生过的社会现象；通过访谈，研究者不仅可以抓住外显的行为、事实，还可以把握被调查者潜在的观念、感情、动机和看法。访谈法可以全方位、多角度地了解情况。与之相比，观察法只能了解当时实地发生的现象，问卷调查只能局限在某一个专题方面。与问卷法相反，访谈法的问题多为开放型，并可以进行跟进提问，有针对性地收集关于所研究题目的详尽、深度定性数据。除此之外，访谈法还可收集肢体语言数据，或从不能书写的研究对象（如儿童、文盲）收集数据。但是，访谈费用成本较高，因此，访谈对象人数受限。访谈质量既会受到研究者的访谈技巧和经验的影响，也易受到研究对象因访谈而引起的主观和不自然因素的影响。

总而言之，访谈法收集信息资料是通过研究者与被调查对象面对面直接交谈实现的，具有较好的灵活性和适应性。访谈法广泛适用于既有事实的调查，也有意见的征询的研究任务，更多地应用于个性、个别化研究课题中。但受到访谈法的特殊要求和性质影响，访谈法不适用于大规模调查和量化研究。

8.2.1　概念及其特点

1. 概念

访谈（interview）法又称晤谈法、访问法或谈话法，是指通过访问员和受访人面对面的交谈来了解受访人的心理和行为的社会科学基本研究方法。访谈法通过对研究对象的问答访谈收集数据。它是访问员有计划地通过与受访人交谈等方式来收集调查资料与信息的一种社会调查方法。访谈法一般都是访问员向受访人做的面对面的直接调查，大多通过口头交流方式获得信息。它可以在调查中作为主要的调查方法去收集所需资料，也可以作为调查方法的一种辅助方法去补充调查内容或者去验证某些资料。访谈法是认识社会、了解社会的一种最常见的方法。访谈法是一种特殊的人际沟通，是了解人们过去和现在的经历、动机与看法的科学方法。要注意访谈与日常人们交谈的不同之处。访谈一般都具有很强的计划性，它要有调查研究的主题，还要有准备好的调查提纲。而交谈大多是无意识地进行，计划性不强。访谈具有预定的计划，有专门的主题，还有一定的工具和辅助手段，它是人们日常交流信息的方法。

图书馆调查是对图书馆、图书馆系统或图书馆网络系统做深入的考察。在图书馆调查工作中，访谈法也是最常使用的一种研究方法。在图书馆学研究中访谈法是根植于社会科学研究方法中的一般访谈法，是在实践的基础上融合吸收了图书馆学学科特色，成为图书馆学研究中不可替代的一种重要研究方法。我们可以从以下层面去认识和理解图书馆学研究访谈法：它是一般访谈法在图书馆学学科研究中的应用，是指图书馆学相关研究人员采用与受访人面对面交流的方式,通过对特定研究对象的问答访谈来收集数据，完成在资源利用、用户满意度、用户需求等方面，以及知识管理、竞争情报等方面的图书馆用户调查任务，以期为图书馆用户服务和研究提供可靠的数据支撑。访谈法也经常在图书馆学实地研究中使用，如在图书馆学研究中常采用的田野调查法，就经常采用访谈的方法收集数据。

访谈法的功能和作用主要是：了解受访者的价值观念、情感感受、行为规范；了解受访者过去的生活经历以及他们所知道的事件和对事件意义的解释；给研究对象提供一个比较开阔、整体性的视野，多维度地深入、细致地描述事件的过程；为研究提供指导，即事先了解哪些问题需要追问，哪些问题比较敏感，要特别小心；有利于研究对象与受访者建立熟悉、信任的人际关系；可以使受访者感到自信，从而有可能影响其对自身文化的理解和建构。

2. 特点

斯丹纳・苛费尔（Steinar Kvale）和斯文・布林克曼（Svend Brinkmann）在《质性

研究访谈》一书中认为访谈法有以下特点。

（1）访谈法是一种技术，需要访谈员具有完备的专业技能和个人判断能力，通过利用与访谈主题相关的知识在广阔的社会背景下对实践决定的结果做出情境性判断。

（2）访谈法是一种知识的社会形成过程，它通过访谈员与受访者的相互关系形成知识，访谈知识是会在会话关系中形成的，因此它具有情境性、语言性、叙事性及实用性的特点。

（3）访谈法是一种社会实践访谈法，作为一种研究方法，根植于历史和社会背景中，访谈的话题是受访者的日常生活。要想得到公正无私的描述，就必须尽量还原受访者的真实世界，了解和描述具体的情境和事件，深入到社会之中。

访谈法是社会研究中一种历史悠久、应用广泛、行之有效的方法。与其他社会调查方法相比，它的优点主要表现在以下方面。

（1）体现在认识社会现象的广泛性。

运用方面广，能够简单而迅速地收集多方面的工作分析资料。正如上文中所提及的访谈法和问卷法的使用范围对比，通过访谈法，访问员可以同时可以了解正在发生的社会现象和曾经发生过的社会现象，可以在抓住外显的行为、事实的同时，较为准确地把握被调查者潜在的观念、感情、动机和看法。因此，通过访谈法研究人员可以全方位、多角度地了解受访人的情况，进而对受访人的态度与意愿等较深层次的内容有比较详细深入的了解。

（2）体现在访谈信息的双向流通性。

与问卷法比，问卷法中研究员发出的询问和被调查人的回答，是通过问卷做中间传递介质的，二者之间没有直接的、面对面的联系。在访问中，由于双方直接交谈，被调查人可以对不懂的问题要求解释，研究员可以及时发现误解并做出纠正，信息在二者之间是双向传导，能够随时纠正干扰造成的失真，保证了信息的传导疏通。

（3）体现在数据收集的可靠性。

访谈调查是访问员与受访者之间直接、面对面的交谈。访问员可以通过不断地察言观色，对受访者回答问题的准确程度与完整程度做出判断；通过不断地询问追问，帮助受访者吐露真情。访问员在访谈过程中还可以运用各种非语言方式进行交流，如肢体语言等，这些都有利于提高调查的可靠性，从而保证收集到的资料的真实性与可靠性。

（4）调查方式所具有的灵活性。

访谈调查是一种面对面的直接调查，它可以根据不同的访问对象、不同的情境、不同的调查题目及访谈过程中的不同情况，随时变换调查方式，因地制宜，有针对性地开展工作。访谈可以为不同的受访者准备各自合适的问题，被调查者表示对所提问题不甚理解时可以重复提问，而其他调查方法皆无此灵活性。

（5）调查环境具有可控性。

访谈法可以有效控制调查环境。访问员可以选择安静的地点，可以避开或引开旁人的注意，并且可以保证与抽中的人交谈，不会使代表性受影响。

（6）在数据回收工作上具有保证性。

由于访谈法是面对面地打交道，可以施加种种影响使对话顺利开展，取得预期效果，克服问卷调查的回收困难；在许多文化水平较低的人群中，他们更乐于使用谈话的方式，而对于问卷的文字回答则感到困难和生疏；那些不愿意花精力填写问卷的人可能乐于与调查者谈话，因为对话要比阅读更让被调查者感到轻松。

相反，访谈法也不是一种完美的研究方法，它同时具有以下局限性。

（1）访谈法受访谈员素质影响大，访谈工作过度依赖于受过专门训练的专业人员。访谈调查要求调查者必须具备较宽广的知识面、较丰富的社会阅历、较熟练的人际沟通以对访谈进程进行有效控制，对主题进行有效把握，以及不被一些表面的虚假现象所蒙蔽。如果访问员素质不高、能力不强，就可能产生较大的访问误差。

（2）访谈工作比较费精力费时间，工作成本较高，访谈过程较为漫长和困难。因此，访谈法不适用于大规模调查和量化研究。首先，收集和走访合适的受访人是访谈工作的第一大考验，他们往往在不同的地域之中。其次，访谈过程一般采取一对一的形式进行交流和沟通，即便是集体访问的形式，受访者人数也不宜超过 12 人，因此一名专业的访问员在一天内能完成的合格访问量屈指可数。完成一次完整的访谈过程往往需要较长一段时间，所消耗的人力、物力也是与日俱增。

（3）访谈过程缺乏隐秘性，收集到的信息往往可能已经扭曲和失真。直接交谈也会对获取资料的客观性产生负面影响。例如，没有问卷法那样的匿名性，致使受访者往往对于一些敏感性、隐私性、尖锐性问题不做真实回答。访问员对受访者有偏见、访问员想要受访者做出某种回答而产生的期望效应、访问员进行暗示或诱导性提问等，都会造成访谈的内容和结果不实。

（4）访谈结果记录困难，访谈调查是访谈双方进行的语言交流，如果被访者不同意现场录音，对访谈员的笔录速度的要求就很高，而一般没有进行专门速记训练的访谈员，往往无法很完整地将谈话内容记录下来，追记和补记往往会遗漏很多信息。

8.2.2 访问法的类型

1. 根据访谈方式划分，可分为直接访谈和间接访谈

（1）直接访谈就是访问员和受访人之间进行面对面的交谈。这种方式分为两种：一是访问员到受访人中进行实地访谈；二是邀请受访人到访问人员所安排的地方进行访谈。直接访谈的优点是能够提问较多的问题，得到间接访谈所得不到的资料，它能比较直观地了解被访问者的行为、特征、动机等。其缺点是访问员容易影响受访人，使受访人感到访问员的压迫，不能回答出其真实想法。

（2）间接访谈就是访问员借助于某种工具，而并非面对面地对受访人进行访谈，如电话访谈。它费时少、费用省、保密性强，但只能询问比较简单的问题。总的来说，间接访谈省时省力，受访人有充足的时间考虑，但它的适用范围较窄。

2. 根据受访人的数量，可分为个人访谈和集体访谈

（1）个人访谈是对单个访问对象进行的访谈。这种访谈一般只限于访问人员与受访人之间，他们通过交谈进行消息传递，不会受访谈外第三者的影响。访问员只要控制

好谈话内容与环境，就能使受访人畅所欲言。

（2）集体访谈是访问员请多个受访人在一起通过集体座谈的方式进行的访谈。这是社会调查常用的一种方法，叫开座谈会。集体访谈实质上是个人访谈的一种扩展形式。

3. 根据访谈内容的固定程度，访谈法可分为结构访谈、半结构访谈和无结构访谈

（1）结构访谈就是指按照统一设计的、有一定结构的调查表或访谈提纲的内容所进行的访谈，一般访谈问题完全事先准备好，而且访谈问题的提问顺序也提前确定。这种访谈的特点是访谈的内容大多已在调查表中做了精密的安排，访谈员根据设计好的调查表，逐项向访谈对象提问，并将访谈对象的回答填入调查表中。这种访谈法在访问中所提出的问题、提问的方式和顺序及对受访人回答的记录方式都是统一的，甚至连访谈的时间、地点、周围环境等外部条件也力求保持基本一致。访问员需严格地按照调查表上的顺序提问题，自己不能对问题做出任何解释。

（2）无结构访谈也称非标准化访谈，无结构访谈与结构访谈相反，研究者事先不具体准备任何问题，而只是在熟悉掌握研究问题的基础上，大致地思考一下访谈问题的构成，具体问题是在访谈时实时提出的。这种访谈不要求严格按照设计好的访问提纲进行，它可以根据访谈时的实际情况做必要的调整，灵活地变换提问的顺序和方式，对于被调查者不理解的地方加以解释说明，对回答中出现的重要问题及时加以追问。对于提问的方式和顺序、回答的记录、访谈时的外部环境等，都不做统一的规定和要求，而由访问员根据具体情况灵活处理。

（3）半结构访谈介于结构和无结构访谈之间，研究者既可以事先准备一些访谈问题，也能在访谈过程中根据需要提出跟进问题，从而获取更丰富和有针对性的数据。

此外，还可以根据访谈中心划分为当事人本位访谈和问题本位访谈。在访谈中所商讨的内容以受访人为中心时，称为当事人本位访谈；以问题事件为中心时，称为问题本位访谈。根据访谈内容的作用方向，可分为导出访谈（即从受访人那里引导出情况或意见）、注入访谈（即访问员把情况和意见告知受访人）及既有导出又有注入的商讨访谈。根据访问员应掌握主导性的程度，可分为指导性访谈和非指导性访谈等。

8.2.3　访问法的实施步骤和技巧

1. 访谈前期准备

1）按照研究目的确定访谈类型并设计访谈提纲

选择适当的调查类型是做好访谈调查的基础，因此，如果是进行探索性研究，需广泛征求各界的建议和意见，则一般选择无结构访谈；若研究目的是验证某种假设或要迅速获得多数人的态度，则一般选择结构访谈或半结构访谈。在调查类型确定后，要根据研究目的与访谈方法制作相应的调查表或访谈调查提纲，学习与调查有关的各种知识。访问提纲或调查表有两种形式，一种是标准化的访谈提纲，实际是调查人员提问并填写的调查问卷，要求调查的背景、条件、内容过程大致相同，以提高访谈速度和效果；另一种是非标准化的访问提纲，提纲只列出调查人员要了解的主要问题，并具体化为几个方面的问题，给访问过程提供一个思路。准备好访谈提纲是进行访谈工作的首要工作，还需要对人文环境、社会文化传统、风俗习惯等内容的了解。

2）要明确访谈对象，并尽可能充分地了解被访谈者

访谈对象的选择要满足访谈内容的需要。要选择最了解的情况，而且兼顾各个层次、各种身份的人，以收集来自不同方面的信息，全面了解情况。同时还要考虑不同的年龄层次。选准访谈对象后，要在可能的条件下对被访者的性别、年龄、职业、文化程度、工作经历、性格、习惯、兴趣、爱好，特别是当前的思想状况和精神状态等基本情况，尽可能多地了解，这对于正确选择访谈方法和灵活运用访谈技巧具有重要意义。

3）要选好访谈时间和访谈地点

访谈的时间和地点也直接影响调查对象的思想、情绪和访谈效果。最佳访谈时间是受访人工作、劳动、家务不太繁忙且心情比较舒畅的时候。访谈时间一般要求尽量照顾调查对象的工作、学习、娱乐的方便，以免被访者产生厌倦心理。在访谈地点上，尽量安排在被调查对象不受干扰的住所或工作点附近，以有利于被访者准确回答问题和畅所欲言为原则。总之，访谈时间和地点的选择都应有利于访谈的顺利进行，有利于访谈调查的质量和效率。

4）制定访谈实施程序表

在完成上述准备工作之后，应对拟定访谈实施程序表，对要进行的工作与时间全面安排，这种程序表应包括访问前应阅读的文献材料、对有关访问工作文件或资料事先准备、取得被访者的联系资料、约定访谈时间及地点、对访问过程的控制、对访问可能出现的问题事先做出假设，并提出防范措施。

5）准备访谈工作

在开始现场访问前的最后一项步骤是准备访问时可能会用到的工具。工具分为两类：一类是普通工具，如笔、记录本、稿纸、工具包等；另一类是专用工具，如调查表格、文件资料、调查说明书、问卷、照相机、录音机、计算器等，此外还应有调查机关所发文件、介绍信和有关证件。

2. 正式进入访谈

在实地调查之前，有必要与访谈对象所在的当地政府或其他组织机构取得联系，征得它们的允许和支持，这对开展工作大有裨益。建立良好的人际关系，接近受访人是访问工作的开端，好的开端对后面的访谈至关重要。

访问员在接近受访人时，首先要进行自我介绍，然后说明来访目的及为什么要进行此项研究，请求他的支持与合作。此外，还要告诉被访者，他是如何被选出来的，这一阶段的主要任务是与调查对象建立融洽的关系，消除其顾虑，使他们产生参与研究的动机。在这一阶段，最容易出现陌生感，它使双方拘束无言，也可能出现调查对象以各种原因拒绝受访的现象。因此，为了创造有利于访问的氛围，打破僵局，除对访问对象表示礼貌外，正式对话前可以谈谈调查对象熟悉的方面，从而消除拘束感。有了利于访问的气氛后，就可以详细说明要调查的内容，提出第一批问题，因为这时被访者的意识尚

未转向问题题目，他必须有一个预先心理上的酝酿过程，因此开始切忌提出一些大而复杂的问题。经验证明，开始回答问题顺利能使被访者信心增强，双方互动协调到这时才可以进行深度访问。

访谈邀请时，为了接近被访谈者，使访谈顺利进行，应该注意以下几点。

（1）穿着干净整洁，称呼恰如其分。

（2）自我介绍简洁明了，不卑不亢。

（3）发出邀请时应热情，语气应该肯定和正面。

（4）以适当方式消除被访者的紧张、戒备心理，有时应主动出示身份证等文件。

（5）应对拒绝访谈时，应有耐心；不要轻易放弃；搞清拒绝的原因，做相应的对策。

3. 访谈过程把控

访谈的过程是访问员对受访人提问和受访人对访问员回答的过程。总的来说，访谈要使受访人处于轻松愉快的状态，访问员也应如此；创设恰当的谈话情境；不使受访人感到社会压力；应具备正确的预备知识；应具备细致的洞察力、耐心和责任感；不对受访人进行暗示和诱导；对相同的事情会从不同的角度提问。

（1）提问是访谈法的主要手段和环节，在整个访谈过程中占有重要地位，从一定意义上来说，访谈技巧首先是提问的技巧。首先要注意题目的转换，提问语言要求言简意赅。一个成功的访谈，应该是使用简短的提问换取充分的回答而非用冗长的提问换取简短的回答，这也是访谈法与问卷法的区别之处。同时，在提问的问题上尽量通俗易懂，口语化和地方化，而不应使用太多的学术语言、书面语言，这样才能收到很好的效果。其次是对问题的追问。最后是适当的发问与插话。

（2）访谈法收集资料的主要形式是“倾听”。“倾听”可以在不同的层面上进行，包括三个层次：①在态度层面上，访谈者应该是“积极关注地听”，而不应该是“表面地或消极地听”；②在情感层面上，访谈者要“有感情地听”和“共情地听”，避免“无感情地听”；③在认知层面上，要随时将受访者所说的话或信息迅速纳入自己的认知结构中加以理解和同化，必要时还要与对方进行对话，与对方进行平等交流，共同建构新的认识和意义。

（3）访问调查中语言是关键，语言能传递调查信息，但人的外表、行为、表情、目光、着装及周围环境等非语言因素，也能传达一定的信息，也是重要的交流媒介，因此，访问技巧也包括表情与动作技巧。访问员可通过自己的表情与行为和受访人表情、行为的交流，控制访问过程，达到访问目的。被访者的非语言行为对于了解他们的心理活动也非常重要，在访谈过程中访谈者可以同时观察被访者的面部表情和形体动作，不失时机地记录下来。

（4）记录是访谈结果的最终表现形式。现场记录可以使用三种方式：①观察型记录，记下访谈者看到和听到的东西；②方法型记录，记下访谈者自己所使用的方法及这些方法对访谈的作用；③内省型记录，记下访谈者个人因素对访谈的影响，如性别、年龄、职业、相貌、衣着、言谈举止、态度等。

4. 结束访谈

访谈活动的最后一个环节是做好结束工作，一般说结束访问要做到适可而止和善始善终。适可而止主要是每次访谈活动的时间不宜过长，一般以一至两个小时为宜，但不能过于机械，应视具体情况灵活掌握，以不妨碍受访人的正常职业活动和正常生活秩序为原则。善始善终是要向受访人对调查工作的支持表示感谢，感谢从对方那学到了许多有用的知识，同时还应肯定受访人给予的真诚帮助，并通过访谈建立或加深了友谊，为以后调查做好铺垫。

5. 访谈记录整理

要求访问员能如实准确地记录访谈资料，不曲解受访人的回答。访问调查一般都要做记录，记录可分为笔访和录音录像两种。如果访问对象允许，可使用录音机、录像机，这种方式使访问员可以全神贯注于提问；但由于录音（录像）最终还是要用笔记下来，因此笔访是各种访问记录的最基本形式。结构式访问记录比较简单，只需要按规定的记录方式，把受访人的答案记录在事先设计好的表格或问卷上即可。无结构式访问记录分为当场记录和事后记录两种。

1）当场记录

当场记录是一边访问一边记录，有时需征得访问对象的允许。当场记录有速记、详记和简记三种。速记是用速记法把对方的回答全部记下来，然后再进行翻译和整理；详记是用文字当场做详细记录，简记是用一些符号或缩写来记录。但无论是用何种记录方式，在记录内容上都应抓住几点：记要点，即主要事实、主要过程、主要经验、主要教训、主要观点、主要建议和意见；写特点，即记录具有特色的事件和情节，具有个性的语言和表情，特别是要注意捕捉那些“闪光”的思想或语言；记疑点，即为了不打乱对方的思路和谈话，应把各种疑问的问题记录下来，待访谈结束时询问；记基本点，即把访问的地点、时间、组织名称、各种数据等基本点记录下来；记感受点，即在访问过程中，访问员必然会有些重要的感想、思考和体验，应及时记录下来。

2）事后记录

事后记录是在访问结束后靠回忆进行记录，它可以不破坏访问员与受访人之间的互动，提高无记录的谈话可信程度。但事后记录仅凭访问员个人的记忆，或因个人主观因素（如偏好）和个人主观见解，会造成有些问题重视，有些问题忽视。因此，访问员要不断训练自己的记忆力，同时，采用一些技巧，如列好谈话提问顺序，依序提问，依序翻译，以提高记录的完整性。

8.2.4　访问员的挑选与训练

访问员也可称为访谈员，是访谈中的中心人物，研究结果在很大程度上取决于访问员的个人品质、特征和能力。一个好的访问员，不但所得的资料丰富、可信，而且还可以从访问中获得新思想、发现新问题，通过访问获得对问题更深的认识与理解，反之，就只能了解到表面的，甚至不真实的社会现象，因此，任何利用访问收集资料的研究都有一项任务，即挑选符合该项研究要求的访问员。

1. 访问员偏差

访问员的专业技术水平较低使访谈的内容和结果不实，称为访问员偏差。产生访问员偏差的最直接原因如下。

（1）访问员对个别受访人有偏见。不同的访问员因个人经历、个性、地位、职业、专长、兴趣等方面原因会影响个人访问素质。一些未经过正规培训的访问员或者是访问素质不到位的访问员有可能对不同的受访者产生不同程度的偏见。这种偏见的产生可能是有意识的也有可能是无意识的，在一定程度上是无法完全避免的，这就导致了访问员偏差。

（2）访问员想要受访人做出某种回答而产生的期望效应。一旦访问员在访谈过程中产生了这样的想法，有可能会对受访人的回答进行一定程度的美化和修饰，从而影响到访谈结果的真实性和有效性。专业的访问员应如实准确地记录访谈资料，而不应曲解受访人的回答。

（3）访问员进行暗示或诱导性提问。在访问过程中，有些访问员为了得到理想的回答或回应，可能会诱导受访人朝其期待的方向回答，从而影响了受访人个人的代表性观点，导致访问员偏差。在实际的访问过程中，访问员应秉持客观、理性的态度，不诱导受访人回答问题。

访问员偏差影响所得到的数据资料，在很大程度上可能已失去了科学研究的价值。想要规避或减少访问员偏差的影响，应该按时对访问员队伍进行专业培训和技能考查，并在访问工作前期按照一定标准和流程挑选合适的访问员。

2. 访问员的选择标准

一般地讲，应尽可能选择那些经过训练、有调查经验、对所调查的问题比较熟悉的人做访问员。实践证明，这样的访问员能大大提高调查的质量、降低调查的成本。特别是无结构式访问，对访问员的质量要求更高。访问员应具备的条件分为两类，一类是由研究主题的性质、社区类型及调查对象的特点所规定的；另一类是任何研究的访问员都应具备的，前者称特殊条件，后者称一般条件。

特殊条件包括下述几个方面。

（1）性别。研究表明，男性访问员去访问领导人较适宜，对女性的访问则以女性较适宜。在访问生产、政治问题时，以男性访问员为宜，而婚姻、家庭调查则以女性访问员较合适。

（2）年龄。通常是青年访问青年较好，对于身份较高、影响力较大的领袖或年龄大的人，宜以年龄较大者为佳。在政治和经济问题的研究中也不宜以年轻人为访问员。

（3）教育。研究表明，教育水平高的访问员在问问题方面造成的差异最小，教育水平对访问的重要性还在于访问技巧的运用。因此，在研究复杂问题时要相对提高对访问员学历的要求，而且要求具有一定的经验。

（4）地区。我国地域广大，民族众多，各地区风俗习惯、语言等差异极大，并且城乡间也有很大的差异。因此，在选择访问员时要充分考虑这一点，尽量选择当地的、同民族的人作为访问员。总之，访问员与受访人背景越相近，访谈效果就越好。特别是那些比较敏感的问题，如关于民族、宗教等问题，为减少回答的误差，最好的办法就是使用一个与被访者的特征大致相同的访问员。

主要的一般条件有以下几种。

（1）诚实与认真。这是访问员必须具备的最基本的素质。诚实与认真一方面表现在准确地遵守工作细则；另一方面表现在忠于访问的事实，对于访问资料的记录必须十分精确，敷衍从事则不行。

（2）兴趣与能力。如果对访问工作没有兴趣，就不可能把工作做好，特别是经过几次访问后，调查工作会变得枯燥起来，若不是真对工作有兴趣，造成误差的机会就会增加。除对访问工作的兴趣以外，访问员必须具备一定的能力。主要应具有的能力是观察力、辨别力、表达能力及交往能力。

（3）吃苦耐劳。实地访问调查是件极其辛苦的工作，此外还有精神上的痛苦，如受访对象的冷淡、拒绝等。若无责任心，不能吃苦耐劳，就会知难而退，完不成访问任务。对于访问员的挑选，这个条件是访问工作前期相当重要的要求。

（4）谦虚耐心。访问员抱着虚心求教，亲近对方的态度，受访人才能知无不言，言无不尽。要善于耐心听完受访人的话，并能耐心讲解问题，即使碰到无礼对待也要有耐心，否则很容易造成关系紧张，甚至发生争吵，导致访谈失败。对于大规模的结构式访问，训练访问员的意义不只在于提高访问员的访问技巧和能力，更重要的是为了保证访问过程的标准化。

3. 访问员的训练方法

（1）研究指导者做简要介绍，介绍包括该项研究的目的、意义，整个调查的范围，调查对象的数量及每人的工作量，调查的步骤和每阶段所需时间，付给多少报酬，需工作多久等。

（2）阅读问卷、调查员手册或访问指南及其他与该项研究有关的材料。先由访问员认真阅读，然后由访问指导者逐条对上述文件进行讲解和提示，使访问员明确每个项目内容、回答类别及如何记录回答，明确访问中每一步工作及其对他们的要求。对于访问员提出的问题，访问指导者要一一给予回答，并与访问员一起对问卷的条款进行讨论。

（3）进行模拟访问，可在访问员之间一对一互相访问，也可以找个试验点，使每个访问员实际操作一遍。研究指导者应从旁观察与协助，并严格检查访问结果。模拟访问的目的是发现和解决在实际访问中可能出现的潜在问题，熟悉访问内容与训练访问技巧。

（4）集体讨论，结合模拟访问，全体访问员与访问指导者一起再次逐一复习和讨论问卷的所有问题，并将每一疑问加以解决，并指出今后工作中应注意的问题。

（5）建立监督管理办法，包括将访问范围和访问对象进行分配、建立相互联络和互相帮助机制。

8.3　调查法

研究方法是学术研究的推进器，也是高质量科学研究的基础保障。在图书馆服务与用户研究领域，图书馆服务是围绕“用户”展开的，因而在图书馆学长期研究发展中形成了以用户研究为主体的方法体系。尽管近年来图书馆学研究方法不断丰富，但是调查法一直是图书馆用户核心研究方法之一。对图书馆用户调查法研究分析可以有效促进图书馆用户研究的发展。本节我们从以“用户”为导向的图书馆服务与用户研究整体出发，介绍图书馆用户核心研究方法之一的调查法，根据调查法的社会学特征、具体应用及实际案例，来阐述该方法在图书馆用户研究领域的应用。

8.3.1　调查法概述

何为调查法？调查法是社会科学研究中经常被使用的观察方法之一，在一个典型的调查研究方法中，研究者通常首先选定合适的调查对象作为样本，之后开展调查。调查法的作用在于能够在对样本开展调查的基础上，客观而又准确地分析社会现象，反映社会的一般状况；并且通过调查获得的资料较为可靠，所得结论的概括性程度也相对较高。一般情况下，调查法可用于描述性、解释性或探索性的研究。自芝加哥学派从图书馆的社会性出发，将调查法引入图书馆学领域之中，调查法逐渐得到图书馆学界的认可，在图书馆学研究中被使用的普遍性也在逐步提升，但具体的实施情况如何，尚有争议。

图书馆用户作为调查研究的对象，有自己的独特之处。图书馆用户真正读、看、听的图书资源与他们从银幕或手机屏幕所见还有极大的不同。图书馆怎么生产出读者需要的交流媒介、怎么把馆内资源交给读者使用、怎么样给图书馆读者提供更好的服务，这些对图书馆用户研究都极为重要。

下列几类问题反映了使用调查法研究图书馆用户领域中所要探讨的一部分：①为什么人们使用或者不使用某些类型的图书馆；②图书馆与图书馆员对用户的阅读习惯和爱好施加什么影响？③用户对图书馆资料、服务、人员、物资资源满意或者不满意到什么程度？④哪些人借哪些图书资料？⑤哪些人使用图书馆的各种服务？⑥各种用户和各种用户群使用或不使用图书馆的重要因素有哪些？⑦用什么办法可以有效地鼓励人们使用信息性、消遣性、鼓舞性资料和图书馆提供的服务？⑧在图书馆里最经常使用的交流媒介是什么？为了什么目的？⑨城市、郊区和农村图书馆的利用情况有什么区别？⑩人们接触大众宣传媒介（如收音机、电视、报纸、电影、手机等）对图书馆的使用是否有影响？

笔者根据探讨的图书馆用户领域的问题，结合近年来使用调查法研究图书馆用户的期刊文章，发现图书馆用户研究按照研究主题主要分为以下四大类：图书馆用户信息行为研究、图书馆用户心理认知研究、图书馆用户满意度或需求研究、图书馆管理建设对图书馆用户作用研究。分析图书馆用户研究主题中调查法的使用情况，我们发现有问卷法、访谈法、实验法等直接应用方法和理论研讨法，内容分析法等间接应用方法。这些具体的应用方法我们将在下面小节详细描述。

8.3.2 调查法的特点

调查法通常是以个体为研究单位的。根据不同的研究目标，研究者往往会选择相适应的调查对象进行调查研究。一般而言，调查法需要包含被调查对象人口统计学方面的信息，如性别、年龄、教育水平、民族、婚姻状况、职业、收入水平、宗教信仰等，这些信息又被称为“常见共变量”。在调查法中，性别和年龄是被提到最多的人口特征，学历、受教育程度、教育背景也是调查法关注较多的基本常见人口特征。一般针对图书馆用户样本的调查对象分为以下六类：一般公众、高校师生、图书馆人员、科研人员、政府企事业人员、其他。调查的样本量是根据研究需要决定的，一般情况下，样本量越大，结果可能会更有代表性。关于调查的有效率是我们需要注意的，艾尔·巴比曾指出，如果要进行分析和撰写报告，调查样本结果回收的有效率至少要达到 50%；而要使报告或者研究结果是好的，调查的有效率至少达到 60%；如果达到 70%，调查研究的可信度就非常好。

调查法是一种包括态度量表在内的综合性的测量工具。调查法的主要内容是以研究假设为基础，根据概念操作化及其测量指标而设计的一整套比较系统的调查问题的集合，使用调查法的过程也是研究者将研究假设具体化的过程。研究者往往期望通过调查去测量社会现象、社会行为、态度观念等，因此，在调查研究过程中，设计及施测时应该注意标准化与规范化，这直接关系到研究者收集资料的准确性和有效性，同时也影响着调查研究的质量。调查法的基本步骤主要包括提出研究假设、设计调查草案、预测试、修改调查问题、信效度检验、正式调查，其中，预测试与信效度检验是最容易被研究者忽略的环节。

在调查研究方法中有两点需要注意的是：①弄清受调查者是否能理解调查过程中的问题，是否愿意回答这些问题，以及完成调查需要花费的时间等，并根据预测试的结果，对发现的问题进行修正。一旦研究者认为已经修正了调查研究中存在的问题，就需要安排新的测试来确保修正方案是恰当的。②选取的调查样本是否具有普遍性。抽样在于通过对部分样本单位的调查，达到对社会现象整体的认识，合理选择抽样方法，能够有效提高研究者样本选取的代表性。概率抽样和非概率抽样是抽样的两种方式，概率抽样主要包括：简单随机抽样、系统抽样、分层抽样、整群抽样、多段抽样、PPS 抽样（probability-proportional-to-size sampling，概率比例规模抽样）等；非概率抽样主要包括就近抽样、配额抽样、目标式（判断式）抽样和滚雪球抽样。不同的抽样方法都有自己的特点，研究者可以根据实际需求选择合适的抽样方法。

8.3.3 调查法具体分类

使用调查法进行图书馆用户研究中，可以分为直接调查和间接调查，这两种基本的研究方法是该研究领域内较早开始运用的，其要点是围绕用户研究的某一具体内容或方面有目的地开展直接或者间接的调查与观察，以获取详尽的资料，继而对有关资料进行归纳、整理与一般分析，最终得出研究结论。

直接调查是用户研究中的一种直接方法，其基点是必须有用户本身参与调研活动。这种方法的优势是调查面广，既可以调查当前用户，又可调查潜在的用户。采用该方法获得的调查资料具有详细、可靠、具体的特点。在图书馆服务工作中，对于发挥用户的主观能动性作用有着重要的意义。该方法的主要缺点在于使用不大方便，由于受调查对象的限制，有时对调查问题的答复率不高。

直接调查通过与用户直接交往进行，如发调查表向用户做调查，与用户交谈、参与用户业务活动等，这种调查具有灵活性，既可以与用户面对面调查，也可以采用通信方式和利用计算机互联网络与用户联系。

直接调查的方式归纳起来可分为问卷法、访谈法、实验法、信息反馈法等，这些方法可用于以下图书馆用户研究项目：①从用户角度研究各种图书馆服务方式，包括重要性评价、可用性评价、效益分析等；②从用户角度研究各类图书馆服务的使用价值；③从用户角度研究对图书馆各类需求及其表达方式；④研究用户接受图书馆服务的过程；⑤研究用户的职业特征、心理特征；⑥研究给图书馆用户提供服务的最佳渠道和时间；⑦确定用户所用信息资料的题材特点和保证程度；⑧研究用户管理与培训的问题等。

间接调查是用户研究中的一种间接方法。间接调查就是调查与用户有关的各种资料，如各种文献、用户登记卡、服务工作记录、咨询记录、业务日记、用户工作日程表等。使用该方法进行用户调查研究，虽然不直接与用户接触，但所调查的各种资料却与用户的活动息息相关。可以认为，这种方法是一种利用一定的媒介与用户交往的调研方法。与直接调查法相比，间接调查具有调查可靠和使用灵活的特点。它不仅克服了用户回答调查问题时的随意性，而且不受时空的限制，不与用户接触就能掌握调研素材，作为对直接调查的补充，是可取的。实际上，该方法也是用户研究中的一种常规调研法。

间接调查的途径有很多，但主要有理论研讨法和内容分析法。

8.3.4　图书馆用户研究方法选择

1. 问卷法

问卷法必须使用预先准备好的问卷收集数据。问卷可以完全由研究者自己准备，也可采用其他研究者制作的问卷，加以相应修改。前者从头开始，会比较费时费力，但在没有现成可参考借鉴的问卷情况下，是唯一的选择。后者相对而言会比较省时省力，但前提是计划采用的问卷一定应与自己的研究题目相近或相似，而且必须首先征得原作者的同意，并在最后的研究报告中致谢。

问卷问题是任何问卷的主要部分，它们一般以封闭型问题为主，有时辅之以一个或数个开放型问题。问卷主要通过封闭型问题收集数据，这也决定了数据分析多用定量方法。如果在问卷中需要提出多个开放型问题，那应考虑采用访谈法达到收集数据的目的，因为研究对象往往不会在问卷中详细回答开放型问题。问卷法的最大特点是可以不受时间和地点的限制，将问卷散发给大量研究对象。专用问卷网站（如问卷星）的出现，更是大大地减少了散发和回收问卷的费用和时间。但是，与访谈法相比，问卷的针对性较差、回收率低、不能获取深度数据以及与研究对象之间缺乏实时互动等问题值得关注，应设法采取措施应对。例如，应把问卷尽量设计得简洁清楚，并给予研究对象一定的物质或精神鼓励，以促成他们完成问卷。

此外，问卷常与访谈一起使用，以全面地收集关于某个研究问题的定量和定性数据。问卷还可用于实验中的前测试和后测试。对于德尔菲法，问卷是不可或缺的数据收集工具。

采取问卷法进行用户研究，应注意三个环节。

（1）被调查对象的选择。

问卷法的调查结果在很大程度上取决于被调查者。一般来说，对被调查对象应依据用户研究的内容进行科学的选择，使其具备充分性、可靠性、代表性和适用性。例如，我们研究图书馆用户的信息需求时，必须选择各方面有代表性的可靠对象作为被调查的对象。既要调查当前用户，又要调查潜在用户；既要调查高水平用户，又要调查一般用户。除了普查的情况以外，任何列表调查工作都有一个对象选择问题。

（2）问卷的设计。

问卷的设计依据只能是用户研究的内容与任务。一般说来，对研究的项目要进行分析设计问卷，问卷要求既全面系统，又简单明确，即在保证不漏掉研究项目的同时，尽量方便被调查者填写，不能含糊不清，问卷的内容大致可分为定性指标与定量指标两类，前者只要求被调查者表明自己的观点、看法与意见，后者则要被调查者填上一定的数据。根据内容的不同，其问卷又可具体地细分为意见问卷、等级问卷、评分问卷、统计问卷等。

（3）调查结果的分析。

回收的问卷已经包含了我们所需要的各种信息，它们是开展分析研究的素材和依据。早期的问卷法仅限于对调查素材的一般分析和评价；目前此法往往用于为“用户”的定量统计分析提供素材，即在结果处理上采用统计学的研究方法。对于调查结果的一般分析和评论，主要包括对结果的归纳与综合，对被调查者的分析与评价，以及对结论可靠性的验证。

2. 访谈法

访谈法通过对研究对象的问答访谈收集数据。根据访谈问题的不同准备程度，访谈法可分为结构访谈、半结构访谈和无结构访谈。结构访谈是指访谈问题完全事先准备好，而且访谈问题的提问顺序也提前确定。因此，结构访谈与问卷有很大的相似度，只是访谈问题的问答是以口头形式进行。无结构访谈与结构访谈相反，研究者事先不具体准备任何问题，而只是在熟悉掌握研究问题的基础上，大致地思考一下访谈问题的构成，具体问题是在访谈时实时提出。半结构访谈介于结构和无结构访谈之间，研究者既可以事先准备一些访谈问题，也能在访谈过程中根据需要提出跟进问题，从而获取更丰富和有针对性的数据。在上述三种访谈类型中，针对图书馆用户研究多采用半结构访谈较多。

与问卷相反，访谈问题多为开放型，并可以结合一些跟进提问，有针对性地收集关于所研究题目详尽、深度的定性数据。除此之外，访谈还可收集肢体语言数据，或从不能书写的研究对象（如儿童、文盲）收集数据。但是，访谈费用成本较高，因此，访谈对象人数受限。访谈质量既会受到研究者的访谈技巧和经验的影响，也易受到研究对象因访谈而引起的主观和不自然因素的影响。

访谈作为一种研究方法，经常与问卷一起使用，以扬长补短，充分发挥每种方法的功用。访谈法有时也在实验和实地研究（field study）中使用。一般而言，关于图书馆用户研究领域单独把访谈作为唯一的数据收集方法的研究数量不多。

采用访谈法进行用户研究时应注意以下问题：①明确调查目的，围绕研究课题准确地提出被调查者需要回答的问题；②选择典型的、重点的调查对象；③对调查结果应做出多因素分析，引出客观的结论。

3. 实验法

使用实验法对图书馆用户的研究主要集中在图书馆用户对信息系统、新技术或流程的使用评估检测。实验法包含以下两大类型：①经典式实验设计，包括被试随机抽样及分组、实验组和对照组的比较、前测试、自变量的引入以及后测试等实验要素；②非经典式实验设计，只含有上述部分实验要素。至少含有一种上述实验要素的为准实验（quasi-experiment），最多含有一种上述实验要素的为预实验（pre-experiment）。实验可在实验室进行，也可在实地展开。但在本领域中，以实验室实验居多，且多为非经典实验。

实验法在用户研究中往往还采用实地参与考察，这种实验方式是在与用户的直接接触中考察、研究用户的一种直接方法。利用这种方法进行用户研究时，调研人员往往直接参与用户的各种活动，参与制订用户的服务规划、课题活动等。该方法一般用来研究重点或者特殊用户的需求和相关问题。

采用实地考察的实验法进行调研活动，调研人员只有与用户长期接触才能取得较为可靠的研究结果，因此这一活动常常结合定题跟踪信息服务工作进行。采用实地考察实验法进行用户调查应有周密的计划和充分的准备，其基本程序如下。

（1）根据图书馆服务业务的需要和用户的特殊需要，确定实地考察的用户对象及业务，经过初步分析，确定调查的目的、内容与业务要求。

（2）根据总体要求和内容，制订调查计划，规定调查的时间、地点、方式以及考察的详细安排。

（3）实地进行考察，在考察中及时发现问题，在总体原则不变的情况下，调整工作进度，得出初步结论和获取进一步分析的资料。

（4）汇总实地考察材料，在系统研究的基础上编写实地考察报告，明确报告应用范围，提出相关业务工作建议。

与其他研究方法（如问卷法）相比，实验实施的成本较高，即便是实验室、非经典实验也是如此。实验法往往借助于问卷或访谈进行前测试和后测试，采用观察法及出声思考法收集数据。通过实验收集的数据，可使用定量和定性方法进行分析。

4. 信息反馈法

信息反馈法是一种利用图书馆信息服务过程中用户反馈信息，进行用户研究的方法。其反馈信息的获得出自图书馆用户咨询、用户培训、与用户联络及其他相关的图书馆活动。采用此方法进行用户研究往往缺乏必要的“主动权”，而只能从来自用户方面的反馈信息入手，进行分析研究，引出结论。这一方法属于被动式研究方法。尽管如此，由于用户反馈信息具有可靠、具体的特点，该方法正日益引起人们重视。目前，不少图书馆已有专门人员处理用户的直接反馈信息。用户信息反馈的研究结果直接为开展图书馆服务工作所用。

利用信息反馈法进行服务与用户研究，具有与图书馆信息化发展业务密切结合的特点，因此该方法作为组织服务工作的常规调查方法被广泛使用。目前，在市场化咨询服务、网络信息服务和系统集成服务中，服务部门往往附有服务反馈卡，通过反馈卡沟通与用户的联系，以便及时发现问题、解决问题。信息反馈法的利用，还可以使我们获得来自用户使用图书馆资源的数据，利用这些数据可以进一步分析，以掌握用户对图书馆的真实需求与利用变化规律。

信息反馈法的基本环节如下。

（1）在图书馆服务中有目的地建立服务信息反馈制度，确定反馈形式、内容和途径。

（2）收集、处理和分析来自用户的反馈信息，组织深层研究。

（3）提交分析与研究结果，用于改善用户的服务工作。

5. 理论研讨法

理论研讨法通过调查与研究对象相关的概念、理论等，着重于概念和理论的抽象分析讨论、模型构建或理论提出，该法采用推理、归纳、比较、演绎等，达到研究目的，不大涉及实证数据的收集。它与下面提及的内容分析法的隐性分析有一定的相似之处，但理论研讨法的重点是对概念、理论或模型的分析、探讨或提出。对开放存取利弊的概念性讨论即为一例。另外，基于他人的研究，经分析总结归纳的模型（如信息搜索行为模式）也属于理论研讨法。

与其他研究方法相比，理论研讨法没有固定的程式，每项研究都根据所研究的问题而决定具体实施步骤，但多采用定性方法分析相应的文字数据。正因为如此，理论研讨法既没有专门的文字介绍供研究新手学习，也没有大家认可的合理使用评估标准。尽管学界对理论研讨法没有一致的命名，但我们不应将其与综述和评述相提并论，因为理论研讨法研究通过调查分析，必须提出并探讨研究问题，而综述和评述只是归纳和评估相关研究，没有自己的研究问题。受理论性课题和议题研究传统的影响，中国和欧洲国家的图书馆情报学学者比其他国家的研究人员更多地采用理论研讨法。

6. 内容分析法

内容分析法通过对文本内容进行系统和客观的调查分析（如比较、抽象、归纳）而收集数据，因此，它是一种集数据调查、收集与分析于一体的研究方法，即数据分析和收集融为一体，无法截然分开。具体而言，它可分显性（manifest）内容分析（如论文作者）和隐性（latent）内容分析（如论文主题）两种。相比之下，前者简单直接，易操作，而后者则反之，使用难度大，易融入一定的主观分析。

内容分析法中的分析单元和对象通常是词语、句子、段落和章节等文本信息，而其分析技术以开放式标注（open coding）等定性分析法为主，定量分析（如频率、百分比）为辅。鉴于内容分析的特性，其使用步骤无固定模式，而且分析过程一般需要重复一至数次，以获取高质量的数据和结果。再者，内容分析必须考虑标注的一致性（intercoder consistency）。标注一致性在此既指同一研究者在不同时间标注的前后一致性，也指不同的标注者相互之间的标注一致性。

图书馆用户研究领域采用内容分析法的研究者逐渐增多。如前文所述，内容分析实际上也可作为数据分析方法单独使用，对访谈记录和观察内容的分析即为实例。通常情况下，关于图书馆用户研究，也可利用用户公开资料进行分析，在规范化的专门服务和社会化服务中，这种分析是必不可少的，它具有常规性、积累性和实用性的特点。这种分析由于基于用户特征资料和服务特征资料，其资料来源客观、可靠，因而又是一种应用全面的研究方法。在实际采用此方法进行图书馆用户研究中，有几点注意的问题。

（1）用户特征资料调查分析。

用户特征资料是指反映用户学历、职业、职务、爱好、水平等情况的书面材料和记录，常见的有：办理图书馆读者证登记表、开展活动登记表、研究项目报告等。对用户特征资料的调查分析，对于弄清用户的结构、信息需求（特别是潜在需求）、服务需求等是必要的。利用用户特征资料进行用户调查，一般只需要经过对相关资料的收集、整理、统计、归纳和分析几个步骤。对用户特征进行深入的研究则应使用更复杂的统计分析法。

（2）用户其他资料调查分析。

调查分析来自用户方面的其他资料也是进行用户研究的一个重要途径，这一方法常用于一些特殊用户群体或者单位机构（包括个体和团体两类用户）的调研，用户特征资料以外的其他资料主要是指用户在图书馆日常的业务活动资料，如用户的阅读记录、使用的图书馆资源、用户利用信息系统的各种记录等。一般情况下，在确定研究目的的图书馆用户研究中开展此项方法是很有必要的，该方法的主要缺点是准确性、概括性不够。

（3）信息资料调查分析法。

利用图书馆的信息部门业务活动资料进行用户研究是一种常用的重要方法。这些资料记录了用户的信息需求、信息心理及信息行为的有关细节，特别是开展检索服务和咨询工作的记录，表达了用户的各种基本需求。因而，对这些业务资料的调查分析不失为一种渐变的基本方法。该方法的主要缺点是存在局限性。例如，利用查询记录只能了解部分用户的当前查询内容，却不能了解目前没有利用信息服务系统的那部分用户的信息需求，而后者在数量上可能占多数；另外，即使是现实用户，他们提出的问题也远远反映不了全部信息需求。所以，该方法的主要局限在于漏掉了潜在用户及潜在的其他需求。

采用间接调查法开展用户研究时，其资料的整理和分析工作可利用分析归纳、综合评价、对比分析和逻辑推理等手段进行。一般说来，对有关调查资料进行比较简单的处理便可得出定性的或半定量的结论。对调查资料的定量处理和定性—定量的深入研究，超出了调查法的研究范围，故将在其他章节进行详细介绍，这里强调的仅是开展用户调研的一般途径。

8.3.5 图书馆用户研究之调查法应用

1. 采用访谈法获取图书馆用户需求

通过采用调查法中的访谈法，面对面地对部分读者进行了调研，第一步就是要按用户身份对用户进行细分，以高校图书馆为例，可以把用户划分为教师、博士研究生、硕士研究生、本科生、馆长、馆员等。不同的用户身份对系统平台的需求差异比较大。

通过访谈法我们可以发现：教师的需求主要集中在科研方面，既包括如科研资料填报、论文格式编辑工具等，同科研相关的简单重复但需耗费大量时间的科研辅助功能，也包括如查收查引、学科发展方向预测、科研工作组、个性化定制和智能推送等功能。例如，使用 Google Scholar（谷歌学术搜索），其使用简单方便而且比较能够发现小众领域的英文资料。硕士生对图书馆的利用则主要集中在馆藏目录查询和座位需求上，中文资料的获取途径主要通过知网，英文资料的获取主要通过 JSTOR①等数据库。如果他们在图书馆服务上未获得较好体验，就会放弃再次寻求图书馆与此相关的服务。若在图书馆馆藏中找不到所需要的图书，即会转到网络上寻找免费的电子书，学生们会各自收集一些提供免费电子书的网站并互通有无，他们会通过豆瓣评分来对图书进行初步选择，虽然他们也认为豆瓣图书的评分方式决定了这些评分在学术研究上是不可靠的，但也没有更好的平台来提供帮助。他们希望图书馆可以提供更加自由、更加符合他们使用习惯的分类标签，如历史、小说等标签，并进行定制推送，这样可以方便他们能及时获取到所关注的书籍。他们还希望图书馆能够提供一个平台，便于学生彼此分享各自收集到的资源；获取到校内或兄弟院校的讲座信息等。可以看到，比起较年长的教师来说，年轻的学生们更加没有耐心，思想也更加活跃，与当前的网络环境有更直接的一致性，他们一般不愿意给服务方更多的机会。比如，若一个学生试图荐购图书，但未得到回应时，之后就不再进行荐购。他们更加关注使用体验，如果在使用过程中未得到好的使用体验时，他们比较倾向于放弃使用，除非他们的需求非常重要而且只有图书馆一条解决途径。

通过访谈法我们可以直接获取用户的需求导向，因为是面对面的沟通访谈，可以根据访谈过程中实际情况，跟进访谈问题，更加深层次地获取用户的需求。访谈法对图书馆建设基础设施服务平台起到提供精准保障作用。

2. 内容分析法在图书馆用户研究中的应用

近年来，在关于图书馆用户的相关研究中，有很多研究人员会对相关文章的关键词进行检索并分析，这是内容分析法的主要应用。关键词是对一篇文章思想和主题的高度凝练，也是文献计量分析的重要参考依据，其出现频次和研究热度往往呈正比关

① JSTOR 全名 Journal Storage，是一个对过期期刊进行数字化的非营利机构。

系。通过文章的高频关键词来分析文献具体内容，可以了解领域内研究的热点所在，从而进一步展望发展趋势。通常情况下，会使用 CiteSpace 软件对“图书馆用户+所要研究的其他主题关键词”进行搜索开展研究。CiteSpace 是一款由美国德雷塞尔大学的华人研究人员陈超美（Chaomei Chen）教授开发的基于 Java 的主要用于文献计量和数据分析的信息可视化软件，可以用来绘制科学和技术领域发展的知识图谱，直观地展现科学知识领域的信息框架，识别某一科学领域中的主要文献、核心作者、热点研究和前沿方向。笔者尝试使用该种方法，以“图书馆用户”和“需求”两个关键词进行检索，可以总结该主题的发展阶段、聚类分析图书馆用户需求研究态势、预测未来图书馆用户需求等相关问题。

使用内容分析法分析归纳图书馆用户相关研究，得出结论客观可靠，它是一种应用全面的研究方法。

8.4　观察法

8.4.1　观察法的作用

1. 科学观察的作用

在社会科学中，观察法是一种收集社会初级信息或原始资料的常用研究方法。人们有目的、有计划地通过感觉器官或借助科学仪器对社会现象和社会行为进行感知、记录、描述和分析，从而获得经验事实和社会认知。

观察对象的现象或过程是客观的、第一性的，被称为客观事实。而观察者从观察对象中所获得的观察结果，实际上是观察者通过观察手段对观察对象的现象或过程的一种反映或描述，这种反映或描述不是第一性的，而是第二性的，被称为经验事实。一切人们所观察到并反映在大脑中的以及同时通过语言或文字描述出来的“事实”，都是指这种“经验事实”。经验事实虽然是对客观事物的反映，但由于反映过程的复杂性，两者往往不能一致，有时甚至相差千里。

从观察中获得的事实材料往往存在一定的失真度，尽量减少失真度避免片面性，以获得比较准确的经验事实，是观察的基本任务。在观察中，我们所获得的这种比较准确的经验事实，一般称为原始资料。在科学上，这种原始资料具有极其重要的科学价值，它是一切科学知识的起点。从某种意义上来讲，科学始于观察。

观察法一开始是对自然发生的社会现象的观察，即人们对观察对象不加控制，不施加人为的影响，因而可以直接描述所观察的事物的本来面目。但是，这种方法既不能使被观察的现象重复显示，又不能使观察对象以纯化的形式出现，只能对自然界和人类社会进行一般水平的定性观察。随着科学的发展，在自然发生的条件下的观察就逐渐发展到了在人工控制条件下的观察，人们也认识到事物的性质和数量有着密切的关系，观察就从定性发展到了定量。

2. 科学观察的特点

1）观察是一种有目的、有意识、有选择的感性认识活动

观察活动是自觉的，不是无意识的，是主动的，不是被动的，是有选择性的，不是盲目的。因此，在观察之前，观察者要根据研究目的或问题来设计好观察计划，确定好观察对象、观察条件、观察范围和观察方法。在观察过程中，观察者需要把自己的注意力有意地集中和保持在观察对象上，尽量排除外界无关刺激物的影响，以保证观察的顺利进行。

2）任何观察过程都包括观察对象和观察主体

观察要有对象，这对象是指观察主体以外的自然、社会和人。具体来说，观察对象是指事件、过程、现象、实物、环境和人，它们往往是相互包含的。观察主体是人，不同的观察主体对同一观察对象进行观察可能会得出不一样的结论。人们在观察事物的时候，首先应当确定观察对象，其次要在一定科学理论指导下使用科学方法进行观察。

3）任何观察要在自然发生条件下及重复出现的情况下进行

在自然发生条件下进行观察，即在对观察对象不加控制、不加干预的情况下进行观察，这样才能得到在自然状况下的真实情况。此外，被观察的现象或过程只有在重复出现的情况下，观察才具有科学意义。对于那些稍纵即逝的现象或过程，观察者无法复核和验证观察结果是否正确。

4）科学的观察必须有系统、有组织地进行

它要求在实地观察之前根据观察对象、观察项目和观察方法制订详细的观察计划，即在一定时期、一定地点，对一定对象进行有组织性的观察。只有根据研究课题确定观察范围，用科学的方法对社会现象进行系统的观察，观察者才能收集到所需要的重要资料。

5）在科学观察中，观察仪器越来越重要

观察仪器是人的感觉器的延伸，除了利用人的感觉器官如眼睛、耳朵以外，观察者还可以借助照相机、摄像机、录音机等器材将观察结果准确地、详细地记录下来。

6）科学观察的记录必须客观

为了确保观察的科学性和客观性，观察者要如实地反映现实情况，不能带有任何感情色彩，必须对观察员的观察力、判断力、综合能力进行严格的训练。

3. 应用观察法的原则

1）可观察性原则

观察法原则上应在可观察到的研究领域内使用，设计研究计划、选择观察仪器、确定观察场合和条件，应充分注意观察手段和观察对象的能见度，即能够把观察对象的信息显露出来。

2）客观性原则

客观性原则是观察法的最重要的原则。它要求观察者必须如实地反映客观事物本身，观察者在观察过程中必须准确、如实地记录与研究目的和研究计划有关的一切客观情况，决不能因为个人好恶或他人意志任意歪曲、摒弃和捏造事实；在做出观察结论时，

一定要以充分的、真实可靠的观察资料为依据。

3）典型性原则

观察总是在一定条件、一定环境内进行观察，条件、时间、地点不同，观察的结果也不一样。因此，除了选择好典型的观察对象外，还要选择好观察条件。自然现象和社会现象往往是复杂多变的，各种因素交织在一起相互影响，使用观察法进行研究需要对观察环境和观察条件进行变量控制，选择那些干扰比较小的环境去进行观察比较容易获得有价值的研究结果。在科学研究中，有经验的科学家总是在自然过程比较纯粹的条件下观察研究对象。

4）综合性原则

使用观察法研究应多方面、多角度、多层次地对调查主题相关的一切客观情况进行全面、立体的观察，要全面、正确地认识事物。观察某一研究对象时，不能只是使用单一的观察方法，还要根据具体情况，决定是否采用其他观察方法，将几种观察方法有机地结合起来。

5）遵守法律与道德伦理原则

科学研究应遵守相应的法律法规和社会道德伦理准则。原则上，观察者应事先告知被观察者，并征得其同意再进行观察研究，观察过程中观察者应尽一切可能避免对被观察者造成肉体和精神上的损害。但在很多观察中，为了保证观察结果的客观真实，调查者并不向观察对象明确自己的身份，而是在私下旁观观察对象的真实状况和所作所为，是对其隐私的窥探，处理不当容易引起法律纠纷和违背社会伦理道德。在进行观察研究时，研究者应充分考虑可能会引起的意外与纠纷，并做好应对准备。

8.4.2　观察法的信度与效度

1. 观察法的信度

观察法的信度包括三种类型：第一，不同观察者的相关度；第二，稳定系数，即同一观察者在不同时间观察所得结果的相似程度；第三，信度系数，即不同观察者在不同时间里观察所得结果的相似程度。由于许多观察属于定性研究，观察结果通常是观察者的主观描述分析，不同的观察者或同一观察者在不同的时间对同一社会现象的观察结果很难完全一致。

提高观察信度需要注意以下内容：增加观察者数量，选择有经验的和受过训练的观察者；对观察对象及其行为要有较清楚的定义；观察者要尽可能地注意到每一个细节，并用标准化的语言将其记录下来；使用结构式观察进行定量研究，运用统计检验的方式进行研究分析；在不同时间进行多次重复观察。

2. 观察法的效度

在研究计划设计阶段，观察法的效度受观察方法、观察范围、观察时间、观察地点等观察条件的影响，观察者应根据研究目的和研究计划选择合适的观察方法和观察方案，并在实施观察阶段根据实际情况及时调整。

在实施阶段，影响效度的因素主要在于被观察者和观察者方面，当被观察者意识到有人在观察他们时，他们很可能会在不同程度上有意识或无意识地改变他们的习惯行为；观察者的主观态度、兴趣、期望和能力会影响其观察行为和观察记录，容易出现观察疏漏、遗忘、刻板偏见等问题，从而影响研究结果。

8.4.3　观察法的分类

1. 直接观察和间接观察

根据观察对象的不同，可将观察法分为直接观察（direct observation）和间接观察（indirect observation）。直接观察是对那些正在发生的社会行为和社会现象进行观察。一般来说，直接观察比较简便易行、真实性和可靠性高，应用最为广泛，实验室观察与实地观察、参与式观察和非参与式观察、结构式观察和非结构式观察都是直接观察。直接观察的局限性主要在于观察者或观测工具对被观察者的影响，直接观察可能会引起被观察者的心理反应而改变行为方式，以致观察结果不实；而且，涉及社会禁忌或个人隐私的行为无法直接观察。

间接观察是对人们行动以后、事件发生以后所遗留下的痕迹这一中介物进行观察。间接观察的对象通常不是正在活动着的人们，不是人们当时的行为和表现，也不是正在发生的事件和活动，而主要是人们行为以后、事件发生以后所留下的各种痕迹。间接观察包括痕迹观察和行为标志观察两种类型。痕迹观察是对人们活动以后所遗留下的迹象进行观察，它有两种形式：一种是磨损测量，通过观察物件的磨损程度推测一定时期的人类活动；另一种是累积测量，通过观察人们遗留下的物质分析人类行为。行为标志观察是通过一些表面的或无意识的现象推测人们行为方式和价值观。间接观察比较复杂，需要观察者具有较强的分析能力，有时还需要具有科学的鉴定手段和方法，而且在推论时也可能会发生种种误差，但是，它对过往的历史事物来说是唯一可行的观察方法。一般而言，间接观察所收集资料的有效性和普遍性很难判断，它通常作为一种辅助手段，提供某些线索，对其他方法进行补充和检验。

2. 实验室观察和实地观察

根据观察的场所，观察法可以分为实验室观察（laboratory observation）和实地观察（field observation）两大类。

实验室观察是指观察者根据研究的目的，在对观察对象发生的环境和条件加以控制或改变的情况下进行的观察。观察的场所经过专门安排，较为专业化。由于受实验特点的影响，实验室观察必须系统而周密，对观察对象的行为表现的观察、分析和记录方面要求非常精确。实验室观察通常在具有单向透镜、摄像机、录音机等设备的实验室中进行。因环境和条件得到控制，有利于排除无关因素的干扰，使观察对象的行为表现更直接、更客观，还可以反复进行，为探索不同教育现象之间的因果关系提供了条件。这种观察实际上是将实验与观察两种方法有机结合起来运用。

实地观察则是在自然情景中进行的，这种观察很少对观察的场所和对象进行控制，而是深入现实生活中对实际的社会现象进行观察。相比较而言，实验室观察通常被运用于心理学的研究中，而实地观察则更多地运用于人类学和社会学研究中。

3. 结构式观察和非结构式观察

根据观察方式的结构程度，观察法可以分为结构式观察（constructed observation）和非结构式观察（non-constructed observation）。

结构式观察也称有结构观察、有控制观察或系统观察，是根据事先设计好的观察项目和要求进行观察的类型，按照一定的程序、采用明确的观察提纲或观察记录表格对现象进行的观察，它所获得的资料大多可以进行定量处理和分析。结构式观察适用于欲详细研究的行为已被确认，并且已清楚知道需要获得何种信息资料的情况（如行为的时间频率和类型）。它具有系统化、标准化和定量化的特点，即它对观察的对象、范围、内容、程序都有严格的规定，一般不得随意改动，结构式观察与问卷调查、结构访谈的形式有点相似，因而能够得到比较系统的观察材料。结构式观察需要确定观察对象和观察内容，然后将观察内容具体化，做出详细的分类，确定观察项目及项目之间的相互关系，然后选择反映观察项目具体特征的观察指标或单位，形成标准化的观察范畴。观测数据通常可以像问卷调查的结果那样进行定量的处理和分析，即可对数据做出总体描述、分类统计，有时也可做相关分析。

结构式观察的结果较客观、准确，但它们的观察范围较小，缺乏深度和广度，观察的焦点集中在少数几个非常特定的行为，只有预先确定的观察项目才被记录，其收集的是文字较少的定量资料，一般适用于小群体研究和行为科学研究。

非结构式观察也称无结构观察、无控制观察或简单观察，指的是没有任何统一的、固定不变的观察内容和观察表格，完全依据现象发生、发展和变化的过程所进行的简单观察。对观察的内容、程序事先不做严格规定，只要求观察者有一个总的观察目的和要求，或一个大致的观察内容和范围，但是并没有很明确的研究假设和具体的观察内容与要求，然后结合现场的实际情况进行观察。观察者根据当时环境和条件变化随时进行观察内容和观察角度的调整，或者对该场景下的所有行为和现象都进行观察并记录下来。非结构观察比较灵活，适应性较强，而且简便易行，因此最为常用，是实地研究中最主要的观察方式。非结构式观察所得到的资料不系统，分散在许多方面，不便于分类和分析，故无法进行定量分析和严格的对比研究。它通常只能从定性角度用来描述所研究的对象和行为。

结构式观察与非结构式观察的不同主要有两点：其一，结构式观察所获得的资料大多可以进行定量处理和分析，而非结构式观察所获资料则基本是定性分析；其二，非结构式观察没有明确的研究假设和观察内容，观察内容和观察角度也多在观察过程中随环境和条件变化而调整。结构式观察适用于因果性和预测性研究，非结构式观察适用于探索性研究。

4. 参与式观察和非参与式观察

按照研究者是否隐匿身份参与研究对象活动的程度，观察法可以分为参与式观察

（participant observation）和非参与式观察（non-participant observation）两种类型。

参与式观察是指观察者到研究对象中间，以成员方式参与研究对象的活动。非参与式观察也称为局外观察，是指观察者以旁观者的身份观察特定的行为，而研究对象完全不知道自己正在被研究。采用非参与观察，一般有两种方法：一是近距冷淡法，即观察者在距离被观察者很近的地方观察，但对被观察者及其行动不表示任何兴趣，只听，只看；二是远距仪器法，即借助望远镜、摄像机等设备在距离较远的地方进行观察。

参与式观察的优点首先是观察者生活在研究对象的环境中，观察和被观察者的行为都是真实而自然的，资料更具信度和效度。但这种方法遇到的首要问题是伦理道德问题，观察者可能侵犯被观察者的隐私权利。其次，观察者的“成员”身份与被观察者生活会影响到被观察者的行为态度，被观察者可能会有意识或无意识地改变自身的行为习惯，影响研究结果。最后，观察者还有被同化的危险，可能全盘接受研究对象的观点，从而不能客观地分析所观察到的现象。

非参与式观察虽然没有上述问题，但观察难以深入，不能对研究对象做出全面、深入的了解，其观察也就比较简略和空泛，观察到的多是一些表面的，甚至偶然的社会现象，所获得的也多是感性知识；并且，这种观察方法无法全面了解被观察者的主观态度、价值取向等方面的情况，也容易渗进观察者的主观猜想或偏见，容易对观察对象的活动发生误解，从而得出不正确的结论。

5. 纵向观察和横向观察

按照观察所取得的资料时间特征划分，观察可以分为纵向观察、横向观察。纵向观察是指在一个时间段内对观察对象的行为进行长期、持续的观察，就不同的时间观察同一现象或事物，进行一连串的记录，并保持时序性，以供分析研究之用。横向观察是指在某一特定时间内观察同类现象或事物的状况，取得横断面的记录，以此作为分析研究之用。例如，在商场广播某款商品限时折扣后，观察在商场购物的所有顾客的行为，这时借助商场录像是一个比较好的观察方式。

6. 人员观察和机器观察

人员观察就是调查人员实地观察被观测者行为的方式；机器观察就是通过机器观察、记录研究对象的行为。例如，通过检查收款台对顾客购物扫描的数据资料，可以研究顾客所购买产品之间是否具有关联性。人员观察较为普遍，但观察容易受到观察者主观因素的干扰；机器观察比较客观，对被观察者的影响也较小，因而比较准确，但有时费用太大限制了它的使用。随着科学技术的发展，各种先进的仪器、仪表等手段被逐渐地应用到社会研究中作为研究者的辅助手段，市场观察者可以借助摄像机、收视计数器、交通计数器、监测器、闭路电视、计算机等设备来观察或记录被调查者的行为，以提高调查的准确性。还有一些比较专门的观察机器，如前面所说的观察听众或观众什么时候听或看什么节目的仪器、审讯罪犯所使用的测谎仪、地震仪、脑电波仪等。随着科学技术的不断发展，新的、更先进的观测仪器会被创造出来，更多的人类观察将被机器观察所代替。

8.4.4　参与观察

1. 参与观察法的特征

参与观察法是指观察者到研究对象中间，以成员的方式参与研究对象的活动。参与观察法具有如下几点特征。

（1）观察者从一个特定情境的局内人或成员的角度出发，通过一个或多个观察者的角色扮演，努力建立和维持与当地人之间的关系，并在此基础上观察社会生活，研究人类互动行为及其意义。

（2）观察者通常将此时此地日常生活的情境和场景作为研究方法的基础。

（3）参与观察法注重关于人类生活的理论形式和理论建构，目的在于创立某些以日常现实生活为基础，关于人类生活的应用性的理论原理。

（4）参与观察法是一种开放、灵活、随机应变的研究方法，要求从具体的人类生活场景中获取资料，不断地重新定义问题。

（5）参与观察法是一种深度的、质性的个案研究方法和研究设计。

2. 参与观察法的研究逻辑

参与观察法旨在提出某些关于人类生活的实用性的理论原理，即提供一个视角，一个看待问题的方法，或理解某种现象的概念、概况和阐释，进而批判性地考察现存的假设和理论，帮助人们做出切合实际的选择。参与观察法的研究逻辑如下：①以一个或一些假设的形式界定所要研究的问题；②根据研究假设构造概念、将概念指标化；③观察收集资料；④分析研究结果。

界定所要研究的问题，是一个开放的、不断发展的过程，问题陈述既要相当宽泛，以便容纳中心议题和有关内容，又要足够集中以便收集指导资料。必须谨慎地做到有效地聚焦问题和界定问题，以便在经费、时间和其他资源有限的条件下实施调查。同时注意了解问题本身的性质，如合适的研究现场的可接近性。把最初的问题陈述当作将要处理的问题加以系统阐述，会非常有益。

正确、系统地阐述研究问题会产生大量丰富的资料，从而使人感到要研究全部具有潜在兴趣的问题简直是不可能的。在研究的最初阶段，不断收集的资料可能完全改变研究的方向和重点，造成时间和精力上的浪费。为参与观察法界定研究问题是个复杂的过程，观察者不仅需要进行现场参与和收集资料，更需要反复提炼和详述所要研究的议题。

当研究问题变得更加集中时，就应该为进一步的研究构造关键概念，并指明如何将这些概念指标化。参与观察法研究的主要目的是用局内人的观点定义关键概念。人类学家已经研究出了识别民间概念意义的规范做法，并部分地掌握了一些语言表达的意义。日常生活中，人们会通过一种有意义的方式与他人进行象征性协调和交流，对这种方式的描述就是观察此类活动所需要定义的关键概念。参与观察者极少用操作化的方法界定概念，鲜用量化的方法测量概念，不太用统计的方法分析资料。操作化的定义对研究中的发现会形成事先的构想，因而会模糊局内人的意义，并导致很深的误解。量化会扭曲日常生活的真实性（除非局内人是用量化的方式看待意义的）。只有当研究者对局内人的世界了如指掌时，参与观察法才可以使用操作化的定义和定量的测量。

3. 参与观察法的方法论

就具体程序而言，参与观察法主要包括以下六个标准步骤：①选择观察与研究对象；②进入研究对象的生活和劳动场所；③参与研究对象群体的社会文化活动；④一般性地观察；⑤有针对性地观察；⑥记录和整理参与观察内容。

参与观察法的有效性不仅受到参与程度的影响，而且也与观察的系统性有密切关系。具有科学性的参与观察必须是根据严密的逻辑进行的系统性观察。系统性观察就是观察者为解答某些研究问题有计划、有步骤进行的观察。观察者不仅要获取社会事实，更重要的是把握各种社会事实之间是如何关联起来的。通过标准化的、系统化的程序来实施参与观察可以提高通过参与观察法获得的研究资料的效度与信度。这样一方面可以使观察过程能被复制；另一方面可减少参与观察过程中观察者主观随意性，提高观察的客观性和可信度。

参与观察的方法一般分为四个类型：一是描述性观察（descriptive observation），二是焦点观察（focused observation），三是选择性观察（selective observation），四是反思性观察（reflexive observation）。描述性观察就是观察和记录自己所看到的一切事物。研究者不管所见到的事物重要不重要，也不管其属于何种性质、相互间有何关系，凡是见到的、注意到的所有细节，都统统地描述或记录下来。焦点观察阶段就是把观察的焦点放到重要事项之上，即重要的人物、重要的场所、重要的活动和事件，对那些不重要的事项则可以忽略。选择性观察阶段则是在焦点观察的基础上，选择那些相关联的或因果链上的事物加以观察，以便发现事物变化的机制或因果关系。反思性观察就是将观察融入与研究对象的互动过程之中，并将参与和互动的过程作为反观和思考对象。反思性观察包含五个原则或标准：①把参与地方性社会作为社会互动或观察的基础；②在社会互动或观察中更加关注地方性社会的实然部分而非应然部分；③把社会互动或观察过程演绎成开放的、动态的过程而非固定的模式；④用直接观察和个人体验相结合的方式获取有效信息；⑤反思互动或参与观察过程中各种行动间的关系。当地人的行动并非完全是当地社会文化规范所确定的，有些则可能是与研究者互动过程中的一种反应方式。

4. 参与观察法的适用性与局限性

参与观察法特别适合于探索性的研究、描述性的研究和旨在进行理论阐释的研究。参与观察法适用于以下研究课题：所研究的问题是从局内人的角度看的，涉及人类的互动和意义；所研究的现象在日常生活情境或场景中可以观察得到；研究者能够进入合适的现场之中；现象的规模和范围都相当有限，可以作为个案研究；所研究的问题可以用质性资料加以说明，这些资料可通过直接观察和适合该场合的其他方法来收集。

参与观察法研究尽管不是那么有助于检验理论，但是确实适合于批判性地考察理论及其他的知识诉求。参与观察法并不适用于大规模的群体问题研究和定量研究，若需研究变量之间明确的因果关系、测量研究对象等，最好运用调查法和实验法。

5. 观察法的实施步骤

（1）根据研究目的，确定观察对象和范围。这一部分主要明确研究目的，确定观察什么人、什么现象；观察范围有多大，有多少人在场，他们属于一个什么样的群体，在群体中各自扮演什么角色和处于什么地位；观察这些人和现象的目的何在，通过这些观察要解决哪些问题等。

（2）选择适当的观察方法，确定观察的时间地点。研究者要根据需要及观察客体的性质选择合适的观察方式，是隐蔽进行还是公开进行；采取实验室观察还是实地观察；实地观察的方式是非参与式观察还是参与式观察，是结构式观察还是非结构式观察；观察时是否需要结合其他调查方法等。

确定观察时间，如在什么时间段进行观察，计划观察多少次，一次持续多长时间；确定观察地点，了解观察对象所处的地理位置和地域范围；考虑观察条件，如当地自然环境、风俗习惯、宗教信仰、社区历史、社区经济发展、政治制度等。如果是非参与式观察，还要说明观察点设在这一地区的具体什么位置；与观察对象保持多远的距离；这一距离对观察结果有什么影响；在当地观察是否需要办理有关手续等。

（3）计划观察的内容。观察内容包括但不限于以下几点：①观察事件的发生背景；②观察对象的角色、地位、身份、数量以及相互间的关系等；③人们行动的目的、动机、态度等；④社会行动的类型、产生与发展过程，行为的性质细节以及影响等；⑤事件和行为发生的时间、出现频率、持续时间等。还要确定观察项目之间的相互关系，建立各种变量或现象之间的关系，以便根据观察所收集的资料探索变量或现象之间的关系。非结构式观察预先对具体的观察范畴和观察内容没有明确规定，它可能是全面观察，也可能是观察某些方面的内容，这些都可以在研究过程中灵活变动。

（4）进行理论与物质的准备。理论准备包括阅读文献，提出理论假设或将观察范畴操作化，确定观察指标和分类系统。至于观察的物质准备，则应根据观察的方式方法而定。如果是实验室观察，就需要提前准备好符合条件的场所和观察设备；如果是必须借助辅助工具才能进行的隐蔽式非参与实地观察，就要有一定的专用仪器。另外，无论哪种类型的观察，最好都配备照相机、录音机等工具。

（5）预计观察中可能出现的问题及其对策。事先制订一个系统、周密的观察计划，对于观察法的实施至关重要。在制订观察计划时，不仅要考虑到观察者和被观察者双方的角色、地位数量及相互间的关系，也要考虑到社会行为或社会现象发生的时间、地点过程和背景，还要考虑到参与者的动机、目的、态度等主观因素。一般遇到的问题有：观察中可能出现哪些影响资料可靠性的问题，采取什么措施，才能获得更准确的资料；观察过程可能对观察对象的正常生活产生什么作用，这些作用对观察结果有什么影响；在观察中出现意外事情应如何处理等。

（6）实施观察。进入观察环境正式实施观察前首先要保证观察者能够顺利进入观察现场。研究者进入观察环境的难易程度主要取决于两个因素：一是环境的公开性，二是研究对象接受观察的意愿。一般而言，最易接受的环境是公共场合，人们在这些环境中对自己的行为没有保密的必要；最难接近的观察环境是限制进入而且参与者都有强烈隐藏自身行为的场所。对于一些禁止外人进入的社区和群体，常常是采用完全参与的方式，但在选择这方式前要慎重考虑，并注意职业道德的问题。对于非参与式观察来说，完成观察任务的关键是不能惊扰观察对象。

在参与观察过程中，完成观察任务的关键是与观察对象建立良好的关系。为此观察者应当注意解决好如下问题。

深入观察对象的生活，消除观察对象的种种顾虑。观察者要建立同观察对象亲密无间的关系，必须尽可能参加他们的各项社会活动，同他们共同工作和生活，逐步取得观察对象的信任。观察活动往往会对被观察者产生一定影响，使被观察者产生一种戒备心理，从而导致行为失常。为了避免这种现象，观察者应表现出谦虚、友善的态度，使观察对象尽快消除对观察者的畏惧感和陌生感。只有这样，才能不仅看到他们的所作所为，而且了解到他们的所思所想。

遵从观察对象的生活习惯和生活方式。观察者不但要尊重观察对象的风俗习惯、语言、道德规范和生活方式，而且要尽可能使自己的行为与他们保持一致，尽量学会使用当地语言等，这样才能与观察对象很快融为一体，建立信任和友谊为实现观察目的创造良好的条件。

重视个别交往。观察者既要经常参与公共活动，密切同被观察群体的关系，取得广泛的信任和合作，也要特别注意与个别观察对象交朋友，建立较密切的友谊关系，以利于同观察对象做深入的思想沟通。这种关系的建立能够使观察者了解到在公开场合不易看到的、真实的情况，如对一些问题的个别主张等。

观察要先宏观再微观。在观察的初期，观察者不要急于观察一些细微问题，而应先对观察现场进行全方位的、整体的、感性的观察，即对观察对象所处的自然环境、物质环境和人文环境有全面的了解，对观察对象所属的社会群体的特征与结构有总体的认识。这样才能看清具体观察内容产生的背景和深层次的原因。

注意转换观察视角。在对具体内容进行观察时，不能只盯着某一现象或某一被观察者，而忽略了其他观察对象，也不能只固守一种思维定式去进行观察。相反，应注意转换观察的角度，并根据客观情况随时调整观察的思路。大致地说，观察者可以在局部和整体之间转换观察视角，以获得宏观和微观层面的资料；可以在主要观察现象和次要观察现象间转换视角，以获得有关观察对象的更全面的资料。

（7）整理分析观察资料。在观察的过程中，需要格外注意的是观察的准确性问题。参与式观察的资料主要是观察记录，它的准确性取决于两个方面：一是如何正确和详细地做记录；二是如何科学地整理和分析观察记录。

首先，记录的原则是“能记尽记”。充分利用录音、录像等设备，应尽可能把所有知道的细节完完全全地记下来，到了分析资料阶段，原本看起来并不重要的信息却变得很重要。所以记录应记得尽量详细、具体，足以使观察者在很长时间内能再次对观察对象做出完整的、生动的描述。其次，记录应严格区分对观察现象的客观描述（事实）与观察者个人的推断、思考。每张记录纸至少分为两部分，一部分用于观察现象描述，另一部分用于分类、编码，补充记录观察者的感受与评语、观察者使用的具体方法、观察者对观察资料的初步分析和推论、进一步观察获得的信息或线索等。另外，为保证记录的客观性和准确性，最好的方法是同时由两个以上的研究者分别记录，以便相互对照、查漏补缺。

非结构式观察当场手工记录的观察资料和观察者的认识往往比较庞杂、分散和零乱，需要进行整理；事后追记的内容虽然有一定条理，但也往往需要进一步分类和补充资料。机器记录的只是原始观察资料，必须进行整理和分析。结构式观察则要对观察卡片进行梳理。因此，对于各种观察记录，都应当进行再加工。通常的做法是采用分类学或流程图的方法对观察记录做进一步的整理和分析。分类主要是以人物、事件或行为为指标，分别建立资料档案以便查阅和检索。流程图是从资料中归纳出事件发展的几个重要阶段，然后按时间顺序对各个阶段做详尽描述和深入分析。它们虽然仍然不是资料整理分析的最终结果，但能够为社会调查研究后期的资料整理和资料分析工作提供良好的基础。

观察法虽然预先没有具体的理论假设，但是在观察的全过程中，即从准备阶段到资料分析阶段，都必须以一定的理论为指导。首先，在进入现场前要查阅理论文献，了解前人的研究和理论观点，选取一定的研究角度和观察角度；其次，在观察过程中要注意所观察到的事实是否验证或推翻了过去的理论；最后，要通过对观察资料的分析建立新的理论。

6. 观察的误差

1）观察误差的产生原因

观察者角度：观察者的态度倾向、心理因素、生理因素、知识与经验会导致观察误差的产生。对于任何社会现象或社会问题，观察者都会根据自己的世界观做出判断和形成看法。如果观察者在观察过程中单凭自己的立场观点来筛选、记录事实，而这种行为与客观事实又有不符之处，就必然造成观察结果的误差；观察者如果缺乏事业心和责任心，对工作敷衍了事，观察不深入、不细致等，就会导致重要信息的遗漏和观察结果的差错；观察者如果反应迟钝，观察能力不强，身体条件差，容易在紧张、疲劳或情绪不好的时忘记观察记忆，也会导致误差的出现；与观察内容有关的知识及观察经验丰富的人，能掌握观察的时机，能在不影响观察对象自然状态下观察到真实的情况，能透过表面现象观察到一些微妙的实质性的东西，缺乏观察经验的人，就容易被表面的或伪装的现象所蒙蔽，从而看不到事物的真相。

实践证明，借助现代科学技术手段的观察误差较小，主要依靠观察者感官的观察误差较大；结构式观察的误差较小，非结构式观察的误差较大；即使是富有经验素质极高的观察者，凭借自己的器官，采用非结构式观察的方法，在不同的时间观察同一事物，观察结果也会有一定误差；不同的观察者在同一时间观察同一事物，各自得出的结论也互不相同。在资料处理阶段，研究者有可能依据自己的偏好来决定资料的取舍，或者挑选有利的数据来构造自己喜好的理论。这些都会影响观察结论的准确性。

被观察者角度：当被观察者意识到有人在对他们观察时，总是会在不同程度上有意识或无意识地改变他们的习惯行为，从而影响到观察结果的真实性和准确性；有时被观察者事先知道了有人要来观察就会出于某些功利的目的，刻意营造一种环境或行为。还有，事物本质也不是能即时显现，往往有许多作为观察对象的事物正处于发展变化的动态过程之中，其本质特征还没有充分显现出来，观察者如果对此没有正确的认识，就只能对它们产生一些片面的看法，从而造成观察结果的误差。

2）减少观察误差的方法

由于种种原因的存在，在观察中观察误差的存在不可避免，但是我们可以通过一些有效方法尽量减少观察误差。减少观察误差的方法主要有以下几点。

（1）提高观察人员的思想素质、知识水平和观察能力。这是提高观察质量、避免和减少观察误差的根本途径。观察人员必须具备负责和求实的精神；必须具备全面的、辩证的观察事物的能力；必须具备与观察内容有关的专门知识；必须加强观察能力的培训和训练；必须不断积累观察经验。

（2）尽可能避免观察活动对观察者的影响。观察者要想方设法使自己的观察不影响或少影响被观察对象的活动。必要时可采取隐蔽观察、伪装观察和突然进入观察现场（事先不通知、对象无准备）等办法，以减少观察活动对观察现场的影响。但是，有些场合，这些方法的使用要十分慎重。

（3）观察活动务必深入。深入是观察活动成功的关键所在，不管是参与式观察还是非参与式观察，深入观察都是可以避免观察误差的最有效的途径。“深入”既包括观察时间的持续与持久性，也包括多点观察、重复观察等形式。

第9章

图书馆学研究中的历史研究法

9.1 “历史”的定义

对于大众而言，“历史”是一个十分常见的概念，它可以在多种语境下使用。它可以用在背景宏大的事物之上，如印度历史、清朝历史、世界历史；“历史”也可以用来表示某一团体、个人的经历，如图书馆员职业的历史、美国总统林肯的历史；有时，人们会说“创造了历史的新纪元”“历史是由胜利者书写的”。不过，“历史”究竟是什么？要了解“历史”的含义，需要从“历”和“史”这两个独立的字说起。

汉代许慎所作的《说文解字》这样定义“历”：“历，过也，传也。”在这里，“历”字表示空间与时间上的移动。在中国古代先人漫长的生活中，他们发现天象时刻变化，并以某一时间为周期进行循环运动，特定的天象与季节和气象相对应，人们在特定的自然条件下安排适宜的农业生产活动。人们认识到，这种规律性的对应关系的背后是日月星辰的运动，因此，“历”表示运动的动词含义被延伸至名词，即“历法”。“历”字的含义在繁体字形“歷”上表现得更为形象。“歷”下部字形“止”在甲骨文中的形状是一只脚，表示空间的移动，上部两个“禾”字，庄稼一熟至又熟，表示时间的流动。

“史”最早出现在甲骨文中，其常与其他字组成词语表示特殊的职位、身份，如大史、公史等。《说文解字》对“史”的定义是：“史，记事者也，从又持中。中，正也。”王国维在《释史》中对“中”字进行了考证，他认为“中”字在甲骨文和金文中最初表示盛放简策的容器，后来引申为簿书的意思。“史”的字形则是手持簿书之人，则“史之职，专以藏书、读书、作书为事”。可见，“史”最初的意思与官职紧密相关，它的意义在发展中经历了从人的官名向记载性文献的转变，这一转变直到战国时期正式完成。战国时期起，“史”有了另一种含义，即记载事实的文献、书册，这一含义后来占了主要地位。《孟子·离娄下》写道：“《诗》亡，然后《春秋》作。晋之《乘》、楚之《梼杌》、鲁之《春秋》，一也。其事则齐桓、晋文，其文则史。孔子曰：‘其义则丘窃取之矣。’”这里的“史”正是记载性文献。

尽管“历”和“史”的含义在早期并不相同，但负责记录历法、历书或天象表的历官和负责记录事件的史官在早期没有严格的区分，通常由一人兼任，这一人的工作既包括记事，也兼有观测天象、制定历法的职责。可见，“历”和“史”在发展中形成了密切的关系。

但是，在中国古代，“历”和“史”虽然早已有之，但这两个字通常不组成词组表示我们今天所说的“历史”，取而代之的是一个“史”字。《三国志・吴主传》中最早出现了“历史”一词：“吴王浮江万艘，带甲百万，任贤使能，志存经略，虽有余闲，博览书传、历史，籍采奇异，不效书生寻章摘句而已。”这一语境下的“历史”是指对过去史实的记载。

今天我们常用的“历史”一词借鉴日语“れきし”。日本在明治维新后引入了西方的科学概念，“history”的概念也包括在内。英文的“history”起源于希腊语，希腊用“Historia”称历史，含义有“探究”“查询”之意，意指一门记叙往事的学问和科学，即我们今天所说的“历史”。日本学者福泽谕吉在 1860 年随德川幕府所派的使团赴美交换《日本通商条约》，此行，他为日本带回了第一本英文词典《韦伯斯特大词典》(*Webster English Dictionary*)。在后来《西航记》的创作中，他借鉴汉语古籍中已有的固定搭配，用“历史”一词翻译“history”。早期游历日本的中国人将这一词汇介绍回中国。黄遵宪在 1889 年出版的《日本国志》，介绍日本兴办西学时说：“有小学校，其学科曰读书、曰习字、曰算术、曰地理、曰历史。”此后，这个词就在中国渐渐流行起来。

彼得・凯和卡瓦诺在《历史的定义》一文中说：“撰写历史比给历史下定义容易得多。”可见，要定义历史并不容易。历史学家对于“历史”的定义纷繁复杂。

1880 年的《不列颠百科全书》阐释了历史的两重含义：一是构成人类往事的事件和行动；二是对往事的记述及其研究模式。梁启超认为，历史是人类社会各种活动的记录：“史者何？记述人类社会赓续活动之体相，校其总成绩，求得其因果关系，以为现代一般人活动之资鉴者也。”爱德华・霍列特・卡尔认为，“历史是历史学家跟他的事实之间相互作用的连续不断的过程，是现在跟过去之间的永无止境的问答交谈”。克罗齐认为，“一切历史都是当代史”，因为“历史存在于我们自己的心中，才能找到那种熔炉，使确凿的东西变成为真实的东西，使语文学与哲学携手去产生历史”，也就是说历史存在于研究者对于历史的思想认识之中。

各学者对于历史的定义大致可分为两类。第一类定义认为历史是独立于史学家意识之外的、在时间上已经过去的事物的客观运动过程，也就是说，过去发生的事件与过程，即客观历史本体。第二类观点可以分为两个层面：一是指有关过去的记录与研究，即历史著述，即经过人脑思考、加工而形成的主体化的历史；二是指历史是一门学问，即一门研究人类社会发生、发展和演化的客观历程的学科。

综合各类观点，这里我们将历史定义为：人类社会过去的事件与活动及其关于这些事件、活动的有意识的记录。

历史有助于人类更好地认识现实世界。从广义的角度看，历史是过去发生的事件与过程，万事万物自诞生起，都有各自的历史。研究历史的目的之一是探寻、掌握过去真实发生的事情。一个国家的国民需要通过学习本国的历史，才能更好地理解当下社会的经济、政治与文化，形成民族认同感与爱国之心；一个领域的专业学者需要了解专业学术史，才能对当下的专业理论有更为系统、科学的理解。

历史对于人类的社会实践活动具有指导功能。“以史为鉴，可以知兴替”强调的正是历史的现实指导功能。探寻历史，总结前人的经验教训和历史的因果关系，有助于人们避免重蹈历史覆辙，推动社会进步。李维在《罗马史》的序言中说：“在历史真相的光芒下，你可以清清楚楚地看到各种各样的事例。你应当把这些事例作为借鉴，如果那是好的，那么你就模仿着做；如果那是罪恶昭彰而最后身败名裂的，那么你就要引以为戒，竭力避免。”

历史有助于人类认识社会发展规律，对未来发展进行规划。司马迁的《史记》旨在“通古今之变”,其中正蕴含着历史的规律性。一个历史事件并非孤立存在于时间之轴上，而是与其他的历史相关联，具有因果关系。马克思与恩格斯探寻人类历史运动客观规律的工作正是建立在大量的历史梳理、分析与总结之上。研究历史的任务不局限于对事实的发现和整理，更要在事实中探寻普遍的规律，为人类文明进步提供参考、借鉴。

9.2　图书馆学中的历史法应用

历史研究方法是图书馆学研究中重要方法之一。在图书馆学的学科版图中，围绕文献、图书馆、图书馆学等事务的历史研究占有重要位置。徐引篪和霍国庆在《现代图书馆学理论》中对图书馆学的学科体系进行了构建，其中“信息资源体系的历史研究”是信息资源体系理论研究的组成部分之一，是学科体系中不可替代的一部分。

目前，图书馆学界存在诸多关于“史”的称谓，如“图书馆史”“图书馆学史”“图书馆学思想史”“图书馆学理论史”“图书馆事业史”等，不同的学者对各概念内涵有着不同的理解，主要分歧在于“图书馆史”与“图书馆学史”是包含还是并列的关系。钱鹏、张懿范、郑全太等学者认为图书馆史与图书馆学史应是并列关系，图书馆史着眼于图书馆的历史发展，图书馆学史则是从学科角度把握图书馆现象的理论思维形式，二者研究的对象、重点有所区别。

另一种观点认为图书馆史包含了图书馆学史。《社会科学学科辞典》将图书馆史定义为“研究图书馆事业、图书馆理论学说产生、发展过程的学科”，研究范围包括三类：①图书馆事业史，研究图书馆、图书馆工作过程、图书馆组织机构、图书馆管理机制等的起源和演变的历史。②图书馆理论史（或图书馆学史），研究各历史阶段图书馆理论研究、学术派别，图书馆学体系、学说，图书馆著述、人物等。③专门图书馆史，研究公共图书馆、儿童图书馆、大学图书馆、科技图书馆等各种类型图书馆产生、发展的历史。

笔者认为，图书馆史与图书馆学史在概念上具有清晰的界限，二者属于并列关系。从研究对象来看，图书馆史研究围绕图书馆这一机构展开研究，图书馆学史则以学科的思想理论为核心。从研究内容出发，图书馆史研究图书馆产生、发展的历史，包括与图书馆相关的工作内容、管理机制等，“图书馆事业史”可包含其中；图书馆学史研究图书馆学的发展史，包括学术理论与思想、派别、人物、影响等内容，“图书馆学术史”“图书馆学思想史”等称谓的实质与之相同。基于此，这里将图书馆学中的历史研究划分为图书馆史研究与图书馆学史研究这两类。

9.2.1 图书馆史研究

图书馆史研究大致可分为两类：一是图书馆事业史，主要研究图书馆起源与发展的历史，以及围绕图书馆工作内容、组织机构、管理机制等的产生与流变，根据研究的时间范围又可分为通史（如谢灼华《中国图书和图书馆史》）与断代史（如华薇娜《从封建社会向资本主义社会过渡时期的英国图书馆史研究》）；二是专门图书馆史，研究某类或某一图书馆产生与发展的历史，如约西亚·昆西的《波士顿图书馆史》、孟雪梅的《近代中国教会大学图书馆研究（1868—1952）》。

图书馆事业史通常以时间为轴，从纵向维度、宏观视角对图书馆及其相关事务发展的历史进行回溯。在论文研究领域，王子舟、程焕文、谢灼华、郑永田等学者在该领域发文量较高。此外，还有不少以专著的形式呈现的图书馆事业研究，如《中国图书事业史》（来新夏）、《中国图书和图书馆史》（谢灼华）、《西方图书馆史》（杨威理）、《中国图书馆史》（韩永进）、《中国藏书楼》（任继愈）、《美国图书馆发展（1600—1899）》（Elizabeth W. Stone）等。

我国自古有重视通史编撰的传统，与断代史相比，通史在时间上具有连续性，有助于研究者纵向观察事物的历史走向、发展规律，从宏观角度把握历史脉络。中国图书馆通史研究在历史分期上各有不同，研究者依据不同的标准进行划分。来新夏依据中国政治历史阶段将中国图书事业史分为周秦、两汉魏晋南北朝、隋唐五代、宋元、明清、鸦片战争、洋务运动、戊戌变法、辛亥革命前十年、北洋军阀统治、十年内战、抗日战争、解放战争十三个阶段；谢灼华依据文献形态将中国图书与图书馆发展分为简帛书时期（春秋—两汉）、写本书时期（三国两晋—隋唐）、印本书兴起时期（宋—元）、印本书发展时期（明—清）、机械印刷兴起时期（1840—1911 年）、机械印刷发展时期（1912—1949 年）六个阶段；吴稌年依据知识组织方式将中国图书馆史分为文献保管阶段（殷—西汉成帝初年）、文献整理阶段（西汉末成帝时期至 20 世纪 20 年代）、文献组织阶段（20 世纪 20 年代以来）、知识组织阶段（酝酿时期）四个阶段；韩永进结合中国社会历史分期与图书馆事业发展特点将中国图书馆史划分为古代藏书（先秦—清中期）、近代图书馆（清代—民国）和现当代图书馆（1949 年至今）三个阶段。

中国图书馆通史贯通古今，研究时间跨度大。从内容比重来看，古代历史在中国图书馆通史中占有较大的篇幅，图书馆的部分功能在中国古代以藏书制度的形式存在，这种形式虽然不具备现代图书馆的开放性与公平性，但具备图书馆最基本的收藏、整理信息的属性。大部分古代图书馆史研究内容都包含时代背景、文献载体变化、藏书制度发展、书籍制作技术等方面的内容。

中国近代图书馆史的研究与古代相比较为薄弱，在内容上，研究重点包括藏书楼向现代图书馆的转型、图书馆协会与图书馆学教育体系的形成、特殊历史事件（如抗日战争、解放战争）背景下的图书馆。近年来，许多学者开始重视近代中国图书馆发展史料的挖掘与分析，涌现了一批研究民国以来中国图书馆历史的项目和论文，如姚乐野的“清末民国时期图书馆事业档案整理与研究”项目、马春晖的“晚清、民国时期地方志图书馆史料整理与研究”项目等。

与图书馆事业史相比，专门图书馆史从更微观的视角研究某类或某一具体的图书馆，以其历史背景、沿革、特色、服务、相关人物等为重点，需要更具体的历史信息与数据支撑，是图书馆历史更为具体、细致的展现。在这一方面，美国具有丰富的研究论著，如《波士顿图书馆史》（约西亚·昆西）、《美国公共图书馆运动》（塞缪尔·格林）、《美国公共图书馆》（鲍士伟）、《纽约公共图书馆》（戴恩）等。这得益于美国从 18 世纪起便开始重视并对图书馆进行调研及发布相关报道，且随着公共图书馆运动的发展不断完善调查的广度与科学性。除了调研报告，美国图书馆学界还很注重重要人物的传记整理工作，如 1963 年威廉·兰德拉姆·威廉姆森出版的《威廉·费雷德里克·普尔与现代图书馆运动》、1976 年美国图书馆协会组织出版的《卡尔·米兰与美国图书馆协会》等。此外，美国还有大量记述专门图书馆历史、图书馆服务、读者的资料，涵盖面广、数量多。由此，美国积累了大量可供研究的一手资料，这为专门史的研究提供了大量可查的、翔实的、内容丰富的研究来源，这也是美国图书馆史研究的一大特色。

9.2.2　图书馆学史研究

每一门学科都有其独特的历史。学科发展史是学科体系中必要的组成部分，了解图书馆学发展史有利于掌握图书馆学自形成以来重要理论、思想的历史发展与系统结构，能够更好地认识、把握当下的图书馆学。

吴仲强认为，图书馆学史的研究对象是图书馆学产生和发展的全过程。吴雪珍将图书馆学史的内容定义为图书馆学领域的全部知识，包括书写史、印刷史、装潢史、收藏史、目录学史、分类学史、编目学史、校雠学史和书影学史。王余光认为，学术史的具体内容包括三个方面：①学人的学术经历、撰述、学术思想的评述；②学人学术传承与学派；③一个时代的学术基础、学术思潮以及对于学人的影响。综合来看，学术史围绕思想、学人与影响三方面展开。

学术史的分期是对学科发展轮廓的基本概括，我国学者就中国图书馆学史分期问题提出了不同的思路。吴仲强等在前人研究的基础上提出了新的见解，他们认为中国图书馆学史的历史分期应与世界图书馆学史采用统一标准，依照中国社会历史划分标准可以分为中国古代图书馆学史（1840 年前）、中国近代图书馆学史（1840—1918 年）、中国现代图书馆学史（1919—1948 年）和中国当代图书馆学史（1949 年至今）。石呈祥认为依据人类认识事物的过程进行分期更为科学，即萌芽时期、建立时期与发展完善时期。范并思根据学术阶段性特征对 20 世纪的中国图书馆学史进行了更细致的分类：嬗变与萌芽时期（1900—1916 年），新图书馆运动时期（1917—1936 年），战乱、重建与动乱时期（1937—1976 年），新时期的理论变革时期（1977—1989 年）与理论现代化时期（1990—2000 年）。

图书馆学理论与思想的历史研究是图书馆学史研究的重点。范并思在《20 世纪西方与中国的图书馆学——基于德尔斐法测评的理论史纲》这本专著中以时间为轴，回顾了 20 世纪中西方图书馆学史上重要的事件、理论与思想。在西方图书馆学史的部分，作者进行了纲要式的介绍与点评，试图站在新时代的高度从图书馆学基础理论的角度进行评述。在中国图书馆学史部分，作者认为中国图书馆学理论史研究基础较为薄弱，因此难以按照西方部分的风格进行撰写。该著作在最后以年表的形式罗列了 20 世纪中外图书馆学研究者的重要文献、活动领域与贡献，清晰、简洁地展现了学术史的重要思想节点。除此之外，范并思以论文的形式发表了对于 21 世纪前 10 年我国图书馆学基础理论成就的述评。除了以时间脉络进行整理的研究外，更多的研究围绕某一特定的事件。图书馆学史研究还包括对于图书馆学人经历、思想与学术传承的研究。王余光对中国 20 世纪 40 余位图书馆学家进行了罗列与简要分析。刘国钧、沈祖荣、杜定友、皮高品、李小缘等我国图书馆学初创时期的著名学者是国内图书馆学者历史研究的重点对象。顾烨青以 1919—1926 年时间段为限，在刘国钧早期发表的论著基础上梳理、分析了刘国钧早期的学术思想，如图书馆平民化思想、倡导儿童图书馆、图书馆社会化思想等。柯平对王重民和姚名达这两位目录学家的思想进行了比较研究。刘亮和杨玉麟以沈祖荣、杜定友、李小缘、刘国钧为例梳理、分析了图书馆学人在抗战时期的救亡思想，文章主要依托这几位学者的自传、文集，辅以其他二手信息，以历史的方法梳理、还原特殊时代背景下的学术思想。韦棣华作为中国公共图书馆事业与图书馆学教育的开拓者，在我国图书馆学史上具有重要地位，有不少学者用历史方法对韦棣华的活动、思想进行了探究。陈碧香在查考中外文史料的基础上对韦棣华的生平事迹进行了考辨，回顾了她的家庭背景、求学经历与图书馆事业，该研究注重史料的挖掘（如家谱），对此前存在的错漏论述进行了修正补遗。彭敏惠聚焦于韦棣华的遗嘱史料，在内容揭示和文本考证的基础上结合多方面史料深入剖析了韦棣华遗嘱中的诉求，该研究完善、丰富了韦棣华的生平与图书馆思想。除了中国学人研究，西方图书馆史学人研究也受到了关注，如侯汉清的《外国图书情报界人物传略》、严文郁编撰的《美国图书馆名人略传》。与中国相比，西方图书馆学起步更早，代表性的杰出人物数量众多，因此中西方对于西方图书馆学人的研究都十分重视，以阮纲纳赞、普尔、杜威、普特南等图书馆学家为代表的研究十分丰富。

需要注意的是，图书馆学史在研究方法的应用上并不拘泥于历史的方法，国内部分学者在研究时使用了德尔菲法、引文分析法、系统研究方法等不同的研究方法。在方法扩展的过程中，基于历史事实的逻辑梳理与分析仍是研究的核心，其他的研究方法主要发挥辅助作用以帮助研究者更好地呈现学术变迁。

9.3 历史证据获得与评价方法

历史的方法是人们认识、研究事物的一种方法，它是以时间为线索，探究事物的发生发展规律的方法。注重事物发展的时序性是这一方法最重要的特征。任何事物的运动、发展、变化都是在时间与空间内进行，都有时间前后的时序性，依照时序考察事物的发展变化，对于各种研究对象普遍适用。

庞卓恒根据功用的不同将研究历史的方法分为两类，一类是收集史料、史实及辨识其真伪的方法，即考实性、技术性的方法；另一类是探寻历史事实和现象之间的互相联系或因果规律性的方法，又称理论导向性的方法。在一些历史研究中，这两种方法并不是分离、割裂的，无论运用哪种方法，研究者都需要在史料基础上开展科学的工作。德国历史学家兰克便主张史料高于一切的观点，他认为要弄清历史事实的真相，唯一的途径就是收集原始资料并加以科学考证：要考察那些“目击者”是如何记载史实的，要让史料本身说话。

因此，对于研究者来说，史料是历史研究的出发点，研究者要根据史料来梳理历史事件与人物，揭示历史发展的过程和规律。因此，研究者需要掌握收集、鉴定和整理史料的方法。图书馆学领域的历史研究也不能例外。

9.3.1　史料

人类与其他动物构成区别的一点在于人类很早就掌握了将记忆转化至身体之外的外化储存方式。早期人类通过结绳、刻木、画图对发生过的事情进行记录，它们的共同特点是记忆部分地从人的大脑外化出来。随着时间的推移，人类逐渐掌握了文字的记载方式，大部分记忆信息可以完整地外化存储。除了上述事物，遗迹遗物、神话、民间故事等也包含着可用于历史研究的信息，都可以作为历史研究的史料。

按照史料的表现形式，史料可分为文献史料、实物史料和口述史料。

文献史料是以文字形式记录的资料，包括史书、文书档案、传记谱牒、文集、手稿、书信、报刊等纸质文字资料和电子邮件、网络日志、博客等电子文字材料。文字表达的内容大大超过了绳结、图画，扩展了人类记录工作的广度和精度，让历史真正成为独立的记事手段。文献史料是现在最主要的史料形式。

实物史料是历史上人类活动遗留下来的各种物件，包括遗迹、遗址、遗物、出土文物等。实物本身是具有一手性和较高可信度的历史证据，如秦始皇陵兵马俑便是了解秦朝政治、军事、文化及社会生活的丰富宝藏，刻有楔形文字的泥板出土为研究古代人类文字历史、信息载体历史及信息组织与整理的历史提供了宝贵的信息。但是，实物史料有可能只是过去历史的一个片段,其物理性质本身也可能随着时间流逝发生较大的改变，因此实物史料并不等于历史的全部。

口述史料是口头讲述并被记录下来的资料，包括神话、传说、遗训、访谈录等。口述史料在某种程度上可能反映了历史，如多国神话中存在的大洪水可能是特定历史时期自然灾害的反映，一些名人的口述史料对历史事件进行了独特的补充。但是，口述者的记忆与表达可能受到主观因素影响，如神话、传说经由多代人的传播可能发生了变化，一些名人对自我经历的回忆带有美化色彩等，因此对口述史料的使用需要持有更谨慎、更辩证的态度。

9.3.2 史料的收集方法

1. 文史工具书收集法

文史领域在长期的发展过程中积累了数量不菲的工具书，按照工具书的功用，大致可以分为以下几类。

（1）字典、词典类工具书。字典、词典类工具书提供了较为专业、权威的知识条目，方便研究者以较快的速度查询专业的知识。《世界历史辞典》《中国历史大词典》《康熙字典》《辞源》等都是历史研究重要的工具书。

（2）目录、索引类工具书。我国自汉代以来便注重对书籍的目录编制工作，《汉书·艺文志》《隋书·经籍志》《四库全书总目提要》等都是我国古代重要目录典籍。目录便于研究者“辨章学术，考镜源流”，帮助研究者从学术史的角度去研究如何揭示与梳理文献。索引可以提供研究者所需的研究论文篇目，确定研究的选题方向并指示材料来源，重要的索引书目如《中国史学论文索引》《十三经索引》《全国报刊资料索引》等。

（3）类书等史料汇编。类书是通过摘录各种书上有关材料并依照内容分门别类地编排起来以备检索的书籍，如《永乐大典》《古今图书集成》等。

2. 分类收集法

分类收集法是根据研究课题或方向，分类收集史料的方法。梁启超对于分类收集法十分重视，他曾说：“大抵史料之为物，往往有单举一事，觉其无足轻重，及汇集同类之若干事比而观之，则一时代的状况可以跳活表现。”

例如，吴民祥在研究中国近代教会大学图书馆功能演变时，收集了当时关于金陵女子大学、圣约翰大学、燕京大学、金陵大学等多个中国近代教会大学图书馆的统计数据、教育年鉴、名人回忆录、图书馆书目等历史资料，在分析、比较、综合的基础上，作者认为，近代教会大学作为西方文化载体曾试图以“西学”涵化“中学”，但在中国民族主义浪潮兴起的大背景下教会大学图书馆逐渐服务于中国图书馆本土化和社会近代化的事业。

反之，研究者也可以在确定研究大方向后，广泛收集历史材料，然后将材料进行分类、对比，形成有价值的历史研究课题。

3. 追踪搜寻法

追踪搜寻法是指研究者在史料阅读过程中发现与研究对象相关的其他史事或与研究对象相关的其他资料名称，而对相关文献进行深度追踪回溯。

在历史研究中，可能出现与研究对象具有关联性的其他人物、事件，对关联事物进行史料深度挖掘有利于更完善、更准确地认识研究对象。如陈碧香在研究韦棣华生平时注意到关于韦棣华出生日期有多种说法，作者在全面回顾几种说法的基础上追溯关于韦棣华家族的历史资料，如《马萨诸塞州康科德镇伍德家族族谱》和《美国汉弗莱家族族谱》。

随着信息检索技术的发展，对文献进行滚雪球式的追踪搜寻更加便利、快速。

4. 通过调查、访谈方法收集口述资料

运用调查、访谈方法收集口述资料在历史研究中有着久远的历史。司马迁写作《史记》时虽然可以借鉴大量典籍，但他依然注重实地调查，收集时人的口述资料。随着录音技术的产生，历史学界对于口述资料的收集与整理更为重视，美国“新史派”奠基人詹姆斯·哈威·鲁滨逊（James Harvey Robinson）便主张扩大史料范畴，史料不仅要重视档案，也要重视口述材料、统计数据等。

口述者常常是与历史事件关系密切的人，经由他们产生的口述材料常包含文字记载中没有的部分，具有较高的独特性。但是研究者也要注意口述者的记忆、情感与知识水平会影响口述史料的真实性，需要与其他史料相结合进行辩证研究。

陈俊华认为，在图书馆史研究方面，口述历史能够拓展图书馆史的研究方法，图书馆员、读者、学者过去的生活和经历有助于重建图书馆事业与图书馆学发展的历史。一些有极高访谈价值的口述者正在减少，对他们过去的经历进行挖掘是一项具有抢救性意义的史料收集工作。

9.3.3　史料的辨析与使用

收集史料是历史研究的初步工作。史料不等于历史，单一史料可能受限于多种因素，无法完整、准确地还原历史，同一历史对象的不同史料在内容上也可能存在出入。因此，研究者面对大量的史料，要掌握辩证的思维方法。本节对较有代表性的两种史料辨析与研究方法进行介绍。

1. 考据法

鉴别史料的方法被称为历史考证法，是历史研究最基本的方法之一。郭沫若在《十批判书》中说：“无论作任何研究，材料的鉴别是最必要的基础阶段。材料不够，固然大成问题，而材料的真伪或时代性如未规定清楚，那比缺乏材料还更加危险。”在郭沫若看来，材料缺乏带来的至多是无法得出结论，但是错误的材料则会导致错误的结论，于研究有害无益。

中国历史传统最常用的考证方法包括辨伪、校勘。辨伪即是辨别古书或史料的真伪。收集、整理史料后需要对史料真伪进行鉴别。我国古文献中有不少伪书，其原因在于古代文人崇尚古代和古人，依托古人造书，此外，一些人为了获得名利制造伪书。有伪书便相应出现辨伪工作，梁启超在《中国历史研究法》中提出了辨伪的梁氏十二法，基本概括了辨伪的基本内容。对于当代历史研究者而言，伪书也是历史的产物，其本身也可作为一种史料进行历史研究，发现有价值的问题。校勘是指用不同古书版本和有关文献资料对某一本书进行校对刊物，目的是校订古书中的语句、字词的错误。在校勘法上，古人积累了许多可取的经验，近代史学家陈垣在《校勘学释例》中提出了“校法四例”，是他对于校勘法的理论概括。

近代，对于考证古史，顾颉刚提出了“古史层累说”，核心观点包括：①时代越后，传说的古史期越长；②时代越后，传说中的中心人物就会被越放越大；③对于古史既不能知道某一种事的正确状况但是可以知道其在传说中的最早状况。王国维提出二重证据法，这里的“二重”是指“纸上材料”与“地下之材料”，即利用新发现的地下材料去证明固有的纸上文献材料。这一方法具有近代逻辑“实证”的色彩。

上述历史考证思想对于图书馆史，尤其是古代图书馆史的研究具有较强的借鉴意义。当代西方新史学的出现引发了“史料之革命”，历史资料的范围被扩大，一种多元的史料体系被建立起来。面对当代多元、数量庞大的历史资料，假设与证明、逻辑分析方法得到了更广泛的运用，历史学者需要以新的眼光对史料的考据进行重新审视和解读。

2. 比较法

比较法是历史研究中另一种常用的方法，我国早期历史学著作《春秋》《左传》《史记》等常用比较的方法对人物、事件进行记述，西方古代历史著作《历史》的作者希罗多德也擅长运用这一方法。这种方法能够避免孤立地看待问题，在对比中看清事物的本质、特点与规律。

比较法包括以下几个基本环节：按照研究目的，确定比较对象；收集必要的事实总量，考察各个对象的背景、本质、特点及发展的不同形态等，确定比较的基础和方向；深入比较，求同存异；广泛验证，解释规律。

在具体使用时，研究者应该注意遵循下列原则：从历史事实出发进行比较；比较的目的是揭示历史发展的规律和价值；要把对象放在其发生的历史环境下进行比较，不能忽视其所处的具体历史环境。

与其他研究方法相比，比较的方法观察视野更为广阔，通常有两个以上的研究对象或一个研究对象的两个以上的历史阶段。比如，在图书馆学史的研究中，谢欢对比了我国 20 世纪 50 年代联合目录研究与编制的两部代表作：钱亚新的《联合目录》与毛坤的《试论联合目录》，通过对二者的比较，研究者很好地呈现了我国特定历史时期的目录思想的特点。再比如，要证明公共图书馆是近代化社会政治经济发展的产物这一结论，可以对近代同时期中国与西方的政治经济背景、社会环境、藏书传统等进行对比。

比较法的研究过程较为复杂，傅斯年在《史学方法导论》中写道：“假如有人问我们整理史料的方法，我们要回答说：第一是比较不同的史料，第二是比较不同的史料，第三还是比较不同的史料。”这种方法需要研究者对于史料的比较分析具有深厚的功底。研究者需要对研究对象的特性与共性具有清晰的把握，研究工作必须同时在两个以上的系统或领域内展开，就研究对象各个方面、属性进行对比。值得注意的是，比较法的结论具有相对性，其本质上是一种归纳的方法。具体来说，比较法常从对比点上抽出相同因素，经过更多同类现象的验证，归纳出历史现象发展的规律性，这种归纳的方法难以全部列举所有的同类事物。因此，在图书馆学研究中使用历史比较研究方法时，应注意结论可能存在不完全性和或然性，探寻事物发展的共同模式和规律还需要更多维度的考量与探索。

第 10 章

其他研究方法

10.1 数据描述统计的方法

统计方法是图书馆学研究方法之一，也是图书馆学进行定量研究的一种方法。统计方法不仅可获得精确、典型、完整的材料，而且通过它可以反映图书馆活动的量，揭示图书馆的内在联系，是一种以揭示一个领域的历史发展轨迹以及文献著述、出版和利用模式的研究方法。图书馆的统计方法是数学方法在图书馆学研究中的具体应用而形成的带有图书馆学特点的专门方法，这种方法主要应用于图书文献、读者、流通、书目、计算机等方面，在文献研究中应用统计方法已取得了显著成效。著名的布拉德福定律、齐夫定律、洛特卡定律、文献增长规律以及文献老化规律等，都是图书馆学研究人员用图书馆统计方法取得的，这些成果至今仍然影响和制约着图书馆学和情报学的发展走向。如今，随着图书馆自动化管理集成系统的采用和新兴技术的发展，图书馆各项工作的统计变得更加方便和快捷，这在一定程度上促进了图书馆统计方法在图书馆学研究中的应用。

10.1.1 布拉德福定律

1. 产生背景

布拉德福文献分散定律的产生并非偶然，而是有一定的客观背景。

（1）文献的分散是普遍的客观现象。在科学研究和文献工作中，布拉德福深深感到科学文献的分散。他发现：一个学科的论文分散在其他学科的期刊杂志上屡见不鲜。例如，关于控制论的论文会发表在神经科学的杂志上；关于心脏机械的论文会出现在物理学的杂志上；关于遗传学方面的论文则可能分散在农学杂志上等。科学文献的分散是显而易见的普遍现象，关键在于如何找出其分散的规律性。他认为，文献分散规律可以在理论上从科学统一性原则出发定性地推导出来，也可以在对相关期刊所载论文的数量统计基础上推导出定量的结果。

（2）科学统一性原则。虽然科学有不同学科之分，但它是一个整体，具有统一性。科学统一性原则是布拉德福定律产生的思想基础。布拉德福认为，按照科学具有统一性的原则，科学技术的每一个学科都或多或少、或远或近地与其他任何一个学科相关联。因此才会有一个学科的文献出现在另一个学科的期刊之中这种现象。这一点是布拉德福认识文献分散规律的重要基础。问题在于，学科与学科的相互关系如何影响文献与文献的关系？比例如何？分散的特点怎样？布拉德福在研究这些特点时总结出：一种专门面向一个专业学科的期刊，可以含有对别的学科有用的论文。换句话说，对一个专家有用的论文，不仅仅会出现在这个专家所在学科的专业期刊上，而且也时时可能出现在其他学科的期刊上。这些其他学科期刊的数量，会随着它们的研究领域与那个专家所在学科的关系密切程度变小，以及随着那个专家所在学科的论文在每种期刊中的登载率的减少而变大。这是一个反比关系。例如，有关图书馆自动化的论文，按理说应该刊登在图书馆学方面的期刊中，还有可能会出现在有关电子技术、数据处理或现代化技术等其他学科的杂志中。这些其他学科期刊数量的大小取决于这些期刊的所在学科与图书馆自动化关系的密切程度。假设关于图书馆自动化的论文共有 100 篇，如果在图书馆学期刊中有 60 篇，分散到其他学科期刊中的论文就会有 40 篇。这 40 篇论文到底分布在多少期刊上，就要看这些期刊所在的学科与图书馆自动化的关系如何。如果关系密切，若每种期刊平均登载 4 篇论文，这 40 篇论文就会分散在 10 种期刊中；如果不太密切，若每种期刊平均只登载 2 篇论文，那么这 40 篇论文就会分散在 20 种期刊中，以此类推。但是，这种关系密切与否不仅是相对而言，而且是多个衡量等级。各种期刊、各个学科的情况都不一样，决定如何分散，还会受到很多因素的影响。

布拉德福还认为，总是会有若干期刊，它们的内容与某个学科更近些，而总会有数量更多的期刊，它们的内容离这个学科更远些；专门面向这个学科的核心期刊，也是大量包含这个学科内容的最少数的那一部分期刊，论述这个学科的论文数量一定要多于论述有关学科的论文数量。布拉德福就是按照这个道理产生了将期刊划分为几个区域的思想。他的方法是：按照期刊刊登有关某个学科论文的载文率的高低来划分区域，每个区域中的期刊数量随着该区域期刊载文率的减少而增多。这也正好与前面叙述的反比关系相吻合。

文献统计研究是布拉德福定律产生的基础。一些学者开展的文献统计研究给布拉德福定律的形成带来了积极影响。布拉德福对文献规律的认识，正是在客观实际需要的推动下，从文献统计研究开始的。20 世纪 30 年代，由于科学文献数量的激增，具有存储、报道、检索文献职能的文摘杂志不断出现，而且其增长很快。但是，这些文摘期刊普遍存在着重复和遗漏文献的现象。这一背景引起了目录学家布拉德福的深刻思考。文摘杂志的这种不完整性与文献的分散现象是否有着联系呢？为了探明这些文献现象的原因及其内在的规律，布拉德福开始对文献体系进行全面探索。而且，他果断地采取定量方法来开展研究工作，即从文献统计入手，对数据进行系统归纳和分析，然后导出文献情报流的整体上的定量规律。在长期的文献工作和研究中，布拉德福对科学文献进行了大量的统计研究，掌握了文献分散的特点，发现了其中的某些规律性，并在文献统计的基础上经过数学推导，得出了与上述理论推导一致的结论，为布拉德福分散定律的正式确立奠定了基础。

2. 基本内容

一般认为，布拉德福定律的基本原理是由其区域描述和图像描述两个部分组成的。

区域描述：布拉德福在《文献工作》中写道："如果将科学期刊按其登载某个学科的论文数量的大小，以渐减顺序排列，那么可以把期刊分为专门面向这个学科的核心区和包含着与核心区同等数量论文的几个区。这时，核心区与后继各区的期刊数量为 $1:a:a^2\cdots\cdots$ 的关系。"

布拉德福定律的文字表述结论是建立在特等级排列的期刊进行区域分析的方法之上的。如果将一定时间内（通常一年）的按某学科载文量等级排列的期刊划分为三个区，使每一个区所包含的相关论文数量相等，即恰好等于全部期刊发表的该学科文章总数的三分之一，便可发现，第一区（核心区）所涉及的文章来自数量不多但效率最高的 n_1 种期刊；第二区（相关区）包括数量较大、效率中等的 n_2 种期刊；第三区（外围区）包括数量最大而效率很低的 n_3 种期刊。那么，三个区中的期刊数量呈下列关系，如式（10-1）：

$$n_1:n_2:n_3=1:a:a^2(a>1) \tag{10-1}$$

式中，a 为布拉德福常数，或者称为比例系数。就布拉德福所分析过的数据而言，a 值约为 5。式（10-1）为布拉德福定律的区域表述形式。

假如某一学科领域有期刊 248 种，共刊载相关论文 660 篇。按照布拉德福论述的文献分散定律，则第一区中"核心"期刊只有 8 种，第二区中的"相关"期刊为 $8\times5=40$ 种，第三区中的"边远"期刊数为 $8\times5^2=200$ 种，而每个区均应刊载 220 篇文章（表 10-1）。

表 10-1　布拉德福定律表示

区	期刊数量/种	论文数量/篇
1	8	220
2	40	220
3	200	220

图像描述：布拉德福定律还可以用图像来描述，如图 10-1 所示。如果取上述等级排列的期刊数量的对数（$\lg n$）为横坐标，以相应的论文累积数 $R(n)$为纵坐标进行图像描述，便可得到一条曲线。我们把绘制出的曲线称为布拉德福分散曲线。

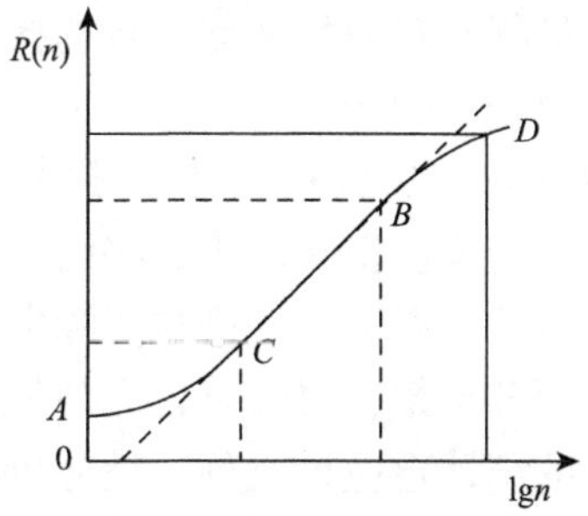

图 10-1　布拉德福分散曲线

3. 理论原理

科学文献的分布为什么会遵循布拉德福定律呢？这可以从科学发展和文献活动的规律来进行理论解释。

科学的发展总是遵循一定的规律的。现代科学技术一方面互相交叉渗透，另一方面小学科又有向大学科综合的趋势。布拉德福就是从科学的统一性规律出发总结出文献的分散定律的。当一门新学科问世之后，第一批文献就刊载在为数不多的几种期刊上。随着研究工作的深入发展，这几种期刊就会吸引越来越多的文献。这时又会有新的期刊相继问世，可供待发表的文献选择。经过一段时间的发展、巩固、竞争和淘汰之后，总会出现一定数量的期刊，它们专门面向该学科，刊载该学科的文献量最大，质量也较高，作者也愿意将自己的文献刊登在这些期刊上，从而出现了“核心期刊”。在布拉德福分布图形中表现为上升的幂函数曲线。这种现象就是文献分布中的“堆加效应”。与此同时，有关这一学科的论文也会在数量很大的其他杂志上发表，这就产生了文献的集中与分散现象。这是因为事物的发展往往并不是单因素作用的。由于科学技术的相互交叉渗透，此时便会有许多新学科和其他边缘学科也竞相将其文献发表在这些期刊上。为了抑制核心期刊数量的无限增加，客观上也由于期刊的篇幅有限，此时必然会有一种“限定因素”开始起作用。编辑人员为了照顾各方面文献的均衡，不得不制订出版计划和方针来控制文献的数量。为了适应日益增长的文献需要，许多新的期刊又会相继诞生。所以，随着时间的流逝，刊登该学科文献的期刊品种数与相关论文数呈正比趋势增加，使得布拉德福定律的图形呈直线上升。以上说明，曲线与直线分界点的产生反映了客观上的这种“限定因素”的作用，否则，布拉德福定律的图形就会一直按曲线上升。

4. 局限性

许多研究表明，布拉德福定律与文献分布的实际具有较好的一致性，但也存在一定的差异。例如，在实际活动中，相关期刊数和文献数统计不全而使布拉德福图形最后部分弯曲下垂，原因可能如下。

（1）运用布拉德福分散定律时，必须满足其严格的先决条件，学科界限必须泾渭分明，但现代科学技术互相交叉渗透，边缘学科越来越多，如本应属于情报科学的文献，也有人会从另一角度将其归类于计算机科学，从而造成统计上的误差。

（2）目前应用布拉德福定律时，一般均借助于书目、索引、文摘之类的工具书。在编纂这类工具书时，编辑人员都要对原始文献进行选择和加工。选择和加工本身就有可能改变事物的本来面目，导致变异的产生。

（3）在实际统计各种数据时，也会遇到干扰，如期刊的更名、停刊、文献的重复发表等，都会造成统计数据的不精确。正是由于这些因素，当 n 达到一定数值后，就会使图形偏离直线而弯曲下垂，也就是说，使理论与实际发生差异。因此在使用布拉德福定律时，论文的学科领域应该划分清楚；要拥有较完备的被分析的某学科的期刊清单，对这些期刊所刊载的相关论文的统计也应该充分；被分析的期刊的时间也应该有清楚的限定，目的就是能正确地统计出所有的相关论文。

5. 应用

布拉德福定律的应用相当广泛，对于确定核心期刊、制定文献采购策略和藏书政策、优化馆藏、检验工作情况、了解读者阅读倾向、检索利用文献等方面都有一定的指导作用。同时，在文献情报工作中，不仅要注意收集最有情报价值的文献，而且要充分考虑实际经济效益。布拉德福定律在这方面的意义就在于：能够为文献情报部门使用有限资金、获取情报密度最高的情报源提供定量依据，以利于做出科学决策。

1）确定核心期刊

选择核心期刊是布拉德福定律最基本、最常用的应用之一。这可以直接仿照布拉德福的方法进行，即对所有的相关期刊按其刊载的某一学科领域论文的多少做等级排序，然后根据具体情况选择排在最前面的若干种期刊。近年来，这种应用已被广泛地运用到各个学科的期刊文献工作中，如化学、医学、农业、海洋学和情报科学等。使用区域法或图像法都能确定特定学科的核心期刊。

2）用于文献检索

利用布氏定律的数学公式，不仅可以预计完全检索 n 种期刊的论文总数，而且还可以通过计算来评价文献检索的效率。

3）考察专著的分布

这是通过统计分析各个出版社关于某个学科或专业的专著出版情况，从而掌握其专著的基本分布，确定这个学科的核心出版社。

4）检索工具完整性的测定

在图书馆管理中，检验文摘、索引、目录等检索工具的完整性是一项极为重要的工作。这对于确定读者检索的完整性和评价馆藏也是很有意义的。利用布拉德福定律的等级排列方法和教学表达式，一方面可以确定某一遮盖度的文摘索引至少要检索多少种情报源；另一方面，通过实际统计数据与根据布拉德福定律计算的理论值相比较的方法可以评价某一特定学科的检索工具的完整性，为这些工具的选择和利用提供科学依据。

5）进行学科之间的比较

根据布拉德福定律，对不同学科领域的相关期刊所刊载的论文进行统计分析和等级排序，都会得到大小不同的核心区和参数值，对不同的核心区进行比较，就会明显地区别出学科范围的大小，从而来衡量这些学科发展的程度和范围大小。

6）动态的馆藏维护

运用布拉德福定律确定期刊馆藏，能使馆藏合理化。例如，我们可以通过不断统计期刊流通的最小核心和连续区（或每月一次，或每季一次，因图书馆利用密度而异），而做出每种期刊的流通变化率曲线，以此预测未来一年的流通要求，从而指导采购，建立合适的馆藏。也可以先建立读者的最小核心，再利用相应的检索工具书的主题标题，确定这一核心中的读者所感兴趣的领域，即找出这些标题下的最新出版物来。然后建立每个由读者核心所表现出的主要主题标题核心，同样需要应用布拉德福定律来归纳每种标题下期刊论文的分布，以找到经常被利用的核心期刊，准确地进行收藏服务。流通期刊的最小核心，再加上核心读者所感兴趣的学科的最小核心，使馆藏保持一种有序态，从而给读者提供最可利用的资料。

10.1.2　文献增长规律

科学文献的增长是一个客观的社会现象，同时也是一个值得研究与探索的现实问题。研究文献的增长规律，一方面可以反映知识增长的速度；另一方面可以揭示科学技术发展的规律，从而为信息的收集、获取和科学管理提供一种定量预测方法。目前，有关科学文献增长规律的研究成果很多,其中最著名的是普赖斯曲线和文献逻辑增长曲线。

1. 普赖斯曲线

美国科学家德里克·普赖斯和图书馆馆员弗里蒙特·赖德等长期考察了诸如《化学文摘》《生物学文摘》等的文献数据，发现了文献的增长趋势：如果以科学文献的积累量为纵轴，以历史年代为横轴，把各个不同年代的科学文献量在坐标图上逐点描绘出来，就会得到一条光滑的连线，从而十分近似地反映出科学文献随时间增长的规律。这就是著名的普赖斯曲线，如图 10-2 所示。

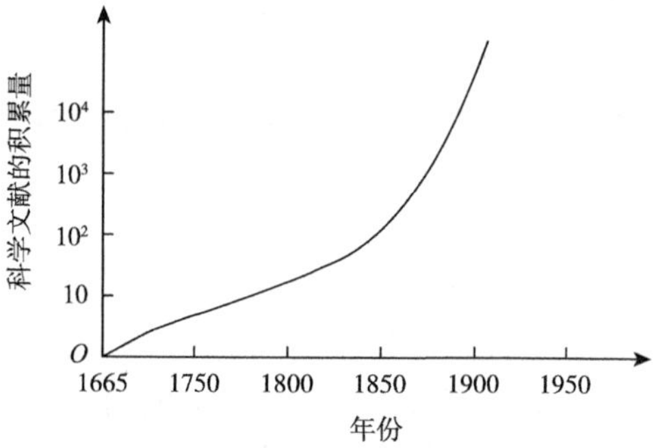

图 10-2　科学文献的指数增长曲线

通过对曲线的分析，普赖斯注意到科学文献的增长与时间的函数关系，用式（10-2）表达出来即

$$N = a_0 e^{bt} \tag{10-2}$$

式中，N 为期刊的逐年累积数量；t 为以年为单位的时间变量；b 为期刊的连续增长率；a_0 为初始时刻时的文献量。

2. 文献指数增长规律的局限性

文献指数增长规律的局限性主要表现在两个方面。

（1）科学文献并不总是按指数函数关系增长。

具体地说，普赖斯指数增长模型与所研究的文献的学科和时间有关。大量研究表明，所研究的学科范围越广泛，符合指数规律的时间就越长。特别要指出的是，开始统计的时间对文献的增长率有很大影响，统计文献的时间越晚，统计研究所得到的理论增长率就越大于实际的增长率。因此并不是所有的学科在任何时期内的文献都是按指数增长规律增加的。事实上，文献指数增长曲线的坡度已有平缓趋势。

（2）指数规律不能预测文献的未来增长趋势。

随着时间的推移，科学文献的增长量会趋向无穷大，这显然是不现实的。因此，若依据预测学中的趋势外推法，利用普赖斯曲线来预测未来某个时候科学文献的总量，而预测期长于 10 年以上则很难期望得到可靠的结果。尽管影响文献增长的因素很多，但它在很大程度上是科研经费、科技人员增长的结果。如果科学文献始终按指数增长，则势必会有一天，即使世界上人人皆成为科研人员，科研经费占国民生产总值的 100%，也难以满足科学文献无限增长的要求。这样，科学文献指数增长定律暴露出了不能用来预测未来科学文献增长趋势的局限性。

因此，要实现普赖斯的数学模型，就要满足以下条件：①文献的增长符合指数规律是相对于每一年的文献累积数而言的，并不是相对于每一年的文献量而言的。②增长曲线与研究的文献的学科和时间有关。大量的研究表明，所研究的学科范围越广泛，符合指数增长规律的时间就越长，而且，统计的初起时间越晚，所得出的增长率就越大于实际增长率。③增长曲线为理想的模型，排除了如文献老化等诸多因素。

正是由于文献增长曲线的局限性，许多学者会在此基础上研究和采用更为完善的理论解释，对普赖斯曲线进行修正，因而有了逻辑曲线增长模型。

3. 逻辑曲线增长模型

苏联科学家弗·纳里莫夫在研究文献的增长规律时，发现文献的增长是分阶段的。在初始阶段，文献的增长是符合指数规律的，但它不是始终保持指数增长趋势的，而当文献量增长到某一定值时，其增长率开始变小，最后缓慢增长。弗·纳里莫夫和格·弗莱托茨在经过大量研究统计后，提出了科技文献按逻辑曲线增长的理论模型，其数学表达式为式（10-3），逻辑增长曲线模型具有两个特征：一是 Y 随着 t 的增加直至正无穷，Y 趋向于 K，K 是 Y 的饱和值；反过来，当 t 趋于负无穷时，$Y\to 0$。二是增长曲线有一个拐点，在拐点之前，Y 的增长速度越来越快；在拐点之后，Y 的增长速度越来越慢，逐渐趋近于 0。

$$Y(t)=K/[1+a\mathrm{e}^{(-bt)}] \tag{10-3}$$

10.1.3　文献老化规律

老化是自然界和社会普遍存在的一种客观规律，各种事物都无法摆脱它的制约。一般说来，老化包括科学文献老化和情报老化。科学文献老化是指科学文献随其“年龄”的增长，其内容日益变得陈旧过时、作为情报源的价值不断减小，甚至完全丧失其利用价值。文献情报老化是一个相对的概念，即相对于情报对象或情报用户而言的。情报的老化即情报价值随时间的流逝而减小，科学文献的老化即科学文献的价值随年龄的增长而减小。可以认为，情报的老化是相对于情报对象而言的，而科学文献的老化是相对于情报用户而言的。对图书情报人员来说所关心的主要是文献的老化问题。

为了衡量科学文献的老化速度和程度，定量地揭示其老化规律，人们从不同的角度进行了研究，提出来一些量度指标。主要的老化量度如下。

1. 半衰期

从 1958 年起，文献学家贝尔纳（Bernal）、巴尔顿（Burton）和凯普勒（Kebler）先后提出了文献的“半衰期”概念，作为衡量已发表文献的老化程度的指标。文献的“半衰期”是指某学科（专业）现时尚在利用的全部文献中较新的一半是在多长一段时间内发表的。这与该学科一半文献失效所经历的时间大体相当。

值得注意的是，文献的“半衰期”不是针对个别文献或某一组文献的，而是指某一学科或专业领域的文献总和而言的。

2. 普赖斯指数

1971 年，普赖斯提出了一个衡量各个知识领域文献老化的数量指标，即普赖斯指数。就是在某一知识领域内，把对年限不超过五年的文献的引文数量与引文总量之比当作指数，用以量度文献的老化速度和程度。根据定义，普赖斯指数的数学公式为

普赖斯指数=（5 年内新文献引用量）/（总引用量）（10-4）

一般来说，某一学科或领域的文献的普赖斯指数越大，半衰期就越短，说明其文献的老化速度就越快。

普赖斯指数和半衰期是既有联系又有区别的两个衡量科学文献老化的指标。它们都是从文献被利用的角度出发，但以不同的方式来反映文献老化的情况。普赖斯认为，“有现时作用”的引文数量与“档案性”引文数量的比例，是比引文的“一半寿命”更为重要的特征。文献的半衰期只能笼统地衡量某一学科领域全部文献的老化情况，而普赖斯指数既可用于某一领域的全部文献，也可用于评价某种期刊、某一机构甚至某一作者和某篇文章的老化特点。

10.1.4 文献引用规律

1. 引文分析概述

在科学体系结构中，每个学科之间都是有关联的，科学文献之间的关联性尤为突出。如在科学文献上常常出现的参考文献等，标记所引事实的来源和出处，形成了文献之间的引用与被引用关系。

引文分析就是利用各种数学及统计学的方法和比较、归纳、抽象、概括等逻辑方法，对科学期刊、论文、著者等各种分析对象的引证与被引证现象进行分析，以便揭示其数量特征和内在规律的一种文献计量分析方法。引文分析主要从文献外在的引证关系反映文献的社会关联与社会影响，侧重分析文献外部形式特征的“量”，如引文量、共引量、共现量等，主要用于探寻文献的流通、应用规律，进而揭示科学结构及其演化。

引文分析是 20 世纪 20 年代才出现的。1927 年，Gross（格罗斯）等进行了文献学史上第一次引文分析。他们统计了化学专业的某些期刊论文的参考文献并进行了分析，得出了化学教育方面的核心期刊。在后来发表的文献计量学方面的论文中，有关引文分

析的论文越来越多。各个学科、各个地区和各个时期的科学论文之间的引证现象往往有其自己的特征与规律。比如，它们可以反映一篇论文、一个科学家、一种科学期刊在科学发展过程中所起的作用，反映科学论文之间、科学家之间、科学期刊之间、科学专业以及科学学科之间的相互联系与区别。因此，引文分析方法得到了广泛的重视和应用。

2. 引文分析的测度概念

1）自引

文献的自引是指在引用文献的行为中，限于本身范围内的引用。自引的过程表示作者继续深入探讨，并总结和发展自己以往的成果，使之更趋完善。

文献的自引具有多向的应用，可以分为同一类学科文献的自引、同一期刊的自引、同一著者的自引、同一语种的自引。在评价文献的自引现象时，一般用文献自引率这一指标。

$$同一类学科文献自引率=引进本类文献的次数/总引用次数 \times 100\% \tag{10-5}$$

2）文献合配

文献合配又称文献耦合，是指两篇论文或两篇以上的论文共同引用一篇或多篇论文，这两篇论文之间的关系称为文献合配。文献合配现象在客观上把社会上已出版发行的众多无外部联系的文献连接成带有某种属性的相关文献网络，分析这些网络结构对研究文献规律有现实意义，可以通过这种网络结构来进行文献检索，从而大大提高文献的查准率和查全率。

3）文献同被引

两篇论文被其他的论文同时引用时则称这两篇论文同被引，如果以引用它们的论文数多少为测度，则这种测度称为同被引频率。例如，有 A、B 两篇论文（不管它们的发表时间如何），只要被晚于它们发表的论文同时引用，就称 A、B 两篇论文有同被引关系。同时引用 A、B 的论文数量越来越多，A、B 两文的同被引频率越高。很明显，同被引现象使两篇外部无联系的论文客观地被同时引用，从而揭示了一种文献之间错综复杂的结构关系。

引文耦合和同被引都只是两篇（或多篇）论文依靠第三篇论文建立起来的关系，可以从不同的角度反映文献之间的引用规律和关系，都可以用来研究文献之间的主题相似性，揭示文献结构和科学结构，从文献被利用的角度进行文献检索等。但两种关系也有着明显的区别：引文耦合反映的是两篇引用文献之间的关系，同被引反映的是两篇被引用文献之间的关系，前者是由两篇文献的作者共同建立的，后者则由引用它们的作者建立的。

3. 引文分析法的应用

1）测定学科的影响和重要性

科学研究一直是科学技术发展的主要动力之一，引文索引可以给科学研究一个客观的、定量的答案。因此，通过文献引用频率的分析研究可以测定某一学科的影响和某一国家某些学科的重要性。

2）研究学科结构

科学引文与被引文之间往往有着学科内容上的联系。通过引文聚类分析，特别是从引文间的网状关系进行研究，能够探明有关学科之间的亲缘关系和结构、划定某学科的作者集体、分析推测学科间的交叉、渗透和衍生趋势，还能对某一学科的产生背景、发展概貌、突破性成就、相互渗透和今后发展方向进行分析，从而揭示科学的动态结构和某些发展规律。

3）研究学科情报源分布

通过文献间的相互引证关系，分析某学科（或专业）文献的参考文献的来源和学科特性，不仅可以了解该学科与哪些学科有联系，而且还能探明其情报的来源及分布特征，从而为制订本学科的情报管理方案和发展规划提供依据。

4）科学水平和人才的评价

通过对科学文献的被引率和持续时间等指标，可以对有关国家或学术机构的科学能力和学术水平进行比较和评估。在人才评价方面，也常采用引文分析方法。利用某著者的论文被别人引证的程度可以衡量该论文的学术价值和影响。同时，也从科研成果被利用的角度反映了该著者在本学科领域内的影响和地位。因此，引文数据为人才评价提供了定量依据。

10.1.5　洛特卡定律

1. 背景

20 世纪是人类历史上辉煌的一页，不仅表现在科学发展的快速，同时还体现在科学领域向更为深广的方向扩展。20 世纪初，爱因斯坦提出狭义相对论，普朗克等提出的量子理论，使物理学研究呈现出一片生机，从而影响了现代自然科学的各个领域。例如，从道尔顿经典化学理论向现代化学理论的转变中，产生了核化学、原子能化学等新分支。这一系列变化同时反映在文献领域内，导致科研人员和文献量的大增；同时，随着第一次世界大战的结束，人们认识到科技生产力在各个领域的卓越贡献。因此，科学家在科学研究上投入更多的科学劳动，从而获得了更多的科学成果。

在科学技术、科技期刊大幅度增长的同时，作为科学研究主体的科技人员的数量也出现了激增的局面。一方面，科学家们为了使得自身的科学劳动和科学成果得到社会的承认，特别是由于学术优先权确定的激励，科学家们通过发表大量的学术专著或论文来争取学术上的优先权；另一方面，学术资格的认定在现代科学社会中，主要以个人的学术论著为衡量尺度，所以在科研领域内出现了科学家发表论文的竞争。但是，由于个人能力及客观条件的限制，不可避免地出现著述多寡的问题，从而探讨论文作者的分布规律日益引起人们的注意。

洛特卡在数据研究中考虑到科学家数量和论文数量之间分布不均匀的局面，从而引入了“科学生产率”（scientific productivity）概念，即个体科研人员在一定时期内所撰写的论文数量，通过这一概念的引入来测量科研人员撰写科学文献的能力。

2. 基本内容

洛特卡定律的目的和基本内容是揭示作者频率与文献数量之间的关系，描述科学生产率的频率分布规律。洛特卡在统计分析时，在所取的奥尔巴赫数据中，共有 1325 位作者，写一篇论文的有 784 人，占总数的 59.17%；《化学文摘》十年累积索引中，姓氏为 A 开头的作者共 1534 人，写一篇论文的有 890 人，占 58.02%；B 字开头的作者共 5348 人，写一篇论文的有 3101 人，占 57.98%，两者合计平均为总作者数的 57.99%。

根据以上事实和统计分析数据，洛特卡得出了如下规律性的结论。

从统计研究的情况来看，生产 2 篇文章的作者大约是生产 1 篇文章作者数的 1/4，生产 3 篇文章的作者大约是生产 1 文章作者的 1/9……写 n 篇文章的作者数是生产 1 篇文章作者数的 $1/n^2$，且生产 1 篇文章的作者数是全体作者的 60%左右。

可表述为

$$y(x) = y(1) / x^2 \tag{10-6}$$

式中，$y(1)$为写 1 篇论文的作者数；$y(x)$为写 x 篇论文的作者数。

3. 洛特卡定律的特点

洛特卡定律实际上是科学论文在作者上集中与分散的分布现象，它具有两个基本特点：一是洛特卡采用频次排序方法，即按某类作者出现频次大小排位，而非按照作者所写论文多少来对作者进行等级排序；二是论文在作者上的集中与分散程度只限于平方反比关系，即只给出了这种集中与分散程度的单一描述。洛特卡定律的第二个特征已成为后来学者对其开展验证工作的核心内容和发展方向。

4. 普赖斯定律

在洛特卡定律的基础上，普赖斯进一步研究了科学家人数与科学文献数量，以及不同能力层次的科学家之间的定量关系，提出了著名的普赖斯定律（Price's law）和一些其他重要结论。在《小科学，大科学》一书中，普赖斯写道："科学家的总人数，大致是按杰出科学家人数的平方增长的。"普赖斯定律，即科学家总人数开平方，所得到的人数撰写了全部科学论文的 50%。如果设最高产的那位科学家所发表的论文数为 n_{max}，将科学家们发表论文的总数记为 $x(l,n_{max})$。

则普赖斯定律可用下式表示：

$$\frac{1}{2}x(l,n_{max}) = x(m,n_{max}) = x(l,m) \tag{10-7}$$

式中，m 为普赖斯假定的一个数，即个人的论文数大于 m 的科学家们所发表的论文总数恰好等于全部论文总数的一半，而 $x(m,n_{max})$ 的意义恰好表征了这一半的论文。

洛特卡经过一系列分析计算后得

$$m = 0.749\left(n_{max}\frac{1}{2}\right) \tag{10-8}$$

这是一个重要的推论，表明发表了 0.749 篇以上论文的科学家们所发表的论文综述等于全部论文总数的一半，或者说，杰出科学家中最低产的那位科学家所发表的论文数等于最高产科学家发表论文数的平方根的 0.749 倍。

普赖斯还曾试图找出全体科学家总数中杰出科学家的比例关系。经过进一步推导和计算得

$$R = 0.812 / n_{\max} \frac{1}{2} \tag{10-9}$$

式中，R 为杰出科学家人数与全体科学家总数之比。这是普赖斯得出的洛特卡定律的又一个重要推论。因此，普赖斯为洛特卡定律的开发乃至文献计量学的发展做出了令人瞩目的卓越贡献。

5. 洛特卡定律的应用

1）在情报学图书馆学方面的应用

一般用它来预测发表不同数目文章的著者数量和特定学科的文献数量。这样便于掌握文献的增长趋势，便于进行文献情报的科学管理及情报学的理论研究等。同时，如果能够比较完整地测定各学科的“文献单元作者系数”和“文献单元作者增量”，那么只要知道某一学科的论文数量，就可以大致估算出对应这些论文的作者人次及变化。这对于合理编制著者索引、规划检索刊物体系等都有一定的参考价值和指导意义。

2）在预测科学方面的应用

按照洛特卡定律，可以从统计或估算的科学著者数量来预测文献数量的增长速度和文献流的动向，便于掌握文献的交流规律；同时利用洛特卡定律可以考察在某一学科领域内科研人员一定时期内以科技文献形式出现的科研成果状况。

3）在科学学和人才学方面的应用

可以用洛特卡定律来研究科学家的活动规律，研究人才的著述特征，便于科学学的理论研究和科学史的探讨，从而为整个科学学和人才学的研究提供了新的途径和手段。例如，通过比较各个学科的文献单元作者系数及其增量，可以判断各个学科的科研动态，了解科学研究发展规模，甚至可以据此推断各个学科研究的集体化趋势、科研人员的需要情况，有利于制订教育与人才培养规划等。

6. 洛特卡定律应用中应该注意的问题

洛特卡定律能够科学地解决文献计量学中论文作者的分布状况，但在科学运用这一定律的同时，我们应注意它所存在的一些问题。

（1）洛特卡的平方反比定律只是对两个学科领域抽样的简单推广而建立起来的一个通式，是对科学生产率的一般的理论估计，并非一个精确的统计分布。洛特卡定律毕竟是来源于化学和物理学文献系统的直观统计结果，其规律性是否普遍适用，尚需从其他途径严格论证。这样才能使定律本身建立在牢固的基础上。

（2）洛特卡当年的统计数据，不仅删除了高产作者，并且《化学文摘》中他只统计了以 A、B 开头的作者数。有研究表明，对论文作者所署名（包括合作者）的姓进

行统计，结果以 A—F 开头的占 57%，G—M 为 30%，N—Z 为 13%。所以，洛特卡定律并不能像物理学定律那样精确而严密。另外，如前文所述，洛特卡定律是一个经验定律，它受到诸多随机因素、人文因素和其他因素的影响；并且，洛特卡定律对于不同的学科领域，在不同的时期的表现形式不同。学科的发展一般经过潜伏期、成长期、成熟期三个阶段，在这三个阶段中，科学论文作者的活动状况不尽相同，因而，洛特卡定律不能完全地描述学科发展整个过程的作者分布，它对于表述成熟期的作者分布十分乐观。

10.1.6　齐普夫定律

1. 最省力法则

在有关研究中齐普夫发现，每一个人在日常生活之中都必定要在他所处的环境里进行一定程度的运动。他把这种运动视为走某种道路。然而，人们在自己的环境里所走的道路并非就是他的全部活动。对于一个处于相对静止状态的人来说，他要完成新陈代谢就要有不断的物质和能的运动，并进行输入、循环、输出等一系列的过程。这个物质和能的运动也是在一定的道路上进行的。我们可以认为，人的全部机体都可以视为物质的聚合，正以不同的速度在不同的道路上穿过人的系统，而在整个宏观的宇宙世界中，人的系统继而又以一个整体在其外部环境里，取不同的道路、以不同的速度运动着。

在这里，齐普夫强调的是运动和道路的概念，他的目的是要说明每一个人的运动，不管属于哪种类型，都是在一定的道路上进行的，而且都将受一个简单的基本法则制约，千方百计地选择一条最省力的途径。在各种运动中，人们也都有意无意地按照这个基本法则行事。齐普夫把这样一个他认为普遍存在的法则称为最省力原则（principle of least effort）。当然，这个“最省力”是带有主观含义的，各人有各人认为的“最省力”，它们并不是完全相同的。

最省力原则出现后，国外许多学者纷纷对此进行研究，并把它应用于包括图书情报工作在内的许多领域中。例如，在 20 世纪 60 年代后期，有位学者运用这个法则研究了图书馆或情报中心在一个城市中的合理位置，尽量使所有可能使用它的人平均付出最少的力。还有人运用这个原则研究了书库中图书排列的最佳方案，打破传统的绝对按某种顺序排列的方法，解决如何才能使图书管理员在索取读者所需要的书时，平均付出的力最省。

显然，齐普夫提出的最省力原则与经济学中著名的利益最大化原则（即经济人假设）不谋而合。正因为齐普夫将词频分布规律建立在这一深刻的思想基础之上，所以人们才把他视为词频分布规律的最主要贡献者，并以他的名字附其命名为“齐普夫定律”。

2. 基本内容

1）文字描述

1949 年，齐普夫公开发表了他的杰作——《人类行为与最省力原则——人类生态学引论》。在最省力原则思想的指导下，他首先对人类信息交流的重要工具——语言进行了大量研究，试图证明自然语言词汇的分布服从一个简单的定律。他在以往研究的基础上又收集了大量统计材料，并进行了系统的分析，发现在任何一篇文章中，词的出现频率都服从如下规律。

如果把一篇较长文章（约 5000 字）中每个词出现的频次统计起来，按照高频词在前、低频词在后的递减顺序排列，并用自然数给这些词编上等级序号，即频次最高的词等级为 1，频次次之的等级为 2……频次最小的词等级为 D（或 L）。若用 F_r 表示频次，r 表示等级序号，则有 $F_r \cdot r = C$。式中，C 为常数。但这里的常数并不是绝对不变的恒量，而是围绕一个中心数值上下波动。上式与齐普夫以前验证过的定量形式是一致的。人们也称该式为齐普夫定律（或称齐普夫第一定律）。

齐普夫定律不但可以用词的绝对频数（频次）表示，也可以用词的相对频数（频率）表示。

令 N 为文章所包含的词汇总数（词容量），f_r 为 r 等级词的相对频率，则有

$$f_r = cr^{-1} \tag{10-10}$$

式中，c 为常量，且 $c = \dfrac{C}{N}$；$f_r = \dfrac{F_r}{N}$。

通常，将 $F_r \cdot r = C$ 称为齐普夫定律的绝对频数表示法或频次表示法，将 $f_r = cr^{-1}$ 称为齐普夫定律的相对频数表示法或频率表示法。二者是同一规律的不同具体表现形式。

齐普夫运用其最省力原则解释了这个定律。他认为，在任何语言中，凡是使用频率高的词，功能总是不会太大。因为词义本身在这个场合中价值小，因而传递它们所需要的“力”就不大。所以，词的出现频率与等级序号的乘积基本上稳定于一个常数。

2）图像描述

根据文献中出现的词频与等级序号的统计数据，建立 F_r 与 r 的直角坐标系，用横坐标表示词的等级序号 r，纵坐标表示相应的频次 F_r，我们就可以得到一条双曲线，即齐普夫分布曲线。如果等级序号 r 与频次 F_r 都取对数坐标，则图 10-3 中的图像就变成一条直线了，即齐普夫分布对数曲线（图 10-4）。这种类型的分布就叫作齐普夫分布。

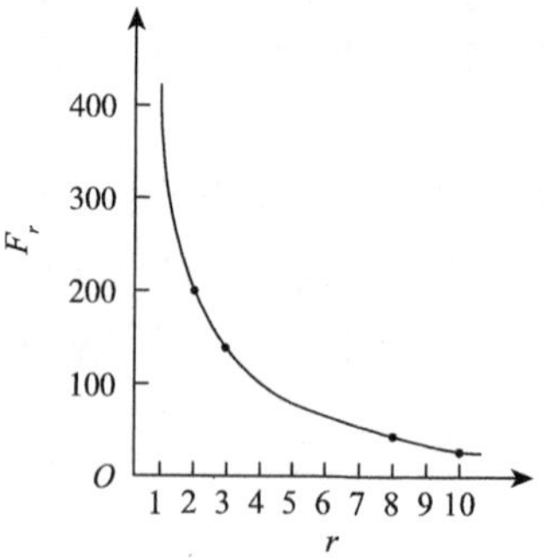

图 10-3　齐普夫分布曲线

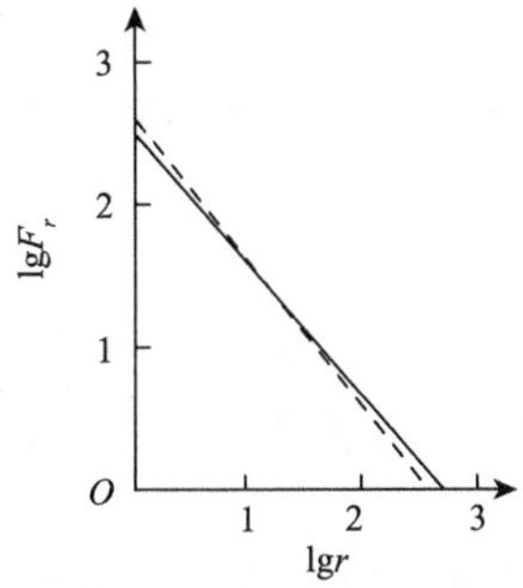

图 10-4 齐普夫分布对数曲线

10.1.7 h 指数

1. h 指数概述

美国物理学家乔治·赫希认为评价科学家个人学术绩效需综合考虑论文数量和论文质量的因素，因此提出了高引用次数（high citations），即 h 指数。

赫希将 h 指数定义为：当且仅当科学家所发表的 N 篇论文中有 h 篇至少有 h 次引文数，其他 $N-h$ 篇论文的引用次数都小于等于 h，那么 h 便是评价个人学术绩效的 h 指数。简单来讲，一个人的 h 指数是指在一定期间内他发表的论文至少有 h 篇的被引频次不低于 h 次。

h 指数不但兼顾了科学家、机构或者国家科研产出的数量和质量等因素，并且具备计算简单、变化灵活、应用广泛等优点，因此引起了文献计量学领域广大学者的普遍关注。

2. h 指数计算

h 指数最早是用来评价科学家学术成就的。其评测方法是，将科学家的每一项研究成果（论文、著作、专利等）的被引用次数统计出来，并按从多到少排序，当序号值不小于被引用次数时，这个序号值就是这位科学家的 h 指数。科学家的 h 指数越高，说明这位科学家成果的影响力越大。

其计算方法简单来讲就是只要到确定的数据库中查出某人发表的所有论文，将其按照被引频次由高到低的顺序排列，当某篇论文的序号大于其被引频次时，用这个序号减去 1 就是该人的 h 指数。

3. h 指数应用

1）评价科学家个人学术绩效

将 h 指数作为衡量科学家个人成就的计量指标，是赫希设计该指标的最初出发点。我国学者邱均平等就利用 h 指数对我国图书情报学领域中的个人绩效进行评价研究。

2）评价学术期刊

学术期刊影响力的评价是出版界、文献情报部门和学术界共同关心的课题，目前越来越多的专家学者认为将 h 指数和影响因子结合更加合理。

3）评价科研集体学术绩效

对于科研集体，无论是国家还是大学、科研院所或是研究小组产出成果的学术影响力，都可以用 h 指数来衡量比较。

4. h 指数优缺点

（1）h 指数兼顾被引篇数和论著数量两个指标，从“质”和“量”两个角度评价研究者的绩效，更加合理和公平。

（2）一般情况下，被引次数排在前列的论著可能获得新的被引篇次，被引次数小于 *h* 值的论著的数量有可能增加，但是研究者的 h 指数不一定随着这部分引文和论著的增加而增加。

（3）h 指数概念简单，计算容易实现，通过简单的测量就能用单一的指标来描述学者的生产率及影响力。

（4)h 指数的提出丰富了科学计量及文献计量学的内容，使得评价方式更为多样化，推进了计量学的发展。

h 指数具有以上优点，但同时也存在不足。

（1）h 指数只是把某位作者的发文量按照被引频次由高到低排序，序号大于被引频次时，取序号减 1 的数来表示某位作者的终身成就，这样忽视了文章的总被引频次，导致被引频次低的文章不能用于评价作者的科研水平。

（2）h 指数在评价科学学术论文综合影响力时存在一定的偏差，对一些文章少而精的学者比较不利。

（3）h 指数无法预测科研团队中个人学者的学术影响力。团队中每个成员对成果的贡献率都不相同，h 指数没有考虑作者对论文的实际贡献。

10.1.8　w 指数

1. w 指数概述

w 指数是一个用于评价科研绩效的指标，在 2008 年由中国科学技术大学管理学院的吴强博士提出，它是 h 指数的一种衍生和变形。他将 w 指数定义为：如果一个研究者有 *w* 篇文章至少有 10*w* 个引用，而其（*w*+1）篇文章引用数少于 10（*w*+1），则该研究者的指数为 w。

w 指数相比 h 指数更关注高影响力的文章，更强调一个科学家最顶尖的文章，同时减少了一定量的信息挖掘时间，因此两者的排名有明显的不同。例如，物理学家按 w 指数排名前五位的是爱德华·威滕（Edward Witten）（41），菲利普·沃伦·安德森（Philip Warren Anderson）（26），斯蒂芬·威廉·霍金（Stephen William Hawking）（24），马文·科恩（Marvin Cohen）（23），弗兰克·维尔泽克（Frank Wilczek）（23）；而按 h 指数排名，前五位是爱德华·威滕（Edward Witten）（110），马文·科恩（Marvin Cohen）（94），菲利普·沃伦·安德森（Philip Warren Anderson）（91），史蒂文·温伯格（Steven Weinberg）（88），迈克尔·费希尔（Michael Fisher）（88）。

2. w 指数指标

（1）w 指数为 1 或者 2，表示该研究者已经学到了一个课题的基本。

（2）w 指数为 3 或者 4，表示该研究者已经掌握了科学活动的艺术（the art of scientific activity）。

（3）w 指数为 5，表明他是位成功的研究者。

（4）w 指数为 10，表明他是位出色的科学家。

（5）工作 20 年后 w 指数超过 15，或者 30 年后指数 20，表明他是顶尖科学家。

10.2　图像显示法

图像显示的研究方法，顾名思义就是利用曲线或者图形来表示数据或揭示数据之间关系的方法。它的优点是能从图形中直观地反映出数据变化的趋势，如数据的递增性或递减性及是否具有周期性变化规律等。除此之外，我们还可以在图像上做进一步处理，获得更多信息，如获得数据的极值或者获得图形包围的面积等。不同的图形显示方法和绘制方法各不相同，但都必须遵守实事求是、通俗易懂、便于对比、鲜明清晰、灵活机动的原则。统计数据的类型不同，所适宜采用的统计图也不同。利用图像可以简洁直观地显示统计表中枯燥的数据，可以帮助我们从众多的数据中发现规律，从而更迅速、更有效地传递信息，给人以明确而深刻的印象。

10.2.1　数据显示

利用图像来显示数据，就是利用各种统计图形把经过处理后的数据表示出来的一种形式。一般而言，数据的统计图像要包括标题、坐标轴和网格线、绘图区、图例几个部分。此外，还要注意图像的标题设置应该尽量简洁明了、横纵坐标轴的各栏的排列要有逻辑性、计量单位应该明确注明、数字填写要整齐等问题。

统计图形表示数据的方法有许多种，每一种都有自己的特点，并适合于某一类数据的表示。了解每种图表的优势能帮助我们更好地从数据中提取有价值的信息。用图像不仅可以节省大量的文字叙述，而且更为集中醒目、条理分明，也便于数据的对比分析与积累。用图像显示数据，尤其是在数据量较大的时候，相对于冗长的数据表格而言，图像更加形象、鲜明、直观，能够清晰地显示数据之间的相互关系。下面将详细介绍图像显示数据的一些常见统计图形，包括直方图（histogram）、折线图（line chart）、频数多边形（frequency polygon）、累计频数图（cumulative frequency graphs）、条形图（bar chart）、饼图（ring diagram）、环形图（pie chart）。

1. 直方图

直方图是频数分布直方图的简称。直方图是用矩形的宽度和高度来表示频数分布的图形，我们可以从上面看到数据的聚集程度与离散程度。矩形的宽度表示数据范围的间隔，矩形的高度表示在给定间隔内的数据频数，也可将频数转换成频率来绘制频率分布直方图，展示分组数据的分布情况。

直方图相对于频数分布表而言，变量的频数更直观，更容易进行分析研究。直方图是分布分析法的主要工具。分布分析法也称直方图法，它是指统计学中通过质量某特性值的分布状况来发现问题的一种方法。

2. 折线图

折线图是在直方图的基础上，用折线连接各个直方形顶边中点，并在直方图形两侧各延伸一组，使折线与横轴相连。也可根据各组组中值与次数求出各组的坐标点，并用折线连接各点而形成的折线所覆盖的面积等于直方图。折线图可以很好地显示随时间而变化的连续数据，因此折线图多适用于表现数据在一段时间内的变化。

当折线图中的变量数列的组数不断增多的时候，折线将慢慢趋近于一条平滑的曲线，便形成了曲线图，其是一种概括描述变量数列分布特征的理论曲线。曲线图是连续型随机变量频数分布常用的形式。曲线图绘制的方法是在折线图的基础上，将连接各组次数坐标点的折线加工修匀为比较平滑的曲线。

3. 频数多边形

直方图在数据只有一组时的显示效果比较好，但在表示两组或两组以上的数据时，因为两组以上数据的重叠会使图面不易辨别，所以效果常常不能令人满意。这时，我们可以用频数多边形来解决问题。频数多边形与直方图具有相同的用途，也是频数分布的一种图形表示方法，但相对而言，对于比较数据集有用。

频数多边形是在频数直方图的每个长方形的顶端的中点（即组中值）放一个小圆点，然后连接这些小圆点而成的；如果不绘制直方图，小圆点则放在每个组中值相应的高度上。小圆点通常放在距左边最低组半个组距，距右边最高组半个组距的水平轴上，这样多边形就会封闭起来。

4. 累计频数图

累计频数图是指用曲线图形的方式表示出向上或向下的累计频率的曲线图形，累计频数图也叫作累计曲线。

正如直方图和频数多边形一样，累计曲线也是画在一对相互垂直的轴上。用横轴代表观察值，用纵轴代表观察值的个数（或比例）。累计频数就是将各类别的频数逐级累加起来。通过累计频数，可以很容易看出某一类别（或数值）以下及某一类别（或数值）以上的频数之和。累计频数可以是向上累计频数，也可以是向下累计频数。向上累计频数分布是先列出各组的上限，然后由标志值低的组向标志值高的组依次累计频数。向下累计频数分布是先列出各组的下限，然后由标志值高的组向标志值低的组依次累计频数。

5. 条形图

条形图是用宽度相同的矩形的高度或长短来表示数据多少的图形。条形图可以横置或纵置，纵置时也称为柱状图（column chart）。

此外，条形图有用单个条形展示类别的简单条形图、用于两个变量交叉分类描述的复式条形图及用于两个变量交叉分类描述的堆栈条形图等形式。

柱状图也是由多个横向或纵向排列的宽度相等的柱子组成的，柱子的高度代表数据的大小，柱状图通常是用来表示少量数据的图形。如果想比较某一变量与另一变量的大小，那么可以用双柱图。双柱图一般会做成两柱之间没有间隔，但双柱之间有间隔的形式。如果想比较三个变量的大小，可以作三柱图，依此类推。有学者曾表示柱状图一般适用于进行最多六组并排数据的比较。

可以发现，条形图和直方图的表现形式非常相似，都是利用长条形的矩形来表示数据，但是仔细观察就能发现它们也存在不同。因为条形图一般用于描述离散型分类数据，而直方图一般用于描述连续型数据的分布关系，所以条形图的每个类别的长条一般是分开的，而且横轴变量之间的顺序也不一定，可以灵活排序，而直方图的长条没有间距，并且横轴的排序有一定的逻辑规则。

6. 饼图

饼图也是表示数据最常用的图形之一。它是用圆形及圆内扇形的面积来表示数值大小的图形，图中每一个扇形以面积大小依次排列或与文字叙述的顺序相一致，并且饼图多被用于表示几种百分比的比较。对数据进行分解归类时适合运用饼图来展示数据。它在研究结构性问题时十分有效。为了能更加清晰地展示数据，饼图中展示的数据分类数量一般不会太多。

7. 环形图

在饼图的基础上还衍生出了环形图。环形图是由两个及两个以上大小不一的饼图叠在一起，挖去中间的部分所构成的图形。

环形图与饼图的主要区别在于，直观上看来，饼图是实心的，而环形图的中间有一个空洞，所以在功能上，饼图只能展示一个样本各部分所占的比例，而环形图可显示多个样本所占的相应比例，从而有利于进行多类数据比较。

10.2.2　相关关系显示

1. 相关关系的含义

我们提出的研究问题往往来源于生活，而现实生活中的各种现象通常并不是孤立存在的，它们之间相互联系、相互影响。当我们需要探寻它们之间的联系，揭示其发展规律时，就要求我们要关注变量之间的关系。

在我们的研究问题涉及多个变量的时候，至少有一个变量是随机变量，因此我们对变量之间关系的分析是随机变量之间的关系或随机变量与确定变量之间的关系。变量之间的依存关系可以分为：函数关系和相关关系。函数关系是指变量之间保持的严格的、确定的关系。相关关系是指变量之间保持着不确定的依存关系，即变量间关系不能用函数关系精确表达，一个变量的取值不能由另一个变量唯一确定。比如，人的身高与体重这两个变量，一般而言是相互依存的，但它们并不表现为确定的函数的关系，因为制约这两个变量的还有其他因素，如遗传因素、营养状况和运动水平等，以至于同一身高的人可以有不同的体重，同一体重的人又表现出不同身高。变量间的这种不严格的依存关系就构成了相关与回归分析的对象。相关关系是最基础的一种关系，而两个变量之间的关系是相关关系中的基础，虽然我们常常遇到的问题都是多变量之间的复杂关系，但是也可以将其简化为多组两个变量之间的关系来分析。

2. 相关关系的分类

按照不同的分类标准，相关关系可以有多种分类方法，常见的分类方式有以下几种。

1）按相关的方向分类

在分析相关关系时，首先要关注相关的方向。按相关的方向分类，相关关系可以分为正相关和负相关。当一个变量与另一个变量同向变化时，二者的关系称为正相关关系。相反，当一个变量与另一个变量反方向变化时，二者的关系则称为负相关。

2）按相关的程度分类

相关关系的程度也是一个重要的特征。按相关的程度分类，相关关系可以分为零相关、完美相关、高度相关、低度相关。相关程度指的是相关关系的强弱或大小。表示相关的强弱或大小的统计结果称为相关系数。相关系数的取值范围一般在−1 与 1 之间，数值绝对值越大，表示相关的程度越强。正、负号表示的是相关关系的方向。大多数的统计中，都用 0 表示零相关或者不相关，用 1 表示完美相关。在日常生活中，完美正相关和完美负相关都很罕见。其中，零相关是指其中一个变量的变化和另一个变量的变化毫无关系，两个变量完全相互独立、互不影响，也称作不相关。完美相关也称作完全相关，是指一个变量的变化完全由另一个变量的变化决定，此时的相关系数为+1 或−1。高度相关和低度相关则是相关系数介于+1 和−1 之间的一种关系，此时变量之间存在不严格的依存关系。

3）按相关的形式分类

按相关的形式分类，相关关系可分为线性相关和非线性相关。相关关系是一种数量关系不是很严格的相互依存关系。如果这种关系近似地表现为一条直线，即当一个变量变动一个单位时，另一个变量也按一个大致固定的增（减）量变动，就称为直线相关，又称为线性相关。如果当变量间的关系不按固定比例变化时，这个关系近似地表现为一条曲线，则称为曲线相关，又称为非线性相关。

4）按研究变量的数量分类

按研究变量的数量分类，相关关系则可以分为：单相关、偏相关和复相关。其中，两个变量之间的相关，称为单相关。一个变量与两个或两个以上其他变量之间的相关称为复相关。在复相关的研究中，假定其他变量不变，专门研究其中两个变量之间的相关关系时称其为偏相关。

虽然分类的方式很多，但是一般利用相关关系的方向和程度来描述变量之间的关系。按照不同的相关方向和程度，可以分为以下几种类型，如图 10-5 所示。

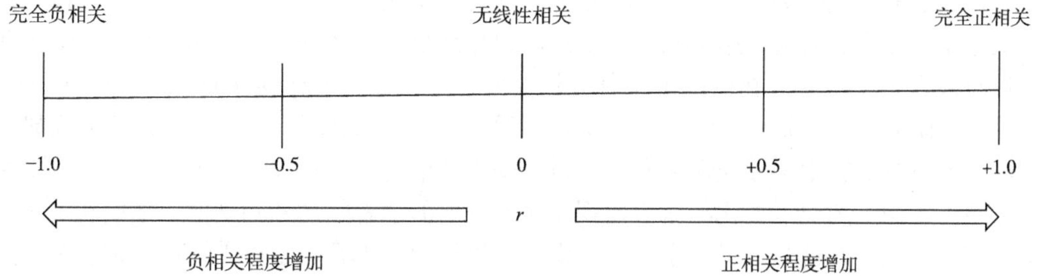

图 10-5　相关关系分类图示

3. 相关关系显示的方法

进行相关关系分析，首先要判断变量间是否存在相关关系。相关性有很多表示方法，如相关系数、相关图等。其中，相关图是一种非常直观的工具。一般情况下，单纯从数据的角度很难发现其中的趋势和联系，而将数据点绘制成图表后趋势和联系就会变得清晰起来。所以在进行详细的定量分析之前，一般可以利用相关图对现象之间存在的相关关系的方向、形式和密切程度先进行大概的观察判断。

相关图也称散点图，它是把相关表中两个变量的对应资料在平面直角坐标系中用点描绘出来，以表示相关点的分布状况。一般情况下，x 轴上的数值代表自变量，而 y 轴上的数值代表因变量，将两变量相对应的值用坐标点的形式在绘图区描绘出来。我们可以将各个坐标点称为相关点或散点，由所有相关点组成的图形就是相关图或散点图。通过绘制散点图可以帮助我们非常直观地去判断两个变量之间关系的性质以及关系的密切程度。和其他统计图相比，散点图的形式更加能表现出数据的原始分布状况。从散点图中，我们可以根据点的位置来判断测量值的大小、变动趋势和变动范围，从而深入了解变量间的关系。

一般使用比较多的散点图是二维的简单散点图，它是将二维平面上的数据用点在坐标中表示而绘制出来的。其中，每个坐标轴代表一个变量，每个测量值的坐标确定一个点。这样得到的散点图可以直观地表示出两个变量之间的相关关系，便于我们观察数据间的相关性，剔除异常数据，提高准确性。在简单散点图的基础上进行扩展，用相同的方法，可以将二维散点图扩展到更加复杂一点的三维散点图。更进一步，假如我们面对处理多个变量关系的问题时，除了将其化解为多个两个变量之间的关系之外，还可以利用矩阵散点图来解决。

10.2.3　知识图谱法

1. 知识图谱的相关概念解析

1）知识图谱的起源

科学知识图谱（mapping knowledge domains），可以简单地总结为显示科学知识的发展进程与结构关系的一种图形，属于科学计量学（scientometrics）的范畴，是用定量统计方法发现科学知识指数增长规律的科学。科学知识图谱的起源可追溯至文献计量学和科学计量学的诞生时期，20 世纪 90 年代，随着电子文献数据库的发展与网络化以及计算机存储与处理能力的飞速提高，在信息可视化技术与引文分析方法的结合下，知识图谱逐渐兴起。2003 年，在美国国家科学院组织的一次以“mapping knowledge domains”为主题的研讨会上，知识图谱的概念被首次提出，之后该领域开始进入大规模深入研究阶段，2005 年，在中国最先命名和引入科学知识图谱的是来自大连理工大学——德雷塞尔大学（美国）知识可视化与科学发现联合研究所的学者陈悦和刘则渊，他们在《科学学研究》上发表文章介绍了科学知识图谱的发展历程，也开启了科学知识图谱在国内的传播和研究。

2）知识图谱相关概念区分和优点

对知识图谱的定义，不同的学者有不同的定义方法，并且因为科学知识图谱一般也被学者简称为“知识图谱”，所以存在概念混淆的问题，容易与谷歌公司为应对海量知识检索挑战，在 2012 年提出的谷歌知识图谱（Google knowledge graph）的概念混淆。虽然它们的中文名称都可简称为“知识图谱”，但是存在实质的不同，谷歌知识图谱是基于语义网的大规模知识库，而科学知识图谱是以社会网络分析和可视化为核心的文献分析方法，要注意对二者进行区分。此外，另一个相近的概念是知识地图（knowledge map），知识地图的概念最早由情报学家布鲁克斯在其经典著作《情报学基础》中正式提出。这本书中的知识地图侧重于对组织中各种知识资源、知识载体、人员及其相互间的联系的可视化，促进知识的共享和重用，为知识使用者提供便利。实际上这三个概念都可以看作是知识节点及节点关系的图形化表达。知识地图与前面提到的两个概念的根本分歧在于：知识地图的根本目的是指引知识需求者找到解决特定问题的答案。下文中提到的知识图谱均为科学知识图谱。

虽然学者对知识图谱的定义没有形成统一的定义方法，但是他们所表达的实质是相同的，都认为知识图谱是可以揭示科学知识发展进程与结构关系的方法；在强调定义内容侧重点的同时，在外部特征、学科基础（应用数学、电脑科学、科学学、资讯科学、统计学、图形学等）、绘制方法（引文分析、共现分析、社会网络分析等）等上有所不同，知识图谱研究人员多认为它属于科学计量学的学科范畴，但由于在研究对象、方法及理论基础等方面的一致性，科学计量学与文献计量学、资讯计量学等领域也有对知识图谱的研究。

在这里借鉴陈悦等对知识图谱的定义：知识图谱是以知识域（knowledge domain）为对象，显示科学知识的发展进程与结构关系的一种图像。它具有“图”和“谱”的双重性质与特征：既是可视化的知识图形，又是序列化的知识谱系，显示了知识单元或知识群之间网络、结构、互动、交叉、演化或衍生等诸多隐含的复杂关系，而这些复杂的知识关系正孕育着新的知识的产生，且其非常形象地将知识网络的各种复杂的互动、交叉和演化关系勾画了出来。

依据不同的标准可以将知识图谱划分为不同的类型。根据图谱构建的分析对象及文献计量学方法的不同，知识图谱可分为引文网络图谱、共被引图谱（包括文献共被引图谱、作者共被引图谱、期刊共被引图谱、机构共被引图谱、学科共被引图谱等)、合作网络图谱(包括作者合作图谱、机构合作图谱等)、关键词共现图谱等。根据图谱构建技术的不同，知识图谱可分为传统科学计量图谱(二维)、三维构型图谱、多维尺度图谱、社会网络分析图谱、自组织映射图谱和寻径网络(pathfinder network，PFNET)图谱等类型。

科学知识图谱旨在通过可视化技术对科学知识的发展进程及结构关系进行描述，具有直观、定量、知识发现等诸多优点。作为一种分析方法和工具，自从引入国内学术界就迅速吸引了众多领域研究者的关注。知识图谱广泛应用于图书情报学及其他领域。经过了十几年的发展，其支撑理论的研究、体系方法的完善和应用成果方面都取得长足的发展。

2. 知识图谱相关理论

1)引文分析理论

引文分析(citation analysis)是指利用各种数学及统计学的方法和比较、归纳、抽象、概括等逻辑方法对科学期刊、论文、著者等各种分析对象的引证或被引证现象进行分析，以便揭示出研究对象所具有的特征或是它们之间的关系及其规律性的文献计量研究方法。

如果从不同的角度、基于不同的标准来进行划分，就会得到不同的引文分析方法。例如，如果以获取引文数据的方式来划分，则可将引文分析方法分为直接法和间接法。如果从文献引证的相关程度来划分，则可将引文分析方法分为自引分析、双引分析、三引分析。如果从分析的出发点和内容来划分，则可将引文分析方法分为引文数量分析、从引文间的网状关系或链状关系进行研究、从引文反映出的主题相关性方面进行研究。

2)复杂网络理论

复杂网络(complex network)的研究始于 20 世纪 60 年代。数学家 Erdös 和 Rényi 提出的随机图模型(现在被称为 ER 模型)是该领域的奠基性数学理论。复杂网络的理论研究主要由图论、统计物理学、计算机网络研究、生态学、社会学及经济学等领域的学者进行，他们主要考虑建模问题、网络性质、网络形成机制、网络演化统计规律、网络上的模型性质、网络的结构稳定性及网络的演化动力学机制等问题。应用研究则非常广泛，应用到自然科学和社会科学的多个领域。

如果按模型结构来区分，则可将复杂网络细分为规则网络、随机网络、小世界网络、无标度网络。复杂网络的两个最基本的特点是小世界性和无尺度性，这些特性可以在情报学的某些领域获得应用。更重要的是，复杂网络的研究视角是从整体角度来关注网络结构对其功能的影响，运用计算机进行大规模网络分析，这为信息计量学研究提供了一种新的研究问题的方法。

3. 绘制知识图谱常用的工具

随着知识图谱相关研究的蓬勃发展，许多研究人员开发出了各种具有知识图谱绘制功能的工具，如 CiteSpace、VOSviewer、Sci2 Tool、Pajeck、Histcite、SPSS、SATI、

UCINET、Bibexcel、Gephi、Vantage-Point、NWB Tool 等，每个工具的功能都有其各自的特色和忠实用户。下面将详细介绍在学术研究中使用最为普遍的 CiteSpace 和操作比较简单的新兴工具 VOSviewer。

1）CiteSpace

CiteSpace 及其各个升级版是当前国内外研究人员在研究中使用最多的科学知识图谱绘制工具。该工具是美国德雷塞尔大学（Drexel University）陈超美博士应用 Java 语言开发的、供广大用户免费使用的软件工具。

它主要基于共引分析（co-citation analysis）理论和寻径网络算法等，对特定领域文献（集合）进行计量，以探寻出学科领域演化的关键路径及其知识拐点，并通过一系列可视化图谱的绘制来形成对学科演化潜在动力机制的分析和学科发展前沿的探测。不仅如此，作为 CiteSpace 的开发者，陈超美特别强调：更重要的是让使用者通过对知识图谱的绘制、生成和解读，看到知识图谱将会如何改变看世界的方式，并明确袒露：CiteSpace 的背后需要有对库恩或类似的宏观哲学思想体系的了解，才能明白 CiteSpace 到底在帮用户找什么。

该软件易于获取，基于一定的数据集可得到用户想知道的某个方向的知识图谱。与其他文献分析软件相比，CiteSpace 有其自身的优势和独特之处。例如，可以将 Web of Science 等数据库的原始数据格式直接导入进行运算及作图，原始数据不需要转化为矩阵的格式，对于同一数据样本，可进行多种图谱绘制，从不同角度展现数据演化特征，而且所绘的知识图谱稳定、可读性良好、信息丰富。因此，其应用广泛，目前有关 CiteSpace 应用方面的文献有很多。

2）VOSviewer

VOSviewer 和 CiteSpace 都是基于共被引开发的。相对于经典的 CiteSpace 而言，VOSviewer 还处于被认识阶段。VOSviewer 是荷兰莱顿大学（Leiden University）科学技术研究中心（Centre for Science and Technology Studies，CWTS）的相关研究人员专门开发的用于科学知识图谱绘制的有效工具，也是一款用来构建和查看文献计量图谱的免费文献计量分析软件。VOSviewer 最早的版本仅仅用于展示可视化的结果，随着发展其不仅开放供用户免费使用，而且其功能和分析的数据的类型也得到了很大的提升。目前该软件具备了常见的几乎所有文献计量分析功能，如文献耦合分析、共引分析、合作分析以及共词分析。基于文献共引和共被引原理，可将 VOSviewer 用于绘制各个知识领域的科学图谱。

用户可从官网上下载数据包至自己的计算机中，解压后再运行 VOSviewer 程序或者直接从网页运行，而这两种方式都需要计算机配置 Java 环境。最新版本 1.6.15 发布于 2020 年 4 月。关于 VOSviewer 的实用性和适用性及其原理和功能，CWTS 的研究人员已进行了详尽的描述和验证，具体内容可访问 CWTS 官网查看。

4. 知识图谱的一般绘制步骤

关于绘制知识图谱的步骤，早在 1997 年，White 等就提出可将文献计量的可视化过程归纳为五步。2003 年，Börner 等提出了知识图谱的六步绘制法。2011 年，Cobo 等提出了知识图谱的八步绘制法。2012 年，杨思洛等提出了知识图谱的八步绘制法。可见不同的学者有各自习惯的绘制方法。这里介绍利用绘制知识图谱来对研究问题进行分析一般要经过的几个步骤。

1）领域文献检索

首先，在对研究问题进行充分的分析、理解的基础上，要先去找到分析所需的“原材料”，也就是相关的领域文献。对于领域文献的检索，我们认为主要可以通过以下两种策略获得：①基于关键词检索；②基于领域核心期刊定位。

2）数据预处理

在获得了领域文献的基础上，为了绘制质量更高的图谱，下一步则是根据需要对这些原始数据进行科学的清洗，如进行查重、纠正拼写错误、补充不完整信息、时间切片、频次统计等。

3）构建关系矩阵网络

在构建网络前，可以考虑选取不同的角度，从多个侧面来分析，常见的分析方法有共词分析、共引分析、共作者分析、书目耦合分析、期刊耦合分析等。

4）数据的规范化处理

经过以上步骤后，还要注意数据的规范化处理问题。通常运用 Salton 余弦、Jaccard 指数、Equivalence 指数、关联强度、h 指数、g 指数、hg 指数、q^2 指数等公式来将数据规范化。

5）可视化数据

可以借助工具，运用各种不同的算法，利用所选的分析要素来构建整个网络图谱，将初始的图形展示出来。

6）图谱参数调整、最终成型

在实际操作中，往往我们第一次构建出来的图谱与我们最终需要的效果不太相符，这时就需要对我们所选的分析单元、参数指标进行调节，多次修正图谱的显示，最终让它呈现出我们所需要的形式。

7）知识图谱的解读

在每个研究的知识图谱绘制完成后，都离不开对图谱的所含信息的正确解读和分析。能否对知识图谱做出合理恰当的解读可谓至关重要，而做出科学、充分的图谱解读离不开学者的专业知识的积累。

5. 常用的引文数据来源

可供选择的国内外数据源有很多，在绘制知识图谱时，可根据需要选择适合的数据源。每个数据库有各自的特点和优势，收录的文献也有一定的差异。在选择时要注意对各个数据源进行比较，考察数据源的特点和需求的匹配程度来选择一个或者多个数据源，要尽量去选择较为权威、规范的数据源的数据，最后要考虑该数据能否直接与所选的绘制工具适配，这一点将能节省一些对数据处理的时间。

1）常见英文数据源

提到常见的英文数据源就离不开 Web of Science，大部分的知识图谱工具都能够兼容 Web of Science 中导出的数据，此外，Scopus、Google scholar、ProQuest 博硕士论文全文数据库、ISI Medline、arXiv、CiteSeerX、Digital Bibliography&Library Project（DBLP）、Science Direct 等数据库也是质量较高的数据源。

除此之外，一些专利数据库也是常见的数据源。比如，Derwent 专利数据库是重要的专利数据源，还有知识产权出版社的中国知识产权网（China Intellectual Property Right net，CNIPR）、Thomson Innovation 及 Dialog 公司的 Innography 都是很好的专利数据源。此外，进行专利引文分析时也常利用美国专利商标局专利数据库、欧洲专利局提供的欧洲专利数据库或世界专利数据库、日本专利局知识产权电子图书馆作为引文数据来源，这些数据库均免费提供专利的引用与被引用信息。

2）常见中文数据源

在进行中文文献分析时，最常用的数据源有中国知网、中国社会科学引文索引（Chinese social sciences citation index，CSSCI）和《中文科技期刊数据库》。在专利数据方面，可以利用中国科学院专利在线分析系统来获取数据。

10.2.4　图书馆学的图像显示研究选题

近年来，信息可视化（information visualization）作为一门新的研究领域获得了较大的进展。信息可视化是一个跨学科领域，旨在利用各种信息可视化技术对大规模抽象信息资源的可视化表示，增强数据呈现效果，来加深人们对这些抽象信息的认知，让用户以直观交互的方式实现对数据的观察和浏览，从而发现数据中隐藏的特征、关系和模式。利用文献信息，尤其是学术论文信息和专利信息来绘制科学知识图谱则是信息可视化的重要组成部分，目前在这个方面也有了许多研究成果。

因此，在图像显示方面，有关图书馆学研究选题也可以从信息可视化的方向出发来考虑，利用知识图谱分析工具来做一些研究。比如，①可以依据科学计量分析理论，对科技期刊论文进行词频、引用、聚类等分析，形成科学知识图谱。利用科学知识图谱来展示某一领域的发展趋势与研究进展，并识别出当下的研究热点和前沿问题为他人提供借鉴。②除此之外，还可以利用科学知识图谱去分析作者之间、期刊之间、机构之间、国家之间的合作和互引情况，并在研究结果的基础上进一步做出总结思考，也是知识图谱常见的应用方法。

10.3　图书馆学研究中的评价法

10.3.1　德尔菲法

1. 概述

德尔菲（Delphi）是古希腊的一处历史遗址，传说是阿波罗神殿所在地，该神以预言灵验而著称，又常派使者到各地收集聪明人的意见。20 世纪 50 年代以后，美国兰德公司和道格拉斯公司合作，研究一种通过有控制的反馈有效地收集专家意见的方法，并将其命名为“德尔菲法”，含有智慧和灵验之意。1964 年，美国兰德公司的戈登和赫尔默发表的《长期预测研究报告》将德尔菲法应用于技术预测。兰德公司曾采用德尔菲法就科学冲突、人口增长、自动化技术、航天技术、战争的可能性、新武器系统等六个问题进行过预测。20 世纪 60 年代后，兰德公司又进行许多试验，证明了德尔菲法比传统的小组讨论更为优越，因而，这一方法被广泛应用于政策制定、商业预测、军事分析等各个领域。

德尔菲法是对传统的专家会议法的改进和发展。在专家集体讨论中，存在一些无法克服的弊端，如参加会议的人数有限，代表性不充分；权威和从众心理影响较大，其他专家容易屈从于权威或大多数人的意见；专家意见受到口头表达能力的影响；专家碍于面子，不愿公开修改自己的意见等。德尔菲法则是采用函询调查，对于所预测问题向有关的专家分别提出问题，而后将他们回答的意见综合、整理、归纳、匿名反馈给各个专家，再次征求意见，然后加以综合、反馈。这样经过多次反复循环，而后得到一个比较一致的且可靠性较高的意见。

2. 德尔菲法的程序

（1）组成专家小组。按照课题所需要的知识范围确定专家，专家人数的多少根据预测课题的大小和涉及面的宽窄而定，一般至少 20 人。

（2）向所有专家提出所要预测的问题及有关要求，并附上有关这个问题的所有背景材料，同时请专家提出还需要什么材料，然后由专家做书面答复。

（3）各个专家根据他们所收到的材料，提出自己的预测意见，并说明自己是怎样利用这些材料并提出预测值的。

（4）将各位专家第一次判断意见汇总，列成图表，进行对比分发给各位专家，让专家比较自己同他人的不同意见，修改自己的意见和判断；也可以把各位专家的意见加以整理，或者请身份更高的其他专家加以评论，然后再把这些意见分送给各位专家，以便他们参考后修改自己的意见。

（5）将所有专家的修改意见收集起来汇总，再次分发给各位专家，以便做第二次修改。逐轮收集意见并向专家反馈信息是德尔菲法的主要环节。收集意见和信息反馈一般要经过三四轮。这一过程重复进行，直到每一个专家不再改变自己的意见为止。

3. 德尔菲法的特点

根据德尔菲法的具体流程，可以看出德尔菲法的主要特点。

1）匿名性

使用德尔菲法时，调查机构与专家之间、专家与专家之间都是匿名的，都以书面形式进行联系。这样做的目的就是要保证专家在不受他人干扰的情况下，充分发表自己的意见和见解；另外，他们可以在别人不知道的情况下改变自己的意见，这样做无损于专家的面子和威望。

2）间接性

函询和反馈是德尔菲法两个突出的特点。在匿名的情况下，专家与专家是互不知道对方意见的。反馈给专家们的意见是经过统计分析以后的间接的统计结果，是间接地经过一轮集中后的统计信息。这样做的好处是每位专家在了解了专家们趋同的、比较一致的、经过集中的意见后，再重新更慎重地审定自己的原先见解，决定是坚持还是放弃自己的原先见解。这种间接性调查分析预测方法有利于产生客观的意见，也有利于逐渐集中意见。

3）定量性

德尔菲法在性质上是一种建立在专家主观判断基础上的定性分析方法。因此，专家意见的倾向性和一致性就具有决定性的意义。调查目的就是要了解专家们意见的倾向性和一致性。对反馈收集的意见进行合理的定量化统计分析，其目的就是要了解专家们意见的倾向性以及一致性的程度。

4）反复性

预测不是一次完成的，而要经过多次反馈、多次预测的反复循环过程。

5）集体性

调查分析预测的最后结论不是个别专家的意见，而是若干专家的集体见解。

德尔菲法实质上是一种集体的、间接的、定性性质的书面调查分析预测。它的最大优点是排除专家会议方法中无法完全排除的各种社会心理因素的干扰，从而使调查分析预测的结论更准确、更客观地反映专家集体对政策方案的倾向性意见。

4. 德尔菲法的评价

1）优点

德尔菲法的优点主要是简便易行，具有一定的科学性和实用性，可以避免会议讨论时产生的因害怕权威而随声附和、固执己见或因顾虑情面不愿与他人意见冲突等弊病；同时也可使大家发表的意见较快集中，参加者也容易接受结论，在一定程度上具有综合意见的客观性。

2）缺点

应用德尔菲法时由于专家一般时间紧，回答可能比较草率；同时由于决策主要依靠专家，归根到底仍属于专家们的集体主观判断。此外，在选择合适的专家方面也比较困难，征询意见的时间较长，需要快速决策时不适用。

5. 在图书馆学领域的应用

德尔菲法作为一种专家调查方法，应用于图书馆学研究中能够充分利用专家资源、有效解决非线性化问题、提高图书馆学研究置信水平。在图书馆学研究中对该方法的运用主要涉及指标体系构建、发展趋势研究、可行性分析等方面。在应用德尔菲法的过程中应准确选择专家，适当开放背靠背原则，提高反馈信息的全面性。

1）应用价值与意义

（1）充分利用专家资源。图书馆学作为社会科学研究范畴，与自然科学相比，更具备柔性研究特点，即研究结论在短时间内难以得到验证。在此情况下，一方面研究逻辑在起作用，另一方面会出现少数服从多数意见的现象。因此，只能借助专家群体，来解决复杂且难以达成一致的问题。例如，在图书馆学理论研究中关于图书馆本质问题的争论较为激烈，对该问题的不同理解，直接导致了图书馆学学者对图书馆学研究对象、图书馆学是什么等方面在认识上的分歧。将德尔菲法引入图书馆学研究，采纳不同专家的意见，利用专家的经验和学识，解决图书馆学研究中的无定论问题，研究结论不但胜过个人权威，也使难以表达清楚的问题得到了解决。德尔菲法对专家资源的充分利用，不但使图书馆学研究者的相关研究更方便易行，而且专家集体起作用，使研究结论具有更高的信度和效度。

（2）有效解决非线性化问题。从现代图书馆学的发展趋势来看，学科间交叉组合成为现阶段图书馆学的重要特征之一。图书馆学研究领域日益拓展，学科交叉范围扩大。随着经济学、心理学、教育学、计算机科学等学科的不断渗透与融合，图书馆学与这些学科联系日益紧密，学科研究内容专深化的同时也更加复杂化，呈现出强烈的非线性化特点，出现越来越多的非线性问题。例如，计算机技术的使用加速了图书馆自动化、现代化、信息化的发展，使图书馆学自动化方面研究复杂性提高。德尔菲法应用于图书馆学研究，能够充分利用各类专家的知识、智慧和经验，解决非线性化的模式和决策等，通过强调系统中人的因素和作用，侧重于人对现实的主观解释，使德尔菲法成为解决非线性化问题的有效手段，对很好地解决图书馆学研究问题及实现决策科学化和民主化具有重要意义与价值。

（3）提高图书馆学研究置信水平。图书馆学研究在很多情况下存在研究结论上的偏差，如何减小这种偏差，提高结果的置信水平，逐渐受到图书馆学研究者的关注。例如，由于 20 世纪初我国学术界的“全盘西化”，以及中国学者惯于接受现成结论的传统研究方式和研究心态，中国图书馆学研究曾出现“西方中心论”倾向，这种倾向在一定程度上导致我国图书馆学研究学者在认识上的错觉和偏差，导致人们对中国图书馆学发展的全貌缺乏应有的了解和认识，最终影响到中国图书馆学的建设和发展。因此，在研究中应用德尔菲法，以专家为信息源，依靠专家的群体智慧并充分发挥集体效应，消除个别专家意见的局限性与片面性，使最终结果具有权威性与代表性，这在一定程度上提高了图书馆学研究的置信水平。

2）具体应用范围

通过对中国知网上发表的有关德尔菲法在图书馆学领域的应用进行分析可以发现，我国较早将德尔菲法应用于图书馆学研究的学者有范并思，其主要针对的是图书馆学史的研究，其《20 世纪西方与中国的图书馆学——基于德尔斐法测评的理论史纲》一书系统地研究与清理了 20 世纪的图书馆学史，由北京图书馆出版社正式出版。后随着德尔菲法在图书馆学研究范围的扩大，逐渐涵盖了指标体系构建、发展趋势研究、可行性分析、理论体系构建、服务机制应用、机构属性研究等方面。其中，指标体系构建研究、发展趋势研究、可行性研究三个方面是图书馆学运用德尔菲法研究的主要内容。

（1）指标体系构建研究。图书馆学将德尔菲法应用于指标体系的构建研究集中在近十年。在这些研究中，很多学者对于专家的选择，包括选择方法和标准、专家知识结构、学历水平、年龄结构进行了各有详略的概述；在进行轮次上，几乎都以两轮完成调查，少数研究者对轮次之间咨询表结果的变动情况进行了详细介绍；从停止的标准来看，一些研究者对决定专家意见集中程度、离散程度、协调程度的算术平均值、标准差、变异系数和协调系数情况进行了详细说明。该类研究的主要特点是将德尔菲法与层次分析法配合使用，即先运用德尔菲法征求专家对指标体系的意见和建议，得出研究所需的相对重要的指标，然后在此基础上运用层次分析方法确定指标体系的权重系数，通过两种方法的结合使用得出研究结果。

（2）发展趋势研究。预测图书馆学的发展趋势也是德尔菲法在图书馆学领域较为普遍的应用之一。在众多相关研究中咨询表大多以所研究问题的优势、功能、阻碍三方面作为一级指标，在此基础上制定二级指标。通过收集专家意见，利用 SPSS 等统计分析软件和 Excel 办公软件等对结果进行统计处理，以此得出研究结论。

（3）可行性研究。德尔菲法也常被用于图书馆学领域的可行性分析研究。研究者通过对相关研究文献进行总结归纳，从必要性、障碍、推荐形式等方面设计咨询表选项，由专家对其重要性进行排序，通过对各轮次选项得分进行统计分析得出结论。另外，还可应用于可行性分析中的影响因素研究、理论体系构建、服务机制应用、机构属性研究、服务满意度调查等内容。此外，德尔菲法还可应用于图书馆学学科影响力、图书馆核心竞争力、绩效管理方面的研究，从多方面促进图书馆学的学科发展。

10.3.2　模糊综合评价法

1. 概述

在信息分析中常常需要对不同研究对象进行比较，做出评论评价，有时还要区分优劣，排出次序或分出等级。如果只是考虑单一因素，如单对汽车的速度进行评价，通过相应测试或实际行驶就可以比较容易地做出评价并排出次序。然而一般来说不同的研究对象均有不同的属性，这些属性从不同侧面反映各自不同的特征，所以在评价时不能只考虑一种因素，必须从这些对象的各个方面综合考虑，特别是对那些比较复杂的研究对象更应如此。因此信息分析人员在对研究对象进行评价时，一般需对多个相关因素进行综合考虑，这就是综合评判问题。因为在综合评判中需要考虑多种因素的影响作用，而且这些因素往往带有一定程度的模糊性，所以需要应用模糊数学的方法进行评价。

模糊综合评价（fuzzy comprehensive evaluation，FCE）法源于美国控制论专家扎德（Zadeh）于 1965 年提出的模糊集合理论。此后模糊理论迅速发展和应用到各门学科中，他的指导思想是尽可能全面地考虑影响因素，同时也考虑这些因素所起作用的大小及权重，通过模糊合成关系得出明确的结论。模糊综合评价法是一种适用于模糊因素的对象系统进行综合评价的评价方法，即在模糊环境下考虑多种因素的影响，为了某种目的对一个事物做出综合决策的方法，模糊综合评价法通过合理运用模糊数学，将评价对象和评价指标转变为隶属度和隶属函数，通过模糊综合运算获得模糊结果集。具体地说，该方法是应用模糊关系合成的原理，从多个因素对被评判事物隶属等级状况进行综合性评判的一种方法。模糊综合评价法不仅可以对评价对象按综合分值的大小进行评价和排序，而且还可根据模糊评价集中的值按最大隶属度的原则去评定对象所属的等级。模糊综合评价可以细分为单级模糊综合评价和多级模糊综合评价，一般分为三个步骤：第一步是建立评价模型，包括确定评价指标（又称为评价要素）体系和参与评价的专家，确定专家评价意见的表示方法和综合方法；第二步是对每个评价因素进行单因素模糊评价；第三步是对所有因素评价进行综合，得到评价的对象的总体评价。模糊综合评价法类型如下。

（1）AHP—模糊综合评价法。

AHP—模糊综合评价法是一种结合 AHP（analytical hierarchy process，层次分析）法和模糊综合评价法的综合评价方法，由韩利等提出。该评价模型除模糊综合评价法还包括 AHP，该方法由美国运筹学家托马斯·萨蒂（Thomas L. Saaty）教授于 20 世纪 70 年代初提出，其基本思路是把复杂问题中的各种因素按其地位划分为一系列有序层次，根据对具体情况的判断，就每一层次各因素的相对重要性，给出定量指标，利用数学手段计算表达这种相对重要性的排序权值，并通过排序求得问题的解答。其中模糊综合评价是在 AHP 法的基础上进行的，两者相辅相成，共同提高了评价的可靠性与有效性。

由于一些项目的综合评价指标体系中往往还有一些模糊指标或者灰色指标，它们的标值概念与确定性定量指标不同，其指标值不能用单一数值表描述。对于这种指标值需要按评价等级及得到的评价结果构成的向量，作为该指标的标值。指标向量中的每一元素称为该指标的隶属度。由指标向量构成的矩阵称为模糊评价矩阵，其具体的步骤可分为以下几步：①构建评价因素集合；②建立评价集，评价集是评价等级的集合；③确定指标权重，权重确定方法可以分为主观赋权法、客观赋权法及组合赋权法三大类；④确定评价指标的隶属度，进行模糊综合评价前应先确定各评价指标的隶属度，对于难以用数量表达的指标，宜采用模糊统计法来确定隶属度；⑤进行模糊综合评价，先对指标层的每一评价指标做出一级模糊评价之后，再对准则层各指标进行二级模糊综合评价。

（2）基于熵值权的模糊综合评价。

在决策评价方法中，权重的确定方法主要有主观赋权法和客观赋权法两大类。专家评价法、AHP 法等属于主观赋权法，这类方法主要是根据决策者的知识、经验决定权重，指标的相对重要性一般不会违背人们的常识，但是该方法带有主观随意性，影响决策的准确度和可靠性。熵值法、主成分分析法等属于客观赋权法，这种方法主要是根据各指标之间的相关性，按一定的数学模型，通过计算得出指标的权重。该方法能充分挖掘原始数据本身蕴含的信息，评价结果具有较强的数学理论依据，但是忽视了决策者的知识经验，所以有时得到的权重可能与实际重要程度不相符。熵值法是主观赋权法和客观赋权法的综合，它首先对具有不同量纲、代表不同物理含义的分指标进行标准化处理，再结合专家给出的主观权重，将指标的主、客观权重综合得到综合权重，找出关键的影响因素，得到评价结果。

基于熵值权的模糊综合评价基本步骤包括：①确定评价指标集和评语集。一般采用专家打分的形式进行确定。②确定模糊综合评价集。此步骤的目的是得到一级指标的模糊综合评价集。③确定模糊评价矩阵。该矩阵是由一级指标的模糊综合评价集到的。④确定标准化评价指标矩阵。对模糊评价矩阵进行标准化处理，得到新的标准化矩阵。⑤确定指标权向量。根据指标模糊熵的计算公式得到各指标的模糊熵，进而得到各指标的熵值权。对专家评判和熵值权进行综合度量，从而得到指标的综合权重。⑥求解模糊评价模型。该步骤主要通过模糊数学理论来实现。

（3）灰色模糊综合评价模型。

灰色系统是用颜色来命名的。灰表示部分信息明确、部分信息不明确。信息不完全明确的系统被称为灰色系统。目前，灰色系统理论主要研究下列几个方面：灰色关联度分析、灰色建模、灰色预测、灰色决策、灰色系统分析、灰色系统控制等。模糊综合评判由于能够考虑评判问题中的模糊因素，在众多领域都得到了广泛的应用，并且也取得了满意的结果；灰色综合评判在信息不完全或不充分的问题上，也得到了具有针对性的应用。但在实际应用中，往往在信息不完全的问题中又存在许多模糊的因素，或是具有模糊因素的问题，又不具备完全充分的材料，也就是说在一个问题中既存在模糊性又具有灰色性。针对这种情况，在综合评判中同时需要考虑模糊性和灰色性两个方面的影响，这就是灰色模糊综合评判问题。

2. 评价

模糊综合评价的优点在于能够对涉及模糊因素的对象性系统进行综合评价，因而比较适合评价因素多，结构层次多的对象系统。不足之处在于模糊综合评价过程中，本身并不能解决评价指标间相互造成的评价信息重复问题，并且没有科学系统方法确定隶属函数。

具体来说，模糊综合评价法的优点如下。

（1）运用了隶属函数和模糊统计方法，可将定性指标进行量化处理，实现了定性和定量方法的有效结合，而现实中很多问题并不是绝对的，还有模糊的因素。模糊综合评价法有效地解决了判断的模糊性和不确定性。

（2）模糊综合评价法的结果为一个向量，即评语集这一论域上的模糊子集，克服了传统数学方法结果单一性的缺陷，结果包含的信息量丰富。

（3）模糊的方法更接近于东方人的思维习惯和描述方法，因此它更适用于对社会经济系统问题进行评价。

其缺点如下。

（1）模糊综合评价过程本身并不能解决评价指标间相关造成的评价信息重复问题。因而在运用此方法前指标的预选处理特别重要，唯有如此才能将相关程度较大的指标删去，以保证评价结果的准确性。

（2）权重的确定带有一定的主观性，一般使用 AHP 法来确定权重，所以会存在与 AHP 法相似的问题。

（3）在指标较多时要对每一个指标确定隶属度函数，计算相当烦琐，不易于实际操作。

3. 在图书馆学领域的应用

1）图书馆管理评价

图书馆危机管理研究也是近年来图书馆学领域较受关注的研究领域之一。图书馆危机管理是指在图书馆管理过程中针对可能面临或已经面临的危机，采取一系列的管理方法和手段加以预防，使之化解。它包括在危机事前、事中、事后进行全面、全程监控处理的完整系统。实际上图书馆危机管理不仅应体现在危机事件出现时，更要体现在危机还没有爆发时。事前的危机管理更能使图书馆防患于未然，因而具有重要意义。对于图书馆的危机管理来说，完善的评价内容体系和科学的评价有助于管理部门准确地获取信息、指导决策，对于促进图书馆事业的健康发展是非常重要和不可或缺的。目前图书馆存在的主要危机包括内部危机和外部危机。由于图书馆危机因素是模糊指标，哪些因素什么时候发生，是未定的、模糊的，利用多层次模糊综合评价方法对危机因素进行综合分析是当前图书馆界值得探讨的一个课题。采用决策论中的层次分析科学思想，帮助建立图书馆危机因素的综合分析模型，从而得到各种危机因素在图书馆危机管理中的影响程度，以便能在图书馆危机管理实践中按照危机因素轻重给予防范。

2）图书馆服务评价

图书馆作为重要的文化服务机构，提升服务效率以提高用户满意度是其发展建设的重要任务。研究如何改善其服务质量则是图书馆学界的重要工作内容，进行服务评价是图书馆建设的重要环节，如何构建一套科学有效的评价指标体系一直是学界和实践界都十分关注的问题。有学者将模糊综合评价法引入图书馆服务评价中，并据此构建了适用性较高的评价指标体系。例如，移动图书馆建设在当今图书馆界发展得如火如荼，可用性评价作为移动图书馆建设的重要环节也受到研究者的关注。利用模糊综合评价法对移动图书馆可用性进行评价可以为移动图书馆的研究与应用提供借鉴与参考。可用性（usability）的概念最早源于 20 世纪 70 年代末的人机交互（human computer interaction，HCI）领域。基于人机界面的可用性概念集中应用于用户界面的研究，从人机界面的视角出发，可用性理论的基础就是人机交互研究。在标准 ISO 9241—11：2018 中对可用性的定义为：可用性是指特定用户在特定环境下使用产品并达到特定目标的有效性、效率和满意度。移动图书馆的可用性是指一种能够使用户在特定环境下容易有效地检索信息并能满足用户信息需求的能力。在这种环境下，用户的信息需求呈现出新的特点，对移动图书馆的信息服务能力和系统体系结构也提出了更高的要求。移动图书馆作为实现用户与信息交互的桥梁，其可用性程度将直接影响信息资源的使用效率和用户获得信息服务的质量。因此，借鉴可用性研究理论和方法对移动图书馆的可用性进行评估显得尤为重要。基于启发式评估的思路，利用模糊综合评价法，由评价小组、专家或用户，根据建立的移动图书馆可用性评价指标体系，用模糊数学的方法和评价步骤对所涉及的各因素进行等级评价，为移动图书馆可用性评价的具体实施提供参考。

此外，模糊综合评价法还可以应用于图书馆服务研究中的诸多方面，学科服务评价也是其中一个重要方面。模糊综合评价法作为一种以模糊数学为基础，将一些边界不清、不易定量的因素定量化，进行综合评价的定量评价方法，对学科服务评价研究有重要应用价值。学科服务这样一个复杂的系统一般采用多级模糊综合评价方法，基本步骤为：因素分类、建立权重集、建立决断集、建立一级模糊综合评判模型、建立多级模糊综合评判模型。例如，廉立军应用模糊综合评价法建立了学科服务评价的数学模型，使定性的评价指标定量化，定量的模糊评价指标向精确性逼近，使评价方法更具科学性、实用性，他在评价时设立了七个一级指标：服务环境、资源保障、人员素质、人员管理、服务特征、服务能力、服务效果。每个一级指标下又分为三到六个二级指标，给每个一级、二级指标设置权重系数，二级模糊评判等级分为优、良、一般、合格、不合格五个级别。这种方法一旦建立起模型就能对难以量化的指标进行评价，但也存在不足：对学科馆员服务质量评价模型中各个影响因素的确定不够精准；在评价过程中，评价人员主观上的不确定性及认识上的模糊性使评价过程带有一定程度的主观臆断性，故存在一定的误差。

3）信息资源共建共享评价

信息资源建设是图书馆学的重要研究领域，而信息资源的共建共享则是信息资源建设的重要任务和发展目标。文献信息资源共建共享活动作为社会公共项目的重要组成部分，担负着合理配置资源、降低文献购置成本、提高资源利用率、改善信息获取条件和提供更公平的信息获取环境的重要使命，也是近年来各信息机构进行大量人、财、物投入的业务之一。其运行效果的好坏既关系到社会公共项目投资的效益，更关系到公众文献信息获取环境的改善，对建设信息时代的和谐社会具有十分重要的影响。要了解文献信息资源共建共享活动运行效果，描述其运行过程中取得的成果和存在的不足，为其今后改进工作和可持续发展提供参考，就必须实施绩效评估。对文献信息资源共建共享进行绩效评估是一个多层次、多指标的复杂问题，各指标对整体绩效的影响各有不同。模糊综合评价法正是一种对受多种因素影响的事物做出全面评价的十分有效的多因素决策方法。而同时，AHP 法是定性和定量相结合，将人的主观判断用数量形式表达和处理的方法，能尽量减少个人主观臆断所带来的弊端，使评价结果更可信。通过 AHP—模糊综合评价法优点的结合应用：利用 AHP 法确定指标体系和权重，包含建立层次结构模型、构造判断矩阵、计算各指标权重和计算组合权重等四个步骤；用模糊综合评价法进行绩效评估，二者结合优势互补。

10.3.3　比较法

1. 比较法概述

认识比较图书馆学，需从比较谈起。比较从逻辑思维来说是确定事物同异关系的思维过程和方法。比较作为人类认识客观事物的基本方法之一，有独特的认识功能，世界上的事物是普遍联系而又互不相同的。人类社会的历史发展是共同性与多样性的统一，对比地研究与把握事物在不同环境下的不同发展和形态差异，可以更深刻地认识事物的性质和规律。马克思曾指出，科学“只有依靠比较和在比较的范围内研究不同之点，才能取得巨大的成就”；对于现代科学来说，“比较具有普遍意义”。

比较法最早运用于自然科学的研究中，它在科学的发展中起着重大的作用，并具有普遍意义。后来，比较方法被引入了社会科学，18 世纪法国孟德斯鸠开创比较法学；19 世纪法国朱利安提出比较教育学的设想；20 世纪 20 年代德国哲学家保尔·多伊森的《一般哲学》开东方哲学比较研究的先河；法国哲学家马松沃尔赛首创比较哲学的概念，比较文化学、比较宗教学、比较文学、比较历史学等学科都相继出现并得到发展，比较法成为这些比较学科的专门研究方法，逐渐形成了国际性的研究课题。随着比较法特殊应用价值的实现，它越来越受到人们的关注，那么比较法应用于图书馆学的研究也日渐受到图书馆界学者的重视。经过实践的发展，比较图书馆学逐渐成为一门专门的学科。

比较图书馆学主要是比较研究世界各国、各民族的图书馆现象，因而它必然以比较法为主要的研究方法，比较法也成为比较图书馆学区别于图书馆学其他分支学科的重要标志。它在比较图书馆选择方法系统中占据主要地位，贯穿于比较图书馆学研究过程的始终。比较法即在一定的条件下，对相同事物的不同方面或同一性质事物的不同种类，通过比较而找出它们的共同点或差异点，以深入认识事物本质的一种科学研究方法。比较法在图书馆学研究中具有重要的作用，因而对其应用也是比较普遍的，除比较图书馆学外，在专门图书馆学研究中的应用也较多。比较法作为确定客观对象共同点和差异点的基本方法，是逻辑加工的初步方法。一般来说，认识事物是从区分开始，要区分就要有比较，有比较才能有鉴别。用比较法对两个国家、两个地区的图书馆事业进行分析，对同一国家不同类型的图书馆进行分析，对不同时代的图书馆进行分析，可以找出不同国家、不同地区、不同类型、不同时代的图书馆之间所存在的同一性和差异性，认识各自的特点和活动规律，为发展图书馆事业提供依据。

比较法有多种类型，依据不同的划分标准可以区分为以下几种。

1）按比较对象的相互关系区分

双边比较是指同一研究对象在两种不同环境下所进行的比较，比较对象之间存在着一种简单的对应关系。

尽管这种比较是简单的双边比较，但由于环境不同，社会政治，经济文化教育等存在差异，在比较过程中也应注意到不同因素对比较对象所产生的不同影响。

多边比较：这是一种具有平面网状和立体网状关系的研究对象之间的比较。这种比较可以对不同的对象进行综合比较，以勾画演变的图景，揭示其规律，预测某一方面的发展趋势。

2）按比较对象所处的等级关系区分

相同层次比较是指对在经济状况、文化教育、科学技术等方面具有相似水平的研究对象所进行的比较研究。例如，中印图书馆事业的比较研究。这种对发展中国家之间的图书馆实践与理论所作的比较，就是相同层次的比较研究，它仍然具有研究的价值。

不同层次比较是指对在经济状况、文化教育、科学技术水平等方面处于不同层次的研究对象所进行的比较研究。例如，中美的现代公共图书馆职能的比较研究。这种发达国家与发展中国家的比较，尽管比较对象所处级次不同，具备的条件不同，但比较双方仍然具有相互借鉴的价值。这种比较在具体研究过程中要特别注意国情的差异，避免盲目地“单向”借鉴。必须指出，这种不同层次的比较，并不存在着发展中国家要借鉴发达国家的图书馆学理论与方法的必然关系，而是仍然有着“双向”的关系。

3）按比较对象所处的方位和时间区分

横向比较是对同时并存的研究对象所进行的比较。它可以是对两个国家或地区、民族的某种图书馆现象或几种图书馆现象，甚至是对整个图书馆事业开展比较研究。这是在比较对象相对静止状态中分析其相似点和差异点，发现各国图书馆事业的共同规律，以及受各国国情制约所表现出的特殊规律的研究。

纵向比较是指对不同国家或民族的图书馆事业在不同历史时期的表现的比较。这是对图书馆演化过程所进行的研究，借以分析图书馆发展的规律。例如，中外图书馆形态演化的比较研究，可以考察政治、经济、文化、科学技术、社会发展与图书馆形态演化的关系。

上述横向比较和纵向比较是比较研究的两种主要类型，一般来说在比较图书馆学的具体研究中是经常被采用的。这是由于双边比较、多边比较、相同层次比较、不同层次比较都存在着横向比较与纵向比较这两种形式。因而在进行上述比较研究时，都应注意到对比较对象进行纵横方向的比较，在具体比较过程中往往是兼容的，交织在一起的。

4）比较对象有无“事实联系”区分

它包括影响研究和平行研究。前者主要是研究存在着“事实联系”的两个或两个以上比较对象之间相互交流、相互影响、接受影响的关系。后者则是指对不存在实际联系的比较对象间的关系的研究，它不仅可以对图书馆学理论与方法进行平行研究，还可以比较研究图书馆学与其他学科的关系。比较方法还可以从不同的角度再作区分，如宏观比较、微观比较，定性比较、定量比较，相同比较、相异比较、同异综合比较等。在比较图书馆学的具体研究中，可以根据课题性质，研究者能力、条件等方面加以综合考虑，选择可行的比较方法。但是，无论选择哪一种或几种比较方法配合使用，都要围绕着取得正确可靠的比较结果为基点。

2. 比较图书馆学

关于比较图书馆学研究，早在 1627 年法国图书馆学家诺德在其所著《图书馆设计指南》中就提出了对图书馆进行比较研究的思想。20 世纪上半叶国际图书馆协会联合会成立后，特别是第二次世界大战后，图书馆界的国际交流和合作不断扩大，图书馆学领域跨国度、跨文化的比较研究逐渐开展起来。20 世纪 50 年代以后，比较图书馆学逐步发展成为图书馆学的一门分支学科。20 世纪 70 年代以后，比较图书馆学有了长足的发展，美国和欧洲国家在图书馆学院校广泛开设比较图书馆学课程，世界上从事比较图书馆学研究的组织机构已有几十所。我国 20 世纪 20 年代，出版了程伯群著的《比较图书馆学》，后来研究中断，直到 20 世纪 80 年代才重新引起我国图书馆学界的重视。关于比较图书馆学的定义，目前还处于探讨之中，张文琴和包和平等学者认为，比较图书馆学是对图书馆领域有一定联系的事物进行系统的比较，从而认识其性质和规律的学科。它是图书馆学的一个分支学科，是图书馆学科和比较学的交叉学科，与比较学有共同的历史渊源和认识规律。

比较图书馆学以图书馆领域中有一定联系的、性质、层次相似的事物为研究对象。例如，比较不同的地区、国家、时间、发展阶段的图书馆思想、图书馆体制、工作经验、工作方式方法等，探讨这些现象在类似条件下的相同结果或不同结果，从而把握图书馆事业发展的共同规律和不同规律。

比较图书馆学以系统的比较为基本方法。与比较法的类型相似，比较图书馆的研究方法可从时空对象结果上区分为以下几种。

（1）纵向比较，即从历史的长河中对不同时间、不同发展阶段的图书馆加以比较。

（2）横向比较，对同一时间条件下不同空间的图书馆加以比较。

（3）宏观比较，对不同地域国家（民族）和图书馆领域中全局性的问题进行比较。

（4）微观比较，对图书馆领域的细节部分进行比较。

（5）求同比较，比较图书馆在相同条件下的相同发展。

（6）求异比较，比较图书馆在相同条件下的不同发展。

这些方法在实际上是互相渗透、综合使用的。当前较常见的研究形式是：历史比较（如古代与古代，古代与现代图书馆比较），地域比较（如东西方图书馆比较），跨国比较（如国与国或多国图书馆比较），专项比较（如对图书馆政策、工作技术方法、设备等的专题比较）。比较图书馆学的比较方法不同于一般的类比，它是多层次、多侧面、多角度的系统比较，从图书馆工作的连贯性、统一性、多样性和相互影响方面开拓图书馆学研究的深度和广度。

进行比较图书馆学的研究要有一定的基础和条件。首先，只有对相互联系可以比较的事物进行比较，才能得出有科学价值的结果。其次，要充分占有材料，材料充实才能使比较研究的结论趋于正确。再次，在比较中要抓住事物本质的特点和规律，不能为比较而比较，陷入烦琐哲学中去。最后，比较的标准要客观和实事求是，不为主观性和偏见所左右。

科学的认识论告诉我们，人类社会中的各种事物由于内部的条件制约及外部作用的影响，而显示出无穷无尽的差异。分析一种社会问题、一个国家，要把问题提到一定的历史范围之内，要充分认识到该国的具体特点，图书馆现象也是一样。比较图书馆学的职能为：一是通过比较不同图书馆的发展探索其共同的模式和规律；二是比较图书馆发展的差异，认识造成差异和独特性的条件和可变因素，以便通过改变这些因素影响图书馆的发展；三是通过比较鉴别优劣，造成一种选择意识，为选择最佳图书馆发展道路提供理论依据；四是通过比较预测未来发展，这方面和图书馆预测学与图书馆未来学相得益彰。比如，将图书馆实际情况、图书馆学理论研究、图书馆学教育水平与其相应的各国的社会、文化、经济等条件对照起来加以考察，经过多角度、多层次的分析研究，预测本国和世界图书馆事业的发展趋势，以推动本国图书馆事业的发展。

10.4　社会网络分析法

10.4.1　概念、起源与发展

1. 社会网络分析的概念与特征

社会网络是社会行动者及其间的关系的集合。也可以说，一个社会网络是由多个点（社会行动者）和各点之间的连线（行动者之间的关系）组成的集合。用点和线来表达网络，这是社会网络的形式化界定。

社会网络分析是对社会关系结构及其属性加以分析的一套规范和方法。它主要分析的是不同社会单位（个体、群体或社会）所构成的关系的结构及其属性，而不关注单个行动者的特征，被看作是关于社会关系研究的新范式。在经典的社会学研究中，社会学家一直重视对社会结构的研究。但社会网络分析结构观与传统的地位结构观不同，特别重视对关系的分析。社会网络分析也不同于传统的、抽象的社会结构分析，而是重视量化分析。

社会网络分析借用图论和矩阵法等来表现社会关系及其结构，已发展出一套概念体系。明确其中一些重要的概念及相关概念对于我们加深对其理解和应用具有重要意义。社会网络分析者所说的网络主要是指社会关系的结构形式或行动者之间的关系模式，称为社会网络，属于"关系网"。通常构成社会网络的主要要素包括以下几方面。

行动者（actor）：社会网络中的一切个体、社会实体或事件都可称为行动者。每个行动者在网络中的位置被称为"点"或"节点"（node）。

关系（relational）：群体成员之间一切联系的总称。纽带关系是具体的，存在于成对的行动者之间，这些纽带的总和构成了一个群体的关系。

群体（group）：其关系得到测量的所有行动者的集合。因群体有大小之分，其关系也有简单与复杂的区别。

子群（subgroup）：是行动者之间的任何形式关系的子集。在复杂的网络关系中，常常可以区分出不同的子群。

不同社会网络的特征存在很大差异，体现社会网络特征的指标包括以下几方面。

规模（size）：社会网络中包含的行动者的数量。网络规模大意味着构成群体的成员数量多。网络规模大小会影响到行动者之间的关系。

密度（density）：社会网络中行动者之间的联系程度。密度越大，表明网络成员之间的关系越密切。通过社群图、矩阵等可以对某一网络的密度进行测量分析。

中心度（centrality）：它测量的是行动者在网络中所处的位置，可分为地方中心度（local centrality）和总体中心度（global centrality）。前者又称节点中心度，它所反映的是节点度或关系的集中程度，或者说是一个人在网络中的主导位置情况。节点度越大，即与之相关联的人越多，此人越居于中心性位置。后者是指某节点在整个网络中与其他各节点的距离。它所反映的是各节点之间的密切程度，用各节点之间的最短距离来计量。

团聚度（cohesion）：反映网络成员相互关联的程度。它类似于密度，但当其关系有方向时，是指有对偶关系的节点之间的关系强弱。它是衡量对偶关系相对数量的指标。在作子群分析时，这是一个非常有用的指标。

多重度（multiplicity）：网络中多重关系的密度。社会网络类型不同，其关系形式也不同。网络越复杂，其关系也越多样化。

社会网络分析家巴里·韦尔曼指出："网络分析探究的是深层结构——隐藏在复杂的社会系统表面之下的一定的网络模式。"例如，网络分析者特别关注特定网络中的关联模式如何通过提供不同的机会或限制，从而影响到人们的行动。巴里·韦尔曼总结了社会网络分析的五个范式特征。

（1）它是根据结构对行动的制约来解释人们的行为，而不是通过其内在因素进行解释，后者把行为者看作是以自愿的、有时是目的论的形式去追求所期望的目标。

（2）分析者关注于对不同单位之间关系的分析，而不是根据这些单位的内在属性（或本质）对其进行归类。

（3）它集中考虑的问题是由多维因素构成的关系形式如何共同影响网络成员的行为，故它并不假定网络成员间只有二维关系。

（4）它把结构看作是网络间的网络，此结构可以划分为具体的群体，也可不划分为具体的群体。它并不预先假定有严格界限的群体一定是形成结构的组成模块。

（5）其分析方法直接涉及的是一定的社会结构的关系性质，目的在于补充，有时甚至是取代主流的统计方法，这类方法要求的是孤立的分析单位。

2. 社会网络分析法的起源与发展

西方社会网络分析的思想首先可以追溯到古典社会学家的社会结构观点。拉德克利夫·布朗早在 20 世纪 40 年代初就使用“社会关系网络”（network of social relations）概念来说明社会结构，他将社会结构看作“实际存在的关系网络”，但这还只是一个隐喻，与后来社会网络分析学家在分析意义上使用的网络概念有所区别。把社会结构明确地看作关系网络来进行分析，最早可追溯到德国古典社会学家格奥尔格·齐美尔（Georg Simmel）。齐美尔把社会想象为相互交织的社会关系，他重视对社会关系的形式研究。从分析方法来看，齐美尔对群体关系从质与量的方面做了研究。例如，他具体说明了群体成员数量对群体成员关系的影响，并试图做出计量。

社会网络分析方法形成的技术基础是社会计量（sociometrics）学和图论。社会计量学的出现与格式塔（Gestalt）心理学派密切相关，代表人物有库特·勒温（Kurt Lewin）和雅各布·莫雷诺（Jacob L. Moreno），后者是社会计量学的首倡者，主要贡献是用社群图（sociogram）方法来反映社会构型的关系属性，此方法类似于几何图，用“点”来表示个人，用“线”来表示他们之间的社会关系。20 世纪二三十年代著名的霍桑实验中就具体运用了社群图来反映群体结构。在格式塔心理学主张的整体转换认识论指导下，社会心理学家勒温提出了著名的具有整体论观点的“场”（field）理论或“拓扑心理学”，即认为群体所处的社会力量“场”决定着群体的行为，并进而试图运用数学工具表达“场”的构成关系。

曼彻斯特学派的研究使社会网络分析的发展有了很大转机。在此之前，社会网络概念还主要是一个隐喻，但曼彻斯特学派开始把它作为一个分析性概念来使用。这一学派的主要代表人物是曼彻斯特大学的人类学家约翰·巴恩斯（John Barnes）、伊丽莎白·博特（Elizabeth Bott）、克莱德·米切尔（Clyde Mitchell）等。巴恩斯于 1972 年发表了《社会网络》一文，系统总结了社会网络的主要概念、分析技术、分析单位和资料的收集等基本问题。伊丽莎白·博特提出了网络结构的第一个明显的尺度结（knit），即用密度来描述黏合度。其代表性著作是《家庭与社会网络》。米切尔还具体论述了“整体网络”和“自我中心网络”（egocentric network）概念，说明了社会网络的特征，如网络的形态特征、互动特征。该学派主要分析个体与他人之间的直接和间接的联系，试图通过对每一个体的考察，说明以自我为中心的个体网络，但是没有考虑到更大的社会结构因素。

20 世纪 70 年代以后，随着以哈佛大学的哈里森·怀特（Harrison C. White）为代表的“新哈佛学派”的出现，社会网络分析作为一种独特的研究方法成熟了。其突出标志是出现了一批专业的研究人员，而且由巴里 · 韦尔曼于 1977 年成立了专门的研究组织，即国际社会网络分析网络学会，另外就是专门杂志的诞生：《联络》(*Connection*) 1977 年创刊，是国际社会网络分析学会的通信性刊物；《社会网络》(*Social Networks*) 1978 年创办，是社会网络分析的主要学术刊物。社会网络分析在这一时期的主要进展可总结为以下方面：①发展了研究社会网络以及更大的社会系统和社会结构的新方法；②发展了与网络观点相关的行动理论；③哈里森 · 怀特等通过一系列应用研究，说明了社会网络的影响及重要性。这种发展在技术上大大依赖于数学方法的应用，如集合论和多维尺度 (multidimensional scaling，MDS，又称作相似性结构分析) 技术的发展。

20 世纪 90 年代以来，社会网络分析有了迅速发展，有关的研究成果大量出现。具体来说，社会网络分析的新进展可总结为以下方面：①社会网络分析理论得到深化，拓展了结构分析观。其中，突出的代表成果是罗纳德 · 伯特的“结构洞 (structural hole) 理论”、林南等的社会资本研究等。②社会网络分析技术更为成熟。随着计算机技术的广泛应用，网络分析的统计模型得到改进，包括马尔可夫随机图、逻辑回归等，不同的网络分析应用软件也相继出现。③社会网络分析的应用范围更广。其主要应用领域已不限于传统的小群体关系、家庭与社会支持网等，而是扩展到了几乎所有的人类活动领域。

国内学术界自 20 世纪 90 年代末才开始重视社会网络分析方法的介绍和应用。国内的一批学者在翻译介绍西方社会网络分析成果的同时，也为推动国内这一研究领域的建设做了一些重要工作。一方面，部分高校已经开设关于社会网络分析方法的课程，开始重视社会网络分析方法的传播和应用。另外，国内也出版了社会网络分析的基础读物或教材，系统地介绍了社会网络分析的基本概念和方法，从而为国内更深入地学习和研究打下了基础，如袁方主编的《社会研究方法教程》、刘军的《社会网络分析导论》等。国内学者也尝试运用它开展一些应用性研究，取得了一定的成果。

10.4.2 社会网络分析原理

1. 基本原理

巴里 · 韦尔曼指出，作为一种研究社会结构的基本方法，社会网络分析具有如下基本分析原理。

原理一：关系纽带经常是不对称地相互作用着的，在内容和强度上都有所不同。

流动的不仅有物质资源，还有信息资源等。虽然纽带很少是对称的，但它们通常是以一种普遍的方式相互交换的。

原理二：关系纽带间接或直接地连接网络成员；因此必须在更大的网络结构背景中对其加以分析。

有些关系是非自愿组成的，但就花的时间、流经的资源、约束其他网络成员活动的方式以及对第三方资源的间接访问而言，它们往往是重要的。

原理三：社会关系的结构创造了非随机性网络，因此产生网络集群、边界和交叉连接。

网络中的关系存在传递性与有限性。

原理四：交叉连接联结集群和个体。

网络中的节点可能是个体或群体、国家或其他可区分的单位。

原理五：对称关系和复杂网络对稀缺资源的分配存在差异。

结构中资源的流动是不均衡的或随意的。获得稀缺资源的不平等可能反过来加剧关系的不对称。

原理六：网络结构产生了以获取稀缺资源为目的的合作和竞争活动。

在具有不对称关系的等级网络中，成员间必须合作才能获得共同的资源。因此在网络中存在着基于不同关系的或大或小的联盟和派别。它们之间因资源而产生的竞争会导致社会结构的变迁。

2. 社会网络分析步骤

首先，根据研究的需要明确定义总体，特别是在以人为界限或传播界限限定总体时，应特别注意总体的确定性。其次，收集数据，社会网络关键点的丢失可能完全改变各点的关系，因此在研究时应尽可能不抽样，但总体较大时技术上难以处理，抽样难以避免。在某些情形下可以采用整群抽取自然小群体的变通办法，以完整把握小群体的结构。在某些总体大小与具体包括的点不清楚的情况下，可以采用追踪扩张的滚雪球抽样法或连锁性传递的小小世界法。最后，对关系进行测量。明确关系的内容，具体定义点之间的连接。通常考虑接触时间多长、关系强度（接触频次或是否是多元关系）、关系方向（单向还是双向，有无程度差别）等。

基本的社会网络分析方法包括以下两种。

（1）图示法（社群图）。图示法可以直观地展现社会网的概貌，并可用于简单的关系分析。在对图形进行分析时要用到若干基本概念，包括邻接线（adjacent，分为无方向、单向和双向），途径（path，分为无方向和有方向），捷径（distance，点与点之间包含邻接线段数最少的途径），切割点（liaison，也叫联络点，在图中去掉此点后，其他原来相连的点便分割成不相连的点群），桥线（bridge，在图中去掉此线，则原来相连的点将被分割成不相连的点群）。

（2）矩阵法。其优点主要在于通过矩阵可以给出社会网的唯一表示，并可借助矩阵解析技术来分析较复杂的社会网，特别是可借助计算机来帮助处理。在社会网的矩阵表示中，网中的每一个点分别对应矩阵的某一行和某一列（行和列与点对应的次序相同），而以 i 行与 j 列交叉处的格值 Z_{ij} 表示对应两点之间的连接关系，$Z_{ij}=0$ 表示没有直接连接，$Z_{ij}=1$ 表示有直接连接。这样得出的矩阵称为邻接矩阵（adjacency matrix）。显然，社会网的矩阵表示是唯一的。如果网中的邻接线无方向，则邻接矩阵是对称矩阵。如果网中的邻接线有方向，则以行对应起点，列对应终点。因为点与其自身没有连接，所以邻接矩阵的对角线格值为 0。利用邻接矩阵的乘积可以确定连接网中任意两点间的途径的条数及步长（即途径由 n 条连线所组成）。关系的计量是对网中关系的分布状况及特征给予量化的描述。这种描述又分为绝对量的描述与相对量的描述两种，前者有点出度、点入度、点的连接度等，后者有网的密度、网的凝聚度、网的多元度、点的中心值、相对中心值、声望等。

利用软件绘制网络图，根据需求计算出各指标值（网络规模、密度、中心性、凝聚子群等）后，对计算出的定量结果做出定性的解释，从而得出研究结论。

10.4.3　社会网络分析软件简介

1. UCINET

UCINET 软件是由加利福尼亚大学欧文分校的一群网络分析者编写的。该软件最初是一组用 Basic 语言编写的模块，渐渐地发展成综合性的 DOS（disk operating system，磁盘操作系统）程序，现在已经可作为一种 Windows 程序来使用了。这是一个具有通用目标、易于使用的程序，它还涵盖了一些基本的图论概念、位置分析法和多维量表分析法等。UCINET 能够处理的原始数据为矩阵格式，提供了大量数据管理和转化工具。该程序本身不包含网络可视化的图形程序，但可将数据和处理结果输出至其他软件作图，如一维与二维数据分析软件 NetDraw，三维展示分析软件 Mage 等。该软件可以读取文本文件、KrackPlot、Pajek、Negopy、VNA 等格式的文件。软件包有很强的矩阵分析功能，如矩阵代数和多元统计分析。它是最流行的，也是最容易上手、最适合新手的社会网络分析软件。

UCINET 的数据输入方式有多种：初始数据（raw data）、Excel 数据和数据语言（data language，DL），处理的 Excel 数据最多只能有 255 列。计算的时候最好将多值关系数据转换成二值关系数据，路径为：变换→对分。主要的社会网络分析程序出现在 NETWORK 这个目录下，它的子目录有凝聚力（cohesion）分析、成分（components）分析、中心性（centrality）分析、子群（subgroups）分析、角色和位置（roles & positions）分析等，还有各种更专业的程序。将输入数据以“. h”文件保存，然后就可以开始可视化了，进入 NetDraw 可视化选项为 NetDraw >Open > Ucinet dataset > Network。可以根据喜好改变点的大小颜色以及线的粗细，另外就是去除某个点对整体图的影响。

2. Pajek

Pajek 在斯洛文尼亚语中为蜘蛛之意，是一个 Windows 程序，可以分析多于一百万个节点的超大型网络。它在一个主窗口和各种子窗口中展示其分析工作和结果。该软件的设计主要是为了将庞大的网络分解为几个规模较小的网络，并向用户提供一种强有力的形象化工具，以便于使用更复杂的分析方法进行处理，Pajek 的算法就是为了这种目标而特别设计的。Pajek 向以下网络提供分析和可视化操作工具：合著网、化学有机分子、蛋白质受体交互网、家谱、因特网、引文网、传播网（新闻、创新）、数据挖掘（2-mode 网）等。

Pajek 可以同时处理多个网络，也可以处理二模网络和时间事件网络。数据文件中可以包含指示行动者在某一观察时刻的网络位置的时间标志，因而可以生成一系列交叉网络，可以对这些网络进行分析并考察网络的演化，不过这些分析是非统计性的，如果要对网络演化进行统计分析，需要使用 StOCNET 软件的 SIENA 模块。Pajek 提供了多种数据输入方式。例如，可以从网络文件（扩展名 NET）中引入 ASCII[①]格式的网络数据。网络文件中包含节点列表和弧/边（arcs/edges）列表，只需指定存在的联系即可，从而高效率地输入大型网络数据。图形功能是 Pajek 的强项，可以方便地调整图形以及指定图形所代表的含义。大型网络很难在一个视图中显示，因此 Pajek 会区分不同的网络亚结构，分别予以可视化。每种数据类型在 Pajek 中都有自己的描述方法。Pajek 提供的基于过程的分析方法包括探测结构平衡和聚集性（clusterability），分层分解和团块模型（结构、正则对等性）等。Pajek 只包含少数基本的统计程序。

3. Gradap

Gradap 即图的定义与分析程序（graph definition and analysis package）。Gradap 不是交互式的，而是以批处理模式运行的。它的设计兼容了 SPSS 数据文件和命令语言，运行方式与 SPSS 极其相似，有一个输入的“程序文件”和一些独立的数据文件。各种指令和数据要从输入文件中读取，输入命令文件包含一些有关运行这个程序的指令。各种命令的书写格式很接近于 SPSS 的语言和句法。命令文件把程序（procedure）、选项（option）和统计（statistics）栏分开，以便具体指定到底要执行什么程序。分析的结果写在一个新的输出文件中。这是一个常规文本文件，可以打印出来或在屏幕上观看。输出文件包含了在输入命令文件中要求的全部计算和列表。Gradap 分析所要求的基本数据是由一个点集和一个线集组成的。在 Gradap 中执行社会网络分析的主要普遍目标程序包括子图（subgraph）、中心度（centrality）、邻接性（adjacency）和距离（distance）。在具体指定图和任务之后，必须在一个输入命令文件中命名所选择的程序，或者立刻紧随着另一个已完成的程序。

邻接矩阵和距离矩阵可被打印出来，成为可用其他软件（如与多维量表和聚类分析等有关的软件）分析的文件。这些程序本身在 Gradap 程序中是不提供的。然而，这个程序兼容了 dBase 和 INGRES 的数据库格式。总的来说，Gradap 的效率较低，不太容易使用，不过该程序总体上根植于图论，提供了大量可供分析的测度，输出结果比较直观，因而比较容易理解。

4. STRUCTURE

STRUCTURE 是罗纳德·伯特（Ronald Burt）为他自己有关结构自主性（structural autonomy）的研究而开发的。从此之后，他进一步扩充，使之成为一套功能强大的程序。STRUCTURE 是一个命令驱动的 DOS 程序，需要建立输入命令文件、数据文件和输出文件。打开文件之后，就会执行所需的程序，无须用户的互动。在一个输入命令文件中，包含数据（data）、网络（network）和分析（analyze）命令，输出命令文件只是一个文本文件，可以在任何文本编辑器中创建。STRUCTURE 支持五种网络分析类型中的网络模型：自主性（结构洞分析）、凝聚性（识别派系）、扩散性、对等性（结构或角色对等性分析和团块模型分析）和权力（网络中心与均质分析）。STRUCTURE 提供的大多数分

---

① ASCII 表示 American Standard Code for Information Interchange，美国信息交换标准码。

析功能是独有的，在其他分析软件中找不到。

该程序本身是在伯特关于凝聚力（cohesion）、结构对等性（structural equivalence）、声望（prominence）、范围（range）和经纪人（brokerage）等观点的基础上构建起来的。这意味着它和作为 Gradap 和 UCINET 基础的一些图论假设有所不同。例如，Positions 命令被用来执行结构对等性分析，而 Autonomy 命令则用来分析结构独立性和限制性（constraint）。该程序还能以一种查错的模式运行，以便检查命令语句和数据文件的格式。这就避免了程序进行长时间的运作，也不会因为命令文件的一个句法错误而导致全盘崩溃。STRUCTURE 软件易用易维护，但它缺少其他程序中拥有的广泛的图论程序。该软件专攻于位置分析，这个能力弥补了上述缺陷。

10.4.4 社会网络分析在图书馆学中的应用

1. 图书情报学科社会网络分析

社会网络分析被用于探究图书情报学科期刊、机构与学者的合作关系。宋歌等以 CSSCI 2006—2007 年图书情报学来源期刊为数据源对图书情报学期刊互引网络结构进行分析，将引用网络中的期刊分为“知识源”“中转站”“储备库”三种角色，研究结果为期刊布局与评价提供定量支持。李秀霞等以我国图书情报类 17 种 CSSCI 核心期刊 2009—2014 年的所有论文为研究对象，建立了 17 种期刊的三个参考文献数据集，从吸收学科内部知识、学科外部知识、国外知识三个维度上对期刊耦合网络进行了分析，发现能够从不同视角观察学科期刊间的亲疏关系，更细致、全面地揭示期刊对应学科的知识结构和发展成熟度。

刘红霞对图书情报类 19 种核心期刊所收录的公共图书馆员和高校图书馆员发表的论文分别进行统计分析，构建了学术研究领域的机构合作网络，得到图书馆研究领域形成的若干板块，并对这些板块的形成机理和机构合作行为进行了分析。李长玲等对 2001—2010 年图书情报学主要期刊发表论文的相关信息进行统计分析，并可视化其网络关系，分析图书情报学研究机构的分布与合作情况，找出研究机构的重要研究领域和重点研究领域的主要研究单位。结果显示，高校与公共图书馆、数字图书馆、知识管理、图书馆学情报学理论方法、竞争情报、信息检索与服务是当时图书情报学的核心研究领域，武汉大学、中国科学院、南京大学、南开大学等是最主要的研究机构；公共图书馆以研究图书馆、数字与公共图书馆的建设发展与管理服务为主，国家图书馆、上海图书馆、天津图书馆、广东省立中山图书馆、湖南图书馆等是图书情报学研究的主要公共图书馆。

何蛟等对国内图书馆学领域影响力最高的五种期刊 2010—2014 年发表的论文进行了作者与机构合作网络分析，发现我国作者合作网络密度较小，图书馆学研究团体已经初具雏形，作者之间存在潜在合作的可能性，机构之间的合作已经较为普遍。殷沈琴等对数字图书馆研究中的主要学术合作群体及其研究的热点问题进行了探究，发现主要有七个主要学术合作群体，当时数字图书馆的研究主要围绕数字图书馆的可用性评估、基于用户信息行为分析和认知模式的人机交互设计、个性化数字图书馆等方面。李爱明对国内数字图书馆领域作者的合作关系进行深层挖掘，并通过合作网络结构分析发现了该领域内潜在的合作团体及其相应的研究主题，从而对作者间的知识交流与共享提供一定参考，进一步为领域发展政策制定提供一定启示。

李文娟等分别从中心性、子群分析和结构洞三个角度进行合著网络分析，发现大部分作者中间中心性都比较低，学科资源掌握在少数人的手里，学科领域内合作比较欠缺，只有少数的作者具有运用结构洞的能力，学科领域的权威学者能够最大化自己人际关系的收益，更好地发展人际关系的质量，获得更多的信息和资源，但是这样会影响学科领域知识交换，不利于知识共享。邱均平等以《中国图书馆学报》近 11 年所刊载论文作者的合著情况为样本，统计发现，论文合著率为 46.45%，在图情领域处于较高水平，合著网络整体结构较松散，大多数作者合著人群单一，《中国图书馆学报》存在三大合著团体。

温芳芳以 SSCI（social sciences citation index，社会科学引文索引）和 CSSCI 中的部分图书馆学期刊十年的论文作为样本数据，基于社会网络分析对中外图书馆学的合作研究模式进行了比较分析，发现国内图书馆学的合作化趋势更为显著，合作关系网络结构表现出显著的星形特征，师生合作关系所占比重过大，国外则以业缘为主，中外图书馆学合作网络均呈现出显著的小世界效应。刘阳对中国知网图书情报领域十五年的论文进行了高产作者合著情况分析，发现只有网络节点和节点之间的连接不紧密，相对较少的作者才具有较高的资源控制能力。

除了学术社会网络外，还有对学者社交网络的分析。在 21 世纪初期，博客一度成为广泛应用的社交媒体平台。邱均平等选择 20 个比较著名的图情领域博客，统计各个博客的互链数据和共链数据，分析这些博客间的社会网络关系，发现“老槐也博客”“蓝天白云”“超平的博客”三个博客的结构洞特征比较明显，在图林博客中处于比较重要的地位，有着很强的信息与控制优势。党洪莉等对图书情报学领域的博客网络进行了分析，发现博客社群的互动性较好，成员参与比较积极，存在一些核心成员，如超平、竹帛斋、书间道和老槐等，在博客社群中具有较大的影响力。

2. 图书馆社会网络分析

张敏等以 235 个省市级图书馆数字平台为数据样本构建出网络结构图，发现存在较为显著的信息孤岛现象与地域差异性发展态势，部分公共图书馆数字平台缺乏信息资源合作、协调的管理理念，甚至不与外界建立任何链接关系。在此基础上，通过整合优化算法提供了馆际合作链路方案。

岳增慧等选取全球 30 个高校图书馆的网站，通过 Yahoo! 收集其共链数据，对高校图书馆共链网络进行了分析与讨论，结果表明高校图书馆共链网络具有较高的整体网络凝聚水平，但各馆网站之间共链数量分布存在一定的差异性；网络中节点的互联能力很强，连通程度很高；该网络中派系林立的程度比较大，子群的规模不大，成员间的互动不局限于凝聚子群内部；该网络具有较明显的层次分区现象。向剑勤等基于 Open Site Explorer 平台数据，分析和揭示我国 169 所高校图书馆与公共图书馆网站层的共链关系及结构，发现图书馆类型、实力及其所在地区的发达程度，对图书馆网站在共链关系网络中的网络特征及其网络空间分布有较大影响，但在网络中影响力最大、最重要的图书馆网站却是实力处于中上水平和中西部地区的图书馆。

作为一种关注机制的广播式社交网络平台，微博是社会网络分析的理想对象，许多图书馆也拥有官方微博账号，并形成了关注网络，成为图书馆学界的研究对象。张淼对当时已注册的我国“985”高校图书馆和公共图书馆的微博构建了关注网络，宏观分析表明该网络是一个复杂但紧凑的网络，且其连通性和互惠性较好；中观分析表明高校图书馆与公共图书馆之间的联系低于自己系统内部的联系密度；微观分析表明同时具备高点出度和高点入度的图书馆较少。马海群等从微博关注度和服务功能对大学图书馆的腾讯微博和新浪微博进行对比，研究结果表明，目前大学图书馆普遍存在忽视微博运营管理的问题。苏明辉对东北地区图书馆微博关注关系建立社会网络结构并进行了分析，发现东北地区图书馆微博网络成分相对全面，但覆盖不够广泛，成员间联系相对松散，小部分图书馆微博处于孤立位置，团体规模较小、结构相对简单，图书馆微博建设成果差异较大。李俞颉等对已注册认证的“985”高校图书馆微博关注网络进行了分析，发现这些微博交流整体上不够密切，核心影响力薄弱，桥梁节点稀少，进而提出可依照先同地区再同学科领域的合作顺序，使高校图书馆微博加强交流，并建设发展更多的具有中介作用的高校图书馆微博等建议。

3. 图书馆学研究现状与热点探析

苏娜等利用社会网络分析的中心性指标对数字图书馆领域的研究趋势进行了分析和预测，认为“多媒体”可能成为数字图书馆领域未来的研究趋势之一，单纯的社会网络分析指标不能很好地识别某领域的研究趋势，应与其他方法相结合来进行研究趋势预测。

王莉亚等对近十年国外图书情报学专业研究领域进行了可视化分析，其中从网络中心性角度分析每个关键词在网络中的地位，以及它们之间的联系，揭示研究主题的结构特征。

严珊以中国知网中有关“大数据+图书馆”的文献为研究对象，梳理我国图书馆大数据的研究现状，展示图书馆大数据研究的知识结构和知识特征，得出的结论包括图书馆大数据研究成果的关键词共现网络相对集中，研究方向的多样性体现出图书馆大数据研究的横向扩展；图书馆大数据研究主题较多，主题变化较快，主要集中于大数据与图书馆、数据挖掘与管理、大数据与信息分析、大数据与图书馆服务四个方面；“图书馆+大数据”的研究从最初的理论研究、现象解析到后来逐渐贴近实际，不仅关注到新一代信息技术在图书馆中的应用，也考虑到馆员应根据时代变化提升信息素养以及图书馆应根据用户需求改变服务模式，提升服务水平等。

4. 其他应用

赵丽梅等根据高校数字图书馆联盟成员馆之间可能存在的知识资源交互贡献关系，对成员馆在知识资源服务中的角色（知识资源寻求者和知识资源贡献者）进行定义，构建联盟内部知识资源流动的网络模型，然后从知识资源利用的角度探讨成员馆在联盟知识资源共建中的成本分摊机制。

李洁从知识聚合角度对数字图书馆馆藏资源进行知识域开发、知识网络构建及知识可视呈现，构建馆藏数字资源知识聚合（digital library resources-knowledge aggregation,

DLRs-KA）的社会网络可视化模型，为数字图书馆知识资源的深度聚合及用户知识检索、智能导航等个性化需求的实现提供理论支撑，为图情学者进行有关馆藏知识聚合的主题研究提供参考借鉴，为数字图书馆知识资源的纵深开发、知识组织及智能化服务的推进，以及智慧图书馆的转型升级提供助力。

柳益君等提出一种基于社交网络分析的阅读推荐方法，通过用户的兴趣、相似好友，挖掘用户的多样隐性兴趣，为用户提供主题多样性的阅读推荐，为用户多元知识结构提供新途径。吴智勤等提出一种基于社交网络分析方法的高校图书馆用户画像构建策略，将社交数据与用户属性/行为数据、互联网知识库融合，之后可以将活跃用户的个性关键词提供给关系密切的非活跃用户，以补全数据，解决非活跃用户的社交数据稀疏问题；还可以应用图聚类算法挖掘社交网络中的社团，由于社团内成员的行为具有高度相似性，对这些成员的进一步统计分析可以更加全面洞察目标用户的个性化属性。

王丽培对《中华人民共和国公共图书馆法》进行词频分布规律探究以及词语与各法律条款的关联性分析，从认识论层面上梳理归纳公共图书馆的公共物品理念、知识自由理念、终身学习理念和民主政治理念这些基本服务理念的体现。

10.4.5　社会网络分析法的评价

社会网络分析法的应用特征在于进行大量的数据收集并运用复杂的统计技术，研究社会关系的拓扑结构，厘清行动者之间、行动者与其环境之间的关系，分析网络的结构形态和特性模式。

社会网络分析法的优点在于：摆脱了范畴或属性分析的个人主义方法论、还原主义解释和循环论证的困境，放弃了传统的以个体为研究对象的原子论分析思路，关注与个体间的关系，从群体视角来解释个体行为，并提供了把握整体结构及其动态的有效手段，通过对网络中各种关系进行客观的定量分析，为实证研究提供量化的检验工具，对大量的图表数据进行定量分析，得出定性的结论。另外，网络分析者在社会关系的层次上将微观社会网和宏观的社会结构联结起来。

社会网络分析法的不足在于：在动因分析（为什么会出现这种网络结构）和动态分析（网络结构如何演化）方面显得薄弱。当前研究数据来源都是固定的，缺乏一种动态的延续，这样的研究价值很难延伸到将来。此外，社会网络分析法忽视社会网络本身的嵌入性，社会网络不能被视为自我再生角色结构，它本身嵌入在制度、政治、文化等架构之中。就整体网络分析而言，也有仅仅关注形式而忽视内容的危险。

10.5　图书馆学中常用定量分析方法

10.5.1　定量研究趋势方法

随着时代的变迁，图书情报学的发展日益展现出生机与活力。定量研究即对事物量的分析与研究，即用数量表示的规定性，用来描述事物存在和发展的规模、程度等及构成事物的共同成分在空间上的排列等。定量研究不仅是指具体的数学统计和计算，还包括进一步的定量分析以及成果展示。可以说，定量研究在图书情报学领域的研究过程中是不可缺少的。

一门学科，如果越多地运用定量方法，就越能正确地做出判断与预测，就越能体现该学科的科学性。在美国，定量方法又被分为描述性定量（descriptive quantitative）和推测性定量（inferential/predictive quantitative）两种。前者是对给定条件和数据的计算，如频率、百分比、中位数、标准离差、相关系数；后者根据假设证明和变量关系推出结论，着重在于通过样本的修正来推测总体的特征。在 20 世纪 80 年代，学者就已经意识到定量化是科学发展的必然趋势。大数据背景下，图书情报学研究逐步朝向智能化的方向发展，并对技术的使用提出了更高的要求。对图书情报学中定性和定量研究方法的科学哲学基础及双重整合原理进行探析。目前，情报研究智能技术没有统一的定义，但总的来说，研究智能化的本质可以概括为定量化、可重复、可计算。过去定量研究主要依靠人的主观判断，也就是基于已有的文字资料，根据研究者的经验给出初步的结论。现在更多的是通过计算机自动化处理，将原始材料转变为潜在数据，再根据人的判断加以辅助，可以说是一种定量化的分析。尽管数学工具的利用可较大程度地辅助定量研究，然而，图书情报学研究更应该关注其学科的基本特性和本质特征，进一步修整完善工具。定量方法具有定量分析、结论具体、高度抽象的特点，如利用文献增长模型可判断文献内容的新颖性和适用性，利用投入产出模型可进行经济分析、经济预测和经济政策仿真，利用层次分析模型可对经济、管理、研究与开发等领域的方案或成果进行评估等。但模型不是万能的，过度依赖于数学模型往往会适得其反。需要结合具体的时代背景、语境语义对分析对象进行深入剖析，可以部分采用模型或多模型结合，以求得到最精确的结果。当今时代是个信息爆炸的时代，更加需要研究人员进行系统地总结、分析以往的研究工作，从而为科学决策提供依据。

10.5.2 文献计量法

1969 年，英国学者普里查德提出了“文献计量学”的概念。文献计量学是集数学、统计学、文献学于一体，采用数学和统计学手段研究文献情报的分布结构、数量关系、变化规律和定量管理，探讨科学技术的某些结构、特征和规律的一门学科。关于文献计量学的名称、术语、概念和内容的讨论由来已久，各国专家学者提出了很多不同的看法和见解。最初《英国文献工作术语标准汇编》把文献计量学术语简单定义为：应用数学和统计方法对文献利用和出版的研究。印度文献学家拉维昌德拉在 1972 年的论文中，把文献计量学定义扩充为：通过文献、图书馆工作者、用户行为和特性的定量分析，实现图书馆和情报中心的情报加工和情报处理的科学。我国邱均平教授则更加全面深入地定义文献计量学为：以文献体系和文献计量特征为研究对象，采用数学、统计学等计量方法，研究文献情报的分布结构、数量关系、变化规律和定量管理，并进而探讨科学技术的某些结构、特征和规律的一门学科。也有许多学者从探讨物理单元和评价交流媒介的测度原理的角度，把文献计量学作为整个图书情报学方法论的工具和理论体系的基础。适用对象：研究对象是文献、著者、机构、词汇等。文献计量学的研究定律、相关基础理论等在科研机构评价中有着极大的应用。

文献计量学是以几个经验统计规律为核心的。例如，表征出科技文献作者分布的洛特卡定律（1926 年）；表征文献中词频分布的齐普夫定律（1948 年）；确定某一学科论文在期刊中分布的布拉德福定律（1934 年）等。文献计量学一直围绕这几个定律，沿着两个方向发展：一是验证与完善这些经验定律；二是扩大与推广这些经验定律的实际应用。文献计量学应用十分广泛。微观的应用有确定核心文献、评价出版物、考察文献利用率、实现图书情报部门的科学管理。宏观的应用有设计更经济的情报系统和网络、提高情报处理效率、寻找文献服务中的弊端与缺陷、预测出版方向、发展并完善情报基础理论等。

学术成果评价是科技管理活动，特别是科学评价活动的重要组成部分，也是评价方和被评价方特别关注的问题。一方面，由于不同科学家个人、科研集体产出的学术成果，客观上存在着水平高低有别，影响大小不同的情况，需要科学评价；另一方面，在有限的科学资源分配，有限的高级人才聘任及科学奖励等方面也都需要科学评价，以便保证做出正确抉择。然而，在人们通常采用的同行专家定性评价和文献计量指标定量评价两种主要方法进行科学评价时，都还存在重人情拉关系、本位主义等现象，影响到评价工作的客观公正性。采用文献计量指标定量评价时，若是计量指标设计科学合理，评价系统数据充分，能得到客观可信的定量的评价结果；反之同样会影响评价工作的客观公正性。例如，在评价指标设计不合理或是运用不当时，往往会给投机者留下可乘之机，在一定程度上助长急功近利、浮躁浮夸，重数量轻质量等不良风气和短期行为，给科技事业的健康发展造成不良影响和后果。面对这些缺憾，我们只能是继续努力规范评价行为，改进评价方法，力求设计更合理的评价计量指标来解决科学评价中面临的问题，以保证科学评价工作和评价结果的客观公正性。

10.5.3　网络信息计量法

网络信息计量学自 1997 年提出后，很快得到了国际学术界的响应和广泛使用，迅速掀起了有关网络信息计量学的研究热潮，并引起了社会各界的广泛关注，可以预见，该学科的发展必将在人类社会、经济科技和文化等各个领域带来越来越大的影响和变革。“网络信息计量学”是在当前特定的科学背景和技术条件下迅速形成与发展起来的，主要是由网络技术、网络管理信息资源管理与信息计量学等相互结合交叉渗透而形成的一门交叉性边缘学科，也是信息计量学的一个新的发展方向和重要的研究领域。

以网络搜索引擎的研究为例，网络信息计量研究学与其他计量科学的研究一样，研究数据的查全率和查准率无疑是其研究工作的基本前提。可查曾被用于网络信息计量研究的就有 Alltheweb、Altavista、Northernlight、Google 等。如何对这些搜索引擎的性能进行综合评价，探讨在某特定时间点上收录的网页数量相关性及其结构，以便观察是否有大量的变化、不一致性或不规则的现象，为研究人员选择适合的搜索引擎提供依据；如何利用计算机、网络等信息技术的新成果、新方法、新工具改进搜索引擎的搜索效果，提高搜索引擎的网络空间覆盖范围、检索效率、易用性、稳定性等性能指标；如何综合利用多种搜索引擎以及其他方法进行网络信息计量学研究等一系列问题都成为关系到网络信息计量学发展的关键问题。比较有代表性的工作有 1998 年，劳伦斯（Lawrence）等对商业搜索引擎的网络空间覆盖范围进行了全面而深入的研究，并首次引入了“可索引的万维网”的概念——能被搜索引擎编入索引的万维网；克拉克（Clarke）等就搜索引擎评价的方法学问题做了讨论；阿拉斯泰尔·史密斯（Alastair G. Smith）等则用了两种工具——自己设计的爬行器和 AltaVista 对英国、澳大利亚、新西兰大学之间的相互链接情况做了统计；鲁梭（Rousseau）等进行了 21 周的连续跟踪研究。国内对搜索引擎的研究则效仿了国外的研究过程从引进到开发进行转变。

网络信息与传统的纸质媒介信息相比具有诸多特殊性。例如，网络信息的丰富性、多样性和分散性使统计数据很难做到准确而全面；网络信息的引用缺少统一的规范，给网络资源的引用情况统计带来了一定的困难；网络信息的更新十分迅速，难以保存，统计工作难以保证真实性和准确性；网络信息自由度很大，信息质量不稳定等特点决定了网络信息计量学具有许多区别于其他学科的特征，概括起来主要有：①学科新颖、涉及范围广泛、发展前景广阔。网络信息计量学尚处于开发研究阶段，如何探求其在网络环境中的新规律、新指标、新模型，以及在网络研究中的新应用是网络信息计量学面临的主要课题。②概率与统计大量运用在网络信息计量学中。统计学是一门以概率论为基础，研究偶然现象规律性的科学，网络数据统计主要是对所收集的数据进行科学分析，从有限的数据看出网络信息计量学的一般规律，因此，这就需要大量运用传统概率与统计学的基础知识，把收集到的数据进行深加工，利用各种方法找出共性，并创建出适用于网络信息计量学本身的数学模型。③动摇了某些思维定式，如信息用户心理由“可近性”向“易用性”的转变。④研究数据的获得更加及时、更方便快捷，且无国界限制，利用先进的计算机辅助计量工具，信息查全率和查准率更高，使网络信息计量学具有广阔的应用前景。

10.5.4 集中趋势分析法

集中趋势又称“数据的中心位置”“集中量数”等。它是一组数据的代表值。集中趋势的概念就是平均数的概念，它能够对总体的某一特征具有代表性，表明所研究的舆论现象在一定时间、空间条件下的共同性质和一般水平。就变量数列而言，整个变量数列是以平均数为中心而上下波动的，所以平均数反映了总体分布的集中趋势，它是表明总体分布的一个重要特征值。根据变量数列的平均数，就可以了解所研究总体的集中趋势和一般特征。集中趋势是用来描述舆论现象的重要统计分析指标，常用的有平均数、中位数和众数等，它们在不同类型的分布数列中有不同的测定方法。在统计学中，集中趋势（central tendency）或中央趋势，在口语上也经常被称为平均，表示一个概率分布的中间值。

最常见的几种集中趋势包括算数平均数、中位数及众数。集中趋势反映了一组数据向其中心值靠拢的倾向和程度。测度集中趋势就是寻找数据一般水平的代表值或中心值。

不同类型的数据用不同的集中趋势测度值。低层次数据的集中趋势测度值适用于高层次的测量数据，反过来，高层次数据的集中趋势测度值并不适用于低层次的测量数据。选用哪一个测度值来反映数据的集中趋势，要根据所掌握的数据的类型来确定。

集中趋势分析法的作用如下所示。

（1）反映总体各单位变量分布的集中趋势和一般水平，说明社会现象在一定历史条件下的共同性质，如用家庭户平均人数说明家庭结构的一般性质。

（2）便于比较同类现象在不同单位间的发展水平，对社会现象的特征能够从数量方面在空间上进行比较，如不同省份家庭户平均人数不同，说明不同省份家庭观念不同。

（3）对社会现象的特征能够从数量方面在时间上进行比较，能够比较同类现象在不同时期的发展变化趋势或规律。

（4）分析社会现象之间的相互依存关系，如生活水平的高低与家庭人口数的多少呈反方向变化。以北京市历年在岗职工平均工资为例，如表 10-2 所示。

表 10-2　北京市历年在岗职工平均工资

项目	2000 年	2001 年	2002 年	2003 年	2004 年	2005 年	2006 年
职工年平均工资/元	15 726	18 092	20 728	24 045	28 348	32 808	36 097

由此可以看出，历年来，北京市在岗职工的工资水平在不断地提高。若用工资总额这个总量指标分析，会受职工人数变动的影响，从而得不到正确的结果，而以平均工资这个平均数对比，则能正确地反映该市职工工资水平的动态以及变化的趋势。

1. 算术平均数

用总体标志总量除以总体单位数即得算术平均数（arithmetic mean），算术平均数是反映集中趋势最常用、最基本的平均指标，也被称为均值。它只适用于定距以上的变量。算术平均数的意义有：各变量值与算术平均数的离差之和等于 0；各变量值对算术平均数的平方和，小于它们对任何其他数偏差的平方和；算术平均数受抽样变动影响较小；受极端值影响较大；分组资料如遇到开放组距时，不经特殊处理不能进行算术平均数的计算。

算术平均数是最常用的一种平均数。它是总体各单位某一数量的全部标志值的平均，它等于总体各单位某一数量的标志值的总和除以总体单位数。

算术平均数=（总体标志值总数）/（总体单位数）　（10-11）

可见，在具备总体标志值总数和总体单位总数时，可直接利用基本公式计算算术平均数。利用上述基本公式计算平均数时，要注意公式的子项和母项在总体范围上的可比性，也就是说，分子和分母必属同一总体，我们也可以称之为计算算术平均数时必须遵循的同质性原则。同时，平均数是一个具有计量单位的名数，它的计量单位应当和总体标志值总数的计量单位一致。

由于所掌握的资料不同，在实际计算算术平均数时，可以分别采用为简单算术平均数和加权算术平均数两种计算形式。

1）简单算术平均数

简单算术平均数（simple arithmetic mean）是将变量数列中各标志值简单相加求得

标志值总数，然后除以总体单位总数而求得的平均数。适用于根据未分组的资料计算平均数。设 $x_i\left(i=1,2,\cdots,n\right)$ 代表标志值，x 代表算术平均数，简单算术平均数的计算公式为

$$x=\frac{x_1+x_2+\cdots+x_n}{n}=\frac{\sum x}{n} \qquad (10\text{-}12)$$

例：有五名学生参加《统计学原理》高等教育自学考试，成绩分别为 70 分、78 分、80 分、82 分、90 分，则这五名学生的《统计学原理》平均成绩为

$$x=\frac{\sum x}{n}=\frac{70+78+80+82+90}{5}=80(\text{分}) \qquad (10\text{-}13)$$

2）加权算术平均数

当掌握的资料是由标志值和次数所组成的变量数列时，可采用加权算术平均数（weighted arithmetic mean）的形式计算平均数。它是先将各组标志值与相同组的频数相乘以后得到各组标志值总数，再将各组标志值总数加总求得总体标志值总数，同时，把各组频数相加得到总体单位总数，再将两者相除得到加权算术平均数。其计算公式为

$$x=\frac{x_1f_1+x_2f_2+\cdots+x_nf_n}{f_1+f_2+\cdots+f_n}=\frac{\sum xf}{\sum f} \qquad (10\text{-}14)$$

式中，f 为各组标志值出现的次数，即各组的总体单位数。

某企业某班组工人产量资料如表 10-3 所示。

表 10-3　某企业某班组工人日产量统计表

日产量/公斤（x）	工人数/人（f）	每组工人产量/公斤（xf）
35	4	140
42	11	462
48	5	240
54	14	756
59	6	354
合计	40	1952

根据表中资料计算工人的平均日产量如下：

$$\begin{aligned}x&=\frac{\sum xf}{\sum f}\\&=\frac{35\times4+42\times11+48\times5+54\times14+59\times6}{4+11+5+14+6}\\&=\frac{1952}{40}=48.8(\text{公斤})\end{aligned} \qquad (10\text{-}15)$$

2. 中位数

把总体单位某一数量标志的各个数值按大小顺序排列，位于正中处的变量值，即为中位数，用 M_d 表示。中位数可用于定序、定距、定比资料。中位数具有以下性质：①各变

量值对中位数之差的绝对值总和，小于它们对任何其他数的绝对值总和。②中位数不受极端值的影响。③分组资料有不确定组距时，仍可求得。④中位数受抽样变动的影响较算术平均数略大。对于中位数的确定，根据具体资料不同，采用的方法也就不同，这里分以下三种情况。

1）由未分组的数据确定中位数

根据未分组的数据确定中位数时，首先将总体各单位的标志值资料按大小顺序排列，然后按照 $\frac{n+1}{2}$（n 表示资料的项数）来确定中位数的位次，再根据中位数的位次找出对应的标志值即可。

2）由单项数列确定中位数

由单项数列确定中位数时，先向上或向下累计次数，然后按 $\frac{\sum f+1}{2}$ 确定中位数的位次，最后再根据中位数的位次，将按向上累计或向下累计的方法累计的次数刚好超过中位数位次 $\frac{\sum f+1}{2}$ 的组确定为中位数组，该组所对应的标志值即中位数。

3）由组距数列确定中位数

由组距数列确定中位数，先向上或向下累计频数，然后按 $\frac{\sum f+1}{2}$ 确定中位数的位次，再用公式计算中位数的近似值。其计算公式如下：

下限公式（向上累计用）：

$$M_e = L + \frac{\frac{\sum f}{2} - S_{m-1}}{f_m} \times i \tag{10-16}$$

上限公式（向下累计用）：

$$M_e = U - \frac{\frac{\sum f}{2} - S_{m+1}}{f_m} \times i \tag{10-17}$$

式中，L 为中位数组的下限；U 为中位数组的上限；i 为中位数组的组距；f_m 为中位数组的频数；S_{m-1} 为中位数组前一组的累计次数；S_{m+1} 为中位数组后一组的累计次数。

3. 众数

众数是在一组资料中，出现次数（或频数）呈现出“峰”值的那些变量值，用 M_0 表示。众数只与次数有关，可以用于定类、定序、定距、定比资料。众数的性质如下。

（1）众数仅受上下相邻两组频数大小的影响，不受极端值影响。

（2）受抽样变动影响大。

（3）众数不唯一确定。

（4）众数标示为其峰值所对应的变量值，能很容易区分出单峰、多峰。

因而具有明显偏态集中趋势的频数分布，用众数最合适。比如，为了掌握集市上某种商品的价格水平，不必登记全部的成交量和成交额，只用该日市场上最普遍的成交价格即可。又比如，在确定某种商品的生产量、进货量时，要考虑哪一种规格的商品消费量最大。显然，用众数来表现给定总体的一般水平或变量数列的集中趋势具有非常直观的代表意义，并且，众数不仅可以对真正的数量标志加以计算，还可以对品质标志加以确定，也就是说，它既适应于变量数列，也适合于品质数列。例如，销售量最多的服装款式或色彩，即通常所谓的“流行款式”，就属于这种意义的众数。

4. 几何平均数

N 个变量值连乘积的 N 次方根，即得几何平均数（不能有变量值为 0）。适用于：计算某种比率的平均数；计算大致具有几何级数关系的一组数字的平均数，如经济指标的平均发展速度。常见的形式有简单几何平均数和加权平均数。

1）简单几何平均数

简单几何平均数适应于已知每个比率或每个速度水平均数的情况。设有 n 个标志值（比率或速度）分别为 $x_1,x_2,\cdots,x_n$ 则简单几何平均数 $\overline{x_G}$ 的计算公式为

$$\overline{x_G}=\sqrt[n]{x_1x_2\cdots x_n}=\sqrt[n]{\Pi x} \quad (10\text{-}18)$$

例：我国 2004 年到 2007 年个人住房公积金贷款年利率如表 10-4 所示。

表 10-4　我国个人住房公积金贷款年利率

年份	贷款期为 5 年以下利率/%	贷款期为 5 年以上（含 5 年）利率/%
2004	1.0378	1.0423
2005	1.0396	1.0441
2006	1.0414	1.0459
2007	1.0477	1.0522

如果个人住房公积金贷款利息按年复利计算，那么，根据表中资料可以计算出我国个人住房公积金贷款年平均利率为

贷款期为 5 年以下的年平均贷款利率

$$\begin{aligned}\overline{x_G}-1&=\sqrt[n]{x_1x_2\cdots x_n}-1\\&=\sqrt{1.0378\times1.0396\times1.0414\times1.0477}-1\end{aligned} \quad (10\text{-}19)$$

贷款期为 5 年以上的年平均贷款利率

$$\begin{aligned}\overline{x_G}-1&=\sqrt[n]{x_1x_2\cdots x_n}-1\\&=\sqrt{1.0423\times1.0441\times1.0459\times1.0522}-1\end{aligned} \quad (10\text{-}20)$$

2）加权几何平均数

加权几何平均数适应于比率或速度已分组的情况下。设经过分组以后有 n 个标志值（比率或速度），分别为 $x_1,x_2,\cdots,x_n$，假设各标志值（比率或速度）的权数分别为 $f_1,f_2,\cdots,f_n$，则加权几何平均数 $\overline{x_G}$ 的计算公式为

$$\overline{x_G} = \sqrt[\sum f]{x_1^f x_2^f \cdots x_{n^n}^f} = \sqrt[\sum f]{\Pi x_{i^i}^f} \tag{10-21}$$

例：我国历年个人住房商业贷款 5 年期以上年利率如表 10-5 所示。

表 10-5　我国个人住房商业贷款 5 年期以上年利率

年份	年利率/%
1996	1.1520
1998	1.0756
2002	1.0576
2004	1.0612
2007	1.0783

如果个人住房商业贷款 5 年期以上年利率按年复利计算，那么，根据表中资料可以计算出我国个人住房公积金贷款年平均利率为

解：首先计算出平均每年的贷款本利比率 $\overline{x_G}$。

$$\overline{x_G} = \sqrt[2+4+2+3+1]{1.152^2 \times 1.0756^4 \times 1.0576^2 \times 1.0612^3 \times 1.0783^1} \tag{10-22}$$

所以，历年个人住房商业贷款 5 年期以上年年平均贷款利率为

$$\left(\overline{x_G} - 1\right)\% \tag{10-23}$$

10.5.5　正态分布法

正态分布（normal distribution），也称常态分布，又名高斯分布（Gaussian distribution），最早由亚伯拉罕·棣莫弗（Abraham de Moivre）在求二项分布的渐近公式中得到。高斯在研究测量误差时从另一个角度导出了它。拉普拉斯和高斯研究了它的性质。其是一个在数学、物理及工程等领域都非常重要的概率分布，在统计学的许多方面有着重大的影响力。

正态曲线呈钟形，两头低，中间高，左右对称。因其曲线呈钟形，因此人们又经常称之为钟形曲线。

若随机变量 X 服从一个数学期望为 μ、方差为 σ^2 的正态分布，记为 $N(\mu,\sigma^2)$。其概率密度函数为正态分布的期望值 μ 决定了其位置，其标准差 σ 决定了分布的幅度。当 $\mu=0$，$\sigma=1$ 时的正态分布是标准正态分布。

例：正态总体样本方差服从卡方分布并且与样本均值相互独立。设 $X_1, X_2, \cdots, X_n$ 是来自正态总体 $N(\mu,\sigma^2)$ 的一个样本，$\bar{X} = \frac{1}{n}\sum_{i=1}^{n} X_i$ 为样本均值，$S^2 = \frac{1}{n-1}\sum_{i=1}^{n}(X_i - \bar{X})^2$ 为样本方差。则：

（1）$$\frac{(n-1)S^2}{\sigma^2} = \frac{1}{\sigma^2}\sum_{i=1}^{n}(X_i - \bar{X})^2 \sim \chi^2(n-1) \tag{10-24}$$

（2）$\frac{(n-1)S^2}{\sigma^2}$ 与 $\bar{X}$ 相互独立。

证明：考虑对样本 $X_1, X_2, \cdots, X_n$ 作线性变换

$$\begin{cases} Z_1 = \dfrac{1}{\sqrt{2}} X_1 - \dfrac{1}{\sqrt{2}} X_2 \\ Z_2 = \dfrac{1}{\sqrt{2\times 3}}(X_1 + X_2) - \dfrac{2}{\sqrt{2\times 3}} X_3 \\ Z_3 = \dfrac{1}{\sqrt{3\times 4}}(X_1 + X_2 + X_3) - \dfrac{3}{\sqrt{3\times 4}} X_4 \\ \vdots \qquad\qquad \vdots \\ Z_{n-1} = \dfrac{1}{\sqrt{(n-1)\times n}}(X_1 + X_2 + \cdots + X_{n-1}) - \dfrac{n-1}{\sqrt{(n-1)\times n}} X_n \\ Z_n = \dfrac{1}{\sqrt{n}}(X_1 + X_2 + \cdots + X_n) = \sqrt{n}\bar{X} \end{cases} \tag{10-25}$$

由于 $X_1, X_2, \cdots, X_n$ 相互独立，且均服从正态分布 $N(\mu, \sigma^2)$，则可以证明

$$Z_1 = \frac{1}{\sqrt{2}} X_1 - \frac{1}{\sqrt{2}} X_2 \sim N(0, \sigma^2) \tag{10-26}$$

$$Z_2 = \frac{1}{\sqrt{2\times 3}}(X_1 + X_2) - \frac{2}{\sqrt{2\times 3}} X_3 \sim N(0, \sigma^2) \tag{10-27}$$

$$\vdots$$

$$Z_{n-1} = \frac{1}{\sqrt{(n-1)\times n}}(X_1 + X_2 + \cdots + X_{n-1}) - \frac{n-1}{\sqrt{(n-1)\times n}} X_n \sim N(0, \sigma^2) \tag{10-28}$$

$$Z_n = \frac{1}{\sqrt{n}}(X_1 + X_2 + \cdots + X_n) = \sqrt{n}\bar{X} \sim N(\sqrt{n}\mu, \sigma^2) \tag{10-29}$$

并且经过计算可知：$\mathrm{Cov}(Z_i, Z_j) = 0$ ，$i \neq j, i, j = 1, 2, \cdots, n$ ，这说明 $Z_1, Z_2, \cdots, Z_n$ 相互独立。

$$\frac{(n-1)S^2}{\sigma^2} = \frac{1}{\sigma^2}\sum_{i=1}^{n}(X_i - \bar{X})^2 = \frac{1}{\sigma^2}\left[\sum_{i=1}^{n} X_i^2 - n\bar{X}^2\right] = \frac{1}{\sigma^2}\left[\sum_{i=1}^{n} Z_i^2 - Z_n^2\right] = \sum_{i=1}^{n-1}\left(\frac{Z_i}{\sigma}\right)^2 \tag{10-30}$$

$Z_1, Z_2, \cdots, Z_{n-1}$ 相互独立，且均服从正态分布 $N(0, \sigma^2)$，从而 $\dfrac{Z_1}{\sigma}, \dfrac{Z_2}{\sigma}, \cdots, \dfrac{Z_{n-1}}{\sigma}$ 仍相互独立，均服从标准正态分布 $N(0,1)$ 。所以，$\dfrac{(n-1)S^2}{\sigma^2}$ 可以表示成 $n-1$ 个相互独立服从标准正态分布的随机变量的平方和，因此 $\dfrac{(n-1)S^2}{\sigma^2} \sim \chi^2(n-1)$ 。

又由于 $Z_1, Z_2, \cdots, Z_{n-1}, Z_n$ 相互独立，即

$$\frac{(n-1)S^2}{\sigma^2} = \sum_{i=1}^{n-1}\left(\frac{Z_i}{\sigma}\right)^2 \quad \bar{X} = \frac{1}{\sqrt{n}} Z_n \tag{10-31}$$

故 $\dfrac{(n-1)S^2}{\sigma^2}$ 与 $\bar{X}$ 相互独立

10.5.6　线性回归法

线性回归预测法就是寻找变量之间的因果关系，并将这种关系用数学模型表示出来，通过历史资料计算这两种变量的相关程度，从而预测未来情况的一种方法。当只有一个自变量时，称为一元回归分析（研究因变量 y 和自变量 x 之间的相关关系）；当自变量有两个或多个时，则称为多元回归分析（研究因变量 y 和自变量 $x_1,x_2,\cdots,x_n$ 之间的相关关系）。如果回归分析所得到的回归方程关于未知参数是线性的，则称为线性回归分析；否则，称为非线性回归分析。在实际预测中，某些非线性关系也可以通过一定形式的变换转化为线性关系，所以，线性回归分析法成为最基本的、应用最广的方法。这里讨论线性回归分析法。

1. 一元线性回归分析

用一元线性回归方程来描述 x_i 和 y_i 之间的关系，即

$$y_i = a_0 + a_1x_i + \varDelta_i \tag{10-32}$$

式中，x_i 和 y_i 分别为自变量 x 和因变量 y 的第 i 观测值；a_0 和 a_1 为回归系数；n 为观测点的个数；$\varDelta_i$ 为对应于 y 的第 i 观测值 y_i 的随机误差，等于“±”1，2，…。假设随机误差 $\varDelta_i$ 满足如下条件：①服从正态分布；② $\varDelta_i$ 的均值为零，即 $E(\varDelta_i)=0$；③ $\varDelta_i$ 的方差等于 σ^2；④各个 $\varDelta_i$ 间相互独立，即对于任何两个随机误差 $\varDelta_i$ 和 $\varDelta_j$，其协方差等于零，即 $\mathrm{cov}(\varDelta_i,\varDelta_j)=0(i \neq j)$。

基于上述假定，随机变量的数学期望为

$$E(y_i)=a_0+a_1E(x_i) \tag{10-33}$$

如果不考虑式中的误差项，我们就得到简化的式子：

$$y_i = a_0 + a_1x_i \tag{10-34}$$

该式称为 y 对 x 的一元回归模型或一元回归方程，其相应的回归分析称为一元线性回归分析。依据这一方程在直角坐标系中所作的直线就称为回归直线。

对一元线性回归模型的统计检验包括两个内容：一是线性回归方程的显著性检验；二是对回归系数进行统计推断。

在一元线性回归分析中，线性回归效果的好坏取决于 y 与 x 的线性关系是否密切。若 $|\hat{a}_1|$ 越大，y 随 x 的变化趋势就越明显；若 $|\hat{a}_1|$ 越小，y 随 x 的变化趋势就越不明显。特别的，当 $\hat{a}_1=0$ 时，意味着 y 与 x 之间不存在线性相关关系，所建立的线性回归方程没有意义。所以，只有当 $\hat{a}_1 \neq 0$ 时，y 与 x 之间才有线性相关关系，所建立的线性回归方程才有实际意义。因此，对线性回归效果好坏的检验，就归结为对统计假设 $\mathrm{H}_0:a_1=0$；$\mathrm{H}_1:a_1 \neq 0$ 的检验。若拒绝 H_0，就认为线性回归有意义；若不能拒绝 H_0，就认为线性回归无意义。下面介绍两种检验方法：F 检验法和相关系数检验法。

以一元线性回归在季节波动预测中的应用为例：季节波动是社会经济现象随着季节的变化而发生的周期性的变动，是季节性的固定规律作用于经济活动的结果。在经济现象的发展变化中，一般受四种波动的影响：长期趋势、季节性波动、循环波动和不规则的随机波动。但在经济预测中主要把握住前两点，一是要搞清楚季节波动的规律，再者要掌握长期变动的趋势，把握住这两点就可比较准确地预测经济活动的发展趋势，为决策提供可靠的依据。

传统的季节波动预测方法都是先采用季平均法（又称为百分比法）或移动平均季节趋势消除法计算季节波动系数 S_i，再建立反映长期趋势的趋势方程 $Y=f_t$，然后将二者综合得到季节波动预测模型 $Y_{ti}=f_t+S_i$，其中，t 为预测年份，i 为预测季节，S_i 为季节系数。这类方法计算复杂，且预测误差较大。分组回归预测方法可以直接进行季节波动预测，模型的内在的联系，既可反映时间序列受季节波动的影响，又可反映时间序列的长期变动趋势。

对于某些受季节波动影响的时间序列，如果将其适当进行统计分组，我们就会发现它的变化规律性很强，可以建立适当的预测模型进行比较准确的预测。某市 1991—1997 年各季度旅游收入如表 10-6 所示。

表 10-6　某市 1991—1997 年各季度旅游收入　　单位：万元

时间	一季度	二季度	三季度	四季度
1991 年	3600	4800	2800	4800
1992 年	3800	5000	3000	4900
1993 年	3900	5300	3200	5000
1994 年	4100	5600	3300	5100
1995 年	4300	6000	3400	5200
1996 年	4500	6300	3600	5400
1997 年	4800	6600	3800	5500

对于表中的数据，我们根据季度进行分组，按年度排成以下四个时间序列，如表 10-7 所示。

表 10-7　按季度分组数据的时间序列　　单位：万元

季度	1991 年	1992 年	1993 年	1994 年	1995 年	1996 年	1997 年
一季度	3600	3800	3900	4100	4300	4500	4800
二季度	4800	5000	5300	5600	6000	6300	6600
三季度	2800	3000	3200	3300	3400	3600	3800
四季度	4800	4900	5000	5100	5200	5400	5500

由图 10-6 可以看出，各季度的时间序列呈逐年递增趋势，且按直线状态递增，因此可以分别建立线性趋势预测模型。

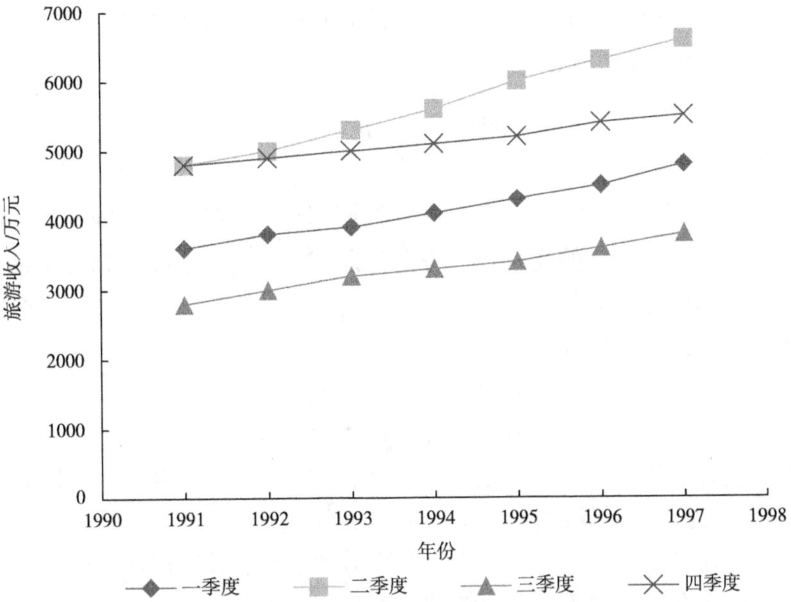

图 10-6　季度时间序列趋势图

$$一季度\ y_{t,1} = 3371.43 + 192.86t \quad (r = 0.9925) \tag{10-35}$$

$$二季度\ y_{t,2} = 4414.29 + 310.71t \quad (r = 0.9974) \tag{10-36}$$

$$三季度\ y_{t,3} = 2671.43 + 157.14t \quad (r = 0.9939) \tag{10-37}$$

$$四季度\ y_{t,4} = 4657.14 + 117.86t \quad (r = 0.9932) \tag{10-38}$$

式中，t 为年份；r 为相关系数。

将 t=8 分别代入上述四个预测模型［式（10-35）—式（10-38）］中，可以预测 1998 年四个季度旅游收入分别为 4914 万元、6900 万元、3929 万元和 5600 万元。

这里虽然每一个季度必须对应一个线性回归方程作为预测模型，但其方法简单，预测精度高。这就是回归分析方法与统计科学分组法两者结合起来研究季节波动的预测问题，在理论上和实际应用中都具有重要的意义。

2. 多元线性回归分析

多元线性回归分析是研究一个因变量与多个自变量之间线性相关关系的统计分析方法。多元线性回归考虑到多个自变量对因变量的影响，能够更真实地反映现象之间的相互关系。

假设一个随机变量 y 与 m 个非随机变量 x_i 之间存在线性相关关系，则它们之间的关系可以用多元线性回归模型来表示，即

$$y = a_0 + a_1x_1 + a_2x_2 + \cdots + a_mx_m + \varDelta \tag{10-39}$$

式中，y 为因变量；$x_i(i=1,2,\cdots,m)$ 为自变量；$a_i(i=0,1,\cdots,m)$ 为模型的参数；称为回归方程的系数；$\varDelta$ 为随机误差。

与一元线性回归模型类似，如果多元线性回归模型中的误差项Δ服从正态性，并具有无偏性，则$\Delta \sim N\left(0,\sigma^2\right)$，则得

$$E\left(y\right)=a_0+a_1x_1+a_2x_2+\cdots+a_mx_m \qquad (10\text{-}40)$$
$$\Sigma\left(y\right)=\Sigma\left(\Delta\right)=\sigma^2$$

由此可见，$y\sim N\left[E\left(y\right),\sigma^2\right]$。与一元线性回归模型一样，在得到多元线性回归模型以后也需要对模型中所包含的变量是否确实与因变量之间存在线性相关关系，以及回归模型的拟合效果如何进行分析检验。主要考察$y_1,y_2,\cdots,y_n$与$x_1,x_2,\cdots,x_m$是否具有线性相关关系，即需要检验统计假设：

$$\begin{aligned}&\mathrm{H}_0:a_1=a_2=\cdots=a_m=0\\&\mathrm{H}_1:a_1,a_2,\cdots,a_m\text{不全为零}\end{aligned} \qquad (10\text{-}41)$$

对于给定的显著性水平α，若拒绝H_0，就认为这个m元线性整体回归效果显著；若不能拒绝H_0，就认为这个m元线性整体回归效果不显著。

为了进行上述检验，关键在于确定一个合适的统计量及其所服从的分布，着眼于统计量，参考一元线性回归检验，多元线性回归整体检验统计量为

$$F=\frac{\sum_{i=1}^{n}\left(\hat{y}_i-\bar{y}\right)^2/m}{\sum_{i=1}^{n}\left(y_i-\hat{y}_i\right)^2/\left(n-m-1\right)}\sim F\left(m,n-m-1\right) \qquad (10\text{-}42)$$

查表可得$F_{1-\alpha}\left(m,n-m-1\right)$。若$F\geqslant F_{1-\alpha}\left(m,n-m-1\right)$，则以显著水平$\alpha$拒绝$\mathrm{H}_0$；若$F<F_{1-\alpha}\left(m,n-m-1\right)$，则以显著水平$\alpha$接受$\mathrm{H}_0$。

需要指出的是，对于多元回归来说，线性回归效果仅说明$a_1,a_2,\cdots,a_m$不全为零，但有可能接近于零。也就是说，多元回归效果显著是就总体而言的，并不意味着各自变量x_i对因变量y_i的影响都是显著的，因此有必要从原来的回归方程中剔除那些无显著性影响的自变量，重新建立更为理想的线性回归方程。为此，在检验完整体回归效果显著之后，还必须就每个自变量x_i对因变量y_i的线性影响是否显著进行检验，其检验统计假设：

$$\begin{aligned}&\mathrm{H}_0:a_i=0\\&\mathrm{H}_1:a_i\neq 0\left(i=1,2,\cdots,m\right)\end{aligned} \qquad (10\text{-}43)$$

对于多项式回归模型，可得

$$\left.\begin{array}{l}y_1=a_0+a_1x_1+a_2x_1^2+\cdots+a_mx_1^m+\Delta_1\\y_2=a_0+a_1x_2+a_2x_2^2+\cdots+a_mx_2^m+\Delta_2\\\vdots\qquad\qquad\qquad\vdots\\y_n=a_0+a_1x_n+a_2x_n^2+\cdots+a_mx_n^m+\Delta_n\end{array}\right\} \qquad (10\text{-}44)$$

只要设

$$z=\begin{bmatrix} z_{11} & z_{12} & \cdots & z_{1m} \\ z_{21} & z_{22} & \cdots & z_{2m} \\ \vdots & \vdots & & \vdots \\ z_{n1} & z_{n2} & \cdots & z_{nm} \end{bmatrix}=\begin{bmatrix} x_1 & x_1^2 & \cdots & x_1^m \\ x_2 & x_2^2 & \cdots & x_2^m \\ \vdots & \vdots & & \vdots \\ x_n & x_n^2 & \cdots & x_n^m \end{bmatrix} \tag{10-45}$$

就可以按线性回归方法进行回归计算。

参 考 文 献

北京大学图书馆学系，武汉大学图书馆学系. 1981. 图书馆学基础[M]. 北京：商务印书馆.
毕强，钱刚. 1998. 90 年代信息管理技术构架的新焦点：信息集成与采掘[J]. 情报学报，(6)：41-45.
蔡金燕. 2014. 亚洲图书馆员职业道德和 IFLA 图书馆员伦理准则的启示[J]. 新世纪图书馆，(3)：72-76.
陈传夫，陈一. 2017. 图书馆转型及其风险前瞻[J]. 中国图书馆学报，(4)：32-50.
陈进，邓景康，景祥祜. 2013. 图书馆 RFID 技术及应用[M]. 上海：上海交通大学出版社.
陈鹏. 2011. 经典三大传统社会分层观比较——以“谁得到了什么”和“为什么得到”为分析视角[J]. 社会科学管理与评论，(3)：85-91，112.
陈向明. 1996. 社会科学中的定性研究方法[J]. 中国社会科学，(6)：93-102.
陈雪. 2012. 区域图书馆联盟及在我国的发展[J]. 山东理工大学学报（社会科学版），28（3）：109-112.
陈忆金，曹树金. 2008. 研究生利用数据库资源的满意度及影响因素实证研究[J]. 图书情报知识，(2)：27-37.
陈占强，田涯. 2019. 从“十三五”到“十四五”——柯平教授谈我国图书馆事业发展与战略规划[J]. 福建图书馆学刊，2（3）：3-8.
程伯群，杜定友，陆高谊. 1935. 比较图书馆学[M]. 上海：世界书局.
程焕文. 2011. 图书馆权利研究[M]. 北京：学习出版社.
程焕文，潘燕桃，张靖，等. 2019. 新时代中国图书馆学教育的发展方向[J]. 中国图书馆学报，45(3)：14-24.
储荷婷. 2019. 图书馆情报学主要研究方法：了解、选择及使用[J]. 图书情报工作，63（1）：146-152.
戴龙基，张红扬. 2000. 图书馆联盟——实现资源共享和互利互惠的组织形式[J]. 大学图书馆学报，(3)：36-39.
丁宇. 2003. 网络信息用户需求的特点与利用特征及规律浅析[J]. 情报理论与实践，(5)：412-414，446.
董慧，焦玉英，刘厚嘉. 1998. 多媒体人文信息系统设计与实施研究[J]. 情报学报，(3)：49-59.
杜定友. 1931. 图书馆学概论[M]. 上海：上海商务印书馆.
鄂丽君，许子媛. 2012. 我国区域图书馆联盟建设现状调查与分析[J]. 图书馆，(1)：62-65.
范并思. 2004. 建设一个信息公平与信息保障的制度——纪念中国近代图书馆百年[J]. 图书馆，(2)：1-3，15.
傅云霞. 2018. 人工智能在智慧图书馆建设中应用研究[J]. 图书馆工作与研究，(9)：47-51，79.
龚蛟腾，侯经川，文庭孝. 2003. 公共知识管理学——关于图书馆学本质的思考[J]. 大学图书馆学报，(6)：2-6.
广州市图书馆学会. 2016. 现代图书馆研究系列图书馆合作创新与发展 ·2016 年卷[M]. 广州：暨南大学出版社.
郭家义. 2003. 数字图书馆个性化服务中用户信息行为的收集与分析[J]. 图书馆杂志，(1)：25-27.
郭军. 2020. 大数据环境下图书馆用户个人信息保护研究[J]. 图书馆工作与研究，(1)：11-19，28.
洪伟达，王政. 2016. 图书馆保障弱势群体公共信息获取权益的对策研究[M]. 北京：知识产权出版社.

胡瑛，许军林. 2015. 高校图书馆转型发展理论与策略研究[J]. 图书馆建设，(1)：51-54，58.
黄纯元. 1998. 论芝加哥学派（中）[J]. 图书馆，(1)：3-5.
黄纯元，宓浩. 1985. 近年来我国图书馆学基础理论研究的主要进展[J]. 大学图书馆通讯，(6)：9-12，8.
黄丽红. 2012. 高校图书馆的用户信息行为——以广东药学院为例[J]. 图书馆学刊，34（2)：55-58，79.
黄如花，司莉，吴丹. 2017. 图书馆学研究进展[M]. 武汉：武汉大学出版社.
黄宗忠. 1988. 图书馆学导论[M]. 武汉：武汉大学出版社.
黄宗忠. 2003. 关于图书馆学研究对象、定义、功能的新思考（上）[J]. 图书馆论坛，(6)：4-12，25.
黄宗忠. 2004. 关于图书馆学研究对象、定义、功能的新思考（下）[J]. 图书馆论坛，(1)：3-6.
霍国庆，孟广均，徐引篪. 1998a. 西方图书馆学流派论评（一）[J]. 图书情报工作，(4)：4-10.
霍国庆，孟广均，徐引篪. 1998b. 西方图书馆学流派论评（二）[J]. 图书情报工作，(5)：2-6.
姜婷婷，王淼，高慧琴. 2015. OPAC 系统用户搜索行为日志分析——以武汉大学图书馆为例[J]. 图书情报知识，(5)：46-56.
蒋淑婉. 2006. 论网络环境下图书馆用户知识挖掘[J]. 合肥炮兵学院学报，(1)：77-79.
蒋永福. 2005. 知识权利与图书馆制度——制度图书馆学研究[J]. 中国图书馆学报，(1)：10-14.
蒋永福. 2009. 图书馆学通论[M]. 哈尔滨：黑龙江大学出版社.
焦海舟. 2010. 图书馆信息生态系统影响因素分析[J]. 图书馆学刊，32（12)：31-33.
谢拉 J H. 1986. 图书馆学引论[M]. 张沙丽译. 兰州：兰州大学出版社.
金梅，张丽君，刘君. 2015. 图书馆学调查研究方法运用的微观考察——3 种 Top 期刊调查研究报告解析[J]. 图书情报工作，59（8)：5-14.
柯平，邹金汇. 2019. 后知识服务时代的图书馆转型[J]. 中国图书馆学报，45（1)：6-19.
赖茂生，谭晓冬. 1995. 基于超文本结构的后控词表管理系统[J]. 情报学报，(5)：321-328.
兰卡斯特 F W，陈颖，刘淇，等. 1985. 电子时代的图书馆和图书馆员[J]. 大学图书馆学报，(6)：47-52.
李春旺. 2003. 数字图书馆以用户为中心的特征属性[J]. 图书情报工作，(3)：72-75.
李书宁. 2017. 构建分层学科服务体系提供精准化嵌入式服务[J]. 图书馆工作与研究，(1)：85-89.
李咏梅，袁学良. 2009. 论电子资源与纸本资源的协调发展[J]. 中国图书馆学报，35（4)：51-57.
李月琳，章小童. 2018. 数据驱动的信息行为研究的回顾与展望[J]. 信息资源管理学报，8（2)：13-27.
梁启超. 2010. 中国历史研究法[M]. 长沙：岳麓书社.
刘爱华. 2016. 研究图书馆转型发展的实践逻辑[J]. 国家图书馆学刊，25（4)：11-21.
刘国钧. 1949. 图书馆学要旨[M]. 上海：中华书局.
刘国钧. 1957. 什么是图书馆学[J]. 中国科学院图书馆通讯，(1)：1-5.
刘洪波. 1991. 知识组织论——关于图书馆内部活动的一种说明[J]. 图书馆，(2)：13-18，48.
刘军. 1991. 我国近十年图书馆学情报学方法论研究述评[J]. 中国图书馆学报，(3)：41-46，93.
刘丽萍. 2015. 图书馆联盟治理的结构、机制及策略[J]. 图书馆，(6)：48-51，76.
刘宇，谢欢，杜慧平. 2014. 合法性的争夺：为什么图书馆学人热衷于讨论研究对象——兼与刘君先生商榷[J]. 大学图书馆学报，32（4)：28-35.
刘兹恒，涂志芳. 2017. 数字学术环境下学术图书馆发展新形态研究——以空间、资源和服务“三要素”为视角[J]. 图书情报工作，61（16)：15-23.
吕莉媛. 2019. 图书馆信息生态的嬗变轨迹及规律研究[J]. 情报科学，37（11)：53-58.
吕蕴红. 2012. 我国区域图书馆联盟发展及策略研究[J]. 河北联合大学学报（医学版)，14（3)：426-427.
马费成，宋恩梅，赵一鸣. 2018. 信息管理学基础[M]. 3 版. 武汉：武汉大学出版社.
马恒通. 2007. “知识资源”不是图书馆学的研究对象——试评柯平的“知识资源论”[J]. 大学图书馆学报，(4)：14-16，29.
马恒通. 2007. 知识传播论——图书馆学研究对象新探[J]. 图书馆，(1)：15-21.
马恒通. 2009. 新中国图书馆学研究对象争鸣六十年——一个“知识说”的视角[J]. 图书情报工作，29（6)：

89-93.
马家伟，杨晓莉，姜洋. 2016. 图书馆与图书馆学概论[M]. 长春：吉林科学技术出版社.
孟广均，霍国庆，罗曼，等. 2003. 信息资源管理导论[M]. 北京：科学出版社.
宓浩，刘迅，黄纯元. 1988. 图书馆学原理[M]. 上海：华东师范大学出版社.
南开大学图书馆学系. 1986. 理论图书馆学教程[M]. 天津：南开大学出版社.
欧阳剑. 2015. 泛在信息环境下图书馆信息资源组织研究[M]. 北京：知识产权出版社.
彭斐章，杨文祥. 2002. 国内外图书馆学研究现状与发展趋势[J]. 河北大学学报（哲学社会科学版），（2）：81-86.
乔好勤. 1983. 试论图书馆学研究中的方法论问题[J]. 图书馆学通讯，（1）：54-62，94.
曲瑞琴. 2009. 网络条件下高校图书馆从传统管理向现代管理的转型[J]. 兰台世界，（16）：75-76.
任立肖. 2006. 基于 Web 日志的三大类型图书馆用户信息行为比较研究[J]. 图书情报知识，（6）：28-32.
阮冈纳赞. 1988. 图书馆学五定律[M]. 夏云，王先林译. 北京：书目文献出版社.
上海辞书出版社. 1961. 辞海[M]. 上海：上海辞书出版社.
沈继武. 1985. 关于图书馆学若干理论问题的思考[J]. 图书情报知识，（1）：21-26.
司莉，曾粤亮. 2018. 需求驱动的大学图书馆发展趋势研究[J]. 大学图书馆学报，36（3）：30-40.
斯丹纳·苛费尔，斯文·布林克曼. 2013. 质性研究访谈[M]. 范丽恒译. 北京：世界图书出版公司.
苏新宁. 1993. 汉语文献检索词自动标引研究[J]. 情报学报，12（2）：92-99.
孙林山. 2006. 我国信息用户需求和信息行为分析研究综述[J]. 图书馆论坛，（5）：41-44.
孙毓修. 1909. 图书馆[M]. 上海：商务印书馆.
汤利光. 2016. 图书馆改革与转型的哲学意蕴[J]. 图书馆，（5）：26-29，71.
汤尚，彭晨曦. 2020. 区块链技术视角下图书馆阅读云平台构建研究[J]. 图书馆工作与研究，（4）：71-78.
王金玲. 2001. 基于“接受理论”的图书馆系统中读者地位和作用研究[J]. 中国图书馆学报，（6）：81-82，85.
王丽华. 2016. 图书馆信息生态系统中影响知识共享的因素分析[J]. 大学图书情报学刊，34（2）：58-62.
王余光. 2009. 图书馆学史研究与学术传承[J]. 山东图书馆学刊，（2）：1-3.
王知津. 1998. 知识组织的研究范围及发展策略[J]. 中国图书馆学报，（4）：3-8.
王子舟. 2000. 知识集合初论——对图书馆学研究对象的探索[J]. 中国图书馆学报，（4）：7-12.
王子舟. 2003. 图书馆学基础教程[M]. 武汉：武汉大学出版社.
王子舟. 2008. 图书馆学是什么[M]. 北京：北京大学出版社.
魏蔚. 2013. 图书馆学基础[M]. 成都：电子科技大学出版社.
吴建中. 2017. 再议图书馆发展的十个热门话题[J]. 中国图书馆学报，43（4）：4-17.
吴淑梅. 2004. “以人为本”是图书馆管理的基础[J]. 情报科学，（5）：540-543.
吴慰慈，罗志勇. 2000. 面向 21 世纪图书馆学研究的新趋向[J]. 中国图书馆学报，（6）：3-6.
吴慰慈，邵巍. 1985. 图书馆学概论[M]. 北京：书目文献出版社.
习近平. 2019. 把区块链作为核心技术自主创新重要突破口加快推动区块链技术和产业创新发展[N]. 人民日报，2019-10-26（1）.
肖希明. 2008. 信息资源建设[M]. 武汉：武汉大学出版社.
谢灼华. 2005. 中国图书和图书馆史[M]. 武汉：武汉大学出版社.
熊菊敏，喻华林. 2007. 高校图书馆用户信息行为研究述略[J]. 科技管理研究，（12）：152-153.
徐双. 2017. “互联网+”背景下图书馆与利益相关者间跨界资源整合研究[J]. 图书馆工作与研究，（3）：68-71.
徐引篪，霍国庆. 1998. 图书馆学研究对象的认识过程——兼论资源说[J]. 中国图书馆学报，（3）：3-13.
徐引篪，霍国庆. 1999. 现代图书馆学理论[M]. 北京：北京图书馆出版社.
杨开荆，赵新力. 2004. 试论我国港、澳、台三地图书馆员专业伦理规范[J]. 图书情报工作，48（12）：9-13.

杨昭悊. 1923. 图书馆学[M]. 上海：商务印书馆.
叶鹰. 2017. 图书情报学中定性和定量研究方法的科学哲学基础及双重整合原理探析[J]. 中国图书馆学报，43（2）：4-12.
于良芝. 2007. 公共图书馆存在的理由：来自图书馆使命的注解[J]. 图书与情报，（1）：1-9.
约翰逊 E D. 1983. 西洋图书馆史[M]. 尹定国译. 台北：台湾学生书局.
袁方. 2004. 社会研究方法教程[M]. 北京：北京大学出版社.
袁咏秋，李家乔. 1988. 外国图书馆学名著选读[M]. 北京：北京大学出版社.
曾君君，盛小平. 2014. 国内外图书馆员职业伦理守则的内容分析[J]. 大学图书馆学报，32（1）：34-40.
张成昱. 2003. 论第三代数字图书馆[J]. 图书情报工作，（3）：66-71.
张卫群. 2006. 图书馆用户信息行为研究综述[J]. 图书馆学研究，（8）：87-90.
赵冬梅. 2004. 基于用户浏览行为的数字图书馆智能导航系统研究[J]. 情报科学，（12）：1451-1454.
中国图书馆学会. 2005. 百年文萃：空谷余音[M]. 北京：中国城市出版社.
周庆平，朱开忠，武巍泓. 2007. 图书馆工作概论[M]. 合肥：安徽科学技术出版社.
周庆山. 2001. 香港图书馆事业发展研究[J]. 中国图书馆学报，27（3）：29-33.
周淑云，伍丹. 2016. 我国地方性图书馆法规相关信息伦理调查与分析[J]. 图书馆，（4）：44-46，74.
周文骏. 1983. 概论图书馆学[J]. 图书馆学研究，（3）：10-18.
朱强. 1995. 数字图书馆：21 世纪图书馆的原型——美国“数字图书馆创始”计划简介[J]. 大学图书馆学报，（4）：50-54.
Castle L. 2014. Libraries transforming communities：evaluation plan[EB/OL]. https://www.ala.org/tools/sites/ala.org.tools/files/content/LTC%20Evaluation%20Plan_FINAL.pdf.
Chu H. 2015. Research methods in library and information science：a content analysis[J]. Library & Information Science Research，37（1）：36-41.
Chu H，Ke Q. 2017. Research methods：what’s in the name？[J]. Library & Information Science Research，39（4）：284-294.
Coffman S. 2012. The decline and fall of the library empire[J]. Searcher，20（3）：10-14.
Hsiung L Y. 2008. Expanding the role of the electronic resources（ER）librarian in the hybrid library[J]. Collection Management，32（1/2）：31-47.
IFLA. 2017. IFLA code of ethics for librarians and other information workers（full version）[EB/OL]. https://www.ifla.org/news/just-released-ifla-code-of-ethics-for-librarians-and-other-information-workers-full-version/[2017-11-23].
Tonta Y. 2008. Libraries and museums in the flat world：are they becoming virtual destinations？[J]. Library Collections，Acquisitions and Technical Services，32（1）：1-9.
Vitiello G. 2000. Library policy and legislation：a European perspective[J]. International Information and Library Review，32（1）：1-38.